明清史学术文库

清代三藩研究

刘凤云 著

故宫出版社
The Forbidden City Publishing House

《明清史学术文库》
编辑委员会

刘凤云，黑龙江省哈尔滨市人。毕业于中国人民大学清史研究所，获历史学博士学位，现系中国人民大学清史研究所教授，博士研究生导师。多年来一直从事清代政治史、明清城市的相关研究。先后作为负责人承担了中国社会科学、北京社会科学、文化部以及国家教育部的科研项目。曾应邀到日本东海大学、香港理工大学作访问研究员，并进行合作研究。曾任北京日本学研究中心客座研究员。出版了《清代三藩研究》、《吴三桂传》、《明清城市空间的文化探析》、《北京与江户》等学术著作，发表学术论文近百篇。

有关清代三藩的研究，清人魏源的评价尤当引以重视。

魏源有曰："国朝兵事大者曰前三藩、后三藩。前三藩：明福王、唐王、桂王也；后三藩：平西王吴三桂、平南王尚之信、靖南王耿精忠也。语敌寇之名号，则前顺而后逆；语国家之兵力，则前甫新造而后乘全盛；语勘定之战功，则前若拉朽而后等摧山。事倍功半，劳逸相百者何哉？势重则藩镇剧于殷顽，助少则守成劳于创业。"

摘自魏源《圣武记》卷二。

刘凤云

2012年6月12日

总序一

2012年是清帝退位一百周年，明清史研究也走过了百余年的风雨里程。出于总结和促进发展的目的，故宫出版社将百年来明清史专题研究的重要的甚至经典性著作，遴选四十余部再版发行，以期对当前的明清史研究有所裨益，这是令人高兴和值得肯定之举。

长达五百余年的明清两代，是中国历史上两个重要的王朝，既处于我国封建社会行将灭亡的衰落时期，又处在中国封建专制主义发展的巅峰时期。盛世与没落，帝王的文治武功与社会的演进变革，殖民者的“福音”传播与列强的坚船利炮，此起彼伏的农民起义与先进的中国人的图强探索，以及革命与改良，等等。这是一个多姿多彩且天翻地覆的历史时期。这一时期又连接着今天，影响着今天。因此，研究明清两代的历史，就有着十分重要的意义。

现代意义上的明清历史研究开始于20世纪初。面对清王朝的腐朽没落，半殖民地半封建社会的奴役屈辱，资产阶级革命的风起云涌，以梁启超、夏曾佑、严复、孟森、章太炎、向达、谢国桢、萧一山等学者为代表的中国知识界，继承中国古代社会“鉴古知今”的历史传统，吸收近代科学理论知识，开始对清先世、明满关系、南明史、学术史，后渐扩大到秘密社会史、华侨史、晚清史（这是一大热点）、民族史、历史地理、财政史、盐业史等明清历史的多个方面，进行系统研究，筚路蓝缕，取得了丰硕的成果。

新中国成立以后，特别是改革开放以来，学术界在马列主义理论指导下，继承老一辈学者的信实学风，汲取西方学术研究的科学方法，解放思想，大胆探索，推动了明清史研究的不断深入。研究领域在不断扩大，研究水平在不断提高，明清史学逐渐形成充满朝气、欣欣向荣的繁荣景象。经过数十年的发展与积淀，时间已为我们留下了一些有价值的学术著作，这些著作资料翔实，论述严密，条理贯通，至今仍为许多学者所推崇。因此，将多年以来明清史研究著作纳入《文库》，重新修订再版，可使我们回顾明清史学研究的发展轨迹，促进21世纪明清史学术研究的深入发展。

故宫博物院和故宫出版社推出这套《明清史学术文库》还有一层特殊的意义，这就是故宫和故宫博物院在明清史研究中的特殊地位。故宫作为明清两代的皇宫紫禁城，在明清两朝的统治历史中，共有24位皇帝在此生活执政，使之在五百多年中成为全国的政治中心、文化中心，演绎出一幕幕兴衰史剧，几乎明清时期的每一个重大历史事件，都与宫廷发生着密切的联系。故宫几乎每一座宫殿、每一个院落、每一处山石，甚至每一口水井、一床一案，都有一段传奇经历，蕴含着独特的、浓厚的历史文化信息，涉及建筑、园林、历史、地理、文献、文物、考古、美术、宗教、民族、典制、礼俗等诸多学科与门类。这也是研究明清时期典章制度、宫廷建筑、宫廷生活等历史问题的专家学者不能不予以关注、不能不去考察体验的诸多社会历史领域。建立在以明清两代皇宫“原址保护”基础上的故宫博物院，兼容建筑、藏品与其中蕴含丰富的宫廷历史文化为一体，这一特点及优势，决定了它在整个明清史研究中有着独特的、不可替代的重要地位。而故宫的一切研究工作也离不开明清史学术界的辛勤劳动。

正是基于这种独特关系，故宫博物院与清史编纂委员会联合举办清史研讨会，与北京大学联合主办《明清论丛》，成立明清宫廷史研究中心和故宫学研究所，组织编纂明清史研究丛书，并资助出版一大批重要的明清史学术研究成果，受到学界的广泛赞许。以突出皇宫、皇权和皇帝等皇家文化研究的“故宫学”学术概念，也得到了学界的广泛关注。浙江大学、中国社会科学院研究生院等高校已开始招收这方面的硕士研究生，浙江大学成立了故宫学研究中心，南开大学成立了明清宫廷史与故宫学研究中心，台湾清华大学开设了“故宫学概论”课程等。所有这些，必将对故宫博物院的日常工作和学术研究，以及明清史学界的进一步发展，产生重要的推动作用。

故宫出版社作为故宫博物院的重要部门，一直把促进明清史和故宫学的研究作为自己义不容辞的责任和义务，做出了积极的努力，也取得了重要的成果。本次推出这套《明清史学术文库》，在整合、出版既有学术成果的基础上，通过深入地与专家、学者沟通，对明清史及故宫学研究涉及的一些问题进行专题探讨，以提高明清史和故宫学研究的理论水平，并向成为我国明清史研究成果的出版重镇不断迈进，其精神也值得赞扬。我们相信，通过故宫出版社与明清学术界的不断努力，明清历史研究必将取得更大的发展。

郑欣淼

2012年 7 月

总序二

一百年前的 1912 年，清朝覆亡，宣统帝退位，中华民国建立。标志着统治中国长达两千多年封建帝制的终结。中国历史迈开了前进的脚步，中国人民觉醒奋起，在近代化的征途上努力前进。

伴随着清王朝的覆灭，中国的一大批学者对中国封建社会的最后两个王朝——明朝和清朝的历史进行了认真、系统的研究，章太炎、梁启超、孟森、钱穆、萧一山、蒋廷黻、郭廷以、郑天挺、吴晗、罗尔纲、王钟翰等学术前辈在明清史处女地上披荆斩棘、辛勤耕耘，为明清史学的发展奠定了基础。改革开放以来，学术界百花齐放、百家争鸣，以马克思主义为指导不断地解放思想，积极吸收外国的研究思想和方法，使我国明清史的研究出现了前所未有的长足进步，涌现出一批有价值的学术著作。但在当时，中国或者尚在战乱时期，或者尚在建设的探索时期，经济贫穷，文化欠发达，学术著作的印刷数量不多，流传不广，不利于学术交流和明清史研究更深入的发展，故而故宫出版社将多年来明清史专题性研究著作纳入《明清史学术文库》，重新修订再版，力求涵盖民国以来各个时期的学术大家及其代表性著作，目的就在于将涉及政治、经济、文化、社会生活等方面的研究著作汇集一起，以此反映明清社会的整体状况，为学者深入研究明清时期的社会状况提供学术平台。

明清两代，时间长达五百多年之久，道路崎岖，变化迅速，人物和事件丰富繁多，是最接近今天现实的历史，生产力已有相当发展，居于当时世界各国的前列，社会结构和各种关系已相当复杂，人口众多，经济繁荣，交流频繁，财富充盈，各种事业兴旺发达。至康雍乾时期，中国历史发展到最高峰。但社会中的各个领域存在着缺陷，各种主客观条件尚未具备，整个社会唯以协同推进，阻力重重，举步维艰。所以未能进入近代化的轨道，中国坐失了西方世界在 18 世纪所抓住的社会进步的良好时机，这是中国的不幸，也是我们前几辈先人痛心扼腕、力图奋起直追的动力和原因。今天，我们正在建设中国特色的社会主义，成绩辉煌，但前途还有许多艰难曲折，需要我们奋斗拼搏，晚近明清历史上先辈们走过的崎岖道路值得我们回顾、反思、探索、研究，以利于后人的继续快步前进。

在中华民国成立以前，明清史虽已编纂了许多重要的档案资料，但研究尚在起步阶段，历史编纂中充斥着对本朝的歌功颂德和对前朝的诋毁。民国以后的明清史研究则有了重大的进步。

其进步主要可举出三个方面：

第一，改变了形而上学和英雄史观，逐渐以社会进步史观和马克思主义唯物史观来研究历史；改变了停滞不动、堆砌史料、罗列历史事实，不讲究前因和后果，不揭示历史发展的客观规律，强调英雄创造了历史而忽视人民群众的生产斗争、阶级斗争，不能给人以真实的历史知识的做法。历史是人类进步的活动，是人民群众艰辛创造和英勇斗争的进程。经济活动是人类社会的基础，而政治、军事、法制、文化、思想都是其上层建筑，将会或早或迟地随着经济基础的变化而变化。二十世纪初进步史观和马克思主义唯物史观的出现，大大改变和推动了中国历史研究，明清史研究领域出现了许多高水平的、科学的、实证的明清史著作。

第二，研究领域的扩大。自民国以来，明清史研究的领域不断扩大，不仅着重于帝王将相活动，不仅有内外战争、官场升贬、刑律惩治，也不仅宣扬封建的纲常伦理，还涉及到中央和地方的典章制度、兴废沿革、官阶序列、财政收支、赋税征收，人口的增减迁移，城镇的设置变迁；经济方面有农林牧副各业的状况，开垦和耕作记录，各种传统的手工业和商业，以至近代工厂、矿场的兴起，电报的设置，火车轮船的建造；军事方面，有八旗、绿营、团练、湘军、淮军以至北洋水师、小站练兵等；文化方面，既有诗文词赋、绘画书法、人物传记，又有昆曲、京剧、小说、唱本各种民间艺术；加之民族、法制、科学、宗教、城市、乡镇、风俗习惯、生态海洋等方面。各种研究无所不包，覆盖了各个社会历史领域，使得每朝的史书类似于百科全书型的著作，可以阅读和寻找到各种各样的知识。

第三，史料的整理和发展大为进步。民国以后，大内档案公之于世，其数量达一千万件以上，其中尤以清朝的档案与史料为多，它们的大量公开出版为后人提供了无穷的研究宝藏。档案和各种史料是认识和研究历史的重要载体，只有对它进行积累、分析、辨识、考证，才能揭示出历史的真相。近百年来，收集、保存、整理和利用这些珍贵的历史资料取得了很大的成绩，使我们对五百多年的明清历史有了许多新的重要的发现和认识。

故宫出版社作为故宫博物院的下属部门，把服务和促进明清史和故宫学研究作为自己的责任和义务，并为此做出了不懈的努力，坚持资助出版《明清史论丛》，还抽出人力、物力出版了《明代宫廷史研究丛书》等一批颇具特色的明清史著作，逐渐成为明清史研究成果的一个重要的出版阵地，为明清史研究的深入发展，作出了积极贡献。相信本丛书的出版，无论对史学工作者还是普通的史学爱好者，都是一个极大的便利，必将对明清史学术知识和研究的深入发展与广度普及，产生积极的影响。

戴逸

2012年7月

目　录

绪论　对中国封建社会分封制度的几点认识 / 1

一　分封制在中国封建社会的产生及其历史必然性 / 1

二　分封制在中国封建社会的两种形式及其经久不衰的原因 / 5

三　分封制在封建国家中的作用与危害 / 11

第一章　清初的分封制度与异姓封王 / 15

第一节　宗室封爵与“开国诸王”的权力 / 15

第二节　异姓封爵制与后金时期的异姓分封 / 21

一　满族贵族 / 23

二　蒙古贵族 / 23

三　汉军贵族 / 24

第三节　皇太极分封“三顺王” / 25

一　恭顺王孔有德与怀顺王耿仲明 / 25

二　智顺王尚可喜 / 34

三　皇太极优遇汉人与分封异姓的原因 / 37

第四节　吴三桂的降清与酬封平西王 / 42

一　由将门虎子到边关主帅 / 43

二　入关勤王与投降大顺军 / 59

三　山海关之战与吴三桂降清封王 / 68

第二章　封建二藩 / 79

第一节　宗室诸王在统一战争中的作用及其势力的衰弱 / 79

第二节　异姓诸王的崛起 / 84

一　“三顺王”卓建定鼎之功 / 85

二　吴三桂的被抑与再起 / 87

第三节　四汉王平定西南与清廷并建三藩 / 90

一　平西王吴三桂“定陕、定川、定滇” / 90

二　靖南、定南二王之死 / 96

三　平南王尚可喜与嗣靖南王耿继茂同定广东 / 98

四　清廷并建三藩 / 100

第四节　三藩分镇对巩固清朝统一的重要作用 / 103

一　平南王尚可喜平定广东义军的抗清斗争 / 103

二　靖南王耿继茂剿抚郑氏抗清武装 / 105

三　平西王吴三桂擒杀永历与平定诸土司 / 106

第三章　三藩势力的发展及其与清廷的尖锐矛盾 / 115

第一节　军事力量的扩充 / 116

一　耿、尚藩属建制 / 118

二　吴三桂的藩属兵丁 / 120

三　魏源对吴三桂藩属绿营记载的疏漏 / 122

第二节　经济实力的增长 / 124

一　吴三桂对云南的掠夺 / 124

二　耿继茂暴敛于福建 / 128

三　平南之富甲于天下 / 129

第三节　平西王吴三桂的特殊权力 / 130

第四节　吴三桂地方集团势力的形成 / 133

第五节　三藩与清廷的矛盾冲突 / 138

一 天下财富半耗于三藩 / 138
二 西选之官遍天下 / 139
三 平西王对督抚的挟制 / 142
四 耿氏父子在福建的淫威 / 145
五 尚之信暴虐不法 / 147
第六节 三藩凌辱有司，为害乡里 / 149
一 城中驻兵牧马 / 150
二 藩府营建之累 / 152
三 藩兵横行暴民，势凌有司 / 154

第四章 清廷撤藩与三藩叛起 / 158
第一节 撤藩前清廷对三藩权势的限制与削夺 / 158
第二节 康熙皇帝撤藩及其部署 / 162
第三节 吴三桂对形势的错误估计及其猝然起兵 / 166
第四节 耿精忠、尚之信举兵响应 / 181
第五节 叛者四起及其原因 / 185
一 参加反清的主要社会力量 / 186
二 叛者四起的主要原因 / 191
第六节 三藩反清的目的 / 206
一 以“反清复明”、“反满兴汉”号召天下 / 206
二 行称王割据的一己之私 / 210

第五章 清朝平定三藩与三藩兵败 / 214
第一节 康熙皇帝力主平叛，维护国家统一 / 214
第二节 康熙皇帝平叛的军事部署 / 216
一 组成以荆州为中心、以川湖为重点的防御体系 / 217
二 屯重兵于兖州、太原与增设驿递邮传 / 218
三 诏示天下以伸张正义，打击元凶 / 218

四　保固东南财富重地 / 219
五　形势的恶化与康熙皇帝对平叛部署的重新调整 / 219
第三节　息内乱，平察哈尔，解除后顾之忧 / 225
第四节　起用绿营将领与底定三边 / 230
第五节　剿抚并用，平定闽浙、江西、粤东，动摇粤西 / 238
一　清军攻战浙闽与招抚耿精忠 / 238
二　郑耿交恶与耿精忠受降 / 241
三　尚之信之悔及其纳款投降 / 243
四　保卫江西 / 245
五　清廷对广西的剿抚 / 248
第六节　湖南攻战 / 250
一　首取岳州、澧州 / 251
二　由江西取长沙，迂回进取湖南 / 251
三　长沙争夺与官山之战 / 255
四　吴三桂势绌称帝衡州与永兴激战 / 257
五　围困岳州 / 261
六　吴军溃败与清军收复湖南 / 265
第七节　进兵四川与清军三路会师云南 / 267
一　再用绿营将领平定四川 / 267
二　洪化政权的垂死挣扎 / 269
三　清军三路入滇 / 271
四　围困昆明 / 274
第八节　对清朝取得平叛战争胜利的几点认识 / 277
一　清王朝经过艰苦的斗争取得了平叛战争的胜利 / 277
二　清朝平定三藩获胜的原因 / 279
三　三藩的失败 / 281

第六章　清朝平定三藩的善后措施 / 282

第一节　惩处反叛余孽、消除割据隐患 / 282

一　处置尚之信、撤平南藩属建制 / 282

二　处置耿精忠、撤靖南藩属建制 / 287

三　对吴三桂藩属及其诸反叛者的处置 / 290

四　各项制度的调整 / 292

第二节　荡涤战争烦苛与优恤官兵 / 294

一　恢复各官俸禄 / 295

二　赏赍、恩恤官兵 / 295

三　大赦十恶以外之罪犯 / 296

四　俱不赦免与从重治罪 / 297

五　蠲免与革除 / 297

六　支付各项 / 298

七　致祭 / 298

第三节　罚先行于亲贵 / 299

第四节　革除三藩恶政 / 302

一　革除云南积弊 / 302

二　革除广东、福建积弊 / 310

第七章　平定三藩的历史作用及其深远影响 / 312

第一节　开“康乾盛世”之端 / 312

一　康熙皇帝在平定三藩之后的反省 / 312

二　康熙皇帝整饬吏治 / 313

三　康熙皇帝缓和社会矛盾与发展生产 / 322

四　康熙皇帝笼络汉族知识分子 / 326

第二节　为巩固多民族国家统一、抵制早期殖民主义势力的入侵奠定基础 / 334

明清纪元简表 / 341

后　记 / 342

编后说明 / 344

绪论　对中国封建社会分封制度的几点认识

“封国八百，同姓五十有余”的分封制度，随着西周奴隶制社会的崩溃，已成为历史的陈迹。中国进入封建社会以后，中央集权的君主专制便成为中国封建社会一贯的制度。然而，分封制的古老形式，仍然伴随着中央集权的专制统治，历经一个又一个的封建朝代。自两汉起，经魏晋、隋唐，直至明清，分封制几起几落，其是非利弊，为古人和今人所关注，褒贬诽誉，论说不已。那么，分封制何以会移植到封建社会，何以能历久不衰，它在统一的封建国家中的地位与作用以及它与中央集权的专制政体之间处于怎样的关系，等等问题还须深入研究。

一　分封制在中国封建社会的产生及其历史必然性

任何事物的产生都有其必然性，产生于奴隶制度的分封制能够移植到封建社会也并非偶然。

马克思在《路易·波拿巴的雾月十八日》中说：“人们自己创造自己的历史，但是他们并不是随心所欲地创造，并不是在他们自己选定的条件下创造，而是在直接碰到的、既定的、从过去承继下来的条件下创造。一切已死的先辈们的传统，像梦魔一样纠缠着活人的头脑。”公元前221年，秦始皇剪除六雄，结束了西周分封以来诸侯割据的局面，建立起我国历史上第一个统一的封建国家，确立了皇权至上的君主专制政治体制。然而，传统的意识形态、封邦建国的思想仍然有着巨大的历史惯性。当秦始皇就地方行政推行何种体制问及群臣时，丞相王绾首先提出："诸侯初破，燕、齐、荆地远，不为置王，毋以填（镇）立，请王诸子，惟上幸许。"[1]建议在燕、齐、楚等边远地区分封诸子为王以镇守。秦始皇命诸大臣就分封是否可行进行讨论，其结果，除廷尉李斯坚决反对外，"群臣皆以为便"[2]。而后，秦始皇虽采纳了李斯的建议，以"海内为郡县"，"子弟无尺寸之封"，在全国范围内罢诸侯置郡守，但6年之后，公元前215年，在始皇帝大宴群臣时，齐人博士淳于越又旧事重提，再次建议秦始皇实行分封制度。为了避免再次出现诸侯割据称雄的局面，加强并巩固封建专制主义的集权统治，秦始皇使用了最野蛮的强制手段，实行了一次亘古罕有的焚书，以对这种旧的传统思想进行打击。结果却适得其反。秦始皇禁锢人们思想的做法，只是引起了海内的积怨，加速了他自身统治的灭亡。所以，班固评论说："秦既称帝，患周之败，以为起于处士横议，诸侯力争，四夷交侵，以弱见夺。于是削去五等，堕城销刀，钳语烧书……乡秦之禁，适所以资豪杰而自毙也。"[3]

历史证明，一个社会在政治制度上的变革往往发生于瞬间，然而思想领域里的变化却是相当迟缓而又漫长。分封制历经殷周数百年，在人们的头脑中已根深蒂固，当陈胜、吴广起义后，张耳、陈余等即首先指责秦始皇："夫秦无道，破人国家，灭人社稷，绝人后世。"[4]并对陈胜建议说："愿将军毋王，急引兵而西，遣人

1 《史记·秦始皇本纪》，中华书局，1959年。下同。

2 《史记·秦始皇本纪》。

3 《汉书·异姓诸侯王表》，中华书局，1962年。下同。

4 《史记·张耳陈余列传》。

立六国后。”[1]所以，在反秦战争乃至后来的楚汉战争中，无论项羽还是刘邦，都实行了分封的办法。项羽分封十八诸侯，刘邦分封七人为王，他们并非不想效秦始皇“振长策而御宇内，吞二周而亡诸侯”，而是迫于当时的形势不得不为之。马端临在《文献通考》中说：“项羽主约霸天下，然所建置诸侯亦多是已自王之人。”[2]清人王夫之也评论说：“怀王之立，非项氏之意也……以从民愿而已。”[3]而刘邦封韩信，更是韩信先自假王。可见，分封制在当时具有相当的社会基础和舆论影响，尽管它代表了社会上的保守势力，却仍然表明在代表新制度的郡县制完全取代它之前，分封制需要有一个过渡形式，或者借用亡灵的形式，演出新的内容。

西汉建立以后，新的统治者针对秦亡的历史教训，在如何治理和巩固统一国家的问题上产生了疑问。刘邦亲身参加了推翻秦朝统治的斗争，又在亡秦的基础上建立起自己的政权，他认为，秦亡的主要原因在于“轻弱骨肉，显重异姓”。而这种观点在当时具有相当的市场，直到东汉班固写《汉书》时仍然认为：秦“窃自皇帝，而子弟为匹夫，内亡骨肉本根之辅，外亡尺寸藩翼之卫，陈吴奋起自挺，刘项随而毙之”。因而，刘邦在“汉兴之初，海内新定，国姓寡少”的情况下，“惩戒亡秦孤立之败”，“剖裂疆土，立二等之爵，功臣侯者百有余邑，尊王子弟，大启九国”[4]，是具有一定的社会基础的。而分封制在西汉重新出现，虽然“其有意于矫前世之弊矣”[5]，但在一定意义上，也可以说是统治者正视了历史的惯性和分封制在新形势下的客观需要。

---

1 《资治通鉴》卷七，中华书局，1956年。

2 《文献通考》卷二六八《封建九》，浙江古籍出版社影印本，2000年。下同。

3 王夫之：《读通鉴论》二四，中华书局，1975年。

4 《汉书·诸侯王表》。

5 徐天麟：《西汉会要》，上海人民出版社，1977年。

但是，西汉的分封并非复旧。柳宗元在《封建论》中评论说："汉有天下，矫秦之枉，徇周之制，剖海内而立宗子，封功臣。"事实上，柳宗元只说对了一半，汉代"矫秦之枉"，却并没有完全"徇周之制"。首先，刘邦在分封子弟的同时，继续实行秦朝的郡县制，在地方上亦郡亦国，郡国相兼杂错，"取周秦之制而兼用之"。即封国也并非尽同故周，法令由朝廷制定，相、太傅、内史、中尉等重要官吏由朝廷任免。其次，"授民授疆土"的分封制度兴盛于奴隶制的西周社会，随着奴隶制度的礼崩乐坏和土地的私有化，以"溥天之下，莫非王土"为经济基础，并有严格礼仪可循的西周分封制度，也已一去不复返了。再次，战国初期，各诸侯国已出现了带有封建性质的分封制度。它们同西周分封制的明显不同，在于封君的封邑要接受封建国家的法令约束，由封建国家直接派官管理，国家对于封邑上的土地和奴隶的占有给予一定的限制。这种分封制从全国的角度看仍是割据政权，但在各诸侯国内部却已改变了以往的性质，类同郡县。因而，刘邦在秦始皇"令黔首自食田"、以法令的形式将土地私有化推行到全国的现实基础上，所能承继的只能是西周的分封形式，战国以后的分封制内容，其重启分封制度，"使死人复生是为了赞美新的斗争，而不是为了勉强模仿旧的斗争"[1]。

由此可见，中国进入封建社会以后，分封制作为郡县制的一种补充形式与之并行于全国，是以总结前朝历史教训为起因，以巩固统一集权国家为目的，"法三代之制"遗风，所采取的一项重要改革措施。

1　马克思：《路易·波拿巴的雾月十八日》，《马克思恩格斯选集》第1卷，人民出版社，1972年。

二　分封制在中国封建社会的两种形式及其经久不衰的原因

宗室诸子分封，在西汉得到确立，而后历二千多年，为历代统治者所遵循，所谓“由汉而来，有天下者，未尝不王其昆弟子姓，而名之曰封建”[1]。然而，西汉的分封制度却并没有成为固定的模式而一成不变，在中国封建社会始终存在着两种不同形式的分封，即所谓“虚封”和“实封”。

虚封，也称“封爵之制”。是指封建国家授予宗室子弟一定的爵位，虽有茅土之封，但仅供其食租衣税，在政治军事上不享有任何权力，甚至受到一定的限制。这种虚封王侯的制度，在我国起自西汉中期，所谓“景武而后，令诸侯王不得治民补吏，于是，诸侯虽有君国子民之名，不过食其邑人而已，土地甲兵不可得而擅焉，盖自是封建之名存，而封建之实尽废矣”[2]。此后，历代虽多延习这种虚封，但各国的情况又有不同。如曹魏注重了景武以来对诸侯王的压抑。子弟亲族，“徒分茅舍，实传虚爵”。唐代则取消了诸侯王就国的惯例。所封子弟，但有其名号，而无其国邑，皆聚居京师，仅仅“崇以爵等，食其租税而已”[3]。到了宋代，宗室子弟虽“裂土而爵之，然名存实亡”[4]，诸王不过为衣食贵族。

虚封之外即为实封，它与虚封唯一的区别，就在于所封诸王在政治或军事上享有一定的权力。这种分封只发生在西汉、西晋和明，又只行于建国初第一代皇帝、至多是第二代皇帝。其中，西汉最为典型。

---

1 《文献通考》卷二七五《封建十六》。

2 《文献通考》卷二六八《封建九》。

3 《唐会要·封建》，上海古籍出版社，1991 年。

4 《宋史·宗室传》，中华书局，1977 年。

刘邦开国设爵二等，曰王、曰侯，封授皇子皇孙。诸侯王皆有封邑，并及封户，所谓“古分土而无分民，自汉始分民”。特别是，在封邑内，诸王“掌治其国”，国中官员太傅、丞相、御史大夫诸卿“皆秩二千石，百官皆如汉朝”，“其御史大夫以下皆自置之”[1]，享有充分的政治权力。在经济上，“诸侯皆赋”，自行征税，并可直接经营由国家专利的煮盐、冶铁和铸钱。同时，诸王还有制兵器、自任将领的军事权力。因而，西汉封国，其独立于朝廷之外的封建性质最为鲜明。

继西汉之后，西晋再重封君。晋武帝泰始元年“封建子弟为王二十余人，以郡为国，邑二万户为大国，置上、中、下三军，兵五千人；邑万户次国，置上军、下军、兵三千人；邑五千户为小国，置一军兵，千五百人”，封建规模亦为可观。但由于起初“王不之国，官于京师”[2]，也不过是“徒享封土而不治吏民”的虚封。至咸宁三年，晋武帝“诏诸王公皆归国”，更制户邑，大、中、小国“皆制所近县益满万户”，中尉领兵，自选文武官，“其王公侯以下茅社符玺车旗命服一如泰始故事”[3]，权力始重。尤其是“国皆置军，使君国各随方面为都督”，出镇一方，是西晋分封的一个重要特点。

明朝建立后，朱元璋在汉晋分封的基础上有因有革。他继续保留了汉初以来郡国制的分封形式，既在地方设置郡县官府，又规定除皇嫡长子为皇太子而外，其余皇子皆封亲王，亲王就封以后，即在封地建立王府，亦称藩国。为避免重踏汉晋封王逾制故辙，明代亲藩“分封而不锡土，列爵而不临民，食禄而不治事”。然而事实上，明代诸王权力是明轻暗重。在政治上，诸王通过王

1 《文献通考》卷二六五《封建六》。

2 《文献通考》卷二六五《封建六》。

3 《文献通考》卷二七〇《封建十一》。

府的官属对地方行省的利弊得失，地方官吏的政绩考察，均可过问。所谓“王府文武官属每旦侯见，省宪都司及府县官属朔望侯见，若有事召见，不在此例”[1]。在军事上，王府“护卫甲士，少者三千人，多者至万九千人”[2]，虽隶籍兵部，但诸王有统领、调遣之权。而且遇有战争，即守镇兵亦“并从王调遣”。朱元璋还规定，凡朝廷调兵，皇帝的御宝文书须同时颁发给亲王和守镇官，守镇官“既得御宝文书，又得王令旨，方许发兵”。如果遇有“朝无正臣，内有奸恶”，则“天子密诏诸王，统领镇兵讨平之”[3]。

清朝以少数民族入主中原，其分封制度也独具特色。宗室诸王“外领率干，内襄政本”，在政治和军事上享有很大的权力，但却不得分遣地方，临郡而治，似分封亦实亦虚。而尤其是，清朝在分封宗室诸王的同时，又分封明朝降将为异姓王，并使之镇守一方，藩屏皇室，这种实封更为历朝历代所罕见。

这两种不同形式的分封制度并存于中国封建社会，首先是因为分封的社会背景不同，所能借鉴的经验和教训也不同。

如三国时，“魏兴，承大乱之后，民人损减，不可则以古法，于是封建侯王皆使寄地空名，而无其实”[4]。唐代，礼部侍郎李佰药认为，“天下五服之内尽封诸侯，王畿千里之间俱为采地，是则以结绳之化行虞夏之朝，用象刑之典理刘曹之末”，已经不合时宜。而且“数代之后，王室寝微，始自藩屏化为仇敌，家殊俗国异政，强凌弱，众暴寡，疆场彼此干戈”[5]。曹魏与唐皆重建于战乱之后，分裂割据的痛楚尤切。其对诸王在权力上加以限制和防范，当在情理之中。

1 《太祖洪武实录》卷八五。

2 《明史·诸王传序》，中华书局，1974年。下同。

3 《皇明祖训·法律》，北京图书馆藏明刻本。

4 《文献通考》卷二七〇《封建十一》。

5 《文献通考》卷二七五《封建十六》。

又如西晋，“晋武帝惩魏氏孤立之弊，故大封宗室，授以职，又诏诸王皆得自选国中长吏，卫将军”[1]。西晋的建立，是司马氏依靠了士家大族的力量禅代了曹魏，因而，深知其中奥妙的司马氏统治者们认为，其所以成功，曹魏“圈闭亲戚，幽闭子弟”，乃是重要的因素之一。

清朝的情况有所不同，本文将在第一章再作详细论述。

其次，这两种分封形式，从目的上看，其共同之处在于“亲亲”，即遵循了“古之王者，必封同姓，以明亲亲”的“三代之法”。它实际上是开国皇帝打下天下之后，希望其统治万世一系，子孙后代能永享荣华富贵的主观愿望的反映。如西汉高祖要“后嗣承序，以广亲亲”[2]；唐太宗欲“使子孙长久”[3]；明太祖令其后继者“知敦睦九族，隆亲亲之恩”；以及清朝的“垂裕后昆”等等，都反映了这同一要求。

但是，实封比之虚封在目的上又多了一层，即“非唯重天潢之支，亦尚有屏翰王室之意焉”[4]。如西汉的大封同姓，“以镇天下”；西晋的“使万国相维，以成磐石之固”，都反映了统治者维护封建统治，巩固国家统一的分封目的。而明朝朱元璋对诸王的期望尤其殷切。他认为，在明初北方尚有元朝蒙古残余势力威胁的情况下，“建都应天，去西北辽远，非亲子弟不足以镇抚而捍外患”[5]。因而分封诸王，“外卫边陲，内资夹辅”。而且，朱元璋不止一次地说:“天下之大，必建藩屏，上卫国家，下安民生。今诸王既长，宜各有爵封，分镇诸国。”“为久安长治之计。”[6]此

1 《文献通考》卷二五九《帝系十》。

2 《汉书·王子侯表》。

3 《文献通考》卷二七五《封建十六》。

4 《续文献通考》卷二〇六《封建一》，鸿宝书局，1902年。

5 《明史》卷一一六《列传四·诸王》，中华书局，1974年。

6 《太祖洪武实录》卷五一。

外，清朝给诸王以统兵之权，也是因为其“以百战定天下，繄诸王是庸”[1]。

总之，由于前朝的情况不同，统治者所接受的历史教训也不同，从而形成了对分封制的不同看法。正如马端临所说：“秦罢封建置郡县，自是诸儒之论封建郡县者，历千百年未有定说。”[2]由于论者对分封制的认识不同，举起利者，重之；视其弊者，轻之，于是便形成了分封制在中国封建社会起伏跌宕的发展状态。然而，分封制虽然几起几落，对其诽者又多于誉者，它却历经数朝而不衰。其原因大致有两点：

其一，宗法观念的巨大作用力。宗法观念是宗法制的产物。宗法制产生于奴隶制社会，是氏族血缘关系进入阶级社会后在政治结构上的反映。它以祖宗为支柱，以宗子为轴心，根据血缘亲疏关系的远近确立在宗族大家庭中的贵贱地位，并由此形成一个统治网络。西周的分封制便完全建立在宗法制基础上，周天子称大宗，诸侯为小宗，小宗要服从大宗的指挥，受大宗的节制，相互结成政治关系的整体，即所谓“大宗维翰”，“宗子维城”。因此，李桂海先生在《中国封建结构探要》一书中指出：“宗法制一方面是由血缘关系来维系一个家族，另一方面又是借助于这种血缘关系来平衡和分享政治和经济权力的一种统治制度。”进入封建社会以后，完全依靠宗法血缘关系进行统治已经不再可能，于是建立在一家一户小农经济基础上的家长制，和由家长制而来的官僚政治应运而生。然而，“陈旧的东西总是力图在新生的形式中得到恢复和巩固”[3]，宗法制几经波折，又与封建家长制紧密地结合在一起。而且宗法观念带着其旧有的痕迹，又以巨大的影响渗

1　《清史稿》卷二一五《诸王一》，中华书局，1977年。下同。

2　《文献通考》卷二六五《封建六》。

3　《马克思致弗·波特尔》，《马克思恩格斯选集》第4卷，第394页，人民出版社，1972年。下同。

透到封建社会的各个领域。所以，封建皇帝在“与士大夫共治天下”的过程中，又牢牢把握“亲亲”的原则，大封宗室同姓，正是宗法观念的作用。如刘邦分封，“规土连城，布王子孙，枝叶扶疏，异姓不得间”[1]。临终还作了“非刘氏而王者……天下共诛之”[2]的规定。认为只有同姓最可靠，视社稷为同姓所有。朱元璋尤其看重骨肉，他说:“天子有子，其嫡长者守邦以嗣大统，诸子各有茅土之封，藩屏王室，以安万姓。”[3]其分封也严格遵循宗法制的嫡长子继承制。如洪武二十八年所定封爵册宝之制规定:“皇子为亲王，亲王之众子为郡王，凡亲王、郡王世子必以嫡长，如以庶夺嫡，轻则降为庶人，重则窜之远方。”[4]即“兄终弟及，须立嫡母所生者，庶母所生，虽长不得立”。在这里，宗法制借助血缘确立亲疏关系，从而平衡政治权力的原则，得到了完全的体现。可见，宗法观念在当时虽然已经不是决定等级贵贱的主要依据，但它仍以固有的惯性起着巨大的作用。

其二，封建集权政治的需要。上述事实已经说明，分封制(主要指实封) 是以巩固国家统一，加强集权为目的的。中国封建社会的历史证明，专制主义的中央集权政治有利于地主阶级对封建国家的控制，所以它一直是封建政治制度发展的趋势。然而，这种以巩固皇权为核心的高度集权政治，无疑存在着严重的缺陷，即如顾炎武所言:“郡县之失，其专在上。”国家的立法权、司法权、行政权等等完全归皇帝掌握，“天下事无小大皆决于上”，权力过分地集中在皇帝一个人的手中。当皇帝对这个过分集中的权力无法控制时，就需要转移，这就是人们常说的分权。一般来说，皇帝可以分权给官僚。但是，皇帝与官僚之间虽有共同的利害关

1 《汉书·诸侯王表》。

2 《史记·汉兴以来诸侯王年表序》。

3 《太祖洪武实录》卷一〇三。

4 钦定《续文献通考》卷二〇八《封建三》。

系，也有矛盾和冲突，当皇帝认为官僚的权力过大，有碍于他的君权时，往往愿意将权力分给自己的亲信，于是出现了宦官、外戚相继专权的历史现象。而开国皇帝不同于他人之处，则多把权力交给宗室子弟，以血缘亲族屏卫王室。因而，分封制（实封）从根本上说是君权强化过程中封建专制政治内部矛盾不可调和的产物。

三　分封制在封建国家中的作用与危害

分封制是统治者力图解决封建社会结构的内在矛盾，加强封建统治，以期“子孙长久，社稷永固”的一种主观愿望的尝试。然而，封建统治制度无可克服的矛盾本质，使其尝试的结果相当令人遗憾。

第一，分封制在巩固封建国家中起了一定的作用，但为时极为短暂。如西汉，建国初尚有“将相或乘牛车”的情景，社会经济凋敝。在这种情况下分封诸王，并给予种种经济特权，无疑可以刺激诸侯王以国为家发展生产的积极性，以致数年之后便出现了各封国的经济繁荣。此外，诸王就国，与郡守相兼，在维护封建统治秩序，巩固国家统一等方面也起了屏障作用，史称：高祖“诸子毕王，天下乃安”[1]。而后，及吕氏擅权，图刘氏天下，“所以不倾动者，徒以诸侯强大，磐石胶固也”[2]。因而，班固在《汉书》中写道：文帝初年“海内晏如，亡狂狡之忧，卒折诸吕之难，成太宗之业者，亦赖于诸侯也”[3]。又如明朝，洪武年间，诸塞王皆戎马征战，率兵巡边，燕晋二王又数次将兵出塞击败了故

1　贾谊：《新书·益壤》卷一，《贾谊集》，上海人民出版社，1975 年。

2　《文献通考》卷二六九《封建十》。

3　《汉书·诸侯王表》。

元蒙古一次次的侵袭，保卫了边疆。而他们管理边军，筑城屯田，又对边疆的开发和经济的发展作出了贡献。朱元璋攘外安内的封藩设想，在这一时期基本得以实现。

历来，人们总是习惯把分封制作为中央集权政治的对立物来认识，认为它自存在起就危害着统一的封建国家。其实不然，分封制的初期作用还是应该予以肯定的。只是这种作用极为短暂，它只发生在第一代、至多是第二代皇帝统治的时期。

第二，分封制造就了一批腐朽的寄生阶层。由于分封的主要目的在于“亲亲”，而作为封建社会分封制主体形式的封爵制又首先以保证封王的衣食租税为前提，因而历代封王都享有优厚的待遇。以明朝为例，皇子封亲王，“岁禄万石”，“冕服、车旗、邸第下天子一等”[1]。洪武九年又规定：亲王岁支“米五万石，钞二万五千贯”，郡王每岁支拨“米六千石，钞二千八百贯”[2]。然而，明朝宗室的繁衍速度是惊人的，洪武时宗室人口只有58人，至万历二十三年《玉牒》所载已达15.7万人，王位的世袭，尤其造成封王的糜多。在永乐时，诸王禄米已不能全给，至嘉靖八年更出现了山西、河南两省赋税不足供宗室禄米之半的情形，从而加剧了社会的矛盾。

第三，分封制培养了分裂割据势力。马克思说过：“在我们这个时代，每一种事物好像都包含有自己的反面。”[3]在封建社会，分封制尤其具备走向自己反面的各方面因素。

首先，诸王政治经济权力的膨胀与封建国家的集权统治发生了尖锐的矛盾。分封之始，诸王尚且年幼。开国皇帝以其长辈的身份，创业的才干，以及威望和影响，是可以控制诸王，使其

1 《明史》卷一一六《列传四·诸王》。

2 《明史》卷八二《食货六》。

3 《马克思恩格斯选集》第2卷，第78页。

“谨守藩国之礼，不作非为”，遏制分封本身潜在的威胁。然而，当老皇帝死去，第一代藩王与第二代或第三代皇帝之间的矛盾便不可避免。如西汉，至第三代皇帝文帝时，诸王多已“僭越天子”[1]，“诸王国皆连城数十，逾于古制”[2]。朝廷所设傅、相皆被罢斥，“自丞尉以上遍置私人”，“国制抢攘”之势已成。明二世朱允炆为皇太孙时就已感到诸王叔“多不逊”，忧虑尤甚。

其次，诸王的权力为其最终反叛朝廷准备了力量。从历代分封的状况看，凡封王权重者，皆走向自己的反面，所谓“事过则弊”。故西汉有“吴楚七国之乱”，西晋有“八王之乱”，明有“靖难之役”，清朝有三藩之乱。靖南之役以皇帝的易位告终，而八王之乱最终导致了“神器劫迁，宗社颠覆”。

再次，封建自然经济的分割性与不平衡性，成为分封制走向自己反面的客观基础。历史唯物主义一向认为：每一时代的社会经济结构，形成现实基础，而每一历史时期由法律、政治、宗教、哲学等构成的全部上层建筑，归根到底都是由这个基础来说明的。就中国封建社会的自然经济而言，地域广阔的国土，由于地理形势以及其他方面的关系，被分成几个自然的区域。“这些区域的气候与主要物产基本相同，而各区域间的交通，又非常不便。在这种情形下，就必然会形成若干并立的政治经济中心。这些经济区域内的基本生产物，大都不缺，可以供给各该区域内的需要，就是说基本上都能够自给自足。因此，交易互市等一般的商业行为，主要的大量的只是限于一个区域的范围之内。各区域之间基于日常必需品而进行的商业贸易关系，相当薄弱。在一般的生活必需品上，找不到什么可以引起各区域间大规模贸易的品类。同时基于自然环境而产生的这种形势，又恰恰给予了各封建诸侯领

1　《史记·汉兴以来诸侯王年表》。

2　《文献通考》卷二六五《封建六》。

主以分疆割据的有利的客观条件。”[1]

总之，分封制在中国封建社会漫长的历史进程中，反复被摧抑，又一再被重建，说明了它与封建政治无可分割的内在联系。同时，分封制作为封建制度的一个组成部分同封建制度一样，有着不可克服的弊症。

1 邓拓：《论中国历史的几个问题》，三联书店，1959年。

第一章　清初的分封制度与异姓封王

清朝是中国封建社会的末代王朝，虽为满族少数民族统治者所建，然其入关后所承继的却是数千年来所形成的古老而传统的中原文化，其政治体制亦无法摆脱封建专制政治的窠臼，因而在其加强专制皇权、巩固国家统一的过程中，依然奉行了分封制的原则。

第一节　宗室封爵与"开国诸王"的权力

清王朝建立后，在对明代分封制损益的基础上，建立起独具特色的宗室子弟分封制度。所谓"清兴，诸子弟但称台吉、贝勒、既乃敩明建亲，郡王，而次以贝勒、贝子，又次以公爵，复别为不入八分。盖所以存国俗，而等杀既多，屏卫亦益广，下此则有将军，无中尉，又与明小异；诸王不锡土，而其封号但予嘉名，不加郡国，视明为尤善。然内襄政本，外领帅干，与明所谓不临民，不治事者乃绝相反。"[1]

清代的宗室封爵，始自努尔哈赤，据《清朝文献通考》记

1　《清史稿》卷二一五《诸王一》。

载："国家庸勋展亲，优崇爵秩，自太祖肇基。"[1]努尔哈赤兴起不久，"即以国语定爵号"，在赐予诸弟、子侄以土地、人口、牲畜、财帛的同时，封授"贝勒"、"台吉"等爵号。"所谓贝勒，乃沿女真旧有尊称"，封爵子弟中，"其最尊者，称曰贝勒"。而后，随着后金汗国的建立和发展，努尔哈赤以次子代善、侄阿敏、五子莽古尔泰、八子皇太极佐理国政，合称"四大贝勒"，居诸贝勒之上，爵位最显，俱称"和硕贝勒"。据《清史列传·代善传》记载，"和硕贝勒"的称号，最早出现于后金建国，时"丙辰，太祖建元天命，封代善及舒尔哈齐长子阿敏，太祖第五子莽古尔泰，与太宗文皇帝并为和硕贝勒。国中称代善为大贝勒，阿敏为二贝勒，莽古尔泰为三贝勒，太宗文皇帝为四贝勒。"[2]可见，自后金开国，宗室封爵在台吉、贝勒之上，又冠和硕贝勒，形成不同等级的划分。

但是，正处于草创之初的后金汗国，戎马倥偬，封爵尚未形成制度，爵位的称谓也并不固定，"当时自表尊大，对汉称王，对满称贝勒，原无差异，但系随意自尊，无所谓爵命"[3]。所以在"和硕贝勒"和贝勒之间，也没有严格的区别。如天命九年（1624年），后金汗国与科尔沁蒙古巴约特部恩格德尔台吉盟誓时，参加者称"大贝勒（代善）、阿敏贝勒、莽古尔泰贝勒、四贝勒（皇太极）、阿巴泰台吉、德格类台吉、济尔哈朗台吉、阿济格台吉、杜度台吉、岳托台吉、硕托台吉、萨哈璘台吉"[4]等。从中可以看出两点，其一，在天命元年授封为和硕贝勒的代善四人，在这里俱以大贝勒、贝勒称之。其二，在努尔哈赤的诸子弟中，除四大贝勒以外，余者皆称为台吉。

---

1 《清朝文献通考》卷二四六《封建一》，四库全书本。下同。

2 《清史列传》卷一《代善传》，中华书局，1987年。下同。

3 孟森：《明清史论著集刊·八旗制度考实》，中华书局，1959年。下同。

4 《满文老档》第8函第60册，天命汗等对恩格德尔额驸之誓言，第572页。

但这并不表明，大贝勒、和硕贝勒和贝勒的地位完全等同，统名贝勒只是一种惯称、通称而已。

从现有资料来看，当时的分封状况是，封和硕贝勒者，人数不多。史籍中虽有“天命年间，立八和硕贝勒，共议国政”的记载，但事实上，所谓“八和硕贝勒，世无能尽举其名者，实则其名本不全定。且和硕贝勒亦本无此爵名，而即沿以和硕贝勒为称，亦竟无八人之多。”孟森先生据上述《代善传》所载，得出“八和硕贝勒中，有明文授此爵者为四人”[1]的结论，也就是说，在天命初年获和硕贝勒封爵者，只有四大贝勒。其后，“太祖诸子侄中，亦惟济尔哈朗一人为天命年间四大贝勒以外之和硕贝勒。合之天聪年间豪格为和硕贝勒，清一代为和硕贝勒者不过六人。”[2]其下封贝勒者前后约有 12 人。除努尔哈赤同母弟舒尔哈齐、长子褚英于后金建国前获贝勒封号外，其余褚英“长子杜度以天命九年封贝勒；代善长子岳托、二子硕托、三子萨哈璘，太祖七子阿巴泰、十子德格类、十二子阿济格，俱云天命十一年封贝勒；十四子多尔衮、十五子多铎，俱云初封贝勒，不书年，当俱是天命十一年太祖崩后。……而于太宗之嗣位，已以贝勒之名义在誓告天地之列。又太宗长子豪格，初封贝勒，天聪六年晋和硕贝勒。豪格之封贝勒，亦当是太祖崩时。”[3]可见，努尔哈赤诸子侄多于天命末年获贝勒封号，所以昭梿在《啸亭杂录》中说：“国初开创辽沈，凡宗臣贵位，统名贝勒。”[4]

崇德元年四月，皇太极改元称帝，国号“大清”，宗室分封由此定制，以世爵九等分封子弟，“一等和硕亲王，二等多罗郡

1 孟森：《明清史论著集刊·八旗制度考实》。
2 孟森：《明清史论著集刊·八旗制度考实》。
3 孟森：《明清史论著集刊·八旗制度考实》；另据《清史列传·宗室王公传》卷二。
4 昭梿：《啸亭杂录》卷七《王公降袭次第》，中华书局，1980 年。下同。

王，三等多罗贝勒，四等固山贝子，五等镇国公，六等辅国公，七等镇国将军，八等辅国将军，九等奉国将军。叙兄弟子侄军功，封亲王、郡王、贝勒有差。”[1]于是，“册封大贝勒代善为和硕礼亲王，贝勒济尔哈朗为和硕郑亲王，墨尔根戴青贝勒多尔衮为和硕睿亲王，额尔克梦虎尔贝勒多铎为和硕豫亲王，贝勒豪格为和硕肃亲王，岳托为和硕成亲王，阿济格为多罗武英郡王，杜度为多罗安平贝勒，阿巴泰为多罗饶余贝勒。各锡银两有差。”[2]

据《清代八旗王公贵族兴衰史》列表统计，崇德年间所封宗室为：七个和硕亲王，三个多罗郡王，四个多罗贝勒，五个固山贝子，一个镇国公，八个辅国公。[3]此外，还封了一些镇国将军、辅国将军和奉国将军，“一个势力强大的宗室贵族集团正式形成了”。但是，此时的分封还限于“叙诸兄弟子侄军功”[4]。

清军入关以后，继续分封宗室子弟。顺治元年十月，顺治皇帝迁都北京，所颁即位恩诏的第一、二条，即为优遇宗室，“以笃亲贤”，明确规定：“亲王佐命开国，济世安民，有大勋劳者，宜加殊礼”，“亲郡王子孙弟侄，应得封爵，该部通察往例，损益折衷具奏”[5]。于是，以多尔衮“功多”，加封为“叔父摄政王”；和硕郑亲王济尔哈朗加封为“信义辅政叔王”；“复和硕肃亲王豪格爵”；“晋封多罗武英郡王阿济格、多罗豫郡王多铎，俱为亲王”；晋“多罗贝勒罗洛宏为多罗衍禧郡王”；“封硕塞为多罗承译郡王”。随即，又“封固山贝子尼堪、博格俱为多罗贝勒”，晋辅国公满达

---

1 《清朝文献通考》卷二四六《封建一》。

2 《清太宗实录》卷二八，第35～36页，台北华文书局，1969年。下同。

3 杨学琛、周远廉：《清代八旗王公贵族兴衰史·表》，第39页，辽宁人民出版社，1981年。下同。

4 《清太宗实录》卷二八，第35～36页。

5 《清世祖实录》卷九，第11页，台北华文书局，1969年。下同。

海、吞齐、博和托、吞齐喀、和托、尚善，俱为固山贝子。这是清朝入关后第一次大规模的分封宗室诸子。

顺治六年，清廷对诸子分封作了进一步的规定，“定宗室列爵十等，亲王一子封亲王，余子封郡王；郡王一子封郡王，余子封贝勒；贝勒子封贝子；贝子子封镇国公；镇国公子封辅国公；辅国公子授三等镇国将军”[1]，即王以上准袭封一子，余子封郡王、贝勒，贝勒以下降封。这种降封体例，使宗室分封制度更加趋于完善。是年十月，清廷又加封了一大批宗室贵族，其中封多尼为和硕亲王；杰书为多罗郡王；贝子拜尹图、吞齐、尚善，镇国公岳乐、喀尔楚浑，宗室杜兰、巴思翰、祜世布俱为多罗贝勒；镇国公特尔祜、穆尔祜、扎喀纳、萨弼、努赛、富喇塔、苏布图，宗室强度、温齐、佛克齐库，俱为固山贝子。又封辅国公巴布泰等九人为镇国公；封恭安为辅国公；封郭盖等 29 人为镇国将军、辅国将军。

顺治八年，又定亲王至奉国将军之子年二十即可列名具题请旨封授，使恩封由此纳入清朝法制，改变了先前主要靠军功授爵的情形。同年还定，亲王至奉国将军薨者，即准袭封，使爵号承袭也由此渐成规制。

此后，宗室分封制度不断修改，但基本原则没有改变。经顺治年间，封亲王、郡王者 18 人，贝勒 13 人，贝子 18 人，加上镇国公、辅国公，封为亲王、郡王、贝勒、贝子、公爵的，共有 96 人。宗室贵族有了很大的发展。[2]

清初分封宗室，从其目的看，主要有两点：一是为保证努尔哈赤家族子孙后裔世代永享荣华富贵。为此，在诸子弟的分封册文上，句首即为“我太祖武皇帝肇基立业，垂裕后昆”，以故“宜

1　《清朝文献通考》卷二四六《封建一》。

2　杨学琛、周远廉:《清代八旗王公贵族兴衰史》，第 149 页。

笃懿亲，特授以册印”[1]。第二点，也是更重要的一点，满族统治者藉宗室之力打天下，亦欲藉宗室之力，确保爱新觉罗的统治传之百世，所谓“本支百世，与国咸休”[2]。特别是在顺治初年，清朝尚未实现全国范围的统一，依靠宗室子弟共成“大业”，仍是其奋斗的目标。所以，清初一反“明所谓不临民、不治事者”，开国诸王“内襄政本，外领帅干”，在政治、军事上享有很大的权力。

所谓“内襄政本”，主要是指诸王贝勒有“议政之权”。努尔哈赤建国，便以其兄弟子侄组成了后金汗国的最高统治集团，命四大贝勒佐理国政。天命七年，又以“汗谕”的形式，规定了八和硕贝勒共议国政的制度。皇太极即位后，为加强汗权，对宗室贵族共议国政的制度屡加摧抑，但诸贝勒仍然享有很大权力，天聪五年，后金设立六部，多尔衮、岳托、济尔哈朗、德格类、萨哈璘、阿巴泰等人，分别以贝勒的身份统摄六部，执掌军国大事。崇德元年以后，宗室诸王又以议政的形式参与国家大事，“凡军国重务，不由阁臣票发者，皆交议政大臣会议。每朝期，坐中左门外会议，如坐朝仪。”[3]经顺治末年，这种情况没有改变，皇帝对议政王大臣会议所议，一般都依议而行。当时，礼亲王代善、英亲王阿济格、豫亲王多铎、巽亲王满达海、显亲王富绶、承泽亲王硕塞、敬谨亲王尼堪、端重亲王博洛、信郡王多尼、简亲王济度、顺承郡王勒克德浑、谦郡王瓦克达、平郡王罗可铎、安郡王岳乐等都曾以议政王参加议政，顺治初年，多尔衮以摄政王、济尔哈朗为辅政王，代天行事，辅佐幼主，所以，清初君权虽呈不断强化的趋势，宗室贵族仍在很大程度上左右着国政。

1 《清世祖实录》卷十，第4~6页。

2 《清世祖实录》卷十，第4~6页。

3 昭梿：《啸亭杂录》卷四《议政大臣》。

统兵打仗，握有兵权，是清代宗室诸王的又一特点。努尔哈赤及其兄弟子侄，大多自幼勤习骑射，披甲出征，至20多岁就统帅大军转战四方。所以，自努尔哈赤兴起至顺治初年的60余年中，宗室诸子始终是统兵打仗的将帅。所谓“国初开创，栉风沐雨，以百战定天下，繄诸王是庸”[1]。而且，诸王作为统兵主帅，在如何用兵等有关重大军事决策上，也往往起着重要作用。如萨尔浒之战，当明廷四路大军云集辽沈，以绝对优势进攻后金时，努尔哈赤便在召集诸贝勒会议之后，确定了“凭尔几路来，我只一路去”的作战方略，从而以少胜多。天聪七年，皇太极“以征讨明国，及朝鲜、察哈尔，三者用兵何先?”命诸贝勒各抒己见，众人一致认为应先对明用兵。其后，后金（清）对明实行残毁、蹂躏的战略方针，即为济尔哈朗“蹂躏明土地人民”、多尔衮“残毁其屯堡”、豪格“各处纵火攻掠”等主张的实施。至崇德三年，清廷将军事攻战的重点转移到宁锦一线，亦是经过诸贝勒的深入讨论。因而，后金乃至清初，在军事上所取得的一个又一个巨大的胜利，与诸王贝勒的参赞军务是分不开的，分封册文中所说“惟兹谟烈之光，实赖亲贤之助”[2]并不为过。

第二节 异姓封爵制与后金时期的异姓分封

清代封爵之制，“亲亲而外，次及勋臣，所以隆报功之典，广世禄之恩也”[3]。因而，除宗室贵族外，清代还分封异姓。所谓“清矫明失，宗子与庶姓并用”[4]。

异姓封爵亦始自努尔哈赤，其名称和等级先后不同。天命五

1 《清史稿》卷二一五《诸王一》。

2 《清世祖实录》卷十，第4页。

3 《清朝文献通考》卷二五〇《封建五》。

4 《清史稿》卷二一五《诸王一》。

年三月，努尔哈赤仿明制创设满洲世职制，分为总兵官、副将、参将、游击、备御五等，其中，总副参游又各分为三品。[1]由此，“世职”遂成为异姓贵族的等级标志。总兵官相当于子爵，副将相当于男爵。参将、游击、备御，分别相当于轻车都尉、骑都尉、云骑尉等。天聪八年四月，皇太极将世职名称改为满语，并作出规定：五备御之总兵官为一等公，一、二、三等总兵官为一、二、三等昂邦章京，一、二、三等副将为一、二、三等梅勒章京，一、二等参将为一、二等甲喇章京，游击为三等甲喇章京，备御为牛录章京。顺治年间，又定世爵为八等：公、侯、伯、精奇尼哈番（昂邦章京）、阿思哈尼哈番（梅勒章京）、阿达哈哈番（甲喇章京）、拜他喇布勅哈番（牛录章京）、拖沙喇哈番。由公至阿达哈哈番，皆分为三等。

由此可见，满族统治者在其统治初期，虽然分封异姓，但与宗室却有着明显的差异。第一，宗室与异姓进爵分属完全不同的两个系统；第二，爵位的等级与名称迥然相异；第三，异姓原则上不能封王，最高爵位是“公”，与宗室第五、六等大致相埒；第四，异姓授爵的主要依据是“叙军功”、“所以隆报功之典”。表明，满族统治者同历代封建帝王一样，实行分封主要是欲以宗室力量作为统治基础夹辅王室。但是，为了笼络人心，招揽人才，扩大统治阶级的力量，“隆报功之典，广世禄之恩”，故在分封同姓的同时，又分封了异姓。

清代的异姓贵族，包括满洲、蒙古、汉军以及汉人，但在入关以前，却只限于八旗内立有军功的开国元勋和皇亲国戚。特别是天命、天聪两朝，异姓封爵虽人数不少，但爵位偏低，且必须有大勋劳者。

---

1 《清太祖武皇帝实录》卷三，第10页。

一　满族贵族

满族贵族中，额亦都、费英东、何和礼、扈尔汉、安费扬古，在天命年间并称“五大臣”，参决军国大事，从太祖开创基业出生入死。但是封爵不高，费英东、何和礼、扈尔汉均授三等总兵官世职，列三等子爵。唯额亦都因归太祖最早，屡建功勋，“用兵垂四十余年未尝挫衄”[1]，“太祖厚遇之，始妻以族妹，后以和硕公主降焉”[2]。故授一等总兵官世职。安费扬古，生前未得锡爵。

五大臣之外，扬古利亦属努尔哈赤时期的开国元勋，驰骋疆场四十余年，身经百战，“凡在行间，率先破敌，克建奇勋，于国家宣力为多”[3]。努尔哈赤嘉其多次征战之勋劳，授一等总兵官世职，与额亦都同，并诫谕其勿再临阵，命列八贝勒之后，享有至高的荣宠，但封爵仍然无法与宗室相比。宗室与异姓的差别，由此可见。皇太极即位后，五大臣皆过世，扬古利以元老勋臣，首获三等公爵，天聪八年，又擢超品一等公。此外，封公爵者还有何和礼四子和硕图。和硕图以和硕额驸的身份与征讨朝鲜、察哈尔和攻明宁、锦之功，于天聪二年进爵三等公。与扬古利二人，成为天聪年间仅有获得“公爵”封号的满族异姓贵族。余者，皆命以“子爵”、“男爵”。经天命、天聪两朝，满族八旗将领，晋子爵者 12 人，晋男爵者 13 人。[4]

二　蒙古贵族

蒙古贵族比起满族贵族来，其爵位等级稍逊一筹。如蒙古科尔沁部博尔济特氏的武纳格，因军功卓着，天命十一年进封三等

1　《清史列传》卷四《额亦都传》。

2　《清史稿》卷二二五《额亦都传》。

3　《清太宗实录》卷三三，第 6 页。

4　参见杨学琛、周远廉《清代八旗王公贵族兴衰史》所列入关前之满族、蒙古、汉军贵族封爵表统计。

子爵，天聪年间，受皇太极优宠，令其朝贺班次居扬古利、李永芳之后，名列八大臣之上，天聪八年封三等公，为后金时期蒙古贵族中唯一获公爵者。其余封子爵者，有索纳马、古尔布什、莽古尔代、恩格德尔、明安五人；获男爵者，有昂昆杜棱、图尔齐业尔登、俄本兑、布当、把尔巴图鲁，亦五人。[1]

三　汉军贵族

汉军贵族的最高封爵是子爵。努尔哈赤仅赐予两人子爵，一是佟养性，一是李永芳。佟养性是汉人中最早归清者，故努尔哈赤甚为器重，以族人女嫁之，赐号“西屋里额驸”，授三等男爵。天命六年，叙克辽东之功，又晋二等总兵官世职（二等子爵）。天聪五年，汉军由满洲八旗分立，佟养性为总理汉军的第一任固山额真，但其爵位未变。天聪六年死。李永芳原为明朝游击，抚顺守将，天命三年，努尔哈赤围抚顺，李永芳以城降，为最早投降后金的明朝官员。努尔哈赤以孙女（七子阿巴泰女）嫁与为妻，尊为“抚顺额驸”，封三等副将（三等男爵）。天命六年，叙辽沈战功，授三等总兵官世职（三等子爵），并以其忠心于后金，赐“免死三次”。皇太极即位后，又于天聪八年封马光远一等子爵，王世选三等子爵。通计，于后金时期获子爵者共四人，获男爵者有石廷柱、李继学、金玉和、佟镇国、金砺、李思忠、孙得功、班秩福八人。[2]

总而言之，终天命、天聪两朝，满族统治者行分封以加强和巩固统治基础，封爵时，在保持宗室贵族至尊地位的同时，首崇满洲，次及八旗蒙古，再次为汉军。汉人没有封爵，异姓不得封王。

1　参见杨学琛、周远廉《清代八旗王公贵族兴衰史》所列入关前之满族、蒙古、汉军贵族封爵表统计。

2　参见杨学琛、周远廉《清代八旗王公贵族兴衰史》所列入关前之满族、蒙古、汉军贵族封爵表统计。

第三节　皇太极分封“三顺王”

“本朝罕有以异姓封王者。”[1]崇德元年四月，皇太极以大清皇帝即位登基，一反常规，首开异姓封王之例，继分封宗室子弟之后，敕封孔有德为恭顺王，耿仲明为怀顺王，尚可喜为智顺王，时称“三顺王”。

一　恭顺王孔有德与怀顺王耿仲明

（一）从戎抗金

孔有德大约出生于明万历三十年，字瑞图，辽东人，原籍山东。早年，孔有德作过“矿徒”，及长，流入军伍，漂泊于铁山、鸭绿江之间。耿仲明与孔有德同乡，先世亦山东人，后徙辽东盖州卫。字云台，生年不详，经历亦与孔有德略同，早年即投身军伍。

孔有德、耿仲明的青年时代，正值明朝衰落，满族兴起，以萨尔浒之战而名噪中原的努尔哈赤，随着军事力量的大增，正野心勃勃地挥师西进，蹂躏辽东，攻破了开原、铁岭诸处，饱掠了人口财物。当时，辽东地区一片混乱，人皆亡命，各营将士闻警丧胆。“逃者日以千百计”，明廷在辽东长期经营所建立的精兵重镇完全解体。于是，熊廷弼以颇通边务被起用经略辽东。但是，当熊廷弼以“坚守渐逼”，以守为战的方针，整饰军务颇具成效之时，政事不修，却内讧频起的明政府竟以耗饷怯战为由，去其职，代以袁应泰。袁应泰一反熊廷弼所为，不重防守。于是，努尔哈赤乘隙再起，于明天启元年攻陷辽、沈，袭卷辽东。当时，各屯堡望风归顺，镇江、海州等70余城为后金所占。孔有德与众山东

1　昭梿：《啸亭杂录》卷十《三顺王》。

矿兵抗敌失败后，逃往皮岛投奔了明练兵游击毛文龙。而耿仲明则因所属队伍溃散，随众投降了后金，暂为栖身。同年七月，毛文龙率 197 名亲兵反击，袭破镇江堡，执后金守将佟养正，名声大振，毛文龙以是功，为广宁巡抚王化贞荐，升任辽东东江总兵，居皮岛。而孔有德作为奇袭镇江的 197 名勇士之一，以“骁勇善斗，临阵先登，为诸将冠”[1]，被毛文龙所爱，“善遇之”[2]，养为孙，名毛永诗，累官至先锋参将。这期间，耿仲明虽已升为后金千总，但“身在曹营，心在汉”，闻毛文龙整军抗金，慕名往投。毛文龙见其颇有谋略，处事果断，亦深爱之，“倚为心膂”[3]，收为养孙，赐名毛有杰。未几，耿仲明亦官至参将，与孔有德同为毛文龙部下重要将领。

然而，就在孔有德、耿仲明追随毛文龙与后金周旋于辽东时，毛文龙被袁崇焕诱杀。时崇祯二年六月，毛文龙虽有滥耗军饷，杀良冒功的罪状，但他屡挫后金，在一定程度上，牵制了后金对明的攻战。更主要的是，毛文龙作为辽东诸将之帅，尚著威望，毛氏被诛，皮岛人心涣散。而这一事件发生后，对孔有德、耿仲明的影响尤其重大。此后，不仅二人在皮岛的处境大为改变，且思想深处引起了强烈的反应。

孔有德“不知书史”[4]，性情粗悍，但却忠耿侠义，深感毛文龙知遇之恩，即使在归清之后，仍“心念旧恩，每言及大将军时事，辄于色不自胜”。甚至开府广西，贵为藩王时，还“迎视文龙子诸生承斗，执礼甚恭”[5]。正因如此，孔有德以毛文龙“无罪”

1 巫峡逸人：《五藩梼乘》卷下《孔有德传》，天苏阁丛刊本。下同。

2 《清史列传》卷七八《孔有德传》。

3 吴骞：《东江遗事》卷下《耿靖南传》。

4 《明清史料》丙编，第 1 本，第 33 页，台北“中央研究院”历史语言研究所编辑本。下同。

5 《明季稗史初编》卷二六《吴耿尚孔四王合传·定南王孔有德传》，上海书店，1988 年。下同。

被诛，甚感心寒，为之不平。“有德等既失所依，皆落魄无聊，又心怜文龙无罪横受屠酷，恒怏怏。”[1]耿仲明因与孔有德同乡，颇相投和，又同为毛文龙倚重，故与之同感。但耿仲明比孔有德却显更有城府，据《四王合传》记载：耿仲明“生而面深黑，手掌洁白如玉，躯干伟长”，并曾以“骁勇善战”闻名军伍，尤其是“耿识字，最奸猾”[2]，“倜傥有大志，疏于财，多智谋”[3]，“尤多智权”[4]。因而，虽对毛文龙无罪被杀，愤懑不平，却不行于色。

不久，袁崇焕命副将陈继盛代毛文龙总理皮岛，但陈继盛不用毛文龙旧人，对孔有德等“仅以老兵置之”，遂使孔有德决心弃之，另觅新主，“谓不足共事，偕仲明走登州”[5]，转投登州巡抚孙元化。孙元化久官辽东，以为辽人可用。于是，奏授孔有德为登州步兵左营参将，耿仲明为中军参将。然登州亦非久居之地，二人仍有今非昔比的败落之感，不得逞志。为此，耿仲明曾唆使孔有德另立，曰：“大将军要和义旅，跋涉荒陬，出万死以复疆宇，而卒以冤死，我与尔直若几上肉耳，可郁郁久居此乎！”[6]

（二）吴桥兵变

天聪四年十月，后金围攻大凌河。孙元化檄孔有德应援。孔有德先出海路，遇飓风返回，未及休整，兵部又下令改由陆路赴援。孔有德率八百骑出师，但军饷不济，“行数日兵乏食”，援军怨声载道。闰十一月末，军抵吴桥，天大风雪，众人无所得食，一士卒夺乡绅王象复家鸡犬以食，孔有德迫于王象复“势凌东省”，“查夺鸡者，穿箭游营”[7]，绳之以法。于是，援军大哗。这

1　毛霦：《平叛纪》卷上，殷礼在斯堂丛书本。下同。

2　吴骞：《东江遗事》卷下《耿靖南传》。

3　朱彝尊：《曝书亭集》卷七三《墓表》二《靖南王墓表》。

4　毛霦：《平叛记》卷上。

5　《清史列传》卷七八《孔有德传》。

6　吴骞：《东江遗事》卷下《耿靖南传》。

7　文秉：《烈皇小识》卷三，上海书店，1982 年。下同。

时，登州千总李九成因侵吞买马银两畏罪，见众怨，遂借机挑唆造反，与其子李应元缚孔有德于演武场，胁之曰："反亦死，不反亦死，不如一逞。"[1]孔有德见时势已然，叹曰："大将军（毛文龙）功名卓卓，犹且不免，我辈死固晚矣。事如此，尚可为耶！"[2]于是，起兵叛明。这就是"吴桥兵变"。是时，孔有德亲率八百援军自吴桥回师，一路大掠，于十二月末抵登州城外。然后上疏孙元化为己剖白，声称"兵变"，"为王氏所逼，非敢反也"[3]，请求招抚。孙元化虽有意抚之，却为登州总兵张大可等所阻，并以叛兵皆辽人，策划搜戮城内辽兵。耿仲明闻之震骇。

耿仲明随孔有德奔登州后，其弟耿仲裕仍留皮岛。岛上自毛文龙被诛后，诸将各怀异志，明争暗斗，陈继盛不久便被部将所杀。袁崇焕又疏荐黄龙任东江总兵官。然毛文龙心腹部将沈世魁已窥伺其位已久，蓄谋取而代之，耿仲裕乃其党羽。

黄龙至皮岛后，"驭下苛急"，又克扣军饷，至士兵"身上无衣，肚里无食"，于是，怨声四起。这时，耿仲裕部将李梅违禁通洋，黄龙因禁问罪，耿仲裕便借机鼓动作乱，于崇祯四年十月，率众捆缚黄龙，施严刑，"折股去耳鼻"，推沈世魁摄岛事。由于广鹿岛副将尚可喜领兵赶到，叛乱被镇压，耿仲裕被处死。但是，由于黄龙疏劾耿仲明暗中指使其弟，为叛乱主谋，崇祯皇帝降旨，将耿仲明充为事官，听候查覆。

已经被谗，蒙冤候查，又要无故被人搜戮，耿仲明决计反叛，为孔有德内应。崇祯五年正月初三日夜，耿仲明即率辽籍将士，占领城头，攘臂大呼，举火把开城，迎入孔有德军。明朝的腐败政治，终于迫使孔、耿与之决裂。

1　毛霦：《平叛记》卷上。

2　巫峡逸人：《五藩梼乘》卷下《孔有德传》。

3　文秉：《烈皇小识》卷三。

孔有德踞登州后，旅顺副将陈有时，广鹿岛副将毛承禄亦叛明来合，兵势益壮。众人推其为王，孔有德不从，自称“都元帅”，以李九成为副元帅，耿仲明等人俱为总兵官，以“替天行道”为号召，纵兵四出攻略，凌残远近，为东省大患。明廷急调徐从治为山东巡抚，谢琏为登莱巡抚，并驻莱州，冀图镇抚。

二月，孔有德在攻陷黄县、招远之后，集重兵猛攻莱州，明廷调保定、天津、昌平诸镇兵会剿，仍不能制。时明天津副将孙应龙自言与耿仲明兄弟相善，能说耿仲明缚孔有德来降。于是，巡抚郑宗周予孙应龙水师 2000 人，大船 60 只，令自海道往登州劝降。耿仲明闻讯，假意允降，“伪为有德首以绐之”[1]，诈称“此有德首也，吾已踞城，汝亟以舟师来接应”[2]。孙应龙信以为真，率兵船抵登州，耿仲明“延之入，猝缚斩之，歼其众”[3]，俘获大批船只，登州益固。

七月，莱州已为孔有德围困数月，徐从治中炮死，谢琏被执，甚是危殆。于是，明廷议用辽人，抽调“关宁铁骑”数万，由总兵祖大弼、吴襄统领，新任山东巡抚朱大典统帅，赶往山东平叛。八月，孔有德自莱州败还。九月，明军合围登州，李九成、陈有时出战身亡，孔有德被迫闭城死守。半年后，城中食尽不守，孔有德于崇祯六年二月，率部集战舰突围，先离登州，留耿仲明断后。经过三昼夜激战，耿仲明亦撤离海上，与孔有德会师。

（三）泛海降金

孔、耿入海后，屡遭明军水师追杀，李应元战死，毛承禄被擒。几经死里逃生，孔有德决计投奔后金。但耿仲明因自己曾为后金逃将，心怀疑惧，与其意见相左。并暗遣官员乞降于明将黄

1　《清史列传》卷七八《耿仲明传》。

2　毛霦：《平叛记》卷下。

3　《清史列传》卷七八《耿仲明传》。

龙，“请修筑南关，复金川以自赎”[1]。虽因黄龙坚拒不纳，未得归明，但他的情绪却一定程度上影响了孔有德，致使孔有德亦举棋不定。三月二十四日，孔、耿逃到广鹿岛，见追兵紧迫，即占卜于岛上小圣庙。随即，又以卜吉遣副将刘承祖、曹绍中投书于皇太极。[2]书中曰：

> 总提兵大元帅孔有德
总督粮饷总兵官耿仲明 为直陈衷曲，以图大业事：
>
> 照得朱朝至今，主幼臣奸，边事日坏，非一日矣！兵士鼓噪，诸处皆然，非但本帅如此也。前奉部调西援，钱粮缺乏，兼沿途闭门罢市，日不得食，夜不得宿，忍气吞声，行至吴桥。又因恶官把持，以致众兵奋激起义，遂破新城，破登州，随收服各州县。去年已有三次书札，全未见复，始知俱被黄龙在旅顺所截夺。继因援兵四集，围困半载，彼但深沟高垒，不与我交战。彼兵日多，我兵粮少，只得弃登州而驾舟师，原欲首取旅顺为根本，与汗连合一处，谁知飓风大作，飘至广鹿岛。本帅即乘机收服广鹿、长山、石城诸岛，若论大海，何往不利？要之终非结局。久仰明汗网罗海内英豪，有尧、舜、汤、武之胸襟，无片甲只矢者，尚欲投汗以展胸中之伟抱；何况本帅现有甲兵数万，轻舟百余，大炮火器俱全，有此武器，更与明汗同心协力，水陆并进，势如破竹，天下又有谁敢与汗为敌乎？此出于一片真热心肠，确实如此。汗若听从，大事立就，朱朝之天下，转瞬即汗之天下。是时明汗授我何职，封我何地，乃本帅之愿也。特差副将刘承祖、曹绍中为先容，汗速乘此机会，成其大事，即天赐汗

1　毛霦：《平叛记》卷下。

2　《清史列传》卷七八《孔有德传》载，“有德虑不支，遣部将来我朝（后金）纳款”，即为是时。

之福，亦本帅之幸也！若汗不信，可差人前看其虚实如何。本帅不往别地，独向汗者，以汗之高明，他日必成大事，故效古人弃暗投明也。希详察之！……速赐裁夺施行。[1]

这封书信，不难看出孔、耿在投降后金问题上的矛盾心情，他们既已感到，长此孤军奋战，难能持久，“要之终非结局”，欲“效古人弃暗投明”，却又提出“与汗联合一处”，“同心协力”，想保持一定程度上的独立，大业克成后，获割地之封。

但是，形势紧急，明军水师与朝鲜援军已围追而来，于是，孔、耿率部直奔镇江堡，“自镇江遣副将曹绍宗、刘承祖等奏报起程日期”[2]。投降后金已是势在必行。

皇太极在接到孔、耿二人的书信后，大喜，立即命济尔哈朗、阿济格、杜度三贝勒率兵接应。三贝勒迎于鸭绿江口，拦住了明朝和朝鲜的追兵。四月十七日，孔有德与耿仲明终于脱离险境，“携人众辎重来归”[3]，登岸后即遵制剃发[4]。五月，又呈“谢恩表”，称皇太极“皇上”，自谦“（有）德等”，表示欲“听候皇上钧旨”[5]。已见事金之意至诚。

（四）皇太极的礼遇

孔有德、耿仲明的来归，是后金的重大事件。皇太极一反常规，给予了种种殊遇，表现了一个统治者的政治眼光。

首先是以最尊礼节迎接孔、耿。天聪七年六月初，皇太极诏孔有德、耿仲明入朝，然后亲率诸贝勒出德胜门十里至浑河岸迎接。皇太极设黄幄谢天，行满族久别重逢的“抱见礼”，随后，又

1　萧一山：《清代通史》卷上，第 144～145 页，中华书局，1986 年。下同。

2　《清太宗实录》卷一四。

3　《清史列传》卷七八《孔有德传》。

4　《明清史料》甲编，第 8 本，第 765 页。

5　萧一山：《清代通史》卷上，第 146 页。

携二人登楼赐大宴，“亲酌金卮劳之”[1]。宴毕，各赐蟒袍、貂裘、撒袋、鞍马等物。

其次，赐以高官厚禄，给予至尊地位。六月十三日，皇太极封孔有德为都元帅，耿仲明为总兵官，赐之敕印。孔、耿降金伊始即享有后金汉官的最高爵位（子爵）。半年之后，即天聪八年正月，皇太极又命孔、耿与和硕贝勒等同列第一班行礼。据《实录》记载：正月初一日，“上御殿，命大贝勒代善坐右侧，以都元帅孔有德、总兵官耿仲明输诚归顺，命与八和硕贝勒同列，行止与俱。有德、仲明辞曰：如此洪恩已不克承，何敢与诸贝勒同列。上命勿辞。诸贝勒遂率有德、仲明于第一班行礼，上命列坐左右。于是，科尔沁国土谢图济农巴达礼率本部诸贝勒，敖汉部落济农额驸琐诺木率察哈尔、喀尔喀诸贝勒，阿禄部落杜棱济农率本部诸贝勒，喀喇沁部落塔布囊塞冷率本部众塔布囊以次行礼。次八旗总兵副将扬古利，达尔哈、叶克书、阿山、叶臣、伊尔登、篇古、色勒，及管旧汉兵、蒙古总兵官石廷柱、吴讷格，各照旗分次第率所属众官行礼毕。”[2]由此可见，孔、耿降金之后，其地位仅在大贝勒代善与八和硕贝勒之后，蒙古诸部将领与满、蒙、汉八旗总兵，扬古利、吴讷格（武纳格）、石廷柱等皆在其下。

第三，所将军伍独立。后金国制，以八旗统兵，亦以八旗统人，凡归顺者，一律编入八旗。但孔、耿来归，未隶旗籍，文皇名其军为“天祐军”[3]，其旗纛“以白镶皂”[4]。“号令、鼓吹，仪卫皆如旧，惟刑人、用兵当以闻”，且有自行“黜陟部将”的特权。

1 《清史列传》卷七八《孔有德传》。

2 《清太宗实录》卷一七，第1页。

3 昭梿：《啸亭杂录》卷二《三王旗纛》。

4 蒋良骥：《东华录》卷三，第36页，中华书局，1980年。下同。

5 《清史列传》卷七八《孔有德传》。

直到崇祯七年，孔、耿请隶汉军，才编入八旗。孔有德隶汉旗正红旗，耿仲明隶汉军正黄旗，但实际上所部仍由孔、耿自将。

第四，竭尽全力赏赉安插。孔、耿投金时，正值春寒未过，后金青黄不接之际，加上“去岁被水灾虫吃，大约十家计有一二有些余粮。我国无粮之家甚多。”而孔、耿数千人口粮急需解决。廷臣中或言：“安插与他一月本色粮吃，以后止可照市价给折色银两”[1]；或言：“其安插者往东南一带地方，其糊口者借朝鲜以供目前。”[2]而皇太极却下令将孔、耿所部安插在辽阳，“所属人民，俱住盖州、鞍山，如或不愿，令住东京邻近地方”[3]，“赐赉服物田宅”[4]，“遍发半薪”[5]。由于求助朝鲜借粮无望，皇太极“令各丁负粮养活（孔、耿所部）”[6]，又令“不拘官民豪富，有粮之家算足糊口食用，余粮输上”[7]。为了解决孔、耿所部马匹不足的困难，皇太极传谕诸贝勒令其献马，曰：“朕出内厩之马，尔诸贝勒各出上等鞍马一，空马四，约计四十匹。满洲、蒙古、汉人按世职，每十备御出马一，约计百匹，选其良者赏大帅，余马付有德等按品级散给各官。”而后，又令以税银买马，“赐新官”。此外，为防止满族将士骚扰孔、耿所部汉民，皇太极降专旨保护，曰：“今所附之众，一切勿得侵扰。此辈乃攻克明地，涉险来归，求庇于我。若仍前骚扰，实为乱首，违者并妻子处死，必不姑恕。”[8]

---

1 《天聪朝臣工奏议》卷中《鲍承先陈粜粮办法奏》，辽宁大学历史系编《清初史料丛刊》本，1979年。下同。

2 《天聪朝臣工奏议》卷中《黄昌等陈顺天应人奏》。

3 《清太宗实录》卷一四，第3页。

4 《清史列传》卷七八《孔有德传》。

5 《天聪朝臣工奏议》卷中《孔有德等请御军务奏》。

6 《天聪朝臣工奏议》卷中《丁文盛等请水陆并进奏》。

7 《天聪朝臣工奏议》卷中《罗绣绵请安抚新人以便旧人奏》。

8 《清太宗实录》卷一四，第1、10页。

二　智顺王尚可喜

皇太极优遇孔、耿，产生了重大的影响；在二人降金半年后，明广鹿岛副将尚可喜纳款，天聪八年二月归金。

（一）积极抗金

尚可喜，字元吉，号震阳。生于明万历三十二年八月初一日。原籍山西洪洞，先世“迁于衡水（河北）后，乃徙辽左”，于海州卫罗家堡安家务农。尚可喜即生于海州，排行居四，“甫成童，善弓马”[1]，练就一身武艺。明天启元年后金攻占辽东，烽烟四起，尚可喜母死于战乱，兄嫂弟侄离散，他随父亲尚学礼流落松山，迫于生计，先后从军。父亲投辽东巡抚王化贞麾下，后奉命扈从总兵毛文龙进据东江，驻皮岛。尚可喜则于天启三年入明水师，一年后与父相遇皮岛。这时，尚学礼已为皮岛游击，与毛文龙结为兄弟。以故，毛文龙视尚可喜为义子“拔置左右，日益倚重”。天启四年，后金攻明，双方于辽阳东南楼子山展开激战，尚学礼中伏阵亡。在朝鲜的尚可喜“闻讣，遄归，躄踊哭泣之哀，感动行路”[2]。毛文龙即把其父所部交予尚可喜统领，为其带兵之始，是年 21 岁。

尚可喜“勇而善谋”[3]。崇祯四年十月，毛文龙死后，其心腹部将沈世魁等发动兵变，拘捕继任总兵黄龙，正当局势危急之际，分屯海上的尚可喜闻讯赶回皮岛。他对中军游击李维鸾等说：“公等身为偏裨，坐视劫帅而不讨贼，一旦问罪师至，咎将谁诿?”“公等欲叛朝廷适他国乎？抑从壁上观，遂漠置之也?”可见，尚可喜忠于明廷，决无反意。随即，尚可喜为诸将分析曰：“此曹子虽哗，然倡者不过数人，诚能相与出师，诛首乱者，以功自赎，则转祸

1　《元功垂范》卷上《尚氏宗谱》，辽宁新闻出版局。下同。

2　《元功垂范》卷上。

3　《明季稗史初编》卷二六《吴耿尚孔四王合传·平南王尚可喜传》。

为福矣！”于是，诸将响应，追随尚可喜“斩首乱者十余人，一军震慑”，平定了这次兵变。[1]迎黄龙回镇。黄龙平日待尚可喜亦苛，至此感激流涕，赞其：“公大度，非人所能，且驭变定乱，济世才也。”[2]当即擢尚可喜为游击，统辖后军。尚可喜遂因平息这场兵变崭露头角，地位迅速上升。

崇祯六年二月，孔、耿自登州突围海上，欲由旅顺登陆投奔后金，当时已移镇旅顺的黄龙，急令尚可喜率精锐前往堵截，尚可喜几次击败孔、耿叛军，迫其远走镇江登陆。是役，尚可喜因功晋广鹿岛副将。七月，孔、耿引后金兵攻旅顺，尚可喜援救不及，黄龙战死，尚可喜的两位夫人和家口、侍俾等数百人投海自尽。

（二）愤而降金

黄龙死后，沈世魁继任东江总兵，还驻皮岛。沈世魁因尚可喜救黄龙怀恨在心，而岛中将弁王廷瑞、袁安邦、孙奠邦等为取悦沈世魁，便诬陷尚可喜。“世魁即檄调可喜至岛，将加害。”尚可喜从命赴皮岛，中途为大风所阻，于是，侦知沈世魁的阴谋。他满腔悲愤，仰天长叹曰：“吾束发行间，海上立功，血战十余年，父母兄弟妻子先后丧亡，出万死于一生，计不过为朝廷追亡逐叛，而妒功嫉能之人乃出力而挤之死地。今权归世魁，欲杀一营将，如疾风卷箨，特易易耳。大丈夫将扫除天下，宁肯以七尺之躯，俯首就戮乎！”[3]明朝自上而下的腐败，逼得一心忠贞于明的尚可喜走投无路。“时闻满洲太宗皇帝豁达神武，延揽英雄，视汉人如同体，遂决策输诚。”[4]于是，尚可喜密遣部将卢可用、金汝贵赴盛京纳款。

1　《元功垂范》卷上《尚氏宗谱》。
2　《元功垂范》卷上。
3　《尚氏宗谱》卷一《先王实迹》。
4　《元功垂范》卷上。

天聪八年正月初一日，尚可喜借元旦贺年之机，组织兵变，一举逮捕副将余亮泰、仇震泰，率部略定广鹿、大小长山、石城、海洋五岛，擒其守将马建功、孙殿邦、王廷瑞、袁安邦、孙有明等。然后，率所部将吏人民数千户，满载胜利果实，于二月十七日投奔后金。

对于尚可喜来归，后金统治者仍然给予高度重视。

尚可喜输诚纳款之后，“清太宗大悦，遣使赉貂裘示信”，密切注视尚可喜的行动。不久，尚可喜克广鹿等五岛的消息传来，皇太极更感欣慰，以其战果累累待以功臣。他说：“广鹿岛尚副将招抚长山、石城二岛，携民来归，非以我国衣食有余而来也，承天眷佑，彼自求附。”又说：“不费一弓，不折一矢，而王率甲卷众，倾心归命，首建大勋，为国家肃清海岛，此识时之俊杰，宜优以礼之。”[1]于是，皇太极先遣范文程、陈旦木等文武官员前往接应，后又命吏、礼二部王公大臣至盛京郊外迎候。三月十六日，尚可喜率众抵海城，皇太极赐田宅、耕牛、奴仆，给马万匹。四月十日，尚可喜赴盛京朝觐。皇太极出迎十里，“拜天毕，御黄幄，可喜遥行五拜礼，进至上前再拜，抱上膝以见。所部将士以次罗拜，可喜跪进贶。上与宴，赐蟒衣、鞓带、帽靴、玄狐裘、雕鞍、马、驼、羊，命诸贝勒以次投宴。”[2]给予与孔、耿同样的优遇。随即，皇太极授尚可喜为总兵官（子爵），赐敕印，所部号“天助兵”，旗纛“以皂镶白”[3]，即“于皂旗中用白圆心为饰”[4]，与孔、耿之“天祐兵”，俱独立于八旗之外。[5]

1 王先谦：《东华录·天聪九年》，光绪年撷华书局版。下同。

2 《清史稿》卷二三四《尚可喜传》。

3 《清史列传》卷七八《尚可喜传》。

4 蒋良骥：《东华录》卷三，第 36 页。

5 尚可喜所部于崇德七年隶汉军镶兰旗。

三　皇太极优遇汉人与分封异姓的原因

萧一山评价说:“努尔哈赤之时，范文程以沈阳诸生，杖策谒降；佟养性以抚顺商贩，潜狱来归；或入赞帷幄，或赐尚宗女，而优遇之隆，亦远不及孔耿也。”[1]事实正是如此，皇太极一反努尔哈赤时的许多做法，给了孔、耿、尚以前所未有的殊遇。

当时，皇太极的这些做法，在后金统治集团内部引起了很大的反响，不少满汉官员上疏反对。如兵部启心郎丁文盛指责皇太极曰:“分明取旧官之食，以啖新官（孔、耿），恐新人未必肥，而旧人瘠矣。”[2]对“令各丁负粮养活（孔、耿）”，极端不满。参将宁完我的态度尤其激烈，他说:“窃料孔耿这一伙官兵，多系矿徒，无形影之人，胡赌胡吃，不务本等生理，虽在山东抢得些财物，及沟浍之水，不过一年半载，必是照旧精光，到那时节，这伙人必不肯甘贫受苦，势必至于为盗劫路，再甚则逃窜背叛，亦所必至者。况孔、耿二人暴戾无才，怎能抚绥钤束?”[3]“若待之过厚，徒增凶人无忌之胆。”所奏甚于谗言。满族官员的态度，虽然没有汉官那样激烈，但在如何接待孔、耿的礼节上，也持以不同意见。以为“抱见礼”，只行于满族之间，最为尊贵，建议“不宜抱见，但以礼相待可耳”[4]。

面对后金内部的各种不同意见，皇太极的认识，与之截然相反，当时，他曾对诸贝勒解释说:“昔张飞尊上而陵下，关公敬上而爱下，今以恩遇下，岂不善乎。元帅、总兵曾取登州，攻城略地，正当强盛，而纳款输诚，遣使者三，率其兵民，航海冲敌，来归于我，功孰大焉。朕意当行抱见礼，以示优隆之意。”[5]可见，

1　萧一山:《清代通史》卷上，第147页。

2　《天聪朝臣工奏议》卷中《丁文盛等请水陆并进奏》。

3　《天聪朝臣工奏议》卷中《宁完我陈孔、耿官兵请酌量善御奏》。

4　《清太宗实录》卷一四，第11页。

5　《清太宗实录》卷一四，第11页。

皇太极认为，孔、耿的归顺，于后金立有大功，非寻常人可比。他的这一思想认识，在册封孔、耿为都元帅、总兵官的敕文中又有反映。敕文曰："朕惟任贤使能，崇功尚德，乃国家之大典，乘机遘会，达变通权，诚明哲之芳踪。尔元帅孔有德，原系明臣，知明运之倾危，识时势之向背，遂举大众，夺踞山东，残破数城，实为我助。且又全携军士官民，尽载甲胄器械，航海来归，伟绩丰功，超群出类，朕深嘉尚，用赞王猷，给都元帅敕印，功名富贵，远期奕世之休，带砺山河，永无遗弃之义，凡有一切过犯，尽皆原宥。尔宜益励忠勤，恪共乃职，勿负朕命，钦哉。"给耿仲明的敕书"亦如之"[1]。

皇太极的上述"汗谕"和"敕文"，反映了他对孔、耿（包括尚可喜）降金的基本认识，阐述了他优遇三人的主要原因，归纳起来，有如下几个方面：

第一，加强了后金的军事力量。孔、耿、尚三人来归，首先是带给后金一支庞大的队伍。据记载：跟随孔有德、耿仲明降金的副将、参将、游击等将官有 107 人；精壮官兵 3643 人，其家属 7436 人；水手壮丁 448 人，其家属 624 人，共计 12258 人，所谓"全携军士官民"。其中有战斗能力的就有 4198 人，[2]且有许多能熟练使用大炮、维修火器的工匠与士卒，和驾驶战船的水手，再加上尚可喜所部的将士民人"数千户"，[3]大大壮大了后金的声势。尤其是他们还为后金带来先进的大炮和船只。孔、耿在其降金的书信中就声称："本帅现有……轻舟百余，大炮火器俱全。"降金

1 《清太宗实录》卷一四，第 16～17 页。

2 《明清史料》丙编，第 1 册。另据《天聪朝臣工奏议》孔有德献兵明奏，孔有德率官兵家眷 8014 名，耿仲明率 5860 名，合计为 13874 名，较《明清史料》所载略多无几，大致相同。而《清太宗实录》卷一三，第 7 页记载，孔耿"携兵二万来归"：孔耿自称"现有甲兵数万"（萧一山《清代通史》149 页）笔者以为太过，故取第一种说法。

3 《清史列传》卷七八《尚可喜传》。

时，“尽载甲胄器械”。《清太宗实录》记载曰：“有德等以部众家口、兵器、枪、炮，数百艘尽运江岸，不遗一物。”[1]尚可喜“携军器、辎重，航海来归”，并“略定长山、石城二邑”[2]，亦必有船只和大炮。此外，孔、耿还为后金带来了西洋大炮。“新式军器之输入，（与孔、耿）亦有重大关系焉。盖孙元化为明国制造西洋大炮之人，登州不守，有德等即以其所制之炮攻莱州，有德既归金，则新式之西洋炮，亦因之而输入也。”[3]

八旗军长于骑射，殆于攻坚；勇于平原，怯于水战。以故太祖太宗相继受挫于宁锦，明军屡自东省海路邀截后金。后金虽自天聪五年始造大炮，但数量不多，质量尤不能与西洋大炮相比，战船更为后金渴望而不可得。所为，大炮与战船的输入，无疑使八旗劲旅的威力大增，从而弥补了先时陆路运输和攻坚力量的不足。这一点，早为后金统治集团的有识者所瞩目，宁完我就曾为皇太极规划说：“臣每虑红夷炮攻城甚妙，而路运为艰。若孔、耿来降，可得船只百余，红夷六七位，再添我国红夷数位，载之船上，杂以我兵”，则或取旅顺，或可得山海关。[4]而后，尚可喜降金，宁完我又建议：“尚副将投来，有大小船只，乞汗命好官将此船收泊在盖州海套，以便下次举兵，装运红夷等炮。起兵时顺海边扬帆，一二日可至山海关，大兵从陆路会合，实为便宜。……若红夷等炮从陆路挽运，万分艰难，恐不能达敌境也。”[5]

第二，主动来归的影响巨大。在“三顺王”之前，汉人降金，或因战败被执，或因孤城不守，皆属濒于绝境，被迫而降，主动

1 《清太宗实录》卷一四，第 6 页。
2 《清史列传》卷七八《尚可喜传》。
3 萧一山：《清代通史》卷上，第 147 页。
4 《天聪朝臣工奏议》卷中《宁完我请收抚孔耿办法奏》。
5 《天聪朝臣工奏议》卷下《宁完我请用船运炮奏》。

来归者甚少。而“三顺王”则与前者不同，孔、耿“纳款输诚，遣使者三”[1]；尚可喜亦“非以我国衣食有余而来也”[2]。而且，孔、耿“夺据山东，残破数城，实为我助”[3]；尚可喜略定长山、石城二岛，“不费一弓，不折一矢”[4]。于后金皆立有大功。特别是在当时，辽东汉人屡屡逃亡，后金屡禁不止的情况下，三顺王携大量汉人降金，对安抚辽东汉人民心，起了重要作用。直到天聪九年，皇太极还说：“辽东地方尼堪（汉人）常常逃走，元帅（孔有德）率众官兵们渡海从远处来投降，这功不小。”[5]

第三，突破了明军在辽东半岛的沿海防线，使后金在军事上取得重大进展。明廷于辽沈失陷后，重新起用熊廷弼为辽东经略，熊廷弼提出三方布置策以恢复辽东，即在广宁厚集步骑，制敌全力；于天津、登州、莱州各置舟师，分扰辽东半岛沿岸，增设莱州巡抚如天津制；而经略驻山海关，居中节制。这样，由登州、莱州、旅顺，以及鸭绿江口外的海中诸岛，便构成了辽东的沿海防线，其镇所设在皮岛，称东江镇，置总兵戍守。布置这道海上防线，明廷的目的在于防止后金经海上进攻关内，并欲藉此恢复辽东，所谓“东江一旅，原以三方牵制为复辽之计”。但是，随着三顺王叛明降金，明廷的辽东沿海防线在力量上大大受到削弱，而皮岛、登州、莱州、旅顺等攻战利弊、守备虚实，也完全为后金所掌握。天聪七年六月，皇太极命贝勒岳讬、德格类，与固山额真石廷柱率马步兵一万余人往攻旅顺，孔、耿二人不仅是倡议者，且为向导。是役，旅顺城破，黄龙兵败自杀，后金俘获人口5300余，牛马等数百，金2200两，银21200两，缎匹3000有奇，

1　《清太宗实录》卷一四，第11、16页。
2　王先谦：《东华录·天聪九年》。
3　《清太宗实录》卷一四，第11、16页。
4　王先谦：《东华录·天聪九年》。
5　汉译《满文旧档》，辽宁大学历史系编《清初史料丛刊》本，1979年。下同。

衣 2700 有奇，布 24000 余匹，人参 8 箱，他物称是。[1] 可谓大获全胜，满载而归，在人力物力上都得到补充。更重要的是，攻占旅顺，是对明辽东半岛的一个战略突破，所谓“今旅顺已得，已诛各岛之心”[2]。而后，孔、耿、尚三人又率部从阿济格攻皮岛，擒杀东江总兵沈世魁，致使明朝在辽东沿海的战略防线彻底崩溃。皮岛向为辽人民心所系，“自皮岛开镇以来，我国中所得辽人男妇奔逸各岛者不下百万，皆缘有岛（皮岛）在焉。……取岛之后，收其船只，逐岛收取，事毕将船停泊旅顺，一则人无奔逸，再则南朝舟师不敢东向”[3]，遂解后顾之忧，从而为清军入关奠定了基础。

总之，孔、耿、尚三人的归顺，使后金的国力大大增强，军事上有了明显的进展。正因如此，皇太极不惜加官进爵，给予前所未有的礼遇，首开异姓封王之例。然而，从根本上说，皇太极优遇三人，是后金进入辽沈以来，招徕汉人政策的继续，是满族统治者完成入主中原大业的重要战略组成部分。

后金自努尔哈赤起，就把与明争天下作为奋争的目标，到了皇太极统治时期，随着后金国力的日益增强，这一目标更加明确，满族统治者为实现这一目标的愿望也更加强烈起来。但是，就后金的国力而言，八旗劲旅固然骑射娴熟、能征惯战，在战场上屡屡挫败明军，取得一次次以少胜多的辉煌战果。然而，满族毕竟是一个落后的少数民族，当它完成了对东北的统一，进入辽东以后，这个人尽为兵的民族只有数万人口，加上蒙古、汉军也不过十几万。以如此微力，与拥有数千万人口而又地大物博的明朝长期对抗，消灭上百万明兵，取得军事上的彻底胜利，确非易事。

1　蒋良骥：《东华录》卷三，第 35 页。

2　《天聪朝臣工奏议》卷中《鲍承先请移船盖州奏》。

3　《天聪朝臣工奏议》卷下《尚可喜请造船政岛奏》。

而且，即使击败明军，深入中原，以其十几万军队，面对明朝十三布政使司所辖一百四十余府，近二百个州，一千余州县的行政区域，也无力施以统治。更何况满汉习俗不一，语言不同，满族统治者无法直接驾驭汉民。因而，皇太极作为满族杰出的地主阶级政治家，以他的远见卓识，充分认识到，要想入主中原，夺取全国的统治，必须取得汉族地主阶级的合作与支持，广为招纳汉族降官降将，实现以汉治汉的统治政策。为此，他一反努尔哈赤时的屠戮政策，代以恩养降人，“不论是新来投降的人，过去（来投）的人，我不吝惜给予衣服、财物、马、牲畜加以收养。每天三次设宴恩养。”他明确说：“我不是不劳累，不怕麻烦，这正是收揽人心，使之顺从，建立大业。”[1]他还形象地将恩养汉人比喻为：“譬诸行道，吾等皆瞽，今获一引者，吾安得不乐？”[2]所以，明朝降将以异姓封王，从根本上说，正是皇太极以汉治汉政策的具体体现。以故，近人萧一山说：皇太极“更欲借（孔、耿等人）为向导，以图大举也”[3]。

总之，后金招徕汉人，以汉治汉的国策，以及孔、耿、尚本人所具备的特殊条件，成为三人政治命运的契机，首以异姓得赐王爵。

第四节　吴三桂的降清与酬封平西王

清朝“开国时，明之降将，封王者四”[4]。除孔有德、耿仲明、尚可喜这三顺王外，还有平西王吴三桂。

四王中，吴三桂降清最晚，而且情况有些不同，如果说孔、

1　汉译《满文旧档》。

2　《清史稿》卷二三七《洪承畴传》。

3　萧一山：《清代通史》卷上，第147页。

4　《沈故》卷四，《辽海丛书》本，辽沈书社，1985年。下同。

耿、尚等人的投降后金，是因为明廷的腐朽、明军在辽东屡遭挫败，因而丧失了信心的话，那么吴三桂的降清就明显地为形势所迫。然而，以其献关有功，仍然恩封王爵。

一　由将门虎子到边关主帅

明万历三十九年，吴三桂出生于辽东一个武将家庭，字长伯，又字月所。人喜称其为“延陵将军”。先世乃安徽徽州人，后迁居江南高邮[1]，流寓辽东后，遂因地而家，居中后所，“祖墓在中后所之抱河岭”。[2]吴三桂的父亲吴襄，是天启二年的武进士，因守辽东有功，累官至总兵。母亲祖氏，是辽东赫赫有名的战将祖大寿的妹妹。

吴三桂的幼年，正是辽东边事频仍的时期，后金政权已突破了它称雄一隅的界限，迅速地向西拓展。明朝先失辽沈，接着又丢广宁，辽东大片领土尽归满人，而辽西不保。在关外尽逞危势的情况下，明廷不得不起用“才不下熊廷弼”的兵部尚书孙承宗为辽东经略。孙承宗继承熊廷弼“以守为战”的战略方针，采纳袁崇焕的建议，以宁远居广宁之西，“当要冲之地”，命人修建了宁远城，及锦州、大小凌河、松山、杏山及右屯诸要塞，筑起一道以坚城重炮为防御体系的宁锦防线，使努尔哈赤无机可乘，阻止了后金的进军步伐。当时，奉命担任守卫的明军，正是吴三桂的母舅祖氏三大将祖大寿、祖大乐、祖大弼所率领的辽军。由于这支军队多次重创后金，把住了北部边关，因而闻名于关内外，号称“关宁铁骑”，并以“辽东精锐”为明廷倚重，而祖氏一门也因此日益显赫。

吴三桂生长在这样一个武官门楣之家，自然对其成长有着重

1　刘健：《庭闻录》卷一《乞师逐寇》。

2　《沈故》卷四。

要影响。父辈们整日厮杀于疆场，使他于血雨腥风之中饱受了战火烽烟的熏陶，并自幼对兵事产生浓厚的兴趣。然而，武将出身的吴襄，初意其子多些博综之学，令吴三桂投拜于华亭伯董其昌门下[1]。董其昌学识宏富，诗文书画样样精通，只碍吴三桂无意习文，吴襄只好由他而去。稍长，吴三桂开始习武。此番，他一反散懒之态，"鸡鸣即兴，夜分始就枕"[2]，夜以继日地刻苦操练。他的这种勤奋，在那些膏粱子弟中实不多见。功夫不负有心人，几年之后，吴三桂练就一身武艺，诸般兵器中，刀、枪、剑、戟、戈……无所不精，[3]而且"膂力过人"，尤"娴骑射，好田猎"，"关外颇闻桂名"[4]。且辽东军中多有蒙古骑兵，吴三桂常常与之较武比艺，日久天长，自然见识大增。因而，青少年时代的吴三桂便以武艺精湛而小有名气，成为吴、祖两家诸子弟中顶顶拔尖的人物，深得长辈的喜爱，视为将门虎子。

但仅从体魄相貌上，却看不出吴三桂的武将风姿，或许因他祖籍江南，生得粗犷，却又不失俊逸，集北人与南人特征于一体。这在史书中，不乏记载。如"延陵将军美丰姿，善骑射，躯干不甚伟硕，而勇力绝人，沈鸷多谋，颇以风流自赏"[5]。"三桂巨耳隆准，无须，瞻视顾盼，尊严若神"，"终日无惰容"[6]。诗人吴伟业更以"白皙通侯最少年"[7]赞美他，把吴三桂说成是一位翩翩的美男子。只是，这位翩翩美男子有一"鼻梁伤痕，右高左低，中有黑纹如丝"，虽然"非谛视不见"[8]，但终属美中不足。吴三桂每遇忤意难解之事，

1 《明季稗史初编》卷二六《吴耿尚孔四王合传·平西王吴三桂传》。
2 刘健：《庭闻录》卷六《杂录备遗》，《豫章丛书》本。下同。
3 《明季稗史初编》卷二六《吴耿尚孔四王合传·平西王吴三桂传》。
4 孙旭：《平吴录》，《辛巳丛编》本。下同。
5 《吴逆始末记》附录《觚賸》一则，《辛巳丛编》本。
6 刘健：《庭闻录》卷六《杂录备遗》。
7 吴伟业：《圆圆曲》，《辛巳丛编》本。
8 刘健：《庭闻录》卷六《杂录备遗》。

往往不由自主扪其鼻痕，似乎亦觉有碍仪表。其实，正是这道疤痕为他赢得了数不清的赞誉和锦绣前程，成为他发迹的开始。

崇祯元年，明廷以袁崇焕督师蓟辽，擢祖大寿为前锋总兵，挂征辽前锋将军印驻锦州。时“秋高，恐盗边者，分兵巡哨”，以备后金掳掠。祖大寿命参将、都指挥使吴襄，率兵丁五百余人“哨探”。不料，吴襄刚刚离城百里，便与皇太极率领的四万八旗兵不期相遇。皇太极“藐视五百人，不战，但围困之，谓饥渴甚，三四日必降，可不血刃”。吴襄以人少力单，急令突围撤退，但吴襄急奔，皇太极急围，吴襄缓奔，皇太极缓围，至锦州四十里处，又被后金团团围住。时“祖帅凭城楼而望不能救，吾王爷（吴三桂）为祖甥，侍侧，沙漠一望，四十里间，见父被围，跪请祖帅救亡”[1]。可是，敌兵四万，守城兵不满三千，守且不足，何能救之？祖大寿曰：“吾以封疆重任，焉敢妄动？万一失利，咎将安归？”[2]吴三桂“三请俱不应，乃跪泣曰：‘总爷（祖大寿）不肯发兵，儿请率家丁死之。’祖似应似不应，曰：‘嘎！以为必不能救也。’王（吴三桂）即跪而应曰：得令。下楼开城率家丁仅二十人赴援。”“王居中，左吴应贵，右杨某，分两翼，十八人后随冲阵。”皇太极正欲诱明兵出战，见城中闪出一支轻骑，人数无几，“疑之开阵，计纳而并围之”[3]。然而，还未等皇太极令下，吴三桂等一行人马已“突入阵”。首当其冲的吴三桂，如入无人之境，先“射殪两人，继遇拥纛红缨王子，一箭落马仆地，王（吴三桂）下马割首级，仆者未诛，奋短刀斫王鼻梁，王裂红旗裹面”，杀入阵中，“寻见襄，大呼：‘随我来！’五百骑遂拼命杀出”[4]。

1 《吴三桂纪略》，《辛巳丛编》本。下同。

2 孙旭：《平吴录》。

3 《吴三桂纪略》。

4 孙旭：《平吴录》。

这一切都发生在短暂的瞬间，皇太极被这突如其来的袭击，弄得不知所措，疑其诱兵之计，“遂缺围，听其逸”。

一直立于城楼上的祖大寿，先是为吴三桂孤军出城一惊，接着又为他舍命救父而怜，及见他勇猛无敌，突后金阵营，如入无人之境，遂赞叹不已。而后，后金围缺，祖大寿即命城上明军擂鼓呐喊，以助其威，并亲率人马出城三里外迎接慰劳。时吴三桂“面血淋漓”，见祖大寿，下马跪泣。祖大寿亦感慨万千，抚其背曰：“儿不忧不富贵，吾即题请封拜。”[1]

自此以后，吴三桂便以孝勇之名传闻遐迩，风云关内外，竟达“夷夏震慑”的程度。据说，连皇太极也对吴三桂那次“冲阵”赞不绝口，称他为“好汉子”，并不无遗憾地说：“吾家若得此人，何忧天下？”[2]而明廷在国势日蹙，百官又尽是文恬武嬉的情况下，能觅得如此一员猛将，自然也不会等闲视之。于是，崇祯初年，当未满20岁的吴三桂高中武举之后，官运亦接踵而至。先是承袭父职，官都督指挥，[3]接着又担任游击、副将等职，官级连连升迁，仕途坦坦荡荡，到他28岁那年，便被擢为总兵官，成为镇守宁远一方的“大将军”。因而，封建文人金大印说他：“最初救父出围一举，孝闻九边，勇冠三军，勋名富贵胥于此！”[4]不无一定道理。

然而，吴三桂绝非一介普通武夫可比，他善于结交，工于心计，素有“好轻财士人”的美誉。尤悦才子，“人有一长，即收录无弃”，结为挚友。“与人计事，相对如家人父子，或有诘难，益喜与相往，娓娓不倦。生平非盛怒，无疾言遽色也。”[5]但吴三桂

1 《吴三桂纪略》。

2 《吴三桂纪略》。

3 《明季稗史初编》卷二六《吴耿尚孔四王合传·平西王吴三桂传》。

4 《吴三桂纪略》。

5 刘健：《庭闻录》卷六《杂录备遗》。

非尽人为友，其结友在于取利，且尤喜向上攀援。对于身居高位，于他前途大有关碍之人，他不惜俯首屈膝、竭尽巴结之能事。如天启年间，高起潜奉朝廷之命，总监辽东军马，初出茅庐的吴三桂便将这位太监认做了义父。大学士方一藻巡抚辽东后，吴三桂又转投方一藻，“拜其门下”，并以方一藻之子方光琛颇多谋略，与之“缔盟，为忘形交”。而后，洪承畴以善用兵，被崇祯命为兵部尚书兼辽东经略，赐尚方剑。于是，吴三桂再次改拜门庭，事洪承畴唯谨，并与洪承畴幕僚谢四新“纳交最厚”[1]。正由于他善于钻营，会随机应变，又熟谙官场，在行于阿谀逢迎，历任边关大吏无不对他宠眷有加，多方提携。因而，吴三桂的前期仕官生涯，几乎一直是平步青云，这使那些不知内幕的人，常常羡慕他“直命好耳”！[2]

在这一点上，其父吴襄是望尘莫及。作为祖家之婿，吴襄自然深得这棵大树的庇荫，然而，随着后金对明战争的渐趋频繁，明廷边事日加颓败，吴襄的官运也是几起几落。先是，崇祯四年八月，后金军包围了正在抢修中的大凌河城，担任护城的明将祖大寿等人被困于城中，九月，明廷从关内抽调兵力增援，刚刚就任总兵的吴襄也奉命发兵宁远，与总兵钟伟在明太仆寺卿监军张春的统一指挥下，以四万援兵直趋大凌河。可是，明军援兵刚刚接近大凌河城，后金军便发动了突然袭击，右翼冲击张春营，“营固攻不能入”，移攻吴襄营，“襄师溃南奔”[3]，明军由此而败，大凌河为后金所破，祖大寿、张春等人被俘，吴襄因此被治以败军之罪，降秩削职。第二年六月，登州参将孔有德在吴桥策动兵变，回围登州，奉命督军平叛的正是辽东总监军高起潜。高起潜见义子之父被黜，意欲周旋，以平叛必得“关宁铁骑”奏准朝廷，重新

1　孙旭：《平吴录》。

2　《吴三桂纪略》。

3　刘健：《庭闻录》卷一《乞师逐寇》。

起用吴襄。名义上是令吴襄戴罪立功，实则给他一次复官的机会。吴襄自然心领神会，在平叛中颇为卖力，连连克捷。因此，是役结束后，吴襄不仅官复原职，在叙功时，又得晋都督同知，允荫一子为锦衣百户，并准世袭。[1]可是，好景不长，仅一年的时间，吴襄又一次丢掉了总兵的乌纱帽。那是崇祯七年，后金入边侵扰宣府、大同等地，吴襄奉命赴援。而对骁悍善战的后金军，各镇兵皆畏敌避战，竟坐视其饱掠而归。吴襄又因失误军机逗留不进，被革去辽东团练镇总兵的官职。这对吴襄是个不小的打击，失望之下，他首先想到了儿子吴三桂。

自锦州城外被儿子救出重围，捡得一条性命，吴三桂便成为他的臂膀和依靠。当时，他曾感叹万分，对祖大寿说："非吾子，几不复相见矣！"[2]此后，每逢出征打仗，吴襄都要携吴三桂同行，"父子俱入行间"[3]，这不仅使吴三桂在刀光剑影的疆场上得到更多的磨炼，且使他们父子之间的骨肉之情，又多了一分患难与共的"同僚之谊"。大凌河之役被革，吴襄借吴三桂之力才得官复原职，他更加相信，自己的才干远远不如儿子，对他顺从之事也越来越多。这次复被革职，吴襄更是把余生的荣辱、光宗耀祖的希望，全部寄托在吴三桂身上了，他在上奏朝廷要求开罪时，最后说道："微臣纵不能报（恩朝廷），而臣子吴三桂世受国恩，亦必杀贼以仰报万一矣。"[4]可见，吴襄厚望于其子。

其时，吴三桂已"为舅祖大寿所器"[5]。在高起潜、洪承畴等人的眼里，他也是一个不可多得的将才。

崇祯元年，清太宗皇太极改国号为"大清"，登基称帝。同年

1 刘健：《庭闻录》卷一《乞师逐寇》。

2 孙旭：《平吴录》。

3 《明清史料》乙编，第 2 本，第 136 页。

4 《明清史料》乙编，第 2 本，第 136 页。

5 孙旭：《平吴录》。

再次出兵朝鲜，迫使朝鲜臣服，解除了与明争战的后顾之忧。此后，即全力与明争夺辽西走廊，这是清军由东北入关的咽喉要道，非此不能入关。于是，崇德三年，清军屯田义州，接着包围了锦州，关外的形势处于剑拔弩张、一触即发的状态。崇祯十二年，随着明廷命洪承畴总督蓟辽，由镇压农民军的烽火前沿调往东边，明清松锦之战的帷幕也就由此渐次拉开了。

这时的吴三桂还仅仅是一名前锋右营副将，但战争首先给他带来了官运。洪承畴到任后，为提高军队的实战能力，对宁锦防线的军事部署作了重新调整，他从各营中抽选部分兵力，暂置于山海关外的前屯卫和中后所，进行集中训练，又称“团练”。由于高起潜、祖大寿等人的多次奏报，洪承畴对吴三桂早有耳闻，因此，他一下子就选中武艺精湛的吴三桂担任署练兵总兵官，负责这部分精兵的训练。这年十月，清军在多铎和豪格的率领下袭击宁远，明宁远总兵金国风出城拒战，因后援不继战死。在洪承畴的建议下，吴三桂又出任宁远总兵官缺，成为明辽东前沿重镇的守将。

官级连升，吴三桂春风得意。为了报答洪经略的拔擢之恩，更为了抓住机遇顺势攀援，吴三桂确曾奋勇厮杀过。当时，明在辽东的守将，锦州为前锋总兵祖大寿，宁远为团练总兵吴三桂，前屯卫为署分练总兵刘肇基，官兵共计 6.5 万余人[1]，分驻于山海关外的松山、锦州、杏山、塔山、宁远、前屯卫、中后所、中前所八城之间，以中前所藩屏门户，兵力最厚。虽说，此时祖大寿已被围于锦州，洪承畴的这一部署，仍使明军居于明显优势。但是，崇祯十三年五月，清太宗皇太极亲临前线，加紧了对锦州的围困，同时伺机占据松山、杏山，形势于明十分不利。驻守宁远的巡抚方一藻，急令吴三桂与刘肇基各率马、步兵五千余人驰往

1 《明清史料》甲编，第 10 本，第 969 页。

松山、杏山，阻击增援围锦的清军。五月十八日，吴三桂和刘肇基即与清军交战于杏山城北。吴三桂等始居优势，不意，清兵越战越勇，竟然反败为胜，将吴三桂团团围住。但吴三桂仍率部力战，裨将杨伦、周祐、李德胜等皆战死，伤亡千余人，终于在刘肇基的援救下突出包围。这次阻击虽然失败了，但吴三桂之勇却为人称道。七月，洪承畴从蓟州赶到杏山，统率吴三桂、刘肇基，以及东协总兵曹变蛟、山海关总兵马科等四镇兵，两万余人，再次与多尔衮、豪格率领的八旗军战于杏山城北。明军由于兵力大增，"胆勇倍奋，士气益鼓，连战数合"，吴三桂更是力夺首功，执锐死战。终于，明军大获全胜，清军被迫从原路退还。[1] 这次战役，吴三桂又一次崭露头角，更为洪承畴所器重。

为了增强军队的战斗力，吴三桂从所部两万余人中，遴选出精甲千骑，组成一支生死不惧的先锋营，由他亲自训练，亲自指挥。这支先锋营共分为 20 队，"五十骑为一队，每队设一领骑，千兵共领骑二十人，置签二十枝，书领骑姓名插靴筒中，遇急，信手掣签，呼某，某即统本骑随之冲突，往无不利。"[2] 虽说这种经过特殊训练的军队人数不多，但它却以敢战闻名，吴三桂所率的宁远镇兵，由此成为洪承畴所统诸镇中最强的一支。

可是，援锦之战的进展并不顺利，双方始终处于"拉锯"的状态。持久之战最重粮饷的供应，于是，洪承畴"欲屯田为久驻计"，稳扎稳打，步步进逼，直到将清军逼回辽东。但是，朝廷中以兵部尚书陈新甲为首的部分官员，却因农民军在中原地区的迅猛发展，力主速决辽东战事，以避免东西两面作战。"科道官交章责承畴师老饷匮、观望不前"，甚至连一向宠信洪承畴的崇祯皇帝也为之所惑，诏命洪承畴迅速进兵。对此，吴三桂颇不以为然，

1 《明清史料》甲编，第 1 本，第 24 页。

2 孙旭：《平吴录》。

清军初围锦州时，他曾上奏朝廷说：“夫奴屯种义州，裹粮载炮，采木盖房，计图久驻，此二十年从未经见之举。越月以来，未敢过我松锦者，正深耕广垦，饲养蓄锐，则以逸待劳，我则反主为客。”[1]基于这一认识，吴三桂对洪承畴稳扎稳打的战略方针，自然十分赞同。当时，吴三桂还建议朝廷，如欲速战速决，除用辽兵而外，必须增调蓟镇三协之兵，方可一举获胜。可是，明廷的大小官员们早已被农民军的强大声势吓昏了头，岂敢再抽出拱卫京师的蓟镇之兵，吴三桂的这一颇具战略眼光的主张，自然是无人问津了。

长期与满人交战，使这位自幼出入于戎马军中的将门虎子，终于在实际锻炼中成就了文韬武略之才。然而，他的勇武与干练，机敏与善变，既是他成功的因素，也是他日后不幸的克星。他的才干纵然使他一帆风顺，平步青云，却也使他在事事如意、处处受宠之中，养成了唯我至上的自私个性。而他那潜隐的自私个性的首次暴露，正是发生在关系明清争夺最为激烈的松锦之战的关键时刻。

明崇祯十四年，决定双方命运的明清松锦之战，已经进入了最后的决战阶段。明廷不惜悉锐出动，欲与清人决一死战。自三月始，宣府总兵杨国柱、大同总兵王朴、密云总兵唐通各率兵至，合玉田总兵曹变蛟、蓟州总兵白广恩、前屯卫总兵王廷臣、山海总兵马科、宁远总兵吴三桂，凡八大将，十三万兵，四万马。[2]七月，主帅洪承畴凭恃八镇精兵的优势，步步为营地逼近了锦州城南。他设账于锦州十八里外的松山统筹指挥，派人击败了驻守于乳峰山下的清军将领多尔衮和豪格，攻占了这一松锦之间的最高山峰，取得了居高临下的优势。然后，他将步兵七大营列于松山

1　《崇祯十三年辽东战守明档选（上）》，《历史档案》1985 年第 1 期。

2　《清史列传》卷七八《洪承畴传》。

与乳峰山之间，营外掘壕，环以木栅，中列火器。布骑兵于松山东、西、北三面，其势直逼锦州。

就在明军援锦破围迅速进展的时候，在沈阳的皇太极接到告急的军报，他不顾鼻血涌流，悉索全国人丁，昼夜兼程率奔锦州前线。皇太极疾驰六日便到达松山，营于锦州城北戚家堡，然后，他“登山视兵”，见明军阵容严整，深为叹服。但他仍然“横窥洪阵久之”，几乎用尽了心力。终于，他发现明军 “大众集前，后队颇弱”的破绽，猛然醒悟道：“此阵有前权而无后守，可破也。”于是，皇太极即命所率援军驻于明军部署薄弱的松山与杏山之间，自乌新河南山至海，横截大陆，绵亘驻营，又浚深壕切断了松山明军的后路。如此一来，明军自宁远经由塔山、杏山，再至松山的粮道便被切断了。当洪承畴发现了清人的这一举动，正在调兵遣将极力补救之时，清军又意外地夺取了他在笔架山的囤粮。于是，明军陷入了欲战则力不支，欲守则粮已竭的窘境中。八月二十日至二十一日，明军大战两日皆不利，军心开始动摇，将士已在纷纷议论着撤回宁远就食，再定战守的问题了。二十一日晚，洪承畴召集诸将会议，先以尽忠朝廷激励诸将，他说：“往时诸君俱矢报效，今正当其会，虽粮尽被困，宜明告吏卒，战亦死，不战亦死，况战或可冀幸万一。麾军一退，不可复止矣。吾意决孤注，明日望诸君悉力。”然而，洪承畴寄望于诸将明日背水一战，只不过是一厢情愿，军事会议以诸将各怀去志，多不愿从命宣告结束。百般无奈之下，洪承畴已改变原来的计划，决定突围。计以王朴、白广恩、唐通为左路，吴三桂、马科、李辅明为右路，破围回宁远就食，自率曹变蛟、王廷臣守松山，待突围之军携粮归来再战。[1]“申时传令撤兵就饷，酉时起行。”[2]

1 《明清史料》乙编，第 4 本，第 327 页。

2 《明清史料》丁编，第 7 本，第 675 页。

不料，意外的事情发生了。大同总兵王朴于八月初九日败仗后，已斗志早无。在洪承畴的军事会议刚刚结束，未待突围令下，即统本部率先向杏山方向逃遁而去。这消息立时使明军大营乱作一团。然而，更出人意料的是，正当诸将手足无措，张皇待命之际，素日勇武敢战的吴三桂，亦未得军令追随王朴而逃，于生死关头，真实而完全地表现出自我。

王朴的率先逃跑，首先使明军官兵完全丧失了抵抗意识，其次是打乱了洪承畴的原定突围计划。洪承畴只好听其自然，继王朴、吴三桂之后，唐通、马科、白广恩、李辅明亦各率马步骑沿海而逃。于是，这漫无组织的突围，演就了历史上少有的一次大溃逃。六镇兵犹如炸群之马争相朝山下驰去。初更时分，夜色黑如漆盘，清军又已四面设伏，比翼排列，直抵海边，明军只能且战且闯。由于不辨方向，各兵先自散乱，而清军的箭矢、滚石如骤雨般遮天盖地，堵住了各个路口。明军更加混乱，马步自相践踏，弓甲遍野，完全丧失了战斗力，更无法指挥。他们以火光辨敌所在，辗转迂回前进，却又被伏甲所截，溃不成军，死者不计其数。第二天拂晓，清军开始行猎山野，“搜剿逋敌”，杏山、塔山、高桥沿路设伏，犹如撒下地网天罗。明军各路溃奔，或避入墩台，或窜入海边，幸运者间有一二人潜遁，却未有成队逃出者。“自杏山南至塔山，赴海死者甚众，所弃马匹甲胄，以数万计。海中浮尸漂荡，多如雁鹜。”短短几天之后，明军五万余兵马便死于这欲战不能、欲逃无路的溃败中。

吴三桂是这支溃军中的幸运者。由于他追随王朴抢先逃跑，加之所部骁勇，第二天便逃入杏山城内。四天之后，他又同王朴从杏山杀出，奔宁远而去。路上，先遇清军由杏山以西截入大路追杀而来，二人落荒而逃，败奔高桥。而清军“伏兵四起”，阻截前路，追兵蹑后，明军伤亡惨重，吴三桂与王朴率残部杀出重围，逃回宁远。

然而，吴三桂虽能从乱阵之中苟全性命，却难脱抢先逃遁，致使全军溃败的罪责，六镇精兵尽丧，已使明廷丧失了支撑其统治的军事力量，为国法所不容，自蹈可杀之罪。可是，数月过去，明廷的一纸诏书只将王朴送入地狱，“朴被诛，而三桂仅镌秩”[1]，得到的是罚不当罪的降三级的处分，而且仍命镇守宁远。这出人意料的同罪不同罚的处置，就足以令人惊诧不已了，谁知没过多久，明廷又一诏令，将吴三桂由宁远总兵升任辽东提督，“三桂既加提督，则主客援兵皆听提调”[2]，其兵力也得以扩充，经招募训练，增至三四万人。[3]这在刻薄寡恩而又刚愎嗜杀的崇祯皇帝来说，恐怕也是绝无仅有的非常之举。为此，朝廷内外，许多人大惑不解。

实际上，崇祯皇帝不治吴三桂罪，反而委以重任，自然有其特殊的原因。

自崇祯即位以来，朱明王朝即已面临土崩瓦解之势，内忧外患使之惶惶不可终日。虽然，他一心要振兴祖业，并为此宵衣旰食，苦心孤诣。可是，当他如履薄冰般地渡过了他统治的十几个春秋后，所面临的仍然是东西交迫的困境。中原地区波澜壮阔的农民大起义愈演愈烈，日逞问鼎中原之势的满族后金（清）政权也形成了对明王朝的严重威胁。而长期的战争，明廷早已是兵困饷乏，国库如洗。为了摆脱这足以令朱明王朝毙命的困境，崇祯皇帝便把赌注押到了松锦之战上，企图一举获胜，解除外忧，好腾出手来全力对付农民起义军这一心腹之患。因而，他不惜动用了“王牌军”。

自永乐迁都以来，明朝的军事力量重心便开始北移，崇祯时期，更是形成了“敢战官兵皆在北而不在南”的局面，而在这些敢

1 《明季稗史初编》卷二六《吴耿尚孔四王合传·平西王吴三桂传》。

2 《明清史料》乙编，第 4 本，第 360 页。

3 陈生玺：《清军入关与吴三桂降清问题》，《中华文史论丛》1981 年第 2 期。

战的官兵当中，又以三边的“塞上之兵”为最强，松锦之战，崇祯皇帝抽调的正是这批北边精锐。可是，他万万没有想到，仅十余天功夫，这支“精锐”便丧亡于这场大溃逃中，对于摇摇欲坠的明王朝来说，不啻是一致命的打击。崇祯皇帝自然是痛恨不已，刚愎猜忌而又嗜杀的个性，使他恨不得将那些腐臣败将一一拿来问斩。然而，时事周章，“人才脆薄”，洪承畴、祖大寿、曹变蛟等一批谋勇相兼的将帅，已经葬送于这场蹩脚的战争里，李自成与张献忠这两支农民起义军又趁明军东顾之机，再度蜂起，攻克洛阳、襄阳等地，在中原地区把明军打得落花流水，一败涂地。西边有警，明廷自然无暇东顾，而数年以来镇守辽东的祖氏家兵中，如今又只剩下这位以骁勇著名的吴三桂了。于是，崇祯皇帝不得不把拱卫东边的重任寄托在吴三桂身上。为此，他压下了心中的怒火，只下令处死战绩平平而又胆小如鼠的王朴，为免遭物议，才降了吴三桂三级。可见，大明王朝日薄西山的命运，不仅使吴三桂免遭杀身之祸，且把他推到了更显赫的位置，由一个区区武将，一跃而成为时人瞩目的关键人物。

对于明廷的不杀之恩，吴三桂已是感愧交集，涕泗满颐了。而这无功受禄的宠眷，更令他诚惶诚恐，明廷于他恩同再造，他又怎能不尽力报效呢！为了挽救松锦之战的败局，同时洗刷自己溃逃的耻辱，他一边召集散亡将士，悉力拒守宁远，一边训练官兵，征集粮饷，做好出援松锦的一切准备，并几次击败了清军的骚扰。可是，对于奄奄待毙的明王朝来说，再组织一支援辽大军，实在已力所难及。崇祯十五年二月，松山守将夏成德开城降清，三月，锦州的祖大寿亦降，七月，塔山、杏山也相继落入清人手中。自此，明王朝苦心经营十余年的宁锦防线终于被清军攻破，关外八城仅余其四，昔日为明朝依为屏障的辽海锁钥已经残破，而宁远则成为明廷阻击清军进取中原的前沿城堡。这时，如果镇守宁远的吴三桂降清，辽西走廊的大门就将全然为清军打开，八旗铁骑便可轻而易举地踏过关城，直取燕京。而吴三桂在明，明廷虽失重镇，边关却可依然有守。因而，吴三桂在明清这场激烈的争夺中已成为一个举足轻重的人物。

清人自然认识到这一点。自锦州城下，祖大寿降清，清朝的统治者们便开始倡议收取宁远、招降吴三桂的策略。在他们看来，此举不过是唾手之劳。因为：第一，吴三桂是祖大寿的亲外甥，又是祖氏一手培养起来的战将，祖大寿作为吴三桂的父辈兼上级，他焉有不言听计从之理！早在锦州未破之时，祖大寿就曾对清人说过："我若归顺，宁远亦可得也。"[1]第二，明朝皇帝素性多疑，祖大寿既降，必疑及其甥，吴三桂迫于形势也会归降。第三，祖大寿的妻子儿女尚在宁远，他自然渴望家人完聚而尽力说服吴三桂及早降顺。因此，锦州刚破，皇太极便立即派祖大寿的亲眷前往宁远说降。他要赶在祖大寿的家眷尚未撤出宁远，而明廷又未将吴三桂这个宁远总兵更换之前，不费一兵一卒地拿下宁远。

可是，一个月过去了，吴三桂没有回音，皇太极唯恐对方以说降者人微言轻，不足取信而生疑虑。于是，他以大清皇帝的名义颁发敕谕，命人投送宁远，以利害相关劝其归降。敕文曰：

"松锦既没，坐视而不能救，种种罪愆，尔明国皇帝宁有肯轻恕将军之理耶？曩者祖大寿之在锦州也，尔明国皇帝每疑之，而欲加以罪，然而终不能者，以其族党甚强，且据锦州故耳。今将军以孤立之身，负危疑之迹，岂能自保无虞？""傥狐疑未决，不速来归，尔明国皇帝有不疑将军而加之罪者乎？"[2]

随后，皇太极又命吴三桂昔日的同僚张存仁、亲眷祖可法、裴国珍、吴三凤、胡弘先等分别致函吴三桂，多方劝降，所言字字千斤地敲在吴三桂的心上。

1 《清太宗实录》卷五九，第12页。

2 《清太宗实录》卷六〇，第6页。

“洪制台（洪承畴）以专阃重任尚知审天时度人事……冲幼如台台（吴三桂）何为坐俟祸及乎？”

“前者贤甥（吴三桂）在阵逃出，大兵尽丧，总督文武官俱陷，贤甥独存，罪将安归？窃恐功名富贵必不能常保，而身家性命又不知作何结局也。”[1]

吴三桂仍漠然置之，但却无法理清如麻的心绪。洪承畴没有身殉大明王朝，反而投降了清人，使他震惊不已，而三位舅父和十余表兄弟的归清，更令他惊恐不安。甥舅至戚，自己又怎能摆脱这同舟之疑呢？皇太极所言不无道理，崇祯皇帝的多疑他不是不知，并且，就形势而言，锦州为辽左重镇，锦州既下，宁远便完全暴露在清军的攻势面前，而明廷的军力又今非昔比，久历边事的吴三桂自是了然于心。因而，清人的招降，不能不使他动心。

然而，大清毕竟是“夷狄”，千百年来所形成的“华夷之辨”的传统观念，在汉人的头脑中已根深蒂固。明末以来，降清者不乏其人，但文臣多为失意之士，武将多为被俘之囚。祖大寿在凌河受困时，杀副将归降清人，可被放归以后，仍然复为明守。此番降清更是形势所迫。吴三桂自幼听其教诲，受其濡沫，以降清不齿。而且，不久前，清人潜至宁远欲接祖氏夫人，被夫人一口回绝，[2]这使吴三桂那失去平衡的心理得到了抚慰。此外，更为重要的是，此时的吴三桂正得明廷重任，身兼提督全辽大将军之职，高官厚禄并得。明王朝虽已风烛残年，但对仅据东北一隅的满族政权来说，依然不失君临天下之势，在这场争夺中，鹿死谁手还远远未见分晓，因而不便轻举妄动。经过数日的察访，吴三桂并未发现朝廷有见疑之处，先时不安的心理平复下来。他反复考虑，权衡再三，最后，还是偏向明廷一边。

---

1 《清太宗实录》卷六〇，第 8～11 页。

2 《沈馆录》卷七，《辽海丛书》本，辽沈书社，1985 年。下同。

由于等不到吴三桂的回信，皇太极不得不把进取燕京的计划向后推迟，同时加紧招降吴三桂。是年（1642 年）十月，皇太极在派遣贝勒阿巴泰入明行掠的同时，又一次给吴三桂发出了招降书，并附以祖大寿的亲笔，“使大寿书招宁远总兵吴三桂”[1]。

这回，吴三桂没有沉默，祖大寿自言“已得其所”，对他来说震动非浅，他素日又最敬祖大寿，但在权衡切身利害之后，“答书不从”。并因斩敌立功，在明廷的地位更为醒目。

那是崇祯十六年四月，奉命率军深入明境、饱掠中原达半年之久的阿济格捆载北归，途经京畿。明廷如临大敌，奉命督战的大学士周延儒集八镇兵于螺山（北京怀柔县北），不期明将多不战而逃，只有风尘仆仆由宁远赶至京师的吴三桂，与山海关的马科、山东的刘泽清合力阻击了清军。由于明廷屡遭败衄，闻警即怵，故吴三桂虽获小胜，却为举朝眷注。崇祯皇帝又以其“屡有斩获”[2]，于五月十五日特宴吴三桂等人于武英殿。[3]立时，吴三桂威名远播，朝野视为国家干城，在一片赞扬声中，他早已把清人和祖大寿劝降一事丢在了脑后。祖大寿见吴三桂不听，“疏请发兵取中后所，收三桂家族”[4]，以胁迫之。于是，清军在郑亲王济尔哈朗的带领下，于十月，一举攻下了中后所、前屯卫、中前所，兵临宁远城下。返回宁远的吴三桂依然要孤军奋战，他不能不会想到，皇太极在给他的最后一封信中说道：“今我军围困宁远，不知更有何处援兵以解将军之厄耶?”[5]是役，吴三桂虽挫敌获胜，却难免不无怆然绝望之感触。

1 《清史稿》卷二三四《祖大寿传》。

2 彭孙贻：《山中闻见录》卷六，见潘喆、李鸿彬、孙方明编《清入关前史料选辑》第三辑，中国人民大学出版社，1991 年。

3 谈迁：《国榷》卷九九，崇祯十六年五月丁未，《续修四库全书》本；《明实录附录·崇祯实录》卷一六。

4 《清史稿》卷二三四《祖大寿传》。

5 《清太宗实录》卷六四，第 5～6 页。

二 入关勤王与投降大顺军

宁远成了关外孤城，这使明廷大为震动，但大顺农民军在西北郏县全歼孙传庭部，业已占领西安，收取三边的消息，更引起了举朝的震恐。明廷自松锦战后所恃的兵力只剩下三大集团，一是由吴三桂掌握的辽东精锐，与清人纠缠于宁远；二是湖北的左良玉部，虽号称兵多将广，实则既畏敌避战，又跋扈难用；第三即是陕西总督孙传庭统率的三边官兵，是明廷用以应付农民军的唯一主力。如今，孙传庭部已全军覆没。面对正在向京城袭来的农民军，崇祯皇帝除了抽调驻守宁远的吴三桂所部之外，别无选择。然而，调吴军入关，无疑要放弃宁远，使山海关外的土地人民落入清人手中，一心要作中兴之主的崇祯皇帝绝不甘愿负此恶名。于是，“崇祯十七年正月，调襄入京，提督御营”[1]，将吴三桂的父亲吴襄升为中军府都督，由宁远调往京城，提督京营。这一举动已将他欲放弃关外的企图暗示给朝廷的大臣们，他等待着众人的迎合。恰好，吴襄“初到（京师）议撤宁远，守关门。三桂与蓟督王永吉、辽抚黎玉田等，谓辽东前后卫复失，宁远势孤难守，宜撤宁远兵民入守关门。即京师猝有寇警，关门之援，旦夕可至。”[2]这时，大顺农民军已在西安建国改元，旋即渡河东征的消息传到京城。于是，正月十九日，急如热锅之蚁的崇祯皇帝在德政殿召集大臣，正式商讨指调吴三桂所部入关事宜，他一面指示只抽调吴三桂所统精兵五千前往山西助剿，以余兵支撑关外，一面示意大臣们承担“此等重大军机应行与否”的责任，“未可推诿延缓误事”。这些老于世故的权臣们深知崇祯为人，也清楚吴军主力入关，势必出现人心不稳，关外兵民蜂拥入关避难的局面。因而，为免遭杀身之祸，内阁首辅大学士陈寅首先打出了“一寸山河

1 计六奇：《明季北略》卷二〇《吴三桂请兵始末》，中华书局，1984 年。下同。

2 计六奇：《明季北略》卷二〇《吴三桂请兵始末》。

一寸金”的旗号，既拥护崇祯皇帝调兵，又坚决反对弃地，余者无不诚心效仿。崇祯无奈，只好自决放弃宁远，曰：“收守关之效，成荡寇之功，虽属下策，诚亦不得已之思。”[1]但由于先时一议再议，迁延一月有余，所以，直到二月晦日，仍未付诸实行。

其实，对于宁远的撤守，吴三桂的焦急程度并不亚于崇祯皇帝。宁远孤悬关外，“二百里外，四面阻敌，防御极难”[2]，吴襄奉命调京，证明宁远城守将不久于明，从而丧失了信心和守志。他几次上奏，皆言宁远难守之状，故吏科给事中吴麟征在力争必弃宁远时说：“臣读三桂疏，言切情危，若有格格不忍言之意，臣知其有惧心，始以裹一尸自任，终为父弟乞恩，臣知其有死心”，并担心将其“委之敌人”，指出“宁远孤城其势必弃，今日弃之为弃地，他日弃之为弃人”[3]。就在朝中的权贵们还在忙于卸责于他人的争执之时，大顺农民军的进军步伐，却没有因为明廷的举棋不定而稍有停怠。三月初，农民军已逼近京城。消息传来，惊愕之余的崇祯皇帝才连忙下诏，“征天下兵勤王，命府部大臣各条战守事宜”。于是，吏科给事中吴麟征又奏请，“弃山海关外宁远、前屯二城。徙吴三桂入关，屯宿近郊，以卫京师”[4]。可是，为时已晚。

三月初四日，崇祯皇帝诏封吴三桂为平西伯，蓟镇总兵唐通为定西伯，援剿总兵左良玉为宁南伯，凤庐总兵黄得功为靖南伯，冠吴三桂为四伯之先。而在这之前，已特地召见过吴襄，详细询问了吴三桂的兵力情况，“襄备陈边兵精锐，三桂才可办贼状”[5]。

1 蒋得璟：《悫书》卷一一，转引自顾诚《山海关战役前夕的吴三桂》一文，《历史研究》1978 年第 5 期。

2 刘健：《庭闻录》卷一《乞师逐寇》。

3 刘健：《庭闻录》卷一《乞师逐寇》。

4 谷应泰：《明史纪事本末》卷七九《甲申之变》，中华书局，1977 年。下同。

5 刘健：《庭闻录》卷一《乞师逐寇》。

三月六日，崇祯正式命令吴三桂放弃宁远，火速入关勤王。显然，这位穷途末路的皇帝，已将大明王朝的命运托之于吴氏一门手中。

“向所忧封疆失守，今转而为勤王首功”[1]，这正是吴三桂热盼之中的。可是，“三桂被命，迁延不即发”[2]。其原因也许是多方面的。首先是吴三桂生于辽长于辽，父子两代的经营，使其在辽东祖氏这家军事大族中后来居上，成为大土地所有者。虽然现有史料中，对吴氏田产状况缺乏明确的记载，但根据明朝辽东“非官而军，非军而官”[3]的特点，可知辽东势族主要是世代担任军事要职的大姓，他们多“占种膏腴，私役军士”[4]。因而，吴襄与吴三桂拥有亲兵三千，“此三千人非兵也，乃臣襄之子，臣子之兄弟”[5]，而且三千亲兵“皆有数百顷庄田”[6]，吴氏的家财田产由此可想而知。吴三桂难离故土亦属情理之中。其次，徙宁远兵民50万入关，需要时间。但更主要的是吴三桂对这次勤王缺乏信心。因而启程的时间先是晚了，而50余万人组成的兵民混杂的队伍，其行军速度又可想而知。从宁远到山海关，总共只有二百余里的路程，正常行军可日行120余里，兼程急驰一日即达，可吴三桂到达山海关却已是三月十六日了，[7]于明廷令下之日已过了十天。三月十九日，吴三桂还在勤王的路上，李自成率领的大顺农民军已一举攻占北京，崇祯皇帝吊死于煤山，明朝灭亡了。

三月二十日，吴三桂赶到距京城数百里的丰润，由于未得到确实消息，他没有贸然行动，分兵驻扎于昌黎、乐亭、滦州、开

1 《吴三桂纪略》。
2 《明季稗史初编》卷二六《吴耿尚孔四王合传·平西王吴三桂传》。
3 熊廷弼：《按辽疏稿》卷三，明刻本。
4 《明英宗实录》卷一〇八。
5 吴伟业：《绥寇纪略·补遗》，中华书局，1985年。
6 徐鼒：《小腆纪年》卷三，中华书局，1957年。下同。
7 《明季稗史初编》卷二六《吴耿尚孔四王合传·平西王吴三桂传》。

平等处[1]。两天以后，吴三桂终于得知京城陷落，帝后殉难的消息。他连忙返回山海关。“顿兵不进，犹豫未有所决。”[2]

明朝的灭亡已是无可挽回，但是，谁能取明而代之呢？是正在筹备登基大典的大顺农民军？还是雄踞关外、虎视眈眈的大清政权？在昔日的亡明斗争中，这两个为了各自利益而对准同一目标进行攻击的军事集团，必将在彼此之间决一胜负。大顺农民军兵多将勇，八旗兵强悍无敌。大顺军以他最后一记铁拳取得君临天下的优势，清人妒火中烧，也借范文程之口喊出了“我朝虽与明争天下，实与流寇角耳”的肺腑之言。可是，在这场争夺天下的抗衡中，谁能取得最终的胜利呢？这是吴三桂最最关心的问题。退守山海关后，吴三桂作为明朝在北方仅存在的一支力量，已处于农民军和清军两大势力的夹击中，在与南方明朝残余势力声息不通的情况下，吴三桂以其三四万的兵力不堪与其中任何一方相抗衡，更不用说东西两面同时作战。而且，政治上的孤立无援，经济上的粮饷俱乏，也决定了吴三桂不可能长此独立存在下去。何去何从？他必须在投降农民军与清军二者之间作出抉择。

降清，自然不失为一条出路，上级洪承畴、舅父祖大寿，并昔日的同僚皆在清廷供职。但长期的边衅使他与清人积怨已深，“以清兵仇杀多次，不欲返颜”[3]。其父吴襄也曾说过：“臣辽人也，与奴（清）有不共之仇。”[4]何况，清人的多次招降均被他一口回绝，这裂土分茅又焉能落到他的头上呢？皇太极先时就曾警告过他：“将军不于此时翻然悔悟，决计归顺，劳我士马，迟我时日，彼时虽降亦不足重矣。”[5]这重重顾虑，使吴三桂不到万不得

1 乾隆《永平府志》卷三《封域志·纪事》。

2 师范辑：《滇系·典故四》，《逆藩吴三桂传》，光绪云南通志局。

3 《吴三桂纪略》。

4 《明清史料》乙编，第二本，第136页。

5 《清太宗实录》卷六〇，第6页。

已，是不会降清的。

在这种情况下，吴三桂投降大顺农民军不仅可能，而且可信。第一，李自成许以高官厚禄。三月十五日，大顺农民军进抵居庸关后，明守将唐通投降，旋即奉命率所部并银两财物前往山海关招降吴三桂，“通遗三桂书，盛夸自成礼贤，啖以（吴三桂）父子封侯”[1]。这“封侯之赏”的许诺不能不使吴三桂动心。第二，李自成派人送去四万两犒师银。吴军在宁远时即已缺饷 14 个月之久[2]，四万两银可立解军中的燃眉之急。第三，李自成进北京后，继唐通后又先后派巡抚李甲、兵备道陈乙、兵部尚书王则尧，以及张若麒、左懋泰等往山海关招降，招降的攻势甚猛。第四，吴襄已降于大顺农民军，牵制了吴三桂，所谓“吴襄既降贼，三桂亦以所部之众西行赴降”[3]。早在京城失陷时，吴三桂即致书于京城内的吴襄，曰:“京城已陷，儿拟退驻关外，倘已事不可为，飞速谕知。家中俱陷城中，只能归降。”[4]因而，吴襄投降大顺军，吴三桂是赞同的。特别是当吴襄为李自成所迫，致书劝降吴三桂时，又为他指明了利害。吴襄说:“今尔徒饰军容，逊懦观望，使李兵长驱深入，既无批亢捣虚之谋，复无形格势禁之力。事机已失，天命难回，吾君已矣，尔父须臾！呜乎，识时势者，可以知变计矣。……我为尔计，及今早降，不失封侯之位，而犹全孝子之名。万一徒恃骄愤，全无节制，主客之势既殊，众寡之形不敌，顿甲坚城，一朝歼尽，使尔父无辜并受僇辱，身名既丧，臣子俱失，不亦大可痛哉!”[5]

如前所述，吴三桂自幼与其父同骋疆场，骨肉之情尤深，

1 《清史列传》卷七八《唐通传》。
2 徐鼒：《小腆纪年附考》卷四。
3 刘健：《庭闻录》卷一。
4 王永章：《甲申日记》，中华书局，1959 年。
5 彭孙贻：《平寇志》卷十，上海古籍书店，1984 年。下同。

他怎会视老父于囹圄之中而不顾呢？何况为父所言，句句切中。勤王之际，他贻误战机，无可逃脱地负有背负先王的罪责。如今大势已去，明祚难回，大顺农民军已取明代之，为一代新主，此时归降，定可为新朝权贵，永保荣华。且父母家小以及他日夜思念的爱妾陈圆圆皆在京城，如若拒降，大顺军必将加害。因而，对于吴三桂来说，只有归降大顺，才不失为一条万事皆遂的出路。

据记载，吴三桂在投降大顺农民军之前，曾集诸将问策。他说："都城失守，先帝宾天，三桂受国厚恩，宜当以死报国。然非籍将士力，不能以破敌，今将若之何？""闯贼势大，唐通、姜襄皆降，我孤军不能成立。今闯王使至，其斩之乎？抑迎之乎？"众人齐声回答道："今死生唯将军命。"于是，"三桂乃报使自成"[1]，将山海关交给大顺农民军的代表唐通驻守，"卷甲入朝"，亲统大军再次西进。并"从关上至永平，大张告示，本镇率所部朝见新主（李自成），所过秋毫无犯，尔民不必惊恐"。由于"江川前知县李某，永平人，言亲见告示云"[2]，故吴三桂投降大顺军当是事实。但是，这一事实并没有发展下去。四月五日，当吴三桂率军抵达永平以西的沙河驿时，途遇由京城逃出的家人，于是，"忿而中改"[3]，调转马头再次返回山海关。

对于吴三桂降李又中途反悔，封建文人向有两种说法。一种认为：陈圆圆为大顺农民军将领刘宗敏所掠乃其原因。如《清史稿》曰："三桂引兵西至滦州，闻其妾陈圆圆为自成将刘宗敏掠去，怒还，击破自成所遣关将。"[4]《清史列传》曰：三桂"悦歌女陈

1 彭孙贻：《平寇志》卷十。

2 《吴三桂纪略》。

3 李清：《三垣笔记》附《识中·崇祯》，中华书局，1982年。

4 《清史稿》卷四七四《吴三桂传》，中华书局，1977年。

沅，以千金购之……至是，为贼将刘宗敏掠去。三桂闻之，作书绝父，驰归山海关”[1]。吴伟业在《圆圆曲》中的笔调尤其浓郁，这就是人们所熟知的：“顶湖当日弃人间，破敌收京下玉关，痛哭六军皆缟素，冲冠一怒为红颜。”从而，“冲冠一怒为红颜”似成这一事件的定论。《明史》、《平寇志》、《四王合传》，以及《庭闻录》等书均持此说，《庭闻录》的作者刘健还认为：“陈沅沅事言者多殊……唯吴梅村《圆圆曲》为得其真。当日梅村诗出，三桂大惭，厚贿求毁板，梅村不许。三桂虽横，卒无如何也。”另一种说法则认为：大顺政权实行追赃助饷政策，拷掠了吴三桂父亲吴襄。如张怡在《谀闻续笔》卷一中记载：“贼得京师，召三桂。至永平，闻其父大将军襄为所系，索饷二十万，乃惊曰：‘此诱我，剪所忌耳！’乃率兵还。”程源《孤臣纪哭》曰：“逆闯急欲降三桂，三桂父总兵吴襄住京城，贼逼襄书招之，襄不从，贼掠索之，三桂间京城，得状，乃以兵出关。”此外，钱軹在《甲申传信录》中亦持此说，“三桂统师入关，至永平西沙河驿，闻其父为贼掠且甚，三桂怒，遂从沙河驿纵兵大掠而东，所过糜烂，顿兵山海城，益募兵议复京师。”等等。

近来，学者或认为：故明遗老和反清志士渲染陈圆圆一事，是为了讥讽吴三桂降清，而清人则出于对吴三桂后来叛清的恶恨，用以贬责他的人格。“实则此事对当时形势并无多大影响。因为在封建帝王将相时代，女子本来就是赠送人的礼品，随时可以用钱买到，吴三桂也不会为一个歌女而如此大动干戈。”“所以吴三桂降李复叛，是因为得到了李自成在北京拷掠明官的情况和父亲被拷追赃的密信。”[2]

事实上，李自成在北京的追赃助饷政策确实产生了很坏的影

1 《清史列传》卷八〇《吴三桂传》，中华书局，1987年。

2 陈生玺：《明清易代史独见》，第71～72页，中州古籍出版社，1991年。

响。由于追赃的范围过宽，手段过严，使已经投降了的明官人人思悔。他们本欲投奔新朝以求显贵，不料不仅财产性命不保，且妻子儿女俱遭凌辱。特别是吴襄也在此列，这对踌躇满志的吴三桂来说，无疑是当头一棒，是他始料所不及的。不仅大顺军“追赃助饷”这一政策令他难以接受，家财和老父性命已系于他人之手，尤令他恐惧和困惑，进而对大顺政权感到失望与格格不入。因而，李自成的追赃助饷政策和吴襄遭拷掠，的确是吴三桂降李复悔的重要原因，乃至根本原因。但却不是唯一的原因。笔者以为，陈圆圆被夺，在吴三桂降李复叛这一转变中起了不容忽视的推动作用。

据记载：陈圆圆，名沅，字畹芬，明末苏州名妓，与顾寿、董小宛、李香君等齐名。史书记载：她“容辞闲雅，额秀颐丰，有林下风致”，擅长南戏弋阳腔，“每一登场，花明雪艳，独出冠时，观者魂断”[1]。因而，色艺双绝的陈圆圆在明末南戏盛行的江南艳名远播。

崇祯十五年春，国丈田弘遇（田妃之父）去南海焚香，归途经过江南，以高价购得陈圆圆，将其携至京师。第二年五月，奉命至京、阻击清军的吴三桂由于崇祯召见赐宴，被朝野视为干城，故田弘遇“饯之甲第，出女乐佐觞，圆圆亦在拥纨之列”[2]。当时，吴三桂一见倾心，当田弘遇问他：“设寇至，将奈何”时，吴三桂毫不隐讳地答道：“能以圆圆见赠，吾当报公家，先于报国也。”[3]可见吴三桂欲得到陈圆圆的愿望是多么强烈，以至于把在君王面前的侃侃忠贞，用命于社稷的雄心壮志，全抛在了脑后。当时，无可奈何的田弘遇勉强同意了这笔“交易”，“勉许之”。吴三桂却

1 钮琇：《圆圆传》。参见况周颐：《陈圆圆事辑》，《小说月报》第六卷第十一号。下同。

2 钮琇：《圆圆传》。

3 陆次云：《圆圆传》。参见况周颐：《陈圆圆事辑》。

因“帝促三桂出关”[1]，而未及迎娶，只留下千金为聘，即离开田府。第二天，便返回关外。是年十一月，田弘遇死，十七年正月，吴襄奉命进京，将陈圆圆接到了府中。因而，短暂的相见，随即便是半载有余的离别，更增加吴三桂对陈圆圆的渴慕。即使在明廷危殆，戎马倥偬之际，吴三桂也没有摆脱这份思念，他不时嘱咐父亲：“祈告知陈妾，儿身甚强，嘱伊耐心。”“陈妾安否？甚为念。”[2]鸿雁帛书频繁地飞往京师。所以，陈圆圆对吴三桂来说，非寻常妓女可比。她犹如吴三桂刚刚到口，还未及品嚼的美味佳肴，尚有着巨大的诱惑力，他绝不肯轻易放手，何况虎口夺食的又正是“有求于他”的大顺农民军呢！

正因如此，当吴三桂已经踏上了西进之路后，尽管他对大顺军的追赃助饷极端不满，对李自成捉拿其父的“无礼”行径愤恨至极，他还是感到：“吾与北兵结仇深，势难北归。”[3]对大顺农民军抱有最后一线希望，希望这一切都是大顺农民军逼降的一种手段。所以，当家人通此信息后，他说：“李害父陷于不知，不必仇”[4]，“吾至当自还（家产）也”，“吾至当即释（吴襄）也”[5]。可是，当他得知权将军刘宗敏将陈圆圆由吴府掠走的消息后，心中的最后一道防线终因大顺军“欺人太甚”而被摧垮了。他感到蒙受了奇耻大辱，老父被抓，家产被籍，连爱妾也被他人强占，33岁的吴三桂还在血气方刚之年。或许，有生以来他也不曾受过如此的欺侮，投身戎伍后，不要说深得地方大吏的宠眷，连崇祯皇帝也要另眼相看，可是这些出身于草莽之中的农民军却对他如此非礼轻慢，

1 陆次云：《圆圆传》。

2 王永章：《甲申日记》。参见况周颐：《陈圆圆事辑》。

3 《吴三桂纪略》。

4 《吴三桂纪略》。

5 王朝：《甲申朝事小记·圆圆传》。见江畲经编辑：《历代小说选》（一），上海书店，1983年。

不由得使他怒火中烧，立时从王侯的美梦中清醒过来，由先时的犹豫怀疑，变成愤怒的反击，厉声高叫道："大丈夫不能保一女子，何面目见人耶?"[1]"不杀权将军，此仇不可忘，此恨亦不可释。"[2]然后，率兵疾奔山海关。

综上所述，大顺军进入北京后，实行了追赃助饷的政策，这一有别于历代封建王朝的政策，体现了农民政权的阶级本质，因而它与吴三桂的阶级利益格格不入，这是他降李复叛的根本原因。即使吴三桂当时投降了李自成，进入了北京，如果农民军不改变其政策，不向封建政权完全转化，在第二个或第三个政权存在的条件下，吴三桂迟早还是要叛。也就是说，阶级本质的差异，是这一事件发展过程中的必然性因素，而陈圆圆事件则是其中的偶然性因素。但是，偶然性同样起作用，"如果偶然性不起任何作用的话，那么世界历史就会带有非常神秘的性质"，而历史"发展的加速和延缓在很大程度上是取决于这些偶然性的"[3]。

三　山海关之战与吴三桂降清封王

山海关坐落在层峦叠嶂的群山中，为河北省临渝县的东门，古称临渝关，明朝在此设立山海卫后，改称山海关。山海关肇端于万里长城之东，然它所以闻名，却主要在于它那天然的险要。它东临浩瀚的大海，北边有覆舟山和兔耳山，涛涛海水伴以陡峭的山峰，使这座山海相依的关隘浑然增添了几分气势，明廷又依险在这里修筑了坚固的防御体系，以关城为主体，四面各有辅城护卫，东西称东罗、西罗，南北称南翼、北翼，并同附近的长城、城堡、墩台和关隘形成一体，万夫莫开，不愧有天下第一关的称

1　刘健：《庭闻录》卷一《乞师逐寇》。

2　《吴三桂纪略》。

3　马克思：《致路·库格曼》，《马克思恩格斯选集》第4卷，第393页，人民出版社，1972年。

号。以往，明廷总是把攻防的重点放到关外，以山海关天险不设精兵。所以，当吴三桂带领着号称“关宁铁骑”的三万余人马撤至山海关，与原有的戍卫合兵一处，实则如虎添翼，而吴三桂也因掌握了山海关京城的东门锁钥，其举手投足、是从向背变得至关重要。如果他投降农民军，便可以阻止清军入关，使大顺这个刚刚奠都北京，还处于襁褓之中的农民政权，赢得巩固、建设和发展的时间，从而完成她取代明王朝的历史使命。倘若吴三桂归清，清军便可以长驱直入，以最快最猛的步伐进攻北京，与农民军抢夺胜利果实，争主天下。

与农民军决裂，已经把吴三桂推向了清人一方。

二次返辔，吴三桂直扑关城。由于变出意外，唐通所部守城兵毫无戒备，四月八日，吴军“袭杀其守关兵殆尽，贼师负伤遁归”[1]。山海关重为吴三桂占领。他“陈兵演武场，请绅衿父老饷以牛酒，问曰：‘我兵何如？’众皆曰：‘真天兵也。’问：‘可杀李贼否？’众见伪官李（甲）陈（乙）在座不敢对，桂立命斩李甲首祭旗，割陈乙两耳纵之，传语曰：‘令李贼自送首来！’”[2]然后，“移檄远近讨贼”[3]，“京城外亦遍张吴三桂檄，共约士民缟素复仇”[4]。同时，他“招集溃散，及唐通降兵约二万”[5]，“新募兵数千，尤雄悍”[6]。可是，尽管吴三桂的兵力已增加到五六万人，要对抗强大的农民军仍不过是以卵击石，他已认识到所面临的严酷现实，“见自成势大，难与争锋”[7]。因而，乞援于清人成为他此时

1　《明季稗史初编》卷二六《平耿尚吴四王合传·平西王吴三桂传》。

2　孙旭：《平吴录》。

3　彭孙贻：《平寇志》卷十。

4　谷应泰：《明史纪事本末》卷七八《李自成之乱》。

5　刘健：《庭闻录》卷一《乞师逐寇》。

6　彭孙贻：《平寇志》卷十。

7　计六奇：《明季北略》卷二〇《吴三桂请兵始末》。

唯一的选择。这时，部将也“以众寡不敌为虑，有进乞师策者”。[1]胡守亮“素通满语，乃献借兵之策”[2]，为吴三桂所悦。因为“借兵”清人，不仅可以逃避降清的罪名，且可藉他人之力达到复仇的目的。但是，此事关系重大，吴三桂请素有谋略的方献廷问之：“敌众我寡，计将安出？”献廷曰：“李自成大军必来取关，孤军难胜，莫若请北兵进关，共歼李贼，事成则重酬之。”[3]于是，吴三桂命副将杨坤、游击郭云龙等为使，持其“借兵”书信前往清军请援。

李自成于京城得知吴三桂反悔，击败唐通，决定亲统大军出征讨伐。为了先稳住吴三桂，以争取最后的机会招抚，四月十一日，李自成再次派遣使臣携带吴襄手书和大量金银先往。四月十三日，李自成便由宋献策、刘宗敏、李过等将领扈从，亲统 10 万大军[4]出齐化门（朝阳门）向山海关奔来，明太子，永、定二王以及吴襄也被带往军中。

慑于大顺农民军声势浩大，吴三桂采纳了参将冯有威缓兵待援的计策，“收其金币，散赐士卒”，“使彼不及备”，“然后起兵”。故吴三桂佯对来使说：“愿一见东宫而即降。”[5]并派出李友松等六名山海关乡绅，作为谈判的代表往迎大顺农民军。同时加紧准备，拖延时间，等待清军的到来。

从北京到山海关大约有七百里的路程，对于能征惯战的大顺

1 刘健：《庭闻录》卷一《乞师逐寇》。

2 钱𫐄：《甲申传信录》卷八《吴三桂入关之由》，上海书店，1982 年。下同。

3 抱阳生：《甲申朝事小纪》卷五《吴三桂始末》，书目文献出版社，1987 年。

4 关于李自成出兵人数，《四王合传》《孤臣纪哭》《明史纪事本末》《流寇志》等书均记载为六万。而《吴三桂纪略》《定思小记》《遇变纪略》等书云为十万，《庭闻录》中收录了吴三桂上兵部奏疏，亦曰十万。此外，王兴亚考订了李自成的出兵人数，认为是十万。以故，本文持“十万”之说。见王兴亚：《李自成起义史事研究》，中州古籍出版社，1984 年。

5 冯梦龙：《燕都日记》，清光绪年间刻本。

农民军来说，只要三至四天的急行军即可到达，但是大顺军却整整走了八天，使吴三桂赢得了充裕的时间。

四月十五日，吴三桂的使臣杨坤、郭云龙抵翁后（今辽宁阜新境内）途遇统八旗军攻明的清摄政王多尔衮，二人立即将吴三桂的书信递上。

书中写道："流寇逆天犯阙……先帝不幸，九庙灰烬……三桂受国厚恩，悯斯民之罹难，拒守之边门，欲兴师问罪，以慰人心，奈京东地小，兵力未集，特泣血求助。我国与北朝（清）通好，二百余年，今无故而遭国难，北朝应恻然念之。而乱臣贼子，亦非北朝所宜容也。夫除暴剪恶，大顺也；拯危扶颠，大义也；出民水火，大仁也；兴灭继绝，大名也；取威定霸，大功也；况流寇所聚金帛子女，不可胜数，义兵一至，皆为王有，此又大利也。王以盖世英雄，值此摧枯拉朽之会，诚难再得之时也。乞念亡国孤臣忠义之言，速选精兵，直入中胁西胁，三桂自率所部，合兵以抵都门，灭流寇于宫廷，示大义于中国，则我朝之报北朝者，岂惟财帛？将裂土以酬，不敢食言。"[1] 其一纸悲愤激亢，与几天前还走在投靠"流寇"路上的他，判若两人。但是，应当承认的是，这时的吴三桂还没有降清。第一，他以明朝臣子的立场，请北朝（清）出义兵；第二，他规定了清军入边路线；第三，许以事成"裂土以酬"。

多尔衮得书，惊喜交集，如获至宝。父兄两代虽多次深入明朝腹地，却终因关门被阻，不得驰骋中原，如今，吴三桂请援，清军可不战入关，夺取中原的夙愿即将实现。因而，他立即召集范文程等商讨对策。然后于十六日复信吴三桂。信中说：

"予闻流寇攻陷京师，明主惨亡，不胜发指！用是率仁义之师，沉舟破釜，誓不返旌，期必灭贼、出民水火。及伯遣使致书，

1 《清世祖实录》卷四，第 13～14 页。

深为喜悦，遂统兵前进。夫伯思报主恩，与流寇不共戴天，诚忠臣之义也！伯虽向守辽东，与我为敌，今亦勿因前故，尚复怀疑。……今伯若率众来旧，必封以故土，晋为藩王。一则国仇得报，一则身家可保，世世子孙，长享富贵，如山河之永也。”[1]很显然，多尔衮虽对吴三桂向清军乞援“大喜，许诺”[2]，同意出兵，但却提出要吴三桂降清的要求。同时，恐吴三桂乞援有诈，“欲探其言之虚实，遣其妻弟拜然与汉将（郭云龙）一人偕往山海关，汉将（杨坤）一人则留在军中”[3]为质，然后率军启程。但是，在进军路线上多尔衮亦未如吴三桂所指定的中胁、西胁（这是清军入边的老路，中胁是指喜峰口、龙井关等处，西胁指墙子岭、密云等处），而是由义州南下，直奔山海关。

由于李自成大军已抵永平，吴三桂连忙在四月十九日，于演武堂“令关辽两镇诸将并绅衿誓师拒寇”，二十日，又传令聚教场，“与诸将绅歃血同盟，戮力共事”[4]，同时于城西石河一带设防布阵。在这种情况下，吴三桂对多尔衮的诱降亦未明言可否，复书曰：

“接王来书，知大军已至宁远，救民伐暴，扶弱除强，义声震天地。……三桂承王谕，即发精锐于山海以西要处，诱贼速来。今贼亲率党羽蚁聚永平一带，此乃自投陷阱，而天意从可知矣。今三桂亦悉简精锐，以图相机剿灭，幸王速整虎旅，直入山海，首尾夹攻，逆贼可擒，京东西可传檄而定也。”[5]吴三桂唯恐多尔衮不肯从速发兵，强调说：“贼兵已朝夕且急，愿如约，促兵以救。”[6]

1 《清世祖实录》卷四，第15页。

2 刘健：《庭闻录》卷一。

3 《沈馆录》卷七。

4 光绪《临榆县志》卷八《舆地编·记事》。

5 《清世祖实录》卷四，第15～16页。

6 《沈馆录》卷七。

四月二十日，多尔衮于连山再遇吴三桂使臣郭云龙、孙文焕，并收第二封来书。虽然他见吴三桂的降清态度暧昧不明，但考虑到情势紧迫，关城一旦为农民军所占，后果将不堪设想。于是“九王（多尔衮）即发驰行……一行皆未及打火矣，达夜疾驰，人马饥渴，黄埃涨天，夜色如漆，人莫开眼，咫尺不辨”。二十一日晚，到达关外15里处，“一昼夜之间行二百里矣”[1]。

这时，山海关激战已整整进行了一天。

二十一日清晨，李自成率领着农民军比多尔衮抢先到达山海关，在石河西岸与吴三桂对阵，又命唐通率领一支人马，由离关城西北30余里的九门口出北向东，围困外城，以切断吴三桂的逃路，及其与清人的联系。然后，命随军的吴襄阵前致书劝降。然事已至此，吴三桂不从，“作书绝父”，曰：“侧闻圣主晏驾，臣民僇辱，不胜眦裂。犹忆吾父素负忠义，大势虽去，犹当备槌一击，誓不俱生，不得刎颈阙下，以殉国难，使桂亦缟素号恸，伏剑复仇不济，则以死继之，岂非忠孝媲美乎！何乃隐忍偷生，训以非义，既无孝宽御寇之才，复愧平原骂贼之勇。……父既不能为忠臣，儿安能为孝子乎？桂与父诀，请自今日。父不早图，贼虽置父鼎俎傍以诱之，桂不顾也。”[2]

招降彻底失败，李自成下令进攻，一场激战首先爆发于石河西岸。对于大顺军农民军来说，这是扼住入关要道，挡住清兵进路，巩固在北方所建立的统治秩序的关键一仗，而对吴三桂来说，也是生死攸关的背水一战。因而，双方皆拼力死战。大顺农民军显然具有相当的优势，他们越战越勇，终于突破了吴军的石河防线，开始攻城。先是，大顺军以一支精骑，由西北角山“飞奔透阵，至西罗城北，方欲登城，守城兵用炮击之，又遣偏将率兵还

1　《沈馆录》卷七。

2　刘健：《庭闻录》卷一。

剿”，故未能取胜，农民军“不复来战，相持竟日，遂收兵”[1]。同时，北翼城外的攻战也相当激烈，据当时吴军守将副总兵冷允登所述：“当王师（清军）之未至，正流寇之突关。亲王（吴三桂）领兵当锋，派臣守北城。奈此城逼山受敌，贼欲联络直下，故独日夜狠攻”，“贼势蜂拥，竟扑边城直上，臣只率亲丁尽力死战”，又“急请亲王拨兵协剿”，方守住此城。[2]而“东罗孤当贼冲，危急劳瘁，倍于两城”[3]。可见，山海关城已陷入农民军的包围之中，指日待破。然而，就在这紧急关头，吴三桂等来了援兵。

四月二十一日晚，多尔衮在得到 “吴三桂哨骑来报，贼已出边立营”[4]后，即出军于一片石（辽宁绥中县李家台）击败唐通，通率残部退入长城内，山海关外遂畅通无阻。二十二日晨，清军继续西进，抵关城二里外的威远堡后，多尔衮即令停止前进，“高张旗帜，休息士卒，遣使往三桂营觇之”[5]。这时，农民军又开始攻城。吴三桂闻清兵已至，“复遣使往请，九王犹未信，请之者三，九王始信，而兵犹未即行”[6]。显然欲施加压力，迫使吴三桂就范。吴三桂只好带领吕鸿章、佘一元等五名乡绅和二百名亲军，在城上炮火的掩护下猛突出城，驰往清营。于是，在清军的大营里，双方的谈判开始了。多尔衮欲先声夺人，厉责吴三桂曰：“汝约我来，我来，何用炮击？”吴三桂曰：“非也。闯兵围关内外三面甚固，又以万骑逾边墙东遏归路，故用炮击之使开，可得间道东出也。”多尔衮曰：“是也。然无盟誓，不可信。且闯兵众，关内兵几与闯同，必若（你）兵亦剃发殊异之，则我兵与若俱无惮矣。”吴

1 光绪《临榆县志》卷八《舆地编·记事》。

2 《明清史料》丙编，第 5 本，第 414 页。

3 《明清史料》丙编，第 5 本，第 449 页。

4 《清世祖实录》卷四，第 16 页。

5 计六奇：《明季北略》卷二〇《吴三桂请兵始末》。

6 计六奇：《明季北略》卷二〇《吴三桂请兵始末》。

三桂曰："然。然我固非怯也，徒以兵少止数千，使我有万骑，则内不患寇，外犹可以东制辽沈，我何用借兵于若为？今兵少固然，剃发亦决胜之道也。"[1]在这里，多尔衮以援而不救，胁迫对方剃发受降，吴三桂虽然仍口称"借兵"，实际却接受了剃发。

清人惯以剃发作为顺逆的标志，如孔有德等航海来归，登岸首先剃发。清军入关后，剃发令通行全国，明令剃发者为民，逆命者为寇。此后，清廷在招抚大顺农民军余部和南明遗臣郑成功时，都以剃发为降顺的条件。如顺治二年，清总督八省军门、统属文武的佟养和在招抚大顺农民军将领李过、刘体纯等人时，谕令曰："如体纯真诚投顺，我朝新制度剃发为一统，倘不然，而不剃，是溷之也。""若能剃头，当即允抚。"但李过等坚持"不肯剃发"，而清方则寸步不让，谈判破裂，农民军遂因"不遵剃发，咫尺判为二民"[2]。再如，康熙十六年，清廷招抚郑经，郑经答书曰："先王在日，屡承招抚，只差'剃发'二字。若照高丽、朝鲜例，则可从议。"[3]可见，剃发与否，所关重大，它是降顺与反叛的分水岭。吴三桂接受剃发，不管他当时处在怎样的情况下，都是他已经降清的证明。至少在形式上他已经成为清朝统治集团的一员。

就在吴三桂与多尔衮歃血盟誓时，"忽报北翼城一军叛降"[4]。多尔衮立即反客为主，命吴三桂先行，告以："尔回可令尔兵各以白布系肩为号，不然同系汉人，以何为辨？恐致误杀。"[5]

吴三桂返回关城后，立即加强了防守，同时命令全体官兵一律剃发，一时不及者，以白布斜束顶背，然后于关门竖起白旗。

1　钱駅：《甲申传信录》卷八《借兵复仇》。

2　《清代农民战争史资料选编》第1册上，第53、50、57页，中国人民大学出版社，1984年。

3　江日昇：《台湾外志》卷七，求无不获斋大型本。

4　《山海关志》卷九《附录》。

5　《清世祖实录》卷四，第16页。

"三桂开门迎降，我军（清）遂从南水门、北水门、关中门入"[1]，"九王（多尔衮）受拜礼于阵中，进兵城中"[2]。清军入关，历史上这一重大的事件，就在这一瞬间，十分仓促地完成了。

是日，"大风扬尘，咫尺不见"。李自成见山海关的确易守难攻，决定改变战略，下令停止攻城，将十万大军一字排开，"自北山横亘至海列阵"，以诱吴三桂出战，歼于野外。多尔衮久经沙场，足智多谋，他唯恐清军失利，先已告诫诸将："吾尝三围彼都，不能遽克，自成一举破之，其智勇必有大过人者。"[3]观阵后又曰："尔等毋得越伍躁进，此兵不可轻击，须各努力，破此则大业可成。我军可向海对（农民军）阵尾鳞次布列，三桂兵可分列右翼之末。"[4]决定集中优势兵力，突击城南石河口一带的薄弱环节，这里不仅离李自成的大帐最远，且东南临海，地势开阔，便于发挥骑兵的优势。但是，多尔衮为了保存八旗兵的实力，仍"不肯先与自成轻战……使三桂为先锋"，"一以观三桂之诚伪，一以觇自成之强弱，欲坐收渔人之利"[5]。于是，吴三桂为证明自己，"与贼死战，自辰至酉，连杀数十余阵"，其搏战之激烈，彭孙贻在《平寇志》中描述曰："三桂悉锐鏖战，无不一当百。自成益驱群贼连营进，大呼，伐鼓震百里。三桂左右奋击，杀贼数千，贼鳞次相搏，前者死，后者复进，贼众兵寡，三面围之。自成挟太子登庙岗观战，关宁兵东南驰突，贼以其旗左萦而右拂之，阵数十交，围开复合。"正当吴三桂陷入重围，情势危急，而农民军也已力战终日，锐气大减之际，先时"蓄锐不发"的满兵，由阿济格、多铎统领，分左右翼，"以二万骑，自三桂阵右突入，腾跃

1 《清世祖实录》卷四，第 19 页。

2 《沈馆录》卷七。

3 计六奇：《明季北略》卷二〇《吴三桂请兵始末》。

4 《清世祖实录》卷四，第 17 页。

5 计六奇：《明季北略》卷二〇《吴三桂请兵始末》。

摧陷”[1]。战局急转直下，先时还处优势的农民军反而处于清军与吴军的包围与夹击中，未几回合，“闯兵大败”，渐被赶向海边，“一食之顷，战场空虚，积尸相枕，弥满大野，骑贼之奔北者追逐二十里至城东海口，尽力斩杀之，投水溺死者亦不知其几矣”[2]。“自成狼狈遁，虽刘宗敏勇冠三军，亦中流失，负重伤而回”，“尸横八十余里，马无置足处，所弃辎重不可胜计”[3]。是役，清吴联军“阵斩贼大帅十五人，杀贼兵数万”[4]。这就是震惊一时的山海关大战。它以清军的胜利和农民军的失败结束，从而使中国的历史开始书写清朝的年号，清朝“定都燕京，一统之基实始于石河一战”。

吴三桂为清朝奠基一统大业立有大功，为此，山海关之战结束的当日，多尔衮即以摄政王的身份，酬封吴三桂为平西王，所谓“即日承王制，进三桂爵平西王”[5]。但是，精明的多尔衮却并不以吴三桂“献关”而满足，在授爵的同时，“分隶步、骑兵一万，（令吴三桂）先驱讨贼”[6]。刚刚经历了一场恶战的吴三桂，又马不停蹄地踏上西征之路。

四月二十三日，李自成退到永平，再遣降官王则尧赴吴军营中劝降，吴三桂将王则尧交予多尔衮问斩。于是，李自成在招降无望的情况下，于永平范家店斩首吴襄示众，然后率残部西撤。四月二十六日返回北京，再杀永王、定王及吴氏一门30余口于二条胡同，草草完成了“登基大典”，便出阜成门向陕西方向撤去。

吴三桂穷追不舍，绕北京南端经永定河尾随而去。多尔衮则

1 《清史稿》卷四七四《吴三桂传》。
2 《沈馆录》卷七。
3 计六奇：《明季北略》卷二〇《吴三桂请兵始末》。
4 刘健：《庭闻录》卷一。
5 《清史稿》卷四七四《吴三桂传》。
6 《清世祖实录》卷四，第17页。

统领清军，于五月二日进入北京。

“历史喜欢作弄人，喜欢同人们开玩笑。本来要到这个房间，结果却走进了另一个房间。”[1] 吴三桂本来要投降大顺农民军的，却“忿而中改”，投降了清朝。因而，吴三桂的降清带有很大的偶然性，并为形势所迫，“穷蹙来归”。但是清廷不仅封他为王，且“位望出诸降将孔有德、耿仲明、尚可喜辈右”[2]。其原因固然是多方面的。但最主要的，或者说最根本的一点在于：吴三桂是在清军与农民军势均力敌，而农民军又略占上风的情况下投降了清朝的，他的降清，使历史的天平一下子偏向了清朝一边，从而直接加速了清王朝奠都北京，统一全国的历史进程，使满族统治者多年以来梦寐以求的成一统大业的理想变成了现实。所以，清廷封王吴三桂，首先是酬封，其次才是“藩屏”。这在顺治元年十月，清廷正式册封吴三桂为平西王的册文中谈到了这一点。文曰：“朕闻有一代应运之君，必有一代诩运之臣，结以腹心，共襄大业。是以尊贤用能，崇功尚德，乃国家之大典。乘机构会，达变通权，乃明哲之芳踪。朕登大宝，特仿古制，视诸臣功德差等授以册印，俾荣及前人，福流后嗣。咨尔平西伯吴三桂，洞识天时，当叔父摄政王统兵西征之际，尔即擒流贼说士，遣官归命军前，迨王师式临，开关迎入，又随叔父摄政王破贼兵二十万，底定中原，大功茂著，宜膺延世之赏，永坚带砺之盟。特授以册印，封为平西王，尔其益励忠勤，屏藩王室，钦哉无斁。”[3]

1 《列宁全集》卷二〇，第 459 页，人民出版社，1955 年。

2 《清史稿》卷四七四《吴三桂传》。

3 《清世祖实录》卷十，第 6～7 页。

第二章　封建三藩

第一节　宗室诸王在统一战争中的作用及其势力的衰弱

清代的宗室贵族是随着满族的兴起在战争中形成的。因而，清代的宗室诸王中，又有所谓“开国诸王”，是指清初统兵打仗，开国创业的宗室王爷。他们主要有：礼亲王代善、郑亲王济尔哈朗、睿亲王多尔衮、豫亲王多铎、肃亲王豪格、庄亲王硕塞、克勤郡王岳讬、顺承郡王勒克德浑、饶余郡王阿巴泰、英亲王阿济格、谦郡王瓦克达、端重亲王博洛、敬谨亲王尼堪、衍禧郡王罗洛浑、翼亲王满达海、信郡王多尼、多罗郡王阿达礼等等。

开国诸王，皆能征惯战，他们自后金崛起，便是问鼎中原诸战役中的主帅。清军入关，宗室诸王仍是征战的主力。顺治元年四月，即由和硕睿亲王多尔衮为奉命大将军，率领英亲王阿济格、豫亲王多铎、肃亲王豪格，以及当时还是贝勒的博洛、尼堪，辅国公满达海等宗室贵族，在山海关战败了李自成率领的大顺农民军，奠定了入主中原的基础。进入北京后，开国诸王依旧马不离鞍，肩负着统一全国的重任。当时，征讨大顺、大西农民军，与消灭南明诸王的战役，均由宗室王担任统帅。顺治元年十月，顺治皇帝福临在完成了登基大礼之后，便任命英亲王阿济格为靖远大将军、豫亲王多铎为定国大将军，南北两路追击李自成所部，尼堪、博洛、硕塞、瓦克达、满达海、屯齐等宗室贵族皆历行间。顺治二年初，李自成走湖广，败势已成，于是，英亲王阿济格率部尾追，至是年八月，获七战之捷，尽收湖北，班师凯旋。而豫亲王多铎则分兵率博洛、尼堪、屯齐等移师江南，担任攻打南明弘光朝廷的主帅。七月，多铎平定江南，俘福王北上，清廷又命勒克德浑为平南大将军驻守江南，分兵剿抚两浙。与此同时，统兵驻守山东的肃亲王豪格与饶余郡王阿巴泰，也平定了以满家洞为主的山东诸路抗清义军。顺治三年初，清廷以李自成牺牲、江南略定，开始了对大西农民军和割据于浙闽的唐王、鲁王的征剿。正月，命肃亲王豪格挂靖远大将军印征四川，随征者有衍禧郡王罗洛浑、贝勒尼堪、贝子满达海、辅国公岳乐等宗室。三月，命贝勒博洛为征南大将军，偕都统图赖、贝子屯齐征浙东及福建。至顺治四年，浙、闽、广东、四川悉定。此外，顺治三年五月，蒙古苏尼特部腾机思叛奔喀尔喀，清廷诏集外藩蒙古诸兵于克鲁伦河，担任平叛将帅的仍是宗室诸王，是役，多铎为扬威大将军，承泽郡王硕塞、贝子博和托，以及瓦克达等皆从征。顺治五年，清廷的统一战争出现了反复，已恢复地区抗清力量继起，江西又发生了明降将领倒戈反清的事件，北部则有喀尔喀行猎近边。是年十一月，清廷命英亲王阿济格率博洛、瓦克达、硕塞等驻兵大同。不料，大同总兵姜襄闻大兵将至，疑袭己，于十二月踞城叛，附近十一城从叛。于是清廷命英亲王阿济格为平西大将军，率兵会讨，至顺治七年初平定叛乱，尼堪、博洛、满达海、瓦克达等宗室王，先后挂定西大将军、征西大将军印征讨诸叛，摄政王多尔衮亦亲赴大同招抚。而在宗室诸王并力西北的同时，顺治五年九月，郑亲王济尔哈朗挂定远大将军印与顺承郡王勒克德浑征湖广，恢复六十余城，击败了大顺农民军与南明唐王的联合抗清力量，于顺治七年正月凯旋。[1]

1　关于诸王从征的情况见于《清史列传》《圣武记》《清实录》诸书。

由此可见，宗室诸王，主要是开国诸王，在清初统一全国的战争中发挥了重要的作用。但是，自顺治七年以后，开国诸王除尼堪于是年七月，挂定西大将军印率部征讨湖南，并于十一月殁于阵中外，其余诸王俱已不再从征。虽然，宗室诸王在清代始终享有议政之权，但在统一全国的战争尚未结束的情况下，宗室诸王不能再历疆场，已经表明了其本身，主要是开国诸王日渐衰落这样一个事实。

开国诸王衰落，其原因大致有两个方面：

第一，诸王的相互倾轧，与皇权对王权的削弱。清代宗室之间，早自努尔哈赤时期就因汗位继承问题纷争迭起，努尔哈赤为此囚禁从弟阿敦，斩长子褚英。皇太极在众贝勒各揣心腹事的形式下登上皇位，而后便与诸贝勒之间的矛盾逐渐激化。先是，二贝勒阿敏“欲擅离我国，往据一方自立”，又欲取朝鲜王京，“永驻其地”，平素行事，“严偖国君”，为皇太极幽禁致死。继之，三贝勒莽古尔泰因用兵问题与皇太极发生争执，莽古尔泰拔刀相向，众议大不敬，夺和硕贝勒，降为多罗贝勒，又削牛录、罚银两，莽古尔泰气愤而死。此后，皇太极又借“正红旗诸贝勒轻视我(皇太极）的事情很多”，不遵制令等为由，打击了大贝勒代善与红旗诸贝勒，实现了大权独揽。皇太极与诸大贝勒的矛盾，既有汗位承袭问题，也有个人的恩怨，皇太极作为杰出的封建政治家，他在解决八旗旗主共议国政的弊端中，加强了皇权，加快了后金封建化的进程，但无疑也削弱了宗室贵族的力量。阿敏、莽古尔泰，以及努尔哈赤时的褚英皆死于非命，褚英长子杜度也由此受到牵连，自天命九年授封贝勒，崇德元年仍封多罗安平贝勒，不委重任。

清军入关以后，形势的变化使宗室之间的权力之争更加尖锐，夙怨与新仇相间，斗争更加激烈。这又集中表现在多尔衮、阿济格、多铎三兄弟与济尔哈朗、豪格之间。崇德八年，皇太极暴崩，在皇位继承问题上，宗室诸王又发生了尖锐的冲突。多尔衮与皇太极长子豪格争夺皇位，济尔哈朗与皇太极的两黄旗诸大臣拥立豪格，而阿济格、多铎、阿达礼、硕托等并两白旗大臣拥立多尔衮。在两黄旗诸将剑拔弩张，并以“若不立先帝之子，则宁死从帝于地下”相逼的形势下，多尔衮提出立皇太极的幼子、年方六岁的福临为帝，由他和济尔哈朗辅政的折衷方案，暂时平息了争端。但是，贝子硕托（代善二子）与郡王阿达礼（萨哈磷长子）却因图谋推翻成议被绑杀。进入北京之后，多尔衮以摄政王之尊独揽大权，借端打击政敌。顺治五年二月，豪格刚刚由四川凯旋班师，三月，多尔衮即以豪格“徇隐护军参领希尔根冒功”之事，削爵幽禁，尽夺所属人员。又以济尔哈朗不举发两黄旗大臣谋立肃王豪格等事降为郡王，罚银5000两。其后，豪格死于狱中。

顺治七年十二月，多尔衮病重，临终召阿济格“语后事，外莫得闻也”，于是，阿济格“欲为乱”，济尔哈朗等遂将阿济格削爵幽禁，后又论以死罪，勒令自尽，其子劳亲以同罪论死。顺治八年二月，济尔哈朗又与诸王奏准，追论多尔衮谋逆大罪，削爵，黜宗室，籍没家产人口，改正白旗隶皇旗，并惩治党羽。顺治九年，济尔哈朗再次奏准，多铎以多尔衮同母弟追降郡王。由此可见，顺治初年，大案屡兴，开国诸王在相互倾轧中，势力大大削弱了。

第二，开国诸王，以及第二代、第三代能征惯战的宗室诸王相继过世。清代开国，如果自努尔哈赤起兵算起，至清人入主中原，前后历经六十余年。在这期间成长起来的第一代宗室诸王（即崇德年间所封），至顺治元年只剩下代善、阿巴泰、济尔哈朗、多尔衮、多铎、阿济格和皇太极长子豪格等人。其中，除豪格、阿济格死于非命外，余者阿巴泰卒于顺治三年，终年58岁；代善卒于顺治五年，终年66岁；多铎顺治六年卒，35岁；多尔衮顺治七年卒，38岁；济尔哈朗顺治十二年卒，56岁，多在年富力强时谢世。而尤其令人遗憾的是，顺治初年所封的第二代、第三代宗室诸王，亦多薨于顺治年间，且大都于青壮年夭折。如顺治三年，罗洛浑卒，年仅24岁；顺治九年，博洛、尼堪、勒克德浑、瓦克达、满达海卒，其中最长者为尼堪，42岁；最幼者满达海，30岁；其余，博洛39岁，瓦克达40岁，勒克德浑34岁。此后，顺治十一年，硕塞卒，27岁；顺治十七年，济度卒，28岁；顺治十八年，多尼卒，26岁。

总之，于崇德、顺治年间受封，并在清朝统一全国战争中执戈疆场的宗室诸王，至顺治末年，所剩无几。

第三，宗室王对八旗的控制及其权限受到皇权的裁抑。有清一代，自努尔哈赤创立八旗制度，而后又口定八旗旗主共议国政的政体。在八旗既统兵又统人，一人尺土必八旗分养的原则下，分治其国的八旗旗主拥有相当的实力，对旗下属人俨然君臣。显然，这与专制主义集权国家中皇权至上的政体是根本冲突的。因而，自皇太极即位，即开始裁抑旗主之权，其苦心变革，除打击作为旗主的宗室王本身之外，亦在逐次变更各旗旗主，削弱旗主对本旗的控制。

据孟森先生考证，在努尔哈赤亡故时，八旗旗主分别是：主两黄旗的皇太极、主正红旗的代善、主镶蓝旗的阿敏、主正蓝旗的莽古尔泰、主两白旗的多尔衮、多铎，以及主镶红旗的岳讬。天聪四年六月，阿敏获罪，皇太极在宣谕阿敏罪状的同时，夺其父子所属人口、奴仆、财物、牲畜，给阿敏弟济尔哈朗，成为变更旗主的发端，镶蓝旗旗主遂由阿敏变为济尔哈朗。在这削旧授新的过程中，旗主的权力及地位必受到裁抑。继之，兼并正蓝旗。正蓝旗旗主莽古尔泰曾与皇太极口角，“拔刀相向”，因而受到处罚，而后暴疾而亡。天聪九年十二月，由于有人告发他曾经与弟德格类、妹莽古济一同盟誓怨恨皇太极。皇太极遂借机夺其正蓝旗人众并入两黄旗，并将正蓝旗一分为二，别设两固山额真统辖，在名称上也不再称正蓝旗，而称正黄、镶黄两旗。即“二贝勒（莽古尔泰、德格类）属人财产俱归上。赐豪格八牛录属人，阿巴泰三牛录属人，其余庄田财物量给众人。以正蓝旗入上旗，分编为二旗，以谭泰为正黄旗固山额真，宗室拜伊图为镶蓝旗固山额真。”[1]从而打破了八旗旗主分治其国的格局。

之后，顺治皇帝福临继续削弱旗主，在顺治八年，以多尔衮大逆之罪，夺其所属正白旗，并由此实行旗制改革，以正黄、镶黄、正白为上三旗，皇帝自将，其余五旗分属诸王贝勒，称下五旗。这样，不仅皇帝的实力大大增强，且因宗室诸王的相继殒世，下五旗中已无原封之旗主，正红、镶蓝、镶红虽仍由原旗旗主子孙世袭罔替，但却多有旁系封入，如正红旗分属两个世袭王爷，正蓝、镶白则成为朝廷随意分封之旗。此外，八旗建制，虽仍然沿用以旗统兵的原则，但却分为禁旅八旗和驻防八旗两种。随着这些变化，作为八旗旗主的宗室诸王，其自属军队和人民的权势已不复存在。

综上所述，清初能征惯战的宗室诸王，多在皇权的强化过程中遭到摧抑和打击，势力大大削弱。至顺治中叶，他们或死于疾病，或殁于权力之争，无法再担负起最终完成统一大业的重任。而承袭王位的王子王孙，多生长在和平的环境，绝少勇武者，且在清廷的屡屡防范和压制下，唯得养尊处优而已。因而，统一全国，屏藩皇室的重托，便落到了异姓诸王的肩上。

第二节　异姓诸王的崛起

“三顺王”与“平西王”，皆以明朝降将受封为异姓王，清廷

1　王先谦：《东华录·天聪九年》。

本欲藉为“向导”，其地位无法与宗室诸王相比，凡有征战，异姓王皆隶宗室王统帅之下。然而，随着宗室诸王势力的衰落和清朝统一全国战争的深入，异姓诸王的地位不断上升，为满族统治者所倚重。

一　“三顺王”卓建定鼎之功

三顺王降金（清）后，即随宗室诸王南征北战，“竭力图报”。如天聪八年八月，从皇太极西征山西大同；崇德元年（1636 年），护驾出征朝鲜；崇德二年，随武英郡王阿济格征皮岛；崇德三年，从宗室诸王再攻锦州；崇德四年，松锦之战开始后，清军攻松山、围锦州，堵截明军于杏山，三顺王亦率兵从，“举有功”[1]。此后，三顺王又随清军攻中后所、前屯卫，在山海关大败农民军，成为清军与明争战的一支重要军事力量。

清军入关以后，与农民军争天下成为当务之急，所谓“今日事势，莫急于西贼”[2]，而三顺王作为汉人和明朝降将，在清初“以汉治汉”的战略方针中，发挥了重要的作用。

顺治元年十月，清军两路追击农民军，三顺王所部均奉命从征。当时，尚可喜与吴三桂随英亲王阿济格由大同向榆林、延安进兵，然后从陕北南下西安，孔有德、耿仲明随豫亲王多铎从河南怀庆直攻潼关。这是清军继山海关大战之后对农民军的第一次大举进攻，三顺王戮力行间，战功卓著。是役，李自成败退湖北牺牲，大顺农民军遭到重创。旋即，清廷将征伐目标指向南明。顺治二年，清军“克扬州，取明南京，攻江阴，有德皆有劳”[3]，耿仲明“屡出征伐恒与有德俱”[4]，尚可喜则随阿济格等攻下九

1 《清史列传》卷七八《孔有德、耿仲明、尚可喜传》。

2 《清世祖实录》卷五，第 19 页。

3 《清史稿》卷二三四《孔有德传》。

4 《清史稿》卷二三四《耿仲明传》。

江。在清廷定鼎中原的关键时刻，三顺王立下汗马功劳。

顺治二年八月和九月，清廷已取得攻灭南明和剿杀李自成的双项大捷，在召还宗室王庆功的同时，却下达了令异姓王还镇辽东的命令，命孔有德、耿仲明驻辽阳，“操兵马，俟调遣”，命尚可喜还海城[1]。这时，清朝统一全国战争刚刚开始，其统治还仅限于黄河以北和东南沿海的部分地区，因而调能征惯战的异姓王还镇辽东，不能不令人费解。这表明，清朝在裁抑宗室诸王的同时，对自掌兵柄、独领一军的异姓王亦不失防范之意。

然而，这种局面很快被突变的形势所改变。

清王朝在入主中原的战争中虽然取得了辉煌的战果，但它对农民军的血腥镇压，它在胜利进军中的野蛮杀掠，以及由于民族隔阂、社会制度的差异，这个新政权在入关以后采取的一系列落后的政策，使得它与广大的汉族人民处于激烈的冲突中。在清军的野蛮征服下，一股强大的保卫民族利益和民族文化的感情，终于化作不可抗拒的反清力量，有力地阻止了清军统一全国的进军步伐。顺治三年，当大顺农民军余部高举起联明抗清的旗帜，全国便出现了生气勃勃的抗清热潮，清军不仅在军事上受阻于中南和西南地区，且已经取得统治的后方也爆发了如火如荼的抗清斗争，使他们顾此失彼，疲于奔命，八旗军兵力不足的矛盾，随着占领区域的扩大愈加突出。顺治三年八月，清廷急调还驻辽阳、海州的三顺王再返前线，且一反以往满汉联军作战、汉军听命于满洲八旗的做法，授孔有德为平南大将军，独挡一方，率领耿仲明、尚可喜、沈志祥等汉将南征。其时，南明永历朝廷甫立，大顺农民军余部高一功等，联合明将何腾蛟、堵胤锡等共同抗清，分屯湖南北部，号十三镇。而宗室诸王或西征四川大西农民军，或南下剿抚闽浙唐王、鲁王政权，或北上讨伐蒙古叛部。平定湖

1 《清史列传》卷七八《孔有德、尚可喜传》。

南抗清斗争的重任，便落到了三顺王的头上。于是，孔有德率领这支以汉军为主的军队“至岳川，督兵征长沙、衡州、永定、宝庆，所向克捷”[1]。旋即，又在杭州、靖州大败敌军，“军声所至，望风披靡”[2]。翌年春，再克辰州，直抵永历驻地武冈，悉定湖南。是役，摧毁了由大顺农民军联明抗清后所出现的大好局面，为清军进兵西南开一路先锋，显示出异姓王在清军入主中原中的重要作用。

二　吴三桂的被抑与再起

与三顺王相比，吴三桂降清后的境遇颇为“艰难”。虽然他以“开关迎师”，被酬封王爵，位望又居三顺王之上，但清廷对他的使用是相当谨慎的。先是，清军进入北京，“摄政王檄三桂及英、豫二王兼程追贼，勿入京”[3]，以避免其与明人直接接触。吴三桂奉命唯谨，逐农民军至庆都而还。顺治二年，再次奉命西征，克“延安、鄜州，剿自成于襄阳、武昌，东下九江，召还宴劳”[4]。就在吴三桂满怀功臣的喜悦，期待着举朝为他额手称庆之时，他同三顺王一样，接到一个完全意外的诏令，清廷谕其“晋称亲王，出镇锦州”[5]。

晋称亲王，意味着位居人臣之极，而出镇锦州，却又不无排抑之意。自清军入关以后，锦州早已失去它军事重镇的地位，变成无关紧要的后方。而且，随着大批满人和汉人的入关，锦州一带已是人烟稀少，残破不堪了。吴三桂自然心中不乐，且尤其感到恐惑和不安。

1　蒋良骐：《东华录》卷五，中华书局，1980 年。下同。

2　崇璧：《平南敬亲王尚可喜事实册》，《尚氏宗谱》，辽宁新闻出版局。

3　魏源：《圣武记》卷一《开国龙兴记》四，中华书局，1984 年。下同。

4　《清史列传》卷八〇《吴三桂传》。

5　《清史稿》卷四七四《吴三桂传》。

事实上，虽然清廷所下还镇辽东的诏令，非对吴三桂一人而言，但对吴三桂确有外宠内疑之意，故而明褒暗贬。究其原因，首先因为吴三桂毕竟是“穷蹙归顺”的降将。自松锦战后直到明亡，他始终骑墙观望，徘徊不定，不但置清人多次招降于不顾，反而投降了李自成，终因与农民军决裂，大军压境，才急迫归顺清朝。这正如后来康熙皇帝所说的那样：“吴三桂本为流贼所迫，势穷来归之人。”[1] 其次，吴三桂降清之初，曾以明朝臣子的身份向北朝（清）“乞师”，以“复君父之仇”，许清人“裂土以酬”。对此，摄政王多尔衮为减少入主中原的矛盾与阻力，表面接受下来，却以见死不救，迫使濒临绝境的吴三桂剃发归顺。但对其是否倾心于清人仍持疑虑。再次，吴三桂的“借师助剿”，引起了南明弘光政权对他的关注和厚望，为表彰其“功绩”，封吴三桂为蓟国公，“世镇燕京”。赠其父吴襄为辽国公，母祖氏为辽国夫人，先后两次遣使臣携敕书犒银赏吴三桂。这一切不能不引起清廷对吴三桂的猜忌，因而下江南、征福王等战役均未让其参与。

对吴三桂来说，形势的猝变和阶级的本性将他推向了清人一方，但降清非其本愿，惯于钻营的本能又使他对风云变幻的局势进一步观望，因而对南明弘光使臣的态度不免有些暧昧。顺治元年七月，奉命北上与清人议和的弘光使臣兵部右侍郎兼右佥都御史左懋第、太仆寺少卿马绍愉，总兵官陈洪范等在酬谢清人“助剿”的同时，“自海运米十万，银五万犒师，三桂不受”[2]，对封他为蓟国公的敕令，“不发书缄册，封奏摄政王览之”[3]，以表对清廷的忠诚。但是，弘光的封赏却使吴三桂感到亲近和惬意，激起他对南明的幻想。因而，十月，弘光使臣再至，“谒三桂，出银币，

1 《清圣祖实录》卷四四，第 21 页。
2 《清史稿》卷四七四《吴三桂传》。
3 钱馹：《甲申传信录》卷十《萝石先生节略》。

且致福藩意”。“三桂谢曰：‘时势正此，我何敢受赐，惟有闭门束甲以俟后命耳。’”[1] 并表示对明朝将“终身不忍以一矢相加”[2] 扮演了一个可敬可佩的“身在曹营心在汉”的角色，其曾为明臣的心境似乎尚未泯灭。

但是，清军入关，在一年多的时间里，以雷击飙举般的军事行动席卷了半个中国，打败了李自成的农民起义军，摧毁了南明弘光政权，取得了令人心惊目眩的胜利。这使一向通权达变的吴三桂逐渐认识到，清王朝这支新崛起的力量，在中原建立一统基业，不仅可能，而且是势所必然了。他开始为自己降清的选择感到庆幸，也为所取得的成绩沾沾自喜，并决心要报效新主，用命于新朝，以期飞黄腾达，富贵永世。可偏偏此时，清廷让他出镇锦州。他没有敢接受亲王的桂冠，率兵返回锦州，“时顺治二年，三桂年三十四，居久之郁郁不自得？求剿贼自效”[3]。可以看出，出镇锦州不仅使吴三桂大失所望，且已形成一种压力，而这种压力，在某种形式和条件下，将成为吴三桂报效新主以求显贵的一种动力。

顺治五年，就在吴三桂因出镇锦州而郁郁不安之际，波及全国的此起彼伏的抗清斗争又进入高潮，由于清廷对明朝降将的过于防范和限制，引起了他们的极端不满，江西的金声桓、王得仁等于二月乘反清高潮倒戈反清。

金声桓原为南明徐淮总兵官，阿济格下九江时降清，自以为“取十三府七十二州县，以数千里地拱手归之新朝”，“意望旦夕封公王，次亦不失侯耳”[4]。结果，清朝只给了副总兵兼提督江西军务的职衔，“视旧官更贬”，大失所望，“自以为功高未酬封爵，怀

1　《明季稗史初编》卷二六《吴耿尚孔四王合传·平西王吴三桂传》。

2　陈洪范：《北使纪略》，中国历史研究资料丛书《崇祯长编》本，上海书店，1982年。

3　苍弁山樵：《吴逆取亡录》，《说库》本。下同。

4　徐世溥：《江变纪略》卷一，清道光《荆驼逸史》本。

叛志”[1]，起兵反清。

汉族降将的复叛，犹如釜底抽薪，引起了清朝统治者的极大震恐，在反清呼声四起中，他们开始意识到这批汉族降将对清人执鼎中原的重大作用，以及“以汉治汉”对于统治偌大个中国的至关重要。于是，在这种形势下吴三桂再起。

第三节　四汉王平定西南与清廷并建三藩

顺治五年四月，吴三桂被调往陕西，以平西王的身份与八旗都统墨尔根侍卫李国翰同镇汉中。顺治六年五月，清廷改封孔有德为定南王，命统兵二万征广西，携家驻防；改封耿仲明为靖南王，尚可喜为平南王，合兵二万征广东，亦携家以随。“是时，余逆未靖，桂王僭号永历，黔滇蜀粤犹阻声势。”[2]大西农民军余部李定国、孙可望等人，与南明永历政权结成的统一抗清阵营，使西南地区成为抗清斗争的中心和基地，阻止了清军向西南进军。因而，四汉王此时奉命南征，实则肩负着清王朝最终完成全国统一的重任，即“世祖令三桂及定南王孔有德、平南王尚可喜、嗣靖南王耿继茂统兵南下，以清宇内”[3]。

四汉王恭承简命，吴三桂尤以忠勇自勉。

一　平西王吴三桂“定陕、定川、定滇”

自锦州至汉中，正是吴三桂经过岁月沧桑的历练，步入中年的时期，他深晓自己在清廷中的地位和处境，途经北京，“留长子（吴应熊）于京师，以固朝廷意”[4]，然后率军直奔汉中。时逢大

1　《逆臣传》卷四《金声桓传》，道光原刻本。

2　《明季稗史初编》卷二六《吴耿尚孔四王合传·平西王吴三桂传》。

3　《明季稗史初编》卷二六《吴耿尚孔四王合传·平西王吴三桂传》。

4　《明季稗史初编》卷二六《吴耿尚孔四王合传·平西王吴三桂传》。

同总兵姜瓖反叛。姜瓖原为明朝的一员猛将，久镇西边大同，威名素著，可降清之后，亦受到清人的冷落，金声桓兵反东南之后，姜瓖便揭竿于西北。是时，叛军“兵势甚盛”，不仅山西摇曳，太原告警，而且西连“三边”，“榆林、宁夏、甘肃三总兵同时并起，全秦震动”。榆林叛将刘登楼在攻陷延安等重镇之后，已率军南下西安，直逼总督驻地，陕西总督孟乔芳处境危急，求援军报接踵飞到吴三桂的手中。吴三桂不敢怠慢，为表明效忠于清廷的心迹，“三桂倍道赴援，不旬日而至西安，屯营南教场”，等待孟乔芳共议退敌之计。不料，“乔芳托疾不出见，厚犒师”。这种冷落，使吴三桂更深切感到，自己虽然贵为王爷，却因不为朝廷所信，落得已为总督见轻的地步。为能成为名副其实的大清贵胄，他压下了满心的恼怒。“三桂笑曰：疑我矣！夜半拔营北行。”[1]可见，孟乔芳的轻慢，刺痛了吴三桂的自尊，也使他更清楚自己不为清廷所信。天近拂晓，吴三桂在蒲城与南下的榆林叛军相遇，“迟明，合战，杀伤相当。日午，三桂率铁骑数百，冒矢石摧锋陷阵，榆林兵败走，三桂急迫之，不数日至城下，又急攻数日而拔，屠其城。”[2]是役，吴三桂不仅为清廷的这次平叛立下了首功，且为他自身作了最好的说明。但是，吴三桂并不敢就此居功，仍然是每战必“身先士卒”[3]，先后与李国翰合兵败明宗室朱森釜于阶州，败农民军将领王永强于同官……四年苦战，终于以陕西告定，赢得了清廷嘉奖的金册金印。定陕，是吴三桂在清廷地位上升的起点。然而，在那“忠勇智略”的谕敕中，字字凝聚着为人鹰犬的苦衷。

顺治八年四月，“平西王吴三桂疏请入觐，许之”[4]。八月，“上御

1　刘健：《庭闻录》卷二《镇秦徇蜀》。

2　刘健：《庭闻录》卷二《镇秦徇蜀》。

3　《清世祖实录》卷四三，第12页。

4　《清世祖实录》卷五六，第17页。

中和殿，平西王吴三桂陛见，赐宴”[1]。随后，带着顺治皇帝的重托和厚望，吴三桂又踏上进剿四川的征途。他依然不负清廷所望，初入蜀境，便以披靡之势收取了四川的大部，“三桂由秦入蜀，郡邑皆迎附”[2]。但是，顺治九年春，大西农民军北上反击，刘文秀一路出四川，逼汉中，吴三桂连连败绩，所克郡邑次第失陷。先是，双方战于叙州，吴三桂被围数重，力战突围奔绵州，接着，刘文秀又克成都。十月，吴三桂退守保宁，再次陷入重围。其时，刘文秀围层连营十五里，设以象阵，挨牌、长枪、匾刀、乌枪等重重防范，并以骁将张光壁军其西，王复臣军其南，壁垒森严。

西南战场上的失力，早已引起清朝统治者的不安，朝廷中有人提出放弃西南七省的主张，连与吴三桂协同作战的都统李国翰也已“决意去蜀”[3]。唯独吴三桂，面对农民军的迅猛攻势，虽力不能敌，却始终不言退意。原来，吴三桂自有他难言之处。先是，御史郝浴“疏劾三桂拥兵观望状”[4]，致使敌兵进入陕西。接着，他又于是年七月接到由弘文院学士能吐、兵部理事官哈赤哈巴图鲁送来的上谕，谕旨曰：“皇帝敕谕平西王吴三桂知道。王统兵入川，成都各府贼众惧窜，民人归附，朕心喜悦。适有川湖总督罗绣锦塘报兵部，报内有湖南地方将官得贼中假刻王告示送到总督，该督传报兵部，该部以原示面奏。朕一见即知系逆贼畏王之威，计穷力竭，故设狡谋反间。朕与王谊属君臣，情同父子，岂能间之？本宜即时毁弃，但恐王远虑所闻，不知来历，特将假告示差（人）传知，见朕诚信至意。”[5]

1 《清世祖实录》卷五九，第 5 页。

2 《明季稗史初编》卷二六《吴耿尚孔四王合传·平西王吴三桂传》。

3 刘献廷：《广阳杂记》卷一，中华书局，1957 年。下同。

4 《清史列传》卷八〇《吴三桂传》。

5 《明清史料》甲编第 3 本，第 293 页。

虽说顺治帝在上谕中竭尽安抚，但在吴三桂看来，却不无警告之意，特别是“告示”中以他名义发布的反清字样，字字都令他心悸。他唯有更加恭顺，更加小心，虽身临绝境，也要拼死而战。

由于身经百战，吴三桂自信“骄兵必败”，命令部队依险固守城池，严阵以待。数月之后，刘文秀军果因围城日久而渐生懈怠。“三桂巡城至西南，曰：是可袭而破也。乃开门出精骑，犯其（农民军）垒，果惊溃，转战而南，至复臣营，营为乱军所扰。又阻以水势，遂不支。三桂乘胜合击，复臣……遂自刎，文秀解围去。”吴三桂终于反败而胜。战争之激烈，连久坐征鞍的吴三桂也心生余悸，发出“平生未见如此恶战”的感叹。[1]保宁一战，又定四川大局。第二年，吴三桂乘胜收复了成都、嘉定、叙州、重庆等地，四川重新回到清政府的管辖之下，西南反清壁垒终于被凿开了一角。消息传到京城，举朝为之欢动，顺治帝颁旨表彰，称其“厥功懋矣，朕甚嘉焉”，“王其巩固封疆，殚抒筹策，益宏于勘定”，“将功次续于册内，又于藩俸六千两外加俸一千两，以报勤劳”[2]。是年，吴三桂长子吴应熊得尚公主为额驸。这信赖与垂爱，正是吴三桂多年以来苦心期待的，因而，他更加竭力图报，效犬马之劳。

顺治十四年，清王朝已把统一全国的进军目标集中到云贵。

早在顺治九年，吴三桂入川攻克成都之后，就疏请攻打贵州。但是，清廷以后方未定，令其“毋进贵州，相机安定四川”[3]。不久，刘文秀入川，吴三桂征黔之议遂寝。四川平定后，进征云贵便成为当务之急。这时，大西农民军内部发生了分裂，孙可望投降了清朝，“封义王，具言云南可取状”。吴三桂“欲自以为

1　《明季稗史初编》卷二六《吴耿尚孔四王合传·平西王吴三桂传》。

2　《清世祖实录》卷七九，第19页。

3　蒋良骐：《东华录》卷七，第107页。

功”[1]，上疏再请征黔。疏曰：“孙李治兵相攻，今可望投诚归化，变乱之际，人心未定，大兵宜速进贵州，此卞庄刺虎之时也。”“疏上报可，乃分兵三路。”[2]是年十二月，清廷命吴三桂为平西大将军，同固山额真侯墨尔根侍卫李国翰统兵进讨，由四川前往贵州；命固山额真赵布泰为征南将军，并提督线国安等，由广西前往贵州；命固山额真宗室罗托为宁南靖寇大将军，与固山额真济席哈，由湖南前往贵州。[3]经略洪承畴统筹指挥。随后，又于顺治十五年正月，命多罗信郡王多尼为安远靖寇大将军，同多罗平郡王罗可铎，多罗贝勒尚善、杜兰，固山额真伊尔德、阿尔津、巴思汉、卓罗等，统领将士进取云南，御前侍卫及王、贝勒、贝子、公等护卫，皆酌量随征，组成了一支声势浩大的讨伐大军[4]。

顺治十五年春，清军三路入黔，来势迅猛。时李定国还在黔西忙于平定孙可望余部的反叛势力，当他闻讯，仓促东顾时，早已失去了有利战机，各路节节败退，李定国只好护送惊慌失措的永历皇帝逃奔云南。是役，宁南靖寇大将军罗托所率中路，进取贵州省城，及平越、镇远等府，先后招降敌官兵丁4990余人，男妇9800余名，获马1400余匹，象12只；征南将军赵布泰所率东路，招抚南丹州、那地州、抚宁司、独山州等地土司兵民与官民[5]。吴三桂出西路后，即遇大西军主力。“自收复重庆，即统兵进发，逆首李定国，刘文秀遣伪将军刘正国等率贼众象只，在三坡、红关等处披险设伏，以拒我兵。”吴三桂“令马步相兼，步步督战，节节前进，贼遂奔溃，我兵疾追，贼向水西遁入云南”[6]。于是，乘胜收

1 刘健：《庭闻录》卷三《收滇入缅》。
2 刘健：《庭闻录》卷三《收滇入缅》。
3 《清世祖实录》卷一一三，第15～18页。
4 《清世祖实录》卷一一四，第7页。
5 《清世祖实录》卷一一七，第23页。
6 《清世祖实录》卷一一八，第2页。

复遵义府并所属州县，招抚敌总兵及副、参游等官，并降兵 5000 有余。随后，吴三桂又自贵州攻取开州，阵斩 2000 有余，获象马器械。至是年秋，贵州平定，吴三桂斩获甚多。

顺治十六年正月初三日，吴三桂与安远靖寇大将军多尼[1]，征南将军赵布泰，会师于云南省城，闻警即逃的永历皇帝又踏上了流亡之路。清军开始追剿，吴三桂一心要抢夺首功，紧紧尾随，毫不放松，他由罗次出发，过镇南、永平，疾驰至澜沧江，江上唯一的铁索桥已被断后的白文选所炸，吴三桂令士兵扎筏而渡。接着，又遇潞江天堑横截去路，吴三桂再命士兵冒着弥漫的瘴气强行渡江，终于在离潞江 20 里处的磨盘山与李定国的军队相遇。

磨盘山又称高黎贡山，山势蜿蜒陡峭，山路箐深屈曲，仅容一骑，故有西南第一穹岭之称。李定国思清军累胜穷追，必不戒备，故设伏于磨盘山。他立栅三层，每层设以伏兵，下令当清军进入三伏之内，由山顶举炮为号，然后首尾横击，使之片甲不留。穷追不舍的吴三桂一路并未遇到李定国的一兵一卒，且连日行军，士兵已疲惫不堪，因而上山的队伍散乱不整，毫无戒备。眼见前锋已入二伏，“降官卢桂生以有伏告”。吴三桂大吃一惊，急令撤兵，集精甲反蹂外围伏兵，守将窦名望被迫提前出战，二伏的兵士也由内向外反攻，一场短兵相接的肉搏战在满是悬崖峭壁的山峦展开。由于变故突然，李定国原有的计划被打乱了，在一片混战中，大西军完全丧失了主动，六千伏兵死于林箐中的竟有三分之二，而上山的吴军已有两万余人，在众寡不敌中，一伏的守将窦名望战死于山下，反冲的吴军已突破二伏，杀到山顶，三伏的守将王玺也死于乱军之中。[2]大西农民军的最后一次反击也被吴三桂击溃了。李定国率残部出铜壁关，走孟定，奔西而去。吴三桂

1　罗托调往荆州，以多尼统领湖南一路。

2　刘健：《庭闻录》卷三《收滇入缅》。

又蹑永历帝足迹，追至腾越州，以“天朝中原地尽于此”还师。

是役，吴三桂击败了大西农民军的有生力量，占据了中原腹地的最后一块抗清基地，于清人又立大功。

二　靖南、定南二王之死

就在异姓王为清朝戮力同心、驰骋沙场之际，发生了所部窝藏逃人的事件，靖南王耿仲明不堪负此罪名，自尽身亡。

顺治六年五月，耿仲明奉命与平南王尚可喜南征广东。由于历次征战，耿仲明均隶孔有德麾下，这次独当重任，决心一展干才。不料，却时乖命蹇。九月，其部下副都统陈绍宗等人隐匿逃人事发，顺治皇帝动怒，遣官持敕，严厉警告定南、靖南、平南三王曰：“前闻满洲家人多被王等招收而去，已令兵部传旨查明解送。今有靖南王耿仲明所属旗鼓刘养正、牛录章京魏国贤隐匿满洲鞍匠四人，已搜获其二。魏国贤将二鞍匠隐匿在家，及搜查人到，拦阻不容入门，随纵二鞍匠逃脱。再审所获二人，云不止我等，其放马之处，满洲家人隐匿者尚多。”至清廷遣人再察，又被陈绍宗等人放走，只截获九人。“陈绍宗、刘养正、张起凤、魏国贤等虽有航海来归之功，似此隐匿逃人，悖逆殊甚，是犯不赦之条，原遣王等南征，以为归顺有功，腹心可寄，必然利益国家。乃反惊满洲家人，实出意外。朝廷及各王府并满洲家人多被招诱其事甚确，谕旨到时，王等即亲身严察，将所匿逃人，尽行查出，交与差去官员，仍按兵护送，如此庶应见王为国之诚。若漫不查送，则此隐匿之事，显系王等知情矣。特谕。”[1]

清初所行逃人法，重惩窝主，罪当论死。三王闻诏惊惧，耿仲明尤为震恐。他即遵诏谕，“察出三百余人，械归，上疏引罪”[2]。

1 《清世祖实录》卷四六，第6～7页。

2 《清史列传》卷七八《耿仲明传》。

至顺治七年正月，刑部鞫实，“议削可喜、仲明爵，仍各罚银五千两”，“陈绍宗、刘养正、张起凤、魏国贤等俱应革职赎罪”。然而，时下正在用兵，西南、西北反清斗争正烈。于是，顺治皇帝以“尚可喜、耿仲明等有航海投诚之功，免削爵，各罚银四千两。陈绍宗等免革职，分别折赎。”[1]可是，耿仲明在案发后，终日惶恐不安，以为大势已去，必死无疑，于顺治六年十一月兵至吉安，“未及闻命（免削爵）”，“自缢死”[2]。其长子耿继茂代领所部，随平南王尚可喜南下。

继靖南王之后，与之一同降清的定南王孔有德亦在广西桂林兵败身亡，虽同为“自裁”，却有“负国”、“殉国”之别。

旧史曰：“三王皆为开国大臣，而定南独以忠节显。”[3]即指孔有德为三顺王中唯一的以身殉国者。顺治六年十月，孔有德率军抵湖南衡州，分兵扼宝庆、祁阳等地。顺治七年，恢复武冈、靖州、永州等地，为进入粤西扫清障碍。是年九月，孔有德率满汉主力南下广西，首取楚粤门户全州，粤西为之震动。十二月，乘胜拔桂林，擒斩永历朝王侯官属四百余，底定桂林。次年，移驻桂林，指挥各路清军又克柳州、梧州、思恩、南宁、庆远等府郡，一年之内即占有广西全境。为防止大西农民军再窥楚粤，孔有德请敕续顺公沈永忠拨重兵守沅州，以扼楚粤门户。复令部将线国安、全节、马雄，分守南宁、庆远、梧州。

就在孔有德分兵布防、“重镇皆出”之后，李定国于顺治九年率八万大军出湖广，陷沅州、靖州、武冈，在衡州斩杀了敬谨亲王尼堪，兵逼宝庆。守将沈永忠自宝庆告急，孔有德又分兵赴援，然援军至全州，沈永忠已弃宝庆退守湘潭，广西门户洞开。是年七月，李定国由宝庆挥师间道南下，克全州，逼桂林，围城三重，

1　《清世祖实录》卷四七，第6页。

2　《清史列传》卷七八《耿仲明传》。

3　《明季稗史初编》卷二六《吴耿尚孔四王合传·定南王孔有德传》。

昼夜猛攻，而“城中守兵无多”。孔有德登城督御，“为矢中额，仍指挥击贼。及闻城北山岭已为贼踞，令家众举火焚室，曰：城亡与亡，大义也。”[1]然后，“向北再拜，拔剑自刎死”[2]。“事闻，上震悼，谥武壮。”[3]

三　平南王尚可喜与嗣靖南王耿继茂同定广东

在定南、靖南、平南这三南王中，尚可喜作为唯一的幸存者，与耿仲明的长子、嗣靖南王耿继茂担负起平定广东的重任。

耿继茂，生年不详。他自幼随父征战，历尽坎坷，因而，他既骁勇敢战，又贪婪残暴，所谓“天性嗜杀，所过糜烂”[4]。顺治初年，授子爵。顺治六年，随父耿仲明征广东，父死，耿继茂以长子代领部众，随平南王尚可喜进征。

顺治七年正月，尚可喜与耿继茂率部由江西进入广东，首克南雄、韶州，打开广东门户，永历皇帝由肇庆退往广西梧州。二月，尚可喜、耿继茂进抵广州城下。然而，广州城池坚固，“守者于城外密布炮台，城西树木城，濬河三道通海，路泥淖，不能攻击”[5]。以故，尚可喜与耿继茂久攻不下，所部伤亡惨重，“几欲退师”[6]。但是，清廷法令禁严，尚可喜方以收招逃人被责，耿继茂亦因其父“非令终”受累，“王爵亦不当袭”[7]。二人皆有戴罪立功之责，故勉力苦战，围城凡九个月。这期间，尚、耿一面“深濠筑垒”，加紧围困，一面“增选战船，别募水师二千以供调遣”[8]，做

1 《清史列传》卷七八《孔有德传》。

2 《明季稗史初编》卷二六《吴耿尚孔四王合传·定南王孔有德传》。

3 《清史列传》卷七八《孔有德传》。

4 《明季稗史初编》卷二六《吴耿尚孔四王合传·靖南王耿明传》。

5 《清史列传》卷七八《尚可喜传》。

6 魏源：《圣武记》卷一《开创》。

7 《清史列传》卷五《耿继茂传》。

8 《清史列传》卷七八《尚可喜传》。

好攻城的准备，同时击溃了南明总督杜永和，国公陈帮傅、伯马宝等人的多次进攻，“败者再”[1]。招降了分守潮州、惠州的敌总兵郝尚久、黄应杰。十月，江西诸路援兵踵至，而清军的攻城准备也已就绪，于是，尚、耿抓住战机，令军士弃马徒步涉泥路疾行，抢占了城西楼堞。十一月，清军开始攻城，尚、耿“亲冒石矢，不避炮火”[2]。城内守军亦开炮还击，“炮子如骤雨，诸将皆失色”，侍从劝停攻，尚可喜大喝：“不得此城，吾无面目见朝廷”[3]，令“以炮击城西北隅，城圮”，尚可喜策马先进，诸将随后，“咸肉薄城，人相累足蹑项上”[4]。十二月，攻克广州，“斩贼六千余级，溺水死者无算，擒贼将范承恩等，俘获甚众，肇庆府贼将宋裕昆等率所部降。”[5]耿继茂以是役军功，于顺治八年四月，袭父靖南王爵。

攻克广州后，尚可喜留镇，耿继茂即率师南下，乘胜平高州、雷州、廉州、琼州等府，招降杜永和数万军队，巩固了清朝在广东的统治。是年七月，李定国率兵收复湖南、广西，拔桂林，孔有德自尽。尚可喜急调耿继茂还师，然后，分遣两藩兵入广西赴援，同提督线国安、总兵全节以次恢复失地，阻止了李定国的东进，保全了广东。此后，李定国虽多次领兵逼近广州、围攻肇庆，都为尚、耿合力击败，使之失利而返。

顺治十一年冬，李定国又以万人之众复攻广东，破高州、攻肇庆、围新会、直逼广州。郑成功亦率部配合，进攻广东沿海，形势恶化。尚、耿二王与将军朱玛喇会师三水、新会，集优势兵力击败了李定国，迫其退往南宁。接着，二王又会合湖南、广西

1 《清史列传》卷七八《尚可喜传》。

2 《明清史料》丙编，第 8 本，第 769 页。

3 尚其宪：《尚氏宗谱》卷一《先王实迹》；《清史列传》卷七八《尚可喜传》。

4 尚其宪：《尚氏宗谱》卷一《先王实迹》。

5 《清世祖实录》卷五一，第 6 页。

的清军大举进击，终于击溃了李定国，至顺治十三年，“明桂王徙云南，定国等不复侵广东”[1]。清廷为表彰二王，“赐敕纪功，增岁俸千两，并赍貂裘、鞍马”[2]。

四　清廷并建三藩

清廷封建三藩，始于统一全国的战争即将结束之际，带有明显的军事性质，以期对新征服地区抚绥和镇守。

广东平定后，顺治十一年二月，顺治帝特遣内翰林秘书院学士郎廷佐、一等侍卫姑苏等人，前往广东宣谕表彰二王。谕旨曰：“朕念两王躬擐甲胄，率励官兵，摧方张之寇，收不逞之民。肇庆逆贼潜踪遁窜，潮州叛将骈首就诛，地方安堵，功莫于京，朕深嘉悦。”为此，特赐尚可喜与耿继茂蟒缎貂裘、貂皮短褂、黑狐帽等物，并白银各三千两。[3]同时，诏令尚可喜留镇广东，耿继茂分镇广西。敕谕曰：“广东岭海要区，新经底定，抚绥弹压，善后宜周，平南王尚可喜专留镇守。广西地方乃楚粤门庭，滇黔锁钥，省会虽平，郡县未附，逆贼李定国见踞柳州，狡图窥视，伏莽尚繁，亟需剿抚。特命靖南王耿继茂带领本标官兵及随征绿旗官兵，前赴广西桂林驻扎。……防剿逆贼，招抚人民，偕经督、抚、镇诸臣，同心协力，与湖南、东粤策应声援，廓清南服。”[4]随即，又专敕耿继茂曰：“原定南王随征绿旗官兵听王管辖，王之旧属官兵亦听王指挥。朕念斯民久困兵火，安全抚恤尤为要图，贰则执之，服则舍之。一应兵机有当策应者，有当驰剿者，会同经、督、抚、镇各官协心商酌。武官功次，覆实题叙，其有临阵退缩，激叛杀良、干犯军纪者，听王便宜处分。若事关重大，指名参奏。

1 《清史稿》卷二三四《尚可喜传》。

2 《清史稿》卷二三四《尚可喜传》；《清史列传》卷五《耿继茂传》。

3 《清世祖实录》卷八一，第10页。

4 《清世祖实录》卷八一，第9页。

至于官评、民事、词讼、钱粮仍归地方官各循职掌料理。文武官抚镇以下，见王礼节，悉照前仪。王受兹委任，其益殚忠猷，礼以律己，廉以率下，务辑宁疆圉，宽朕南顾之忧。”[1]由上述敕谕可以看出，清朝统治者最初令诸王藩镇，主要为善后新经恢复地区，诸王享有统兵权和一定的用兵权，而地方行政、财政诸项，诸王则无权干预。

但是，由于贵州、云南尚未平定，大西农民军不时出击北上，广西以其邻省首当其冲，因而，清廷藩镇广西的意图，一时难以实现，耿继茂移镇广西之事遂寝，而广东则形成了两藩并镇的局面。

顺治十六年，清军攻克云南。三月，经略辅臣洪承畴疏曰："云南山川峻险，幅员辽阔，非腹里地方可比，请敕议政王、贝勒、大臣密议，三路大兵作何分留驻守，贵州中路汉兵及广西汉兵作何分布安设？”议政王大臣会议："平西、平南、靖南三藩内，应移一王驻镇云南，汉中已属腹里，兼有四川阻隔，不必藩王驻防。应移一王分镇粤东，一王分镇蜀中，何王应驻何省，恭候上裁。”于是，顺治帝 "命平西王驻镇云南，平南王驻镇广东，靖南王驻镇四川"[2]。是为三藩分镇之初议。

但是，清廷在四川与广西两地究竟何处应该移藩设镇的问题上始终犹豫。是年十二月，适逢议政王大臣会议议覆云南巡抚林天擎劾奏广西提督线国安荼毒地方一事。议曰："应提取（线国安）来京详问虚实再议。至粤西严疆，提标下弁兵甚众，需员代署，统摄军务，应令广西巡抚于该省遴选才勇总兵官署理。”顺治帝"允之"，旋即作出改移耿继茂移镇广西的决定，谕兵部曰："靖南王耿继茂久镇东粤，劳绩素著，今又自请移镇，效力疆场，忠志可嘉，著移驻广西。广西提督线国安著带领所统官兵来京另用。”[3]

1 《清世祖实录》卷八一，第 11 页。

2 《清世祖实录》卷一二四，第 14 ~ 15 页。

3 《清世祖实录》卷一三〇，第 16 页。

然"皆未及移"[1]。

其时,"海贼郑成功据金门岛,寇掠闽浙"。是年六月,大举北伐,攻克了长江的重要门户镇江,围困南京,又溯江而上攻占了芜湖等地,再次点燃了江南、皖南一带的抗清烈火。这一事件极大地震动了朝廷,顺治帝既惊又恼,拔剑碎御座,下令亲征,只是在诸大臣的再三劝阻下才未果行。而后,清军集重兵击败了郑成功,但郑氏的抗清武装仍活动在福建一带的沿海上。于是,顺治十七年七月,清廷"命靖南王耿继茂停赴广西,率领全标官兵、并家口移驻福建"。顺治帝赐之敕谕曰:"八闽重地,负山阻海,界连浙江、江西、广东等处,岛寇出没,山贼窥伺,正在用兵。幅员既阔,汛守最繁,且沿海逆氛未靖,抚绥弹压务在得人,兹特命王统领大兵移驻,当宣威布德,安辑兵民,山岛二寇,加意防御,相机扑剿,无使滋害。逆贼郑成功偷息海上,飘忽靡常,须剿抚兼施,战守并用。沿海一带地方,务提防严密,禁饬兵民商贾,毋得包藏奸宄,借端贸易,接济交通。……凡兵机事务悉听王调度,敕中开载未尽事宜,听王商酌妥确,奏请施行,其一应兵民钱粮仍归地方文官照旧料理。""务辑宁疆圉,纾朕南顾之忧。"[2]

综上所述,自顺治十一年二月,清廷始命平南王尚可喜留镇广东;顺治十六年三月,命平西王吴三桂就镇云南;至顺治十七年七月,命靖南王耿继茂移镇福建,最终形成了三藩并镇的局面。

清王朝统一全国之后,唯独在西南、东南设镇藩守,主要出自军事上的需要,迄顺治十七年,清王朝虽然统一了中原大部,但所攻占地区尚未稳定,西南云贵边陲有李定国率领的农民军余部和诸土司的反叛势力,永历皇帝尚在缅甸。东南沿海,主要是

1 《清史列传》卷五《耿继茂传》。

2 《清世祖实录》卷一三八,第 14 页。

福建、广东，则有郑成功的抗清武装不时侵扰，待机反攻。所以，清廷必然要在西南和东南一带强固边防，命以重镇，实现其“以藩屏周”，巩固国家统一的目的，所谓“纾朕南顾之忧”。

但是，清代封藩设镇有别于历代的分封，它的突出特点是，所封诸藩不仅非宗室，亦非首崇之“满洲”，而是以明朝降将受封的异姓王。形成这种局面的原因，一是缘于宗室诸王自身的衰落，已无法担负藩屏皇室的重任。二是诸汉族异姓王在清朝统一全国的斗争中，立下了汗马之劳。自清军入关，汉族异姓王戮力厮杀，舍命征伐，并攻克了西南地区的抗清顽垒，使清王朝最终实现了天下统一。而且，至顺治末年，当大规模统一战争结束时，四位汉族异姓王，除孔有德殉国，因无子爵除外，其余三王已实际担负起恢复之地的藩卫，“挈家驻防”[1]。因而，清廷在以功酬封之外，即命三王分镇，当为顺理成章。

第四节 三藩分镇对巩固清朝统一的重要作用

清王朝并建三藩，在最初的时间里，实现了它“以藩屏周”的设想，三藩王为巩固国家的统一、保卫边疆，再立汗马功劳。

一 平南王尚可喜平定广东义军的抗清斗争

尚可喜留镇广东后，先是李定国率部不断袭扰，顺治十三年以后，“（李）定国等不复侵广东”，但广东各地仍然活动着大大小小的抗清义军，“土寇间作，且遥结海贼郑成功，为海滨郡邑患”[2]。

顺治十七年，邓耀、李惠荣领导的抗清义军活跃于廉州之龙

1 《清世祖实录》卷四四，第 9～10 页。

2 《清史列传》卷七八《尚可喜传》。

门、海康等岛，“历有年所，抚之愈骄，频寇雷阳”。尚可喜偕尚未移镇的靖南王耿继茂与督、抚商酌，“调水陆官兵，直捣龙门，荡其巢穴，救彼难民，邓耀远遁交趾”，不久，被交趾国人所击，削发潜至广西，为尚可喜侦知俘获，[1]广东西南沿海趋于平定。

顺治十八年，有董国隆者称寨长，“既降复叛”，集抗清义士洪彪、周祥、劳泰、陈斯新等，分据恩平、开平、阳春、阳江诸山寨，劫掠广州、肇庆二府，声势甚大。尚可喜“分遣官兵水陆进剿，自顺治十八年八月至九月，平贼寨武定屯等一十三处，董国隆穷迫焚巢，投水身死。擒杀贼党一千五百余人，获军器船马无算，广、肇地方悉平。”[2]

其时，广东正在迁海，“大吏令尽撤缯船泊港汊，迁其孥于城邑”。被迁者流离失所，怨声载道。“有周玉者，番禺蜑户也。党甚众，其缯船数百，三帆八棹，冲浪若飞。玉纠之习水战，助海寇。”尚可喜以其可用，招募从征，授以游击职衔。但迁海令下，周玉遂起兵叛，自称恢粤将军，以林辅邦为军师，“所至焚掠，残破顺德县”[3]。于是，尚可喜发兵剿之，“擒伪恢粤将军周玉，伪军师林辅邦，及贼兵二百七十六名，斩首二千六百三十七级，焚贼船一百三十一只”[4]。至康熙二年十月，“乱乃定”。然康熙三年，碣石总兵苏利又为“抗迁界之令”，率万余人起事，尚可喜再执鞭戈，与将军提督等统兵讨之，双方激战于海丰，叛军失利，尚可喜等遂于“八月十二日进剿碣石卫，擒斩贼首苏利，俘获余党万余，贼寨荡平”[5]。

尚可喜并不赞成迁海，顺治十八年五月，他同总督李栖凤一

1 《清圣祖实录》卷二，第28页。

2 《清圣祖实录》卷六，第4页。

3 《清史列传》卷七八《尚可喜传》。

4 《清圣祖实录》卷十，第16页。

5 《清圣祖实录》卷一三，第6页。

道踏勘海滨，亲眼见到迁海造成的弊端，上奏要求停止内迁沿海居民。但奉旨不允后，尚可喜则力行不殆，勤于藩守，相继平定了诸叛，使广东趋于平定。

二　靖南王耿继茂剿抚郑氏抗清武装

耿继茂于顺治十八年正月移镇福建，他与总督李率泰协谋征剿，屡败郑成功所部。康熙元年，耿继茂侦知郑成功死，其子郑经袭“延平王”，部下争权夺利，“嫌隙渐生”，便遵旨相机剿抚。“寻招降成功族兄伪总管郑泰，泰遣伪中军杨来嘉、吴荫赴漳州献其伪敕印，成功弟郑世袭，伪都督郑赓、杨富、陈宗率伪官数百、兵众数千降。”[1]自顺治十八年迄康熙元年，耿继茂等共招抚将吏千余人，兵一万二千有奇。[2]从此，郑氏抗清武装“人心解散，镇营多叛”[3]，力量受到极大的削弱，而耿继茂乘机攻取。

康熙二年十月，清军三路齐发，耿继茂与李率泰出同安；提督马得功、郑鸣骏偕荷兰水师出泉州；提督施琅、黄梧出海城。先是，泉州一路与郑经所部相遇于金门海面，激战后，清军大败，马得功战死。而在此同时，其余两路乘虚深入，功克厦门。郑军惊溃登舟欲逃，施琅会荷兰夹板船邀击，“斩首千余级，乘胜取浯屿、金门二岛，逆贼郑锦、周全斌等势穷宵遁”[4]，奔铜山。耿继茂下令屠城，“堕城焚书，斩割树木”，杀城中官民数十万，将厦门、金门夷为平地。[5]

康熙三年正月，郑经受困于铜山，弹尽粮绝，部将张杰、吴盛等相继投城。三月，耿继茂再与李率泰、黄梧大举进攻，至八

1 《清史列传》卷五《耿继茂传》。

2 据《清史稿》卷二三四，据《耿继茂传》统计。

3 阮旻锡：《海上见闻录定本》，福建人民出版社，1982 年。下同。

4 阮旻锡：《海上见闻录定本》。

5 《清圣祖实录》卷十，第 14 页。

尺门，由海道拔铜山，郑经率战舰数十艘退往台湾。郑氏在沿海经营多年的反清根据地为耿继茂拔除，巩固了清廷在闽浙一带的统治。捷报传至朝廷，康熙颁旨嘉奖，增岁俸千金。

三　平西王吴三桂擒杀永历与平定诸土司

吴三桂奉命镇滇后，云南战火尚未平息，清军四处征战，镇压诸反清势力。顺治十七年四月，吴三桂提出一项平定云南的重要主张。是月二十二日，他上书朝廷，疏曰："滇南负固有年，一朝勘定，独逆渠李定国等挟伪永历遁出边外，是滇土虽收，滇局未结。边患一日不息，兵马一日不宁，臣叨列维藩，何忍以此贻忧君父。因再三筹画，窃以为有三患二难：永历在缅，李定国、白文选等分住三宣、六慰、孟艮一带，藉永历以鼓惑众心。倘不乘胜大举入缅，以净根株，万一此辈复整败众，窥我边防，兵到则彼退藏，兵撤则彼复扰，此其患在门户；土司反复无定，惟利是趋，如我兵不动，逆党假永历以号召内外诸蛮，万一如前日元江之事[1]，一被煽惑，遍地蜂起，此其患在肘腋；投诚官兵虽已安插，然革面尚未革心，永历在缅，于中岂无系念，万一边关有警，若辈生心，此其患在腠理。今滇中兵马云集，粮草取之民间，勿

1　顺治十六年七月，元江土知府那嵩谋反。那嵩与其弟皆受永历加封，子准袭知府，女嫁黔国公沐天波次子，故感恩明廷，约南明降将高应凤、朱养恩及石屏总兵许名臣举兵。九月，高应凤、许名臣杀石屏知州奔元江，那嵩遂反。吴三桂发兵平叛，十月朔兵至石屏，那嵩遣朱养恩屯兵老武山为外援，又设伏于大竹箐以待。但吴三桂由土官龙世荣导别道，绕伏兵出荆竹林，九日至元江，屯江东。十二日那嵩出兵截营兵败，遂为吴三桂掘壕立木围于城内，又造浮桥遏水陆。朱养恩不敢救，那嵩出战不胜，相持逾月。十一月六日清军攻破城东北，吴三桂遣将招降，为那嵩所拒，并以言讥吴三桂降清。吴三桂大怒，奋力急攻，城破，那嵩登楼自焚，许名臣自尽，高应凤等四人被擒。由高应凤等人口供得知，那嵩初反时，高应凤请约李定国兵至永昌，待吴三桂兵往御，再纠合迤东土司袭其后使吴三桂腹背受敌，而滇城可乘势而得。但那嵩不从，及后被围，那嵩遣人报李定国，为时已晚。

论各省饷运愆期，即到滇招买，民室方如悬磬，市中米价日增，公私交困，措粮之难如此；召买粮草，民间必须搬运，年年召买，岁岁输将，民力尽于官粮，耕作荒于南亩，人无生趣，势必逃亡，皮之不存，毛将安附，培养之艰又如此。臣用是彻底筹画，唯有及时进兵，早收全局。诚使外孽一净，则边境无思隙之虑，土司无簧惑之端，降人无观望之志，地方稍得甦息，民力略可宽纾，一举而数利存焉。窃谓救时之方，计在于此。”[1]

疏上，顺治帝令“下议政王、贝勒、大臣，及户兵二部速议”[2]。四月三十日，议政大臣会议后，同意吴三桂进剿，但对兵马钱粮的筹措感到困难。会议曰：“平西王吴三桂疏言，永历在缅，伪王李定国借以鼓惑众心，相应进剿。其见在云南满洲官兵，听该藩与各都统商酌率往，至于兵马钱粮所需甚多，不唯措处维艰，亦万难即运至滇，目前应用草料，敕该藩设法措备，务使兵民两利。再查兵部拨给云南十七年八分兵饷银三百三十万两，已经催解，到者，听该藩支给进征兵丁，其未解到者，仍严饬各督抚星夜解往，以为接济。”“疏入，未报。”[3]

早在是年二月二十日，吴三桂即有书上，“请进缅”。“奉旨则曰：若势有不可行，慎勿强行；再则曰：斟酌而行。”[4]顺治皇帝并不同意是时进征缅甸，其原因在于云南新经恢复，治局未稳，军粮不充。认为应该首先稳定云南的局面。这次，吴三桂力陈进剿缅甸，擒拿永历的利害，自然引起了顺治皇帝的重视。但事关重大，云南地处偏远，形势复杂，朝廷一时无法尽知虚实，顺治帝感到不便即行表态，“旋命学士麻勒吉、侍卫石图前往云南，与

1 《清世祖实录》卷一三四，第 19 ~ 20 页。
2 《清世祖实录》卷一三四，第 20 页。
3 《清世祖实录》卷一三四，第 22 页。
4 刘健：《庭闻录》卷三《收滇入缅》。

平西王吴三桂面商机宜”[1]。不久，麻勒吉等“奏至”，清廷即“命内大臣公爱星阿为定西将军，率禁旅同三桂进征”[2]。

顺治十八年正月，吴三桂遣土官先行至缅示清军师期，令于猛卯迎候，并以副都统何进忠，总兵沈应时、马宁等率军随后，以侦缅人动静，相机进剿。何进忠等由腾越出边，过陇川宣抚司，于三月朔至猛卯，因李定国正与缅人交战受阻。自去冬以来，李定国一直在向缅人求索永历帝朱由榔，曾连上30余疏，均为缅人所阻，李定国一怒之下，兴师围城。缅人之阿瓦城甚高，且三面皆水，唯一面通路，易守难攻。然李定国攻战甚猛，数败缅人，缅人不支，求助于清，告以愿送永历帝。吴三桂大喜，以为功可立成，但时逢瘴气大发，不宜用兵，吴三桂奏俟霜降瘴息再进，撤何进忠等入边。

经过充分的准备，顺治十八年九月，吴三桂同爱星阿、前锋统领白尔赫图、都统果尔钦、逊塔等督满汉大军次大理秣马，逾月，出腾越，取道南甸、陇川、猛卯，为一路；别遣总兵马宁、王辅臣、总统马宝、高启隆、塔新策、王永祥、王会、马惟兴、吴子圣由姚关、镇康、孟定进，为另一路。十一月，两路会师于木邦。一路上，吴三桂心急如火，他唯恐因前时受阻于瘴气，李定国乘势截取了永历，而功亏一篑。因而，当他侦知白文选据锡箔凭江设险，即命清军自木邦昼夜行三百余里，临江造筏抢渡，白文选复奔茶山。于是，吴三桂令马宁等率偏师追白文选，而自领大军与爱星阿直奔缅甸。并先遣人传谕缅王，令送朱由榔至军前。[3]

十二月初一日，吴三桂率军抵缅城旧挽坡，遇缅使臣。原来

---

1 《清世祖实录》卷一三四，第22页。

2 《清史列传》卷八〇《吴三桂传》。

3 《清史列传》卷八〇《吴三桂传》；《清圣祖实录》卷六，第9页。

李定国因久攻缅城不下，又遇清军前来取城，已退往景线。缅甸国王遂遣宰相锡真“约我兵往迎永历，锡真持贝叶缅文纳款，译其文有：愿送永历出城，但求退兵扎锡坡等语”[1]，唯恐清军攻城。吴三桂此行只为永历帝一人，自然满口应允。初二日，遣高得捷、官国泰、盛有功、徐伯率兵百人前往阿瓦，为防节外生枝，又遣吴国贵率兵二百为援。在清军的压力下，缅人遂执献永历帝，并太后马氏、后王氏、太子慈烜、公主，及宫女、太监数人。又杀华亭侯王维恭等一百余人。[2]

起初，永历帝尚不知情，缅人哄其李定国至，“缚竹椅为肩舆，舁永历入舟，及岸，水浅舟胶，高得捷负以登岸，永历问其名，曰：臣平西王前锋高得捷也。永历曰：平西王吴三桂也，今来此乎？遂默然。”[3]始知已被清军擒获。

初三日，永历帝至旧挽坡，十日，吴三桂拥永历帝班师凯旋。在此同时，总兵官马宁等追白文选至猛卯，白文选穷迫而降，“并伪官四百九十九员、兵丁三千八百余名、家口七千余名”[4]。

吴三桂又为清人立一大功。但他在欣喜之余，却不无负疚之感。先是，吴三桂至缅城，永历帝朱由榔遗书吴三桂曰：

“将军新朝之勋臣，旧朝之重镇也。世膺爵秩，藩封外疆，列皇帝之于将军，可谓甚厚。讵意国遭不造，闯贼肆恶，突入我京城，殄灭我社稷，逼死我先帝，杀戮我人民。将军志兴楚国，饮泣秦庭，缟素誓师，提兵问罪，当日之本衷，原未泯也。奈何凭借大国狐假虎威，外施复仇之虚名，阴作新朝之佐命，逆贼授首之后，而南方一带土宇，非复先朝有也。南方诸臣不忍宗社之颠覆，迎立南阳。何图枕席未安，干戈猝至，弘光殄祀，隆武就

1 刘健：《庭闻录》卷三《收滇入缅》。
2 《清圣祖实录》卷九，第9~10页。
3 刘健：《庭闻录》卷三《收滇入缅》。
4 《清圣祖实录》卷九，第9~10页。

诛，仆于斯时，几不欲生，犹暇为宗室计乎？诸臣强之再三，谬承先绪。自是以来，一战而楚地失，再战而东粤亡，流离惊窜，不可胜数。幸李定国迎仆于贵州，接仆于南安，自谓与人无患，与世无争矣。而将军忘君父之大德，图开创之丰功，督师入滇，覆我巢穴。仆由是渡沙漠，聊借缅人以固吾圉，山遥水远，言笑谁欢？只益悲矣。既失世守之河山，苟全微命于蛮服，亦自幸矣。乃将军不避艰险，请命远来，提数十万之众，穷追逆旅之身，何视天下之不广哉？岂天覆地载之中，独不容仆一人乎？抑封王锡爵之后，犹欲歼仆以邀功乎？第思高皇帝栉风沐雨之天下，犹不能贻留片地，以为将军建功之所，将军既毁我室，又欲取我子，读鸱鸮之章，能不惨然心恻乎？将军犹是世禄之裔，即不为怜仆，独不念先帝、独不念二祖列宗乎？即不念二祖列宗，独不念己之祖若父乎？不知大清何恩何德于将军，仆又何仇何怨于将军也。将军自以为智而适成其愚，自以为厚而反觉其薄，奕禩而后，史有传书有载，当以将军为何如人也！仆今者兵衰力弱，茕茕孑立，区区之命，悬于将军之手矣。如必欲仆首领，则虽粉身碎骨，血溅草莱，所不敢辞。若其转祸为福，或以遐方寸土，仍存三恪，更非敢望。倘得与太平草木，同霑雨露于圣朝，仆纵有亿万之众，亦付于将军，惟将军是命。将军臣事大清，亦可谓不忘故主之血食，不负先帝之大德也。唯冀裁之。”[1]

永历之书，虽言辞凄切，却句句鞭辟入里，历数吴三桂背负先帝、社稷、祖宗，丧尽天良，不忠不孝种种。据孟森先生考证，此书“出于清实录，由三桂奏中附来，是千真万确之事也。三桂兵抵缅城之日，永历臣官已为缅杀逐净尽，几无可以命笔之人。则此书殆出永历亲笔”[2]。因而，吴三桂当时之羞愧与恼怒，是可

1　蒋良骥：《东华录》卷八，第 137～138 页。

2　孟森：《南明永历帝致吴三桂书跋》，《明清史论著集刊》，中华书局，1959 年。

以想见的。而永历的乞怜、乞命，也使他心理难以平衡。

但更令吴三桂难堪的是面见永历。永历自阿瓦至旧挽坡，入吴三桂大营，已是黄昏。永历南面而坐，仪观端庄，“冠马鬃瓦楞帽，衣纯绢大袖袍，束黄丝带，举止有度”[1]。达旦，“三桂入，长揖。上问为谁，三桂噤不能对；再问之，不觉膝之屈也；问之数四，始称名以对。上切责良久，叹曰：‘今亦已矣！朕本北人，欲还见十二陵而死，尔能任之乎？’对曰：‘能。’上麾之出，三桂伏地不能起，左右挽之出，面如死灰，汗浃背，自是不复见。”[2]其惊愧之心理一目了然。

然而，吴三桂却绝不愿动“妇人之仁”。永历的存在，不仅有碍他世为清人藩守，且使他心理难以安宁。因而，必欲除之而后快。康熙元年三月，清军班师云南后，“爱星阿等议送由榔等赴京，吴三桂以道远不便，奏请于滇处分”[3]。并主张“骈首”，爱星阿以为太过，将军卓罗尤其反对，曰：“彼曾为君，全其首领可也。”[4]于是，在满臣的坚持下，永历才得全尸而亡。四月二十五日，吴三桂命其将杨坤、夏国相等进帛于滇城之篦子坡，永历并太子等皆就缢，复焚其尸。然后遣送太后及皇后北上，于途中“扼吭死”。南明的最后一个政权便彻底灭亡了。故时人称：“明社之屋（亡），虽由闯贼，然倒以宋室崖山，寔亡于三桂手。”[5]

为表彰吴三桂，是年五月十一日，清廷命进封吴三桂为平西亲王。康熙皇帝谕礼部曰：“平西王吴三桂镇守秦蜀，绥辑滇黔，抚顺剿逆，茂著勋劳。伪永历朱由榔以明室遗孽，煽集党羽，妄

1　刘健：《庭闻录》卷三《收滇入缅》。

2　徐鼒：《小腆纪传》卷六，纪六，永历下。

3　倪蜕：《滇云历年传》卷十；王崧：《云南备征志》卷一七。

4　苍弁山樵：《吴逆取亡录》。

5　苍弁山樵：《吴逆取亡录》。

称尊号，窃据一隅，历年以来，屡烦王师征剿，疆圉弗宁。今王奉命统领满汉大兵，出边进讨，于顺治十八年十二月内直抵缅甸，擒伪永历及其眷属，又降伪巩昌王白文选并伪官全军，此皆王殚忠奋力，运筹谋略，调度有方，遂使国威远播，逆孽荡平，功莫大焉，宜加殊礼，以示眷酬，著进封为亲王。”[1] 这可谓清廷对吴三桂历年征战的总结，它肯定了在清朝完成一统大业，巩固国家统一的斗争中，吴三桂发挥了重要作用。即使在吴三桂反清之后，乾隆帝仍然认为：“三桂彼时为平西大将军，且必应殄灭由榔三患二难之议发自三桂，即后之进兵檄缅甸，殴李定国、降白文选，皆出自三桂之筹划，真功固不可泯也。”[2] 因而，吴三桂以汉人异姓首封亲王，乃清人以其功高眷酬。

永历帝被诛之后，正如吴三桂所分析的那样，已“绝人观望”。李定国自缅甸撤至景线后，又走车里之猛腊，欲由交冈走交趾，入广东。欲积蓄力量，以图再起。及闻永历之死，遂哀愤成疾，于六月二十七日死。七月，李定国表弟马思良率众二千余人自思茅来降。十一月，李定国子李嗣兴率长宁伯雷朝圣等自慢法来降，刘文秀子刘震亦自猛磊来降。大西农民军余部或死或降，已为吴三桂剿抚殆尽。唯土司反复，尚在蠢动。

云南、贵州和四川等地，自明以来即由土官管理地方，形成所谓土司制度。土官世代相荫，逐渐发展成强大的地方势力集团。而在诸土司中，又以地处川黔滇三省交界的贵州水西最大。水西乃苗裔，土酋安坤，自顺治十五年清军攻克贵州便归命于清。然却反侧不定，自康熙元年聚众数万谋反，康熙三年，安坤以其叔安如鼎为“总统”，联结贵州土司罗大顺等窥取云南，其师傅皮熊亦使蜀人陈进才等入川各处煽惑，“给散札付”。是年二月，吴三

1 《清圣祖实录》卷六，第 21～22 页。

2 《清史列传》卷八〇《吴三桂传》。

桂闻讯，即督云贵满汉大军两路进讨。他亲率云南一路出毕节，由大方、乌西直捣卧这，又由卧这分遣诸将各路进剿，扼守冲要。同时，檄贵州提督李本深统贵州四镇兵由大方之六归会剿，并携粮草屯三岔河，为另一路。以期首尾夹击，两路破敌。不料，由于檄贵州进兵文书误将六归书为陆广，致李本深屯兵陆广待命，与吴三桂失去了联系。吴军孤军奋战，在粮草渐尽的情况下，安顺总兵刘安邦又战死，处境极为不利。然而吴三桂仍督兵与敌相持，直至数月，李本深方因获安如鼎哨探，疾驰赴援。于是，两路合一，终于击败了顽抗的土司。九月、十月相继擒获安坤、皮熊，康熙四年正月，安坤伏诛，水西土司遂平。[1]为了防止土司再叛，吴三桂奏请以其地改设府治，命以朝廷官员，并建议“改新名用示我朝展土之烈”[2]。于是，“改比喇为平远，大方为大定，水西为黔西，乌撒为威宁”[3]。

就在吴三桂东征水西之际，迤东土酋禄昌贤、王耀祖等于康熙四年三月反，“窃据新兴，僭号大庆，谋犯省城”，并分遣诸叛攻城略地，滇南、广西为之震动。总督卞三元、巡抚袁懋功、提督张国柱等调兵分路剿捕。四月初七日，吴三桂“闻警回滇”，“擒王耀祖于新兴，破其巢大营城”[4]，然后遣将恢复诸失地，唯禄昌贤遁据大西山、陇箐、马耳山一带。至康熙五年正月，吴三桂再剿禄昌贤于陇箐，取寨数十，克平迤东土司。八月，奏设开化府、永定州。疏曰：“滇南诸酋削平，臣议改设流官，建置开化一府，永定一州，所有开化府请设知府、同知、经历、教授各一员；永定州设知州、州判、吏目、学正各一员。

1　刘健：《庭闻录》卷四《开藩专制》。

2　刘健：《庭闻录》卷四《开藩专制》。

3 《清史列传》卷八〇《吴三桂传》。

4 《清圣祖实录》卷一五，第19页。

下部议行。”[1]

有清一代，为了加强中央集权，曾在西南地区实行了改土归流，它完成于雍正年间，其肇端当在吴三桂总管滇黔之际。

1 《清圣祖实录》卷一九，第18~19页。

第三章 三藩势力的发展及其与清廷的尖锐矛盾

清廷封藩意在保固疆圉。然而，分镇一方的三藩却随着镇边日久，渐次坐大，其势迅速发展起来。

回顾中国封建社会的历史，产生地方割据势力的主要因素有二。一是闭塞的自给自足的自然经济。在封建自然经济下，由于地区之间商品交换关系的不发展，一个地区可以在封闭的形势下进行再生产，这是形成地方尾大之势的经济土壤，特别是在当权者能够武断当地财赋的情况下，他们更可以为所欲为，加强自己的实力，为割据建立起雄厚的经济力量。其二，宗室、藩镇以及开国功臣军政权力的强大，是建立地方割据政权的政治军事条件。三藩就是在这样的历史条件下发展起来的地方藩镇势力，他们分镇云南、广东、福建，天各一方，远离京城。而清朝由于入关后统一全国受到了巨大的阻力，在其国力不足的情况下，不仅需要依靠汉人异姓王，封藩设镇，而且还要假以各种事权。三藩由定鼎中原的功臣，到割据地方的“叛逆”，它同中国历代藩王坐大有着相同的特征和社会环境，又有其自身的特殊条件和原因。

第一节　军事力量的扩充

四汉王降清之初，各自拥有一支独立的武装，三顺王“自将所部不相属”[1]，吴三桂的辽东“精锐”也未与汉军八旗混编。然就其兵力而言，最初却不甚强盛。以降清时兵力最多的吴三桂为例，顺治元年四月，山海关大战后，多尔衮命吴三桂追击李自成，令他“分隶步、骑兵一万”[2]。这一万兵马当为吴三桂的辽东旧部三万余人的一部分，说明经过山海关大战后，吴三桂所部遭到了重创。

但是，频繁的战争使三藩的军事力量迅速得到扩充。

顺治六年，耿仲明、尚可喜奉命同征广东，所部第一次得到扩充。“仲明将旧兵二千五百，新增兵七千五百，合为万人。”[3]尚可喜“率旧兵二千三百，新增兵七千七百，合为万人”[4]。广东征战，平南、靖南二藩虽伤亡惨重，但也得到相应的补充。例如，耿继茂镇守福建后，“自顺治十八年讫（康熙）元年，招降将吏二百九十，兵四千三百三十四，家口四百六十七”，随后，“复得将吏七百有奇，兵七千六百有奇”[5]。虽然招降之官兵并不可能尽归藩下，但至少有一部分会被收编。更重要的是，大批降官降将率部归附，使三藩兵源不乏。

三藩中，又以吴三桂“兵最强”。“该藩兵力原厚”[6]，随其“定陕、定川、定滇，取永明王于缅甸，又平水西土司安氏，四

1 《清史稿》卷二三四《孔有德、耿仲明、尚可喜传》。

2 《清世祖实录》卷四，第 17 页。

3 《清史稿》卷二三四《耿仲明传》。

4 《清史稿》卷二三四《尚可喜传》。

5 《清史稿》卷二三四《耿仲明传》。

6 《清世祖实录》卷一三六，第 4 页。

方精兵猛将多归其部下”[1]。其中主要是大顺、大西农民军旧部，以及南明永历政权的官兵。据统计，仅在云南，吴三桂就俘获和招降了永历朝廷的官兵、家口 83438 人。[2] 其中相当一部分是联明抗清的大西农民军余部，其部下勇将如马宝、王会、塔新策、高启隆、狄三品等皆于是时率部归顺。素称精锐的平西甲兵，再经吴三桂广收逋卒，盖裁老弱，顿时军力大增，“所部将帅皆百战之锐，且多李自成、张献忠部下穷蹙来归者，饵以厚力，无不愿效死力”[3]。并以投诚官兵，组建起“忠勇”、“义勇”十营。由此不难看出，战争的确为三藩扩充兵力提供了机会。

关于三藩的兵额，无论是官修史书，还是私家著述，都应当首推魏源的《圣武记》，是书的记载共有两处：[4]

“三桂王云南，尚可喜王广东，耿仲明之子继茂王福建，继茂卒，子精忠袭封。耿、尚二藩所属各十五佐领，绿旗兵各六七千人，丁口各二万。三桂藩属五十三佐领，绿旗兵万有二千，丁口计数万，是为三藩并建之始。……计五丁出一甲，甲二百设一佐领，积五十佐领，辖以左右都统。设前后左右援剿四镇，分十营，每营兵千有二百。”

“顺治十七年，部臣奏计云南省俸饷岁九百余万，除召还满兵外，议裁绿营兵五万之二。”

多年来，由于史料的缺乏和封建文人的晦笔，即使《清朝文献通考》、《清史稿·兵志》这类官修史书，对此也言之不详，甚或遗漏。所以，魏源的说法几乎成了定论，后人凡涉及三藩兵额，大都沿取魏说。但是，由于魏源没有直接对三藩兵额作出数字上

1　魏源：《圣武记》卷二《康熙勘定三藩记》上。

2　据郭影秋《李定国纪年》中综合《明清史料》丁编平西王册稿及《滇事总录》所得数字。

3　苍弁山樵：《吴逆取亡录》。

4　魏源：《圣武记》卷二《康熙勘定三藩记》上。

的统计，在叙述过程中，对平西藩属建制言之不清，甚至有前后相舛或讹误之处，致使后人在援引魏说为据时，出现了分歧意见。

如台湾学者萧一山在《清代通史》中，就是完全照录了前引魏源的第一条史料，但是没有结论。实际上，也很难据此得出正确的结论，因为魏源在此有很多令人费解之处。以对吴三桂的兵额记载为例，魏源先是提到“三桂藩属五十三佐领，绿旗兵万有二千”，后又提到吴军“甲二百设一佐领，积五十佐领，辖以左右都统。设前后左右援剿四镇，分十营，每营兵千有二百。”如果说魏源对藩属佐领的重复叙述，是对旗下兵制的进一步说明，那么，分为十营的援剿四镇究竟从属旗兵还是分隶绿营，它与“万有二千的绿营兵”又是什么关系，如果绿营兵是“万有二千”的话，为什么魏源在后面又提到“裁绿营兵五万之二”呢，等等，使人觉得糊涂，不得要领。

又如，日本学者稻叶君山在他的《清朝全史》中，也引用了魏说，曰:“耿、尚二藩之所属，各有十五佐领，绿旗兵各六七千，丁口各四万。三桂之藩属五十三佐领，绿旗兵一万二千，丁口数万，此为三藩并建之始。”“吴藩以人口五丁出一甲兵，以满二百甲设一佐领，而积至五十佐领，则为常备之劲兵，大约不下十万。”[1]这结论不知从何而来，似乎只能解释为统计上的失误。

因此，我们有必要对三藩藩属建制及兵额作一说明。

一 耿、尚藩属建制

顺治六年，耿、尚二藩同征广东时，所部第一次扩充，其藩属建制的雏形也定于此时。当时，二人各率兵万人，其中旧兵二千余人，新增兵七千余人。所说旧兵，是指最初号称“乌真超哈”，又称“天助兵”、“天佑兵”，后来编入八旗汉军的旗兵，他们

1 （日）稻叶君山：《清朝全史上》三，中华书局，1931 年。

基本上是耿、尚二人降清时所带的原班人马。而新增兵，则是在出征前由清廷重新调拨的兵员。根据清制八旗兵额向有定员、不再增加的规定，新增兵只能编为绿营，所以耿、尚二藩的绿营建制应该始于是时。其后，由于战争不断，耿尚二藩兵员也会发生变动，但是，在死伤减员的同时，又有俘获投诚官兵所提供的大量兵额进行补充，所以兵额总数的变化不大。顺治十三年十月，清朝在广东平定以后，曾由兵部对耿、尚二藩的军队进行整编，明确规定："平南王藩下额设十二牛录，靖南王藩下额设十一牛录，俱照八旗例，俱听该藩酌量外授。"[1] 如果按照"俱照八旗例"，即八旗兵制 200 人设一牛录计算，平南王可自行增置旗兵 2400 人，靖南王 2200 人。顺治十六年九月，清廷再次厘"定靖南王旗下弁兵营制，共兵三千名，设左右梅勒章京二员，甲喇章京四员，护军参领四员统之"[2]。但对平南藩属旗兵变更与否，却不见文载，想必与靖南大体相同。此后，随着战争的需要，清廷对藩下牛录（佐领）的建制又做过调整。康熙十二年三月，尚可喜疏请归老辽东，七月，耿精忠亦具疏窥旨。为此，议政王大臣会议做出撤藩的决定，下令"应将王本身并标下十五佐领官兵家口均行迁移"[3]。关于平南藩属的情况，另据《广东通志》可知。是志载："康熙二十一年撤藩时，改隶藩下十五佐领于汉军驻广东，别设将军都统以辖之。"[4] 这说明在顺治十三年至康熙十二年这十几年期间，耿、尚二藩的旗下佐领编制又有过变动，已由"十二佐领"、"十一佐领"，并增至十五佐领。所以，魏源的"十五佐领"的说法，是所出有据的。但由于清廷自顺治末年以来力行裁军，佐领虽增，兵额却不会再加，仍在 3000 名左右。这从有

1 《清世祖实录》卷一〇四，第 14 页。
2 《清世祖实录》卷一二八，第 5 页。
3 《清圣祖实录》卷四二，第 26 页。
4 同治《广东通志》卷一七四《经略制》一七，《兵制》二。

关史书中对吴三桂藩属旗兵“甲二百置一佐领”的记载中可得到佐证。

关于耿、尚二藩的绿营兵制，在顺治初年未见明确记载，直到顺治十七年三月，由于国库匮乏，兵饷告绌，大臣们减兵减饷之议纷起，才由兵部始“定平南、靖南二藩属下镇标绿营官兵营制。平南左翼镇标统兵四千名，分为中、左、右、前、后五营，每营设游击、守备、千总各一员，把总各二员，各统兵八百名。右翼镇标统兵三千五百名，亦分为中、左、右、前、后五营，每营设游击、守备、千总、把总各如左翼之数，各统兵七百名。靖南两翼镇标，各设中、左、右、前、后五营，每营游击、守备、千总、把总各如平南藩下员数，各统兵七百名。”[1]

由此可知，在建藩之始，尚可喜辖绿营兵7500名，耿继茂辖7000名。

是后，清廷对耿、尚二藩的绿营兵员也做过调整。据《清实录》记载，康熙十二年三月，兵部查“平南藩下向有绿旗左右翼总兵官二员，游击、守备、千总各八员，把总十六员，兵六千名，俱驻扎广州府”[2]。即平南藩下绿营兵有所裁减。靖南王的情况没有记载，依惯例当与之雷同。

综言之，耿、尚二藩的兵制虽然前后有些变化，但是，自建藩之始到撤藩议发，其兵额从建制上看，始终在一万人左右。其中，绿营兵各六七千人，旗兵各三千余。这就是说，魏源对耿、尚二藩兵额的记载是切实可信的。

二　吴三桂的藩属兵丁

吴三桂的藩属旗兵，依耿、尚二藩的“旧兵”均隶汉军的先

1 《清世祖实录》卷一三三，第9页。

2 《清圣祖实录》卷四二，第1页。

例来看，其降清时所率辽东精锐，亦当为其后来藩属兵丁的主要成分。只是，从目前的史料看，吴三桂藩属兵丁尚无编入八旗汉军的记载，这是与耿、尚二藩的不同之处。其兵额，《清史列传》与《清史稿》均曰“二万”，唯独《清实录》稍有所别，曰：“以马、步兵一万隶平西王。”[1]

顺治五年，吴三桂奉命与墨尔根侍卫李国翰出镇汉中，所率军队的兵制，兵额不详。但从顺治六年，孔有德、耿仲明、尚可喜三王出征的情况看，耿、尚二藩各领兵万人，同赴广东，为一路大军，孔有德因独征广西，奉命“率旧兵三千一百及新增兵一万六千九百，共二万”[2]。吴三桂因与李国翰同征，亦为两支大军并行，在当时清军兵力严重不足的情况下，其领兵人数也不会超过两万。但是，从清初四位汉王的地位来看，吴三桂因献关有功，乃居“三南王”之上，所以其所辖军队的兵力也必然在一万以上，甚或近于二万。

顺治十六年，吴三桂建藩滇中。翌年，“平西王下官甲一万员名”[3]。按甲二百置一佐领计算，与魏源所说“五十三佐领”在兵额上基本相符。孟心史先生也曾做过考证，他说：“三桂藩属，于顺治十七年三月癸亥，定平南、靖南二藩兵制时，已有五十三佐领”，分左右两都统辖之。[4]虽然，我们对孟森先生所说所出何处暂且不知，但从他指出吴三桂有藩属五十三佐领当在耿、尚二藩建制之前来看，孟森先生并非唯魏说是据，而是另有所依，魏源关于吴三桂藩属共计五十三佐领的说法，亦当可信。

1 《清世祖实录》卷四，顺治元年吴三桂追击李自成时所率军队兵额，第 17 页。

2 《清世祖实录》卷四四，第 9 页。

3 《清世祖实录》卷一三六，第 21 页。

4　孟森：《明清史讲义》，第 413 页，中华书局，1981 年。下同。

三　魏源对吴三桂藩属绿营记载的疏漏

吴三桂所属绿营建于何时？尚未见诸记载。但是，随其定陕、定川、定滇的胜利，大量“新兵”涌入营伍。同样由于八旗旗兵额有定数的规定，所扩之军皆编入绿营。至顺治十七年六月，“平西王下……绿旗兵及投诚兵，共六万名”[1]。如此众多的藩兵，再加上满族八旗驻防，饷需之巨给清廷造成了沉重的压力，诸官纷请裁兵。鉴于此种形势，清廷就滇省的裁军筹饷问题，召开议政王大臣会议。会议决定，在云南停止绿营兵的招募，令投诚官兵归里务农，限定藩属绿营兵“共以三万为额”[2]。这就是魏源所说“裁绿旗兵五万之二”的原委。

在清廷议决裁减绿营兵员之后，吴三桂虽以种种借口相抵，但在饷源不济，清廷又明令加以限制的情况下，也不得不遵令奉行，以示恭顺。吴三桂的藩属绿营自此才有了较为固定的十营和四镇的编制。据《清实录》记载：“先是平西王吴三桂请以投诚兵丁分十营，每一千二百名为一营，以投诚官统之，营名一曰忠勇，一曰义勇，各分中、前、后、左、右五营，并以投诚伪官马宝等十员为总兵官。”[3]于是，在顺治十七年七月，清廷将云南投诚官兵改编为藩属绿营，共12000人，分十营。十月，清廷又“允平西王请，设云南援剿四镇”[4]，分别以马宁、沈应时、王辅臣、杨斌为总兵官。其兵额，云南方志记载为：“援剿左、右、前、后四镇总兵官，每镇……马步战守兵三千名。左镇驻武定，右镇驻曲靖，前镇驻楚雄，后镇驻耳海，俱隶藩下。”[5]所以，四镇兵亦为12000名。合“四镇”、“十营”兵额，共计24000人。

1 《清世祖实录》卷一三六，第21页。
2 《清世祖实录》卷一三七，第8页。
3 《清世祖实录》卷一三八，第3页。
4 《清世祖实录》卷一四一，第11页。
5 《新纂云南通志》卷一二七《军制考》二《藩兵》。

由此可知，“十营”与“四镇”是吴三桂藩属绿营的两个不同编制。从兵员构成来看，“四镇”主要是降清的原有明朝官兵和部分大顺农民军部将。“十营”则以在云南降顺的大西农民军余部为主。因此，魏源“设……四镇，分十营”的说法显然是错误的。虽然，早已有人注意到把“十营”与“四镇”分而视之，但却不曾对魏源的错误进行纠正，因而使后人产生了上述的分歧意见，这是值得我们今后注意的。

综上所述，关于三藩兵额的结论是：三藩分镇各地以后，平西藩属兵额为三万余人，平南、靖南藩属各一万余人。三藩兵额总数当为五万余人。列示意表格如下：

兵制 / 藩王	旗兵	绿营	合计
吴三桂	10600	十营 12000　四镇 12000	34600
尚可喜	3000	7500	10500
耿继茂 耿精忠	3000	7500	10000
			55100

需要指出的是，以上的论述与统计，仅限于清朝的定制，三藩于定制之外临时奏请增设的兵马尚不在其内。如顺治十七年十二月，增设平西王属下副都统六员。[1] 又如康熙元年七月，“兵部议准平西王吴三桂请添设云南省城副将一员、中军守备一员、千总二员、把总四员、马步兵一千名”[2]，诏“从之”。而三藩的编外兵马究竟多少，则更不得而知。顺治十七年，云南一省岁需饷银九百万。据乾隆《大清会典》记载，顺治四年，清廷改定绿营各

1 《清世祖实录》卷一四三，第 7 页。

2 《清圣祖实录》卷六，第 29 页。

镇兵饷为：马兵月给饷银二两，步兵一两五钱，守兵一两。如果按马兵年饷二十四两计算，九百万两饷银可养马兵 37.5 万人。当然，吴三桂的兵力在当时就达到 37 万之多，是不切合实际的，但它至少可以说明，吴三桂的实际兵力远远超出清廷规定的编制。以后虽有多次裁军，但吴三桂在阳奉裁军之命的同时，大增士兵，大搞所谓“按地征粮、按粮征兵”[1]，所以其兵额绝不会大减。此外，由于兵源的充足，吴三桂可以尽裁老弱，广收精锐，故其战斗力颇强。而其自行招募的结果，又必然在其军中形成较强的人身隶属关系，从而使藩兵带有浓厚的家兵性质。吴三桂藩下甲兵常以“我家”[2]称藩府，就是明显的例证。

第二节　经济实力的增长

三藩分镇后，以其政治上的显赫地位与权势，在经济上实行了疯狂的掠夺。

一　吴三桂对云南的掠夺

大肆占有土地。顺治十七年五月，吴三桂镇滇未满两月，即以“移镇云南，地方荒残，米价腾贵，家口无资，疏请故明国公沐天波庄田给壮丁二千人，每人地六日”。而“部议每丁给地五日”[3]。但对于天高皇帝远的云南，皇帝既有赐田之旨，又有谁会对得田之数核其实呢？所以，实际上，吴三桂“尽括沐氏旧庄七百顷为藩庄”[4]。

1　蔡毓荣：《筹滇第一疏》，《滇系·艺文志三》。

2　孙旭：《平吴录》。

3《清世祖实录》卷一三五，第 6 页。

4　魏源：《圣武记》卷二《康熙勘定三藩记上》。

康熙初年，辅政四大臣当政时期，鳌拜等人刮起圈地之风，吴三桂又乘机掠夺土地，以兵丁口粮不足请圈。于是，康熙六年闰四月，“诏圈拨云南府属州县卫所给平西藩下兵丁口粮”。圈地之后，百姓例应他徙开垦。巡抚袁懋功以滇服极薄，百姓极贫，如若移垦他乡，必致流离失所，穷困颠连，请旨朝廷。于是，诏令所圈土地之民人，可佃种原田，照业主例纳租。[1]久之，这些佃种本来属于自己的土地的农民，在人身上也失去了自由，依附于藩府，成为地道的佃户，所谓“地为藩庄，民为藩役”[2]。康熙七年，吴三桂又“请将原赐以沐氏庄田七百顷并入圈数”[3]。使纳税的藩庄，变成不纳税的圈地，从而逃避了赋税的完纳。就这样，吴三桂凭借其权势和朝廷的恩宠，在康熙撤藩前，已成为云南的第一大地主，“平西勋庄棋布”[4]。

增收赋税。吴三桂在霸占了大量土地之后，随即加重赋税。当时，云南尚有明朝遗留下来的军田和官田，昔日是作为军需和官吏俸禄的来源，采用招佃耕种的办法，“每亩科租自二斗至四五斗不等，较民赋之每亩三四合至五六七八升不等者则十数倍矣”[5]。清廷收复云南后，废除了军田和官田，将这些耕种土地的军户和官户改为编民，但吴三桂仍“按昔日之租额改为正供之粮额”[6]，严催完纳。而且强征暴敛，“每银六钱征米一石，勒令运解，民不堪命”[7]。

厚自封殖。镇滇伊始，吴三桂便以“滇中土酋多富于财”厚敛

1　刘健：《庭闻录》卷四《开藩专制》。
2　蔡毓荣：《筹滇十疏》第四疏，《滇系·艺文志三》。
3　刘健：《庭闻录》卷四《开藩专制》。
4　刘健：《庭闻录》卷四《开藩专制》。
5　石琳：《进呈编辑全书疏》，《滇系·艺文志四》。
6　石琳：《进呈编辑全书疏》，《滇系·艺文志四》。
7　蔡毓荣：《筹滇十疏》第四疏，《滇系·艺文志三》。

之，“每年勒助饷，金银以皮盔为量”[1]。又“假濬城之名，广征关市，榷盐井，开矿鼓铸，潜积硝、磺诸禁物”[2]。以种种方式，厚自封殖。其中，盐课和铜矿为吴三桂的两大财源。顺治十七年正月，“吴三桂题定云南盐课岁额银一十四万六千一百九两三钱六分”[3]，而明朝所定云南盐课岁为三万八千余两，比之明朝，吴三桂所提“较万历六年云南岁办盐课几及四倍矣”。但他犹不以为足。康熙三年正月，“题准黑井增征税银三千两，备城工用，遇闰加二百五十两”。翌年八月，又以“藩下家口甚众，食盐不足，议每月增煮黑井盐十二万五千斤，加课二千两”[4]。盐课的增加，加重了劳动人民的负担，而所得盐税多进藩府。

除盐课外，吴三桂于铜矿获利亦多。云南矿产资源丰富，自古为采冶重地，吴三桂认为有利可图，即将矿业垄断。尤其对铜矿，他命人“占据冶场，专利入己”。时“场役害民无已，而青白龙、金钗坡各坑产矿尤多，三桂令拨民夫运送楚粤行销，刻无宁晷，民不聊生”[5]，而吴三桂却因此致富。仅从康熙十年，吴三桂在昆明鸣凤山所建“金殿”，就可略见端倪。这座高六米七、宽六米二、长亦六米二的金殿，具有两层屋面，自梁柱、斗拱、屋顶、门窗、神像以及帏幔和扁联等全部以铜铸造，总重量达二百多吨。[6]如此硕大的用铜数量足以证明吴三桂对铜矿的经营规模，而在铜矿已被其据为己有的情况下，它又是吴三桂经济实力的反映。

垄断商业与铸西钱。云南几经战争，经济凋敝，商业停顿，

1　刘健：《庭闻录》卷六《开藩专制》。

2　魏源：《圣武记》卷二《康熙勘定三藩记上》。

3《云南备征志》卷一七《云南事略》。

4《云南府志·沿革志·大事考》。

5《云南备征志》卷一七《云南事略》。

6　石玉顺：《昆明金殿》，1984年。

财力不足。吴三桂初为粮饷不足，“招徕商旅，资以藩本，使广通贸易，殖贷财以给军需”[1]。久之，开始垄断商业。先是，所招商旅因以“藩本”为资经营，便与藩府有了一定的隶属关系，逐渐形成所谓“藩商”。然后，吴三桂利用强权手段规定：“辽东参，四川黄连、附子，就地采运，官为之鬻，收其殖”[2]，私买私卖者罪至死。从而使更多的商人不得不仰吴王爷的鼻息，投身藩下。他们作为吴三桂的御用商人经销于全国各地。除在辽东采参，在四川采药，吴三桂“遣王长安行盐苏州”[3]，又“通使达赖喇嘛互市北胜州”，与西藏等地进行茶马贸易。其经商范围之广、规模之大，足以使其获得巨额利润。

为了能够完全控制云南的经济，吴三桂“初入滇，请开局鼓铸”[4]，开始铸造“西钱”，仅一年的时间，西钱便成为云南商品流通中的主要交换单位，取代了原来与钱并用的肥。顺治十八年八月，吴三桂又疏言：“遵旨铸行满汉字制钱，其云南厘子钱应请停铸。”[5]进一步垄断了币制。康熙二年五月，吴三桂再请“颁给康熙钱式”[6]，由户部议覆奏准，使铸币权再次得到朝廷的确认。直到康熙九年，四川巡抚张德地以币制紊乱陈请停止各省鼓铸，云南才不得再铸钱币。但是，在十余年期间，吴三桂利用“西钱”，不仅紧扼云南经济命脉，而且，“西钱”通行全国，在币制上已经脱离了清政府的财政轨道。

1 《逆藩吴三桂传》，《滇系》典故四。

2 《清史稿》卷四七四《吴三桂传》。

3 孙旭：《平吴录》。

4 刘健：《庭闻录》卷六《杂录备遗》。

5 《清圣祖实录》卷四，第10页。

6 《清圣祖实录》卷九，第8页。

二　耿继茂暴敛于福建

耿继茂"仪状俊秀，识大体"[1]，袭封王爵后，以"藩下诸人，鲜克知书"，欲送藩下旧人入学，"励子弟说礼敦诗"[2]，表现为颇有见识。但在性情上，耿继茂却残暴而贪婪。

顺治十七年七月，耿继茂率人马搬迁，当时，其藩下兵额万余，而所豢养的商人、和尚、尼姑、伶人、夫役等不下10万。[3]如此众多的人口，一下涌入福州，必然所费不赀。因此，耿继茂抵闽后，即与其子耿精忠借端"以税敛暴于闽"[4]。首先，他增收赋税。据当时任浙江总督的赵廷臣记载：康熙初年闽省的赋税，"正供之外，催科多名，民以田听兵饷，所收不能十之一"。所以，民谣有曰："一亩田收十亩谷。"赋税增收之重，迫使农民不得不出卖土地，另谋生路，然而"愿弃田立卷于道，无受者"[5]。其次，横行私税。早在广东，耿继茂即与平南藩"创设市井私税，民咸苦之"。移镇福建后，更变本加厉。康熙六年，浙江总督赵廷臣由京师抵福建，进闽的第一感觉，就是关卡林立。他说："由京师抵闽，税关可屈指计，及蓦尔闽，而人自为关。"[6]这些关卡多为藩府所立，所谓"南台洪塘，各处市镇关隘所在，悉系王人总管"，"抽税谓之总牙"。税额依物品而定，"米每担一分，柴半分，果子、丝、布、纸、竹、木料、棕、油等类，照例科税、乡间山县，挑负一二担杂货，非受税亦不得行"[7]。且此等物品科税之重，亦为罕听。如当时商人中流行一民歌，曰："抱布一丈兮，得尺

1　洪若皋、虞璘：《闽难记》，《赐研堂丛书》本。

2《明清史料》丙编，第9本，第860页。

3　海外散人：《榕城纪闻》，《清史资料》第1辑，中华书局，1980年。下同。

4　魏源：《圣武记》卷二《康熙勘定三藩记上》。

5　乾隆《福建通志》卷七〇《艺文志·浙江总督赵廷臣序》。

6　乾隆《福建通志》卷七〇《艺文志·浙江总督赵廷臣序》。

7　海外散人：《榕城纪闻》。

五，载麦一斛兮，得半斛。"[1]可见，其税率高达50%，而巧立名目私税之事更是随处可见。如"王带戏子十余班，终日在南门石塔寺演唱，榜称'靖藩'，看者每人索银三分"。又如，"和尚作功德，要在王和尚处文书缴与迎送银，方准作。鼓吹手迎导，亦缴送银于王鼓吹手，方许迎导。宰猪者，每人每月纳银六分"[2]。第三是放高利贷。"靖南王耿继茂放债，每两每月子银加一或五六分。借银人一家父母妻子俱写入当。至期还妥，必令再借，不得辞却。如还稍不妥，一家拘留，计口粮食，著令作工，日课其人，以当息银，妻子貌美者令为娼。自广东移至福建，带此等数千人来，王至官旗以下皆行此法。"[3]其藩下商人甚至蹂躏邻境。此外，"横征盐课，擅设报船"，"勒索银米"，皆耿藩所为，甚至"各处渡船（亦）系王人撑载，不许渔翁取利"[4]。凡此种种，不胜枚举，至耿精忠袭封后，仍然"纵其下为奸利，夺农商之业，潜引海外私贩，肆行无忌"[5]。

三　平南之富甲于天下

尚可喜为三藩王中最恭谨者，然其贪婪利财却不亚于他人。据当时的西宁知县王钺记载："王起身营伍，无学术，而性明达，晓畅军事。……然性贪好利，诸子女颇多，不能一一为之计。一女子出嫁，非万金不可。一男子授室，则数万金。计诸子至四十余人，女子称是，故其晚年好利甚，凡粤中市舶、盐铁、材木等利，往往皆藩下人专之，大为民害。"[6]《四王合传》亦记载曰：

1　乾隆《福建通志》卷七〇《艺文志·浙江总督赵廷臣序》。
2　海外散人：《榕城纪闻》。
3　海外散人：《榕城纪闻》。
4　海外散人：《榕城纪闻》。
5《平定三逆方略》卷一，《四库全书》本。下同。
6　王钺：《水西纪略》，《世德堂文集》本。下同。

“凡凿山开矿，煮海鬻盐，无不穷极其利，”“平南四十年积聚，所得外洋币帛以百万计，其入官者，仅十之一。”[1]而且，“藩下所属私市私税，每岁所获银不下数百万”[2]。可见，尚可喜亦垄断广东几乎所有的商业贸易，从中巧取豪夺，其获利之丰，仅盐业一项就相当可观，所谓“盐利向为老尚王得，请于朝岁得百万瞻军”[3]。

平南藩出镇地方最久，经营广东时间最长，其聚敛大量的财富是可以想象的，故时人有“平南之富，甲于天下”的说法。

第三节　平西王吴三桂的特殊权力

三藩中，吴三桂“功最高”，故“受朝廷恩礼亦最侈”[4]。但是，更为主要的是云南当时的复杂形势和尚未安定的社会局面，使刚刚完成一统基业的清朝统治者不得不重其事权。顺治十六年三月，是吴三桂镇守云南之始。十月，顺治皇帝便授予他总管滇省兵民事务的大权，诏谕吏、兵二部曰：“云南远徼重地，久遭寇乱，民罹水火，朕心不忍，故特遣大军，用行吊伐。今新经平定，必文武各官同心料理，始能休养残黎，辑宁疆圉。至统辖文武军民，尤不可以乏人，前已有旨，命平西王吴三桂移镇云南。今思该藩忠勤素著，练达有为，足胜此任。当兹地方初定之时，凡该省文武官贤否？甄别举劾、民间利病、因革兴除，及兵马钱粮一切事务，俱暂著该藩总管，奏请施行，内外各该衙门不得掣肘。应责任既专，事权归一，文武同心，共同策励，事无遗误，地方

1 《明季稗史初编》卷二六《吴耿尚孔四王合传·平南王尚可喜传》。

2 《清圣祖实录》卷九一，第 22 页。

3 《平滇始末》，《楚之梼杌》本。下同。

4 魏源：《圣武记》卷二《康熙勘定三藩记上》。

早享升平，称朕戡乱柔远至意。”[1]吴三桂由此获得了对云南军事上的用兵权，行政上的用人权，以及民政和财政的决策权。这在清朝历史上是绝无仅有的，即便与之地位相等的平南、靖南二王也只能独领军职，将“官评、民事、诉讼、钱粮仍归地方官各循职掌料理”[2]。可见，镇守云南、“戡乱柔远”的特殊使命，将吴三桂推到了权势并尊的显赫地位。而随着其“戡乱柔远”的深入，其权势也越来越大。康熙元年十二月，谕令兼管贵州，曰“贵州接壤云南，皆系严疆要地，且苗蛮杂居，与云南无二。其一切文武官员兵民各项事务，俱照云南例，著平西亲王管理。”[3]康熙二年二月，又命准“吴三桂疏请将云贵二省总督、巡抚敕书，撰入‘听王节制’四字”[4]。一时，吴三桂威震西南，权力之专达到了顶峰。所谓“方其入滇之始，羽书旁午，朝廷假以便宜，云贵督抚咸受节制。用人吏兵二部不得掣肘，用财户部不得稽迟，其所除授号曰‘西选’。”[5]

权势的增长，说明了朝廷的宠信，而朝廷的宠信，又助长了吴三桂那不可遏止的权力欲，他借机实现了对云贵两省的大权独揽，一应治政方针，不论巨细，皆出自吴三桂之手。

现将《实录》中有关吴三桂总管滇黔期间的部分题奏辑录如下：

顺治十七年四月丙午，疏平滇“三患二难之议”[6]。

顺治十七年八月辛亥，奏称水西土司安坤、马乃土司龙吉兆、乌撒土司安重圣等将为不轨。“臣念水西、马乃为用兵要路，未可容其窥伺梗阻，臣欲为先发制人之策，乘其未动，早为剿平，以

1 《清世祖实录》卷一二九，第 9～10 页。

2 《清世祖实录》卷八一，第 11 页。

3 《清圣祖实录》卷七，第 24 页。

4 《清圣祖实录》卷八，第 11 页。

5　魏源：《圣武记》卷二《康熙勘定三藩记上》。

6 《清世祖实录》卷一三四，第 18 页。

清肘腋之患。”乌撒亦“当并图收拾，以伸国威者也”[1]。

顺治十八年八月乙卯，疏言：“元江克平，其土民粮差仍照旧例，至酋长私庄应征钱粮请编入元江府赋役全书。”[2]

顺治十八年十一月辛巳，疏言：“临安府属枯木、八寨、牛羊、新县四处编征粮米本色，差拨课程、户口食盐银两，自顺治十七年为始编入蒙自县经制全书。”[3]

康熙元年七月丙辰，疏请 “以曲寻武霑总兵官移驻寻甸弹压东川”[4]。

康熙二年二月壬戌，疏请“云南提督驻割大理府”[5]。

康熙二年三月癸酉，兵部议覆：“吴三桂疏言，伪右都督马思良自边外率众投诚，应授职衔，并伪总兵胡顺等以下各员均应请叙，赏赉给俸，应如所请。其余令该藩安插得所。”[6]

康熙四年五月庚戌，疏言：“水西初定，残黎东作无资，请发军前银三万两有奇买牛种散给，并发军前米一万五千石赈济贫民，督令乘时耕种。”[7]

康熙四年五月癸丑，户部议覆吴三桂疏言：“伪总兵罗大顺投诚，其原管地方应编入贵州新添卫，土田照例科粮。”[8]

康熙五年二月甲寅，吏部议覆：“吴三桂疏言，贵州总督旧驻安顺、云南总督旧驻曲靖，今并为云贵总督，宜驻贵阳，应如所请。”[9]

---

1 《清世祖实录》卷一三九，第 22 页。

2 《清圣祖实录》卷四，第 10 页。

3 《清圣祖实录》卷五，第 10 页。

4 《清圣祖实录》卷六，第 26 页。

5 《清圣祖实录》卷八，第 14 页。

6 《清圣祖实录》卷八，第 18 页。

7 《清圣祖实录》卷一五，第 14 页。

8 《清圣祖实录》卷一五，第 16 页。

9 《清圣祖实录》卷一八，第 8 页。

直至吴三桂被解除云贵总管之前，其凡有所奏，清廷无不从其所言。甚至清廷对云贵地区的旨令，也要事先征得吴三桂的同意。

顺治十七年六月，户部议裁军筹饷，议政王大臣会议已作出不撤云南满族八旗驻防，裁平西藩属绿旗兵，限三万为额，兵饷亦于本省酌量取用的决定。但顺治皇帝却降旨曰："滇省满洲大兵应否撤回？绿营兵应否以三万为数？米粮草料可否于该省民间取用？必身在地方，熟谙情形，乃能筹划万全。平西王谙晓地方情形，著酌量详确速议具奏。"[1]给予吴三桂以很大的自决权。

此外，吴三桂的事权也绝不限于云贵两省。顺治十七年二月，四川巡抚高民瞻疏奏"署上川南道事高毓茗贪污劣绩，访闻有据，请敕部追拟。得旨，著四川总督会同平西王一并审拟具奏。"[2]不久，高毓茗反劾，吴三桂复奉命鞫讯，于是年七月疏上"遵旨查奏上川南道高毓茗所讦巡抚高民瞻劣迹各款"。康熙据其所奏，惩处有差。"得旨，据奏高民瞻弃城逃遁，收受郝承裔马匹等物，大干法纪，著革职，并本内有名人犯差员役提解平西王处。"[3]其时，吴三桂奉命镇守云南已近一年，本不该再理四川事务。因而，清廷给予事权的结果，必然纵容和助长其势力的发展。

第四节　吴三桂地方集团势力的形成

在云南，吴三桂实现的绝不仅仅是其早年梦寐以求的"执金

1 《清世祖实录》卷一三七，第 10 页。
2 《清世祖实录》卷一三二，第 11 页。
3 《清世祖实录》卷一三八，第 10 页。

吾”的夙愿[1]，而且有着享不尽的荣华富贵和一呼百应的赫赫权势。然后，他唯独没有心理上的平衡与安宁。其原因大概有三：一是吴三桂“自以为西南一隅，真子孙万世之业”[2]，因而蓄意要如明故事“世守云南”。为此，他苦思冥想，处心积虑。二是“怀藏弓烹狗之虑，深市权固位之念”[3]。封藩云南，是他久已期待的，为了这一天，他付出的代价实在太大，且不说亲生父母作了刀下之鬼，亲生儿子为质京师，就是贵为王爷的自己，也不过如走狗一般，栉风沐雨，舍生忘死地奋战了十几年。可古语言：“飞鸟尽，良弓藏；狡兔死，走狗烹。”如今，清王朝已成一统大业，他这个打天下的走狗，命运又会怎样呢？他不敢想象。三是，作为汉族异姓王，吴三桂比不得那世袭罔替的满族“铁帽王”。当年耿仲明因部下隐匿满洲逃人畏罪自杀，使吴三桂深感满汉之间的民族鸿沟实难逾越，不得不加倍小心。

为了巩固既得的地位和利益，吴三桂自镇滇之后，即绞尽脑汁，积极筹划。

先是，为提防清人，吴三桂早在顺治九年吴应熊被封拜额驸后，便将随从自己多年的心腹部将胡心水[4]送入京师，名为额驸的随从，实乃吴应熊的高参，吴三桂的耳目。所以，行前他千叮万嘱曰：“吾子少，不更事，烦汝代庖。”而后，顺治皇帝赐额驸府第于海岱门，胡心水为其综管庶务，“挥金如土，上下左右无不相得已”[5]，“散财结客，专刺密事报滇。”因而，“京师朝事大小飞骑报闻”[6]，甚至连云贵督抚的题本也能辑录其原文送至王府。以故吴

1　早在辽东时，一天，吴三桂读完《汉记》后，大发感慨，说：“至仕官当作执金吾，娶妻当得阴丽华，我亦遂此愿足矣。”

2　苍弁山樵：《吴逆始末记》。

3　刘健：《庭闻录》卷四《开藩专制》。

4　胡心水，字太乙，胡国柱之叔，一说胡国柱之父。

5　孙旭：《平吴录》。

6　刘健：《庭闻录》卷六《杂录备遗》；卷四《开藩专制》。

三桂颇为得计。

接着，顺治十七年春，吴三桂又向当时还在云南的洪承畴“问永固之策”。

比起吴三桂来，洪承畴更称得上老谋深算。可是尽管他为清人殚心竭力，惹来天下怒骂，落得“血气久衰，精力耗尽”，却仍然为清人冷落，其地位还在吴三桂等人之下。这使他在失意之中，亦对清人心存芥蒂，处处防范。所以，当吴三桂倾心向他求教之时，洪承畴当即告之：如若永固，便“不可使滇中一日无事”[1]。也许，吴三桂以洪承畴出言肺腑，故而谨遵其教。在镇滇最初的几年中，他的确仍然是马背上的王爷，先后平元江土司，征伐缅甸，败水西、乌东、乌撒诸土司，“倡诸设以自固”。

但是，吴三桂用力最多的还是培植地方集团势力。为此，他不择手段，并用金钱和权势。

在云南，民间盛传一句俗谚，叫做“滇中有三好，吴三桂好为人主，士大夫好为人奴，胡国柱好为人师”[2]。乍听起来，颇让人疑惑而又好笑。但实际上，它却将吴三桂结党营私、阴蓄私人的伎俩，作了最形象的描述与比喻。当时，“新任官知县以上例谒王府，有才望素著及仪表伟岸者，百计罗致，令投身藩下蓄为私人”[3]。“给身价银多者数万，少亦百余，视其才为等差，俾为己用。”[4]“凡卖身者，皆师事胡国柱。”[5]据《庭闻录》的作者刘健记载，其父刘崑，于康熙十一年被擢为云南同知，受事三日循例前谒王府，吴三桂“细问家世、履历，已而默然，目瞩先公（刘崑）不转瞬，顾谓胡国柱曰：科目中有此一人，大奇。命具饮馔

1　苍弁山樵：《吴逆取亡录》。
2　苍弁山樵：《吴逆取亡录》。
3　刘健：《庭闻录》卷四《开藩专制》。
4　苍弁山樵：《吴逆取亡录》。
5　刘健：《庭闻录》卷四《开藩专制》。

坐。”“明日，国柱代王报谒，随遣客道意”[1]，令投身藩下，为刘崑所拒。但是，仍有相当一部分官员以此种方式被蓄为藩下私人。他们或惧藩威，或图藩利，或二者兼之。如楚雄知府冯甦，原籍为浙江临海县人，到滇后，即被吴三桂“令同母某氏卖到平西藩下，当日得受身价银一万七千两，后署媒人胡国柱”。所谓“媒人”，即为卖身的证人，以防卖身者悔约。而且，除“媒人”之外，还有一纸名为“卖身婚书”的投身契约。[2]

“轻财好士”，是吴三桂植党的又一方式。他“挥金以要结人心，赏赉馈遗，动以数万计”[3]。湖广会元曹石霞到云龙州省亲，吴三桂令人赠金三千两，以结其心。“武榜眼李开先选云贵督标左营游击，来谒，桂一见悦之，令拜门生，赐盔甲、弓失、鞍马。及还，命国柱祖帐三十里外，赠路费五百金。”[4]

对云贵督抚，吴三桂更是“挥金如土，为防口也”。例如，巡抚袁懋功内召，离滇时，吴三桂以十万金相送。[5]继任巡抚李天浴有疾，“三桂往视，曰：李先生清贫，不可以口腹相累。自携茶食往”，以示关切。康熙九年，李天浴离任，吴三桂“赠三万金，中丞（李天浴）不受，三桂亦不强也，及抵镇远，侍卫赍原赠以待，委之舟中，疾驰而返”。而且，平素，吴三桂也是“自督抚以及守令时有馈遗”。“文职官有公事谒王府，府中必具食。”[6]此外，吴三桂虽身居高位，对待故人却极为周携备至。如吴三桂在辽东时，曾隶属毛文龙部，入清后，与毛氏素不相闻，然而，当毛氏老仆自江浙赶至昆明，告浙帅李强夺毛氏宅第时，“三桂令李还宅，且

1 刘健：《庭闻录》卷四《开藩专制》。
2 刘健：《庭闻录》卷四《开藩专制》。
3 苍弁山樵：《吴逆取亡录》。
4 孙旭：《平吴录》。
5 刘健：《庭闻录》卷六《杂录备遗》。
6 刘健：《庭闻录》卷六《杂录备遗》。

责输金谢毛氏”。宁都曾应遴曾有恩于吴三桂，“其子孝廉傅灿游滇，三桂以十四万金赠行”[1]。吴三桂可以置生身父母的生死于不顾，却能贵而不忘故旧，其原因就在于，他要时时处处邀买人心。

在培植地方势力的过程中，吴三桂尤其注意培养自己的亲信党羽。如胡国柱、夏国相乃吴三桂镇守辽东时的亲信部将胡心水、夏龙山之子侄，吴三桂分别结为翁婿，用联姻的方法拢为己用，为辅臂。至“胡国柱已中北榜甲午举人”，仍留之不遣，“为大纛章京，其余子侄亲故俱带孔雀翎子”[2]。马宝原为农民军将领，随李定国联明抗清被南明永历朝廷封为淮国公。“为人反复，号两张皮”，然却“狡黠善战”。[3]受降后，“三桂见宝犷猛，厚结之”[4]，以其为投诚十营兵的第一营总兵官。此外，吴三桂又让“方光琛参赞机务”[5]。方光琛，字献廷，明礼部尚书方一藻子，徽州人。由于他“善弈、能诗、多游谈，自以为管葛比，三桂信之”[6]，“每事咨决焉”[7]，依庇尤深。

总之，在吴三桂十余年的经营下，“云南十镇大帅，及贵州提督李本深，四川总兵吴之茂，陕西提督王辅臣，皆旧部将为腹心”[8]。又有胡国柱、夏国相、郭壮图、卫朴、吴国贵、吴应麒等子侄姻婿结为死党，王屏藩、马宝、王绪、陶继智等勇将乐为之用，形成一个坚固的地方集团势力。

1　刘健：《庭闻录》卷六《杂录备遗》。

2　孙旭：《平吴录》。

3　刘健：《庭闻录》卷六《杂录备遗》。

4《清史列传》卷八〇《马宝传》。

5　孙旭：《平吴录》。

6《平滇始末》。

7　孙旭：《平吴录》。

8　刘健：《庭闻录》卷四《开藩专制》。

第五节　三藩与清廷的矛盾冲突

在封建社会，分封制虽然在一定的时期内可以收到屏卫王室的成效，但同时，它自存在之日起，就对集权统治的统一国家有着潜在的威胁。而随着封藩在地方的日渐巩固，势力的不断发展，其威胁和危害也就越来越大。三藩就是如此。

一　天下财富半耗于三藩

顺治十七年，是清朝完成全国统一的第一年，但是，由于连年的战争，清朝出现了严重的财政危机，所谓“国赋不足，民生困苦，皆由兵马日增之故”[1]。

顺治末年，清王朝的统一战争集中于西南与东南地区，而领兵打仗的主要是三藩王。随着战争的深入，俘获人口的增多，三藩的军队也不断地扩充。增兵必然增饷，而朝廷早已是饷不敷出。于是，三藩要饷，“绌则连章入告，既赢不复请稽核”[2]。与朝廷首先在财政上产生了尖锐的矛盾。至顺治十七年，“藩属将吏士卒糜俸饷巨万，各省输税不足，征诸江南，岁二千余万”[3]。其中又尤以云南为最，是年岁需九百余万。且“各省军需，俱取之本省，独滇省用各省转输”[4]。于是，在清廷全年税收不过三千万的情况下，举朝响起了“天下财富半耗于三藩”[5]，需“裁兵裁饷”的呼声。

六月二日，浙江道监察御史季振宜首先上疏朝廷，他指出：“天下财富莫盛于东南，亦莫竭于东南，如云南兵饷，以千万计，

1 《清世祖实录》卷一三六，第 21 页。

2　魏源：《圣武记》卷二《康熙勘定三藩记上》。

3 《清史稿》卷四七四《吴三桂传》。

4 《清世祖实录》卷一三七，第 9 页。

5　魏源：《圣武记》卷二《康熙勘定三藩记上》。

闽浙兵饷，以百万计。今以滇南初服，委之平西王，令其便宜从事。该藩兵力原厚，而满洲绿旗兵丁复屯数万，其间更番往来，经历数省，供亿夫船、粮糗，所费不赀，是不独云南困，而数省俱困矣。”[1]六月十二日，户部又遵旨条奏，认为在各省兵马日增的情况下，又以云南为最，故“需用粮饷甚多，以致各省輓输，困苦至极。合天下正赋，止八百七十五万余两，而云南一省需银九百余万，竭天下之正赋，不足供一省之用。”而且“该省米价每石至二十余两，兵民交敝，所系非小”[2]。可见，三藩庞大的军事开支，不仅影响了清廷的财政收入，且造成了民生的艰难，从而影响到社会的安定。

二　西选之官遍天下

所谓“西选”，是指由平西王吴三桂题除的官员。

据《实录》记载，顺治十七年七月，吴三桂奏准忠勇、义勇十营总兵官，“马宝著以右都督充忠勇中营总兵官，李如碧著以都督佥事充忠勇前营总兵官，高启隆著以都督同知充忠勇左营总兵官，刘之复著以参将管忠勇右营总兵官事，塔新策著以副将管忠勇后营总兵官事，王会著以右都督充义勇中营总兵官，刘偁著以副将管义勇前营总兵官事，马惟兴著以左都督充义勇左营总兵官，吴子圣著以都督佥事充义勇右营总兵官，杨威著以副将管义勇后营总兵官事。”“其应用中军、游击、守备俱开具姓名请部”，“部议悉如所请”。[3]是为“西选”之始。

顺治十七年十月，吴三桂又奏准“以四川右路总兵官右都督马宁为云南援剿前镇总兵官，四川左路总兵官署都督佥事沈应时为云南援剿左镇总兵官，湖广益阳总兵官署都督同知王辅臣为云

1 《清世祖实录》卷一三六，第4页。

2 《清世祖实录》卷一三六，第22页。

3 《清世祖实录》卷一三八，第3～4页。

南援剿右镇总兵官，都督同知杨武为云南援剿后镇总兵官”[1]。“西选”之官已由云南扩展到四川、湖广。

是月，吴三桂再请以“湖广上湖南道副使胡允为云南布政使司参政，分守金沧道。刑部郎中李煊为云南布政使司参议，分守洱海道。四川重庆府知府何毓秀为云南按察使司副使管参政事，分守临元道。湖广辰州府知府苏弘谟为云南按察使司副使，清军驿传道。安陆府知府马逢皋为云南按察使司副使，分巡临安兵备道。永州府同知吉允迪为云南按察使司佥事，分巡水利道。四川保宁府同知纪尧典为云南按察使司佥事，分巡金腾兵备道。调补四川川西道副使田萃祯为云南按察使司副使，分巡洱海道。陕西关内道副使蔺一元为云南按察使司副使，分巡曲靖兵备道。”[2]“西选”的范围又延伸到京师和陕西，并由武职遍及到文职。于是，引起了朝廷内外有识者的关注。

是年十一月，四川道监察御史杨素蕴便以其“西选”违制上疏弹劾。他说：“臣阅邸报，见平西王恭请升补方面一疏，以副使胡允等十员俱拟升云南各道，并奉差部曹亦在其内，臣不胜骇异。夫用人，国家之大权，唯朝廷得主之，从古至今未有易也。”“从未闻以别省不相干涉之处，及见任京官公然坐缺定衔，如该藩今日者也。且该藩疏称：求于滇省既苦索骏之不良，求于远方又恐叱驭之不速。即如所言，湖南、蜀省去滇稍近，犹可计日受事，若京师、山东、江南等处距滇南万里，不知所谓远更何在也？……若尽天下之官不分内外，不论远近，皆可择而取之，则何如归其权于吏部，照常铨授，尤为名正言顺也，即云贵新经开辟，料理乏人，诸臣才品为该藩所知，亦宜先行具题，奉旨俞允，然后令吏部照缺签补，犹不失权宜之中计。乃径行拟用，无异铨曹，

1 《清世祖实录》卷一四一，第11页。

2 《清世祖实录》卷一四三，第7～8页。

不亦轻名器而亵国体乎？”[1]杨素蕴一针见血地指出，吴三桂的“西选”，已经背离了清朝集权统治的轨道。首先，所除官员远至京师等地，已违逾了“皇上所以特假便宜者，不过欲就近调补，无误地方”的规制。其次，径行拟用，无异铨曹，而不是“先行具题，奉旨俞允，然后令吏部照缺签补”。因而，杨素蕴毫不客气地指出：“夫古来忠邪之分，起初莫不起于一念之敬肆，在该藩扬历有年，应知大体。即从封疆起见，未必别有深心，然防微杜渐当慎于机先。伏乞天语申饬，令该藩嗣后唯力图进取，加意绥辑，一切威福大权俱宜禀命朝廷，则君恩臣谊两得之矣。”[2]

然而，杨素蕴所疏并没有引起朝廷的重视。十二月，仍然依奏升补胡允等十人分巡云南各道。此事也就不了了之。第二年，杨素蕴外转川北道。时逢吴三桂自缅甸凯旋，见杨素蕴所奏，深衔之，“上疏诋其意含隐射，语伏危机”[3]。诏令杨素蕴回奏。是年十一月，杨素蕴奉旨再奏，曰：“臣官御史时，见吴三桂题补方面官，不论内外远近，一律坐缺定衔，有碍国体，是以具疏驳正。至于防微杜渐等语，原属概论，古今通义，未尝专指该藩。臣与该藩素不识面，有何嫌隙，不过据理而陈，非别有意见。”[4]虽然杨素蕴所言句句在理，然而在吴三桂刚刚为清人建树亡明大功之际，任何非议都无异于蚍蜉撼树。于是，部议以杨素蕴含糊巧饰降调，不久又罢其职。

此后，吴三桂更加肆无忌惮。以除官“市恩于人，每以藩府龙凤下批咨部，某为某守令，某为某参游”[5]。康熙元年九月题定云南土官，曰：“云南土司倾心向化，大则抒忠献土，小则效职急

1 《清世祖实录》卷一四二，第19～20页。
2 《清世祖实录》卷一四二，第20页。
3 《清史列传》卷九《杨素蕴传》。
4 《清圣祖实录》卷五，第11～12页。
5 《明季稗史初编》卷二六《吴耿尚孔四王合传·平西王吴三桂传》。

公，勤劳既著，勤励宜先。查滇志可据，忠悃有凭者，文职五十六员，武职十六员，请敕部给予号纸。”[1]康熙三年九月，“以云南投诚伪官赵得胜为云南义勇前营总兵官，从平西王吴三桂请也”。“以新推广东海丰总兵官陈德为云南蒙景楚雄总兵官，因平西王吴三桂坐题也。”[2]而且，不仅“所辖文武将吏选用自擅”，“屡以京朝官，各省将吏用以自佐”，又就“各省员缺时以承制除授”[3]。故有“西选之官遍天下”之称。

西选之官，不仅范围相当广泛，而且具有相当的优先权，“虽部选已定例，必撤回而用藩府所咨选者”[4]。康熙五年十月，兵部题奏：“云贵二省武职员缺，臣部推升之后，本官未经到任，随经平西王吴三桂另题有人，以致部推之官中途往返，似属苦累。请照吏部例，将此二省武职员缺，悉听该藩题补，如无可补之人，该藩题明，臣部再行推升。从之。”[5]可见，在此之前，吴三桂早已将云贵二省的文官举劾之权一揽手中，由此又获得了武职员缺的全部除授权，而尤其重要的是，吴三桂藉“西选”之权，已将其势力伸展到全国各地，“所选官莅任督抚大吏，亦改容加礼，唯恐得罪藩府也”[6]。

三　平西王对督抚的挟制

由于镇滇以后，享有“节制”云贵督抚的特权，吴三桂便借此大施手腕，纵横捭阖。

清朝恢复云贵后，于顺治十六年正月，设云贵总督，以赵廷

1 《清圣祖实录》卷七，第7页。

2 《清圣祖实录》卷一二，第21页。

3 《清史稿》卷四七四《吴三桂传》。

4 《明季稗史初编》卷二六《吴耿尚孔四王合传·平西王吴三桂传》。

5 《清圣祖实录》卷二〇，第8～9页。

6 《明季稗史初编》卷二六《吴耿尚孔四王合传·平西王吴三桂传》。

臣出任。但任期较短，至顺治十八年初，康熙皇帝即位后，即迁浙江总督。据孙旭在《平吴录》记载，“桂题授赵廷臣为云南巡抚”。而事实上，赵廷臣不曾巡抚云南，只任两年的云贵总督，可见其记载有误。但从中却可以看出，赵廷臣为吴三桂所喜，曾被吴三桂荐用。

继赵廷臣之后，卞三元以贵州巡抚晋云南总督。康熙四年，清廷裁贵州总督员缺，即以卞三元总督两省，仍驻云南。这期间，“每征剿苗酋土司，（吴三桂）辄奏三元功最。三元初加衔兵部侍郎，旋晋兵部尚书”。以故卞三元感其拔擢之恩，“与云南提督张国柱、贵州提督李本深并倾附三桂”[1]，是其所言，为其所欲，人称“总督卞三元辄附合之”[2]。但是，卞三元自顺治十六年任贵州巡抚起就与吴三桂共事，三桂诸多不轨，卞三元早已明悉。康熙六年五月，他见朝廷准吴三桂疏辞云贵总管，知其已失宠于朝廷。为躲避祸加己身，康熙七年十一月，陈请致仕，曰：“臣继母在京，寄信与臣，谓‘汝若不归，我死不瞑目。’臣因之忧惶成疾。当此两省边地，任大责重，岂忧病昏朦之人，能深筹远驭？一有贻误，臣罪何逃！臣母以思子增衰，臣又以思母致疾，天性至情，无由自解。恳恩回旗养母。”[3]足见，卞三元以知情者对云贵总督之任畏惧至深。

康熙七年十二月，甘文焜接卞三元为第三任云贵总督，情形与前者大有不同。这时，云贵督院已迁驻贵阳，甘文焜循例往谒王府，自以封疆大吏朝廷命官，“投眷弟刺不屑走旁门”，这使吴三桂很是不悦，以甘文焜对己不恭，“辞不与见”。而后，吴三桂亲临总督府，“文焜故延见，桂愈不悦”[4]。并以其报复而生忌恨之

1 《清史列传》卷七《卞三元传》。

2 乾隆《贵州通志·官绩志·卞三元》。

3 《清史列传》卷七《卞三元传》。

4 孙旭：《平吴录》。

心，开始处处刁难。

先是，吴三桂“见（甘文焜）羽卫中有豹尾枪八杆，故取视称好，借去两杆，及文焜来索，桂曰：豹尾枪非亲王不得用，何索为？文焜遂大恨”[1]。二人嫌隙更深。接着，“三桂恶其不附己”[2]，“诡报土番康东入寇，又阴趣凯里诸苗煽乱，羽檄交驰，以觇文焜措置”[3]。在他看来，无论甘文焜是畏敌怯阵，还是兵败疆场，都逃脱不了被朝廷问罪、降秩，甚或革职的下场。不料，甘文焜却颇有胆识。“料康东无能为患，凯里近在肘腋，不制恐滋浸难图”，先督兵进剿凯里，“连破贼巢……阵斩贼酋阿戎，余党悉平”[4]。又移檄云南告以进剿康东师期，吴三桂只好谎称康东寇已远遁。但对甘文焜，“三桂益忌之”[5]。

康熙九年，吴三桂为攫铜矿之利，在云南遍征民夫，广为开采，并将所产滇铜运至湖南、广东行销，刻无宁晷。因此，滇民不仅苦于矿役之繁，且为销运流离滇沛。甘文焜上疏朝廷为民请命，陈请敕平西藩免民夫出省行销。“奏准，甦困。”而吴三桂却闻讯大怒，这不仅使其财路夭折，且有损于他在朝廷中的地位与声威。

为了打击甘文焜，达到挟制督院的目的，吴三桂伺机寻隙。康熙十一年，甘文焜母故，回京治丧。其时，吴三桂早已解除了总管云贵之权，却趁机“请以总督印付云南巡抚署理，假训练为名，尽调督标弁兵赴滇厚结之”[6]。他“数以官赏标弁有功者，而以财厚资其勇士及困乏者，诡言为文焜所抑，故功不上闻，财不

1 孙旭：《平吴录》。

2 《清史列传》卷八〇《吴三桂传》。

3 《清史列传》卷六《甘文焜传》。

4 《清史列传》卷六《甘文焜传》。

5 乾隆《贵州通志·官绩志·甘文焜》。

6 《清史列传》卷六《甘文焜传》。

下逮，督标因此归心三桂”。及甘文焜归任，督标遂不为其所用。至“三桂反，文焜欲抵御，官兵答曰：大人若从吴王，唯命是从，若助大清，某等不能。”因为“吴王恤我贫乏，赏我功劳，重我才勇，吴王于我辈恩甚厚”[1]。

在历任云南巡抚中，吴三桂最恶者乃朱国治。朱国治在巡抚江南时，以奏销案闻名朝野，为江南士子所怨。后因“丁父忧，不候代，归”而革职。康熙十年五月，起任云南巡抚。“一旦莅滇，人尽惴惧，诚恐祸之及身矣”[2]。原来，在朱国治所革生员中，方光琛乃其一，以前程为其所断，意独恨之，并因此“亡命来投三桂”，“遇滇人士往往切齿言之（朱国治），于是滇中人久知有贪恶巡抚某人者”。“即吴三桂亦以其有智数、善操切，每留意待之，而国治不察焉。”[3]然而，朱国治虽为政干练，却贪污不职。到滇未久，即“索大理知府冯甦银三千两”[4]。冯甦交银不出，以藩下私人借于吴三桂处。此外，朱国治又婪索其余属吏多人。其时，云南士绅多附藩府，亦多仰仗藩府，凡被朱抚索贿不堪者，多由藩府周济。因而“屡年赃秽狼藉多出我家（藩府），现有日历炳据”[5]，为吴三桂所轻。所谓“三桂薄之，所求不应”[6]。但同时，吴三桂又借此大做文章，用以孤立朱国治，以致“中丞朱公欲大振作，而属吏因循不应之”[7]。

四　耿氏父子在福建的淫威

靖南王虽然尚未形成凌驾督抚之势，但其淫威亦咄咄逼人。

1 乾隆《贵州通志·官绩志·甘文焜》。

2 《云南备征志》卷一七《云南事略》。

3 《云南备征志》卷一七《云南事略》。

4 孙旭：《平吴录》。

5 孙旭：《平吴录》。

6 《平滇始末》。

7 刘健：《庭闻录》卷四《开藩专制》。

如靖南在闽，好饮酒，喜结纳闽中人，率出入府中，藩下左右倚势朘民，久成积威之渐，督抚噤不敢问”。而且，自耿继茂始，便形成一些不成文的规矩。许旭记载曰：“闽中旧例，督抚见王，王正坐，督抚东南侍坐；又督抚到任，王不出迎，谒见后，送不至级。”[1]以示王爷崇荣，为一方至高无上。

康熙十年正月，耿继茂疾剧，疏陈以长子耿精忠代理藩务，曰：“臣父子祖孙受国厚恩，恭列王爵，捐躯报效，乃臣职当然。奈臣自去岁八月至今，旧疾日剧，闽省滨海重地，寇盗蠢动不测，病躯岂能料理？臣长子耿精忠侍从有年，在臣军前阅历又经四载，尽堪报效，伏乞恩赐管理军务，俾祗奉简书，以任国事。”“得旨，览王奏积劳成疾，情词恳切，准伊子耿精忠暂管军务。”[2]是年五月，耿继茂卒，“赐祭葬如例，谥曰忠敏”[3]。六月二十七日，诏耿精忠袭爵。

耿精忠“气岸魁伟，生有异表”[4]。幼随耿继茂镇所，顺治十一年，耿继茂遣其入侍，顺治皇帝以耿继茂南征有功，授耿精忠一等子爵，尚肃亲王豪格女，封和硕额驸。康熙二年，耿继茂请令耿精忠赴闽学军事，康熙亦从之。[5]但耿精忠虽入侍有年，却以人质为辱，从而心态逆反。且又“少长宫壶，不知祖父缔造大勋。继位后，日与宵小为伍而群，不逞之徒复煽以邪谋。”[6]其党徒遍布各地，连督抚大吏亦与之攀缘。康熙十一年四月，江南道御史施维翰即疏参福建总督刘斗“代靖南王耿继茂题请建祠，徇私妄奏，应严加处分”[7]。

---

1 魏源《圣武记》卷二《闽中纪略》。
2 《清圣祖实录》卷三五，第 4 页。
3 《清史列传》卷五《耿继茂传》。
4 巫峡逸人：《五藩梼乘》卷下《耿仲明传》。
5 《清史列传》卷八〇《耿精忠传》。
6 巫峡逸人：《五藩梼乘》卷下《耿仲明传》。
7 《清圣祖实录》卷三八，第 26 页。

康熙十一年十月，浙江巡抚范承谟晋迁福建总督。“范、耿至亲也。先是，耿王之祖，归顺辽左以至受封为王，俱范文肃公文程力也。时文肃为内院枋国，与耿交谊最厚，誓为婚姻。”“而今制府（范承谟）乃文肃之子，其侄又耿王之妹婿。”[1]故耿精忠以第三代靖南王兼晚辈对尚任浙江巡抚的范承谟，待之以礼。其时，耿、范之间“凡书函往来，耿称晚生，范称眷生，无相间也”。但范承谟知“王爵已尊”，逊谢再四，“自后耿称侍生，范称弟，亦无间也”。不久，这种“无相间”的局面便被耿精忠打破。“旧例各省督抚移文与平西、定南、靖南俱平衔，封外面止书某官姓，公文递至某王军前开拆，来文亦如之。”一日，耿精忠移文范承谟，突然改变官封常式，“而上大书年月，黑签，某日旁写‘右照会浙江巡抚’，背刷‘靖南王封’四大字”。札中云：“新奉则例，王移文至督抚，俱改照会。”“制府愕然”，知其骄纵已甚，欲疏其不法之状。“余（许旭）辛亥冬（康熙十年冬）初至浙幕，见中丞卧榻之侧悬一小牌，上书时事数则：（其）一，三王宜撤……”[2]第二年冬，范承谟奉命总督福建，“以海疆重任难副辞，上弗允，因疏请陛见”[3]。康熙十二年七月至京，康熙召对，“凌晨入朝，日旰而出，君臣密语，左右皆不闻”，“而三王之撤，亦竟如此言。虽或出自庙算以及诸王大臣之谋，而未必不出制府赞决。”所以，当范承谟赴闽抵任，“靖南疑有密敕处分，旁徨中夜，每每裹甲而寝”[4]。贼人胆虚之心昭然。

五　尚之信暴虐不法

尚之信乃尚可喜长子，字德符，号白岩，生于清崇德元年七

1　魏源：《圣武记》卷二《闽中纪略》。

2　魏源：《圣武记》卷二《闽中纪略》。

3《清史列传》卷六《范承谟传》。

4　魏源：《圣武记》卷二《闽中纪略》。

月，“生而神勇，嗜酒不拘细行。临阵遇危，瞋目一呼，千人俱废，故终身无劲敌。”[1] 尚之信幼随父镇所，顺治十一年十一月，尚可喜遣入侍，是年 19 岁。顺治皇帝以尚可喜功多，尚之信“艺能才辨”[2]，故“授之信秩，与公爵同”[3]。旋又“进少保兼太保，特赐安达”[4]。然而，“可喜自以马上得功’名，始终不延师教其子，故之信等多骄纵不法”[5]，糜奢成性。顺治十六年二月，为取悦顺治帝，尚之信与耿精忠违常制办进献礼物，“皆精造五爪龙样，款式隆贵”，“过为靡费，更劳营造”，以致连见惯世上珍品的皇帝也感到“朕心殊为不安也”。命礼部侍郎宁古里、主事杭爱传谕戒之。[6] 这使尚之信不能不感到人质的特殊地位难以忍受。此后，他更加酗酒嗜杀。据王钺的《水西纪略》载：一次，他与七弟、和硕额驸尚之隆一起畅饮，酩酊大醉。“引佩刀刺驸马，左右力救，仅不死。”尚之隆以其为兄长讳之不言，及公主“言之先帝”，顺治大怒，欲严惩之，“驸马力营救。得免。”[7] 王钺为当时广东西宁知县，与尚可喜共事多年，所言当有实据。以故，尚可喜“虑其触冒法网”[8]，于康熙十年，以年老多病疏请尚之信回粤代理军务。

尚之信回到广州，其暴虐本性非但没有收敛，反而更加放纵。所谓“之信既得王印，益骄怙，笞其前母舅及姑丈不恤，凡老王用事人，旧所不快者，小则鞭，大则杀，王无如之何”[9]。而酗酒

1 尚其宪：《尚氏宗谱》卷二《尚之信传》。
2 王钺：《水西纪略》。
3 《清史列传》卷八〇《尚之信传》。
4 尚其宪：《尚氏宗谱》卷二《尚之信传》。
5 巫峡逸人：《五藩梼乘》卷下《尚可喜传》。
6 《清世祖实录》卷一二三，第 22 页。
7 王钺：《水西纪略》。
8 《平定三逆方略》卷一。
9 王钺：《水西纪略》。

嗜杀较前尤无顾忌。“壶樽杯樽与弓刀矛戟之属，随其所至，必兼携以行，坐则辄饮，饮醉则必杀人。深宫静室，无以解酲，即引佩刀刺其侍者，虽宠仆艳姬，瘢痕满体。”[1]王钺亦称尚之信“每醉后，尝手刃人，或缚而射之以为戏，比死乃已”。尚可喜稍事过问，他便“出不逊语。然（尚可喜）以嫡长故，又爱其才，终不忍有他意。”[2]而尚之信却愈演愈烈。“尝怒一监，命左右割肉啖狗，肉尽而止；王之宫监传命至，见其腹大，曰此中必有奇宝，即刳刃于腹而毙；尝缚王之堂官王化曝酷日中，自辰至酉，百计规脱，王知之，呼之信至，予杖三十，而凶恶益甚。”[3]甚至不容诸弟兄，以“杂种”呼之。“老王皆闻之，诸左右及诸姬人，日夜泣王前。”[4]整个王府为之不宁。

为了摆脱父王的干预，尚之信“营别宅以居”[5]，“号令自擅”[6]，并“招纳奸宄布为爪牙，罔利恣行”[7]。由暴虐走上不轨的道路。始则大摆权势，“筑房设监，出必塞途，居民避路”[8]。继则“桀骜，动违礼法”[9]，无视朝廷旨令，渐为地方一患。

第六节　三藩凌辱有司，为害乡里

三藩分镇之后，不仅与中央集权统治的封建国家产生了尖锐的矛盾冲突，而且往往恃朝廷之宠，欺压人民，残害地方，渐为

1　钮琇：《觚賸》。江畬经编：《历代小说笔记选》（一），上海书店，1983年。下同。
2　王钺：《水西纪略》。
3　《明季稗史初编》卷二六《吴耿尚孔四王合传·平南王尚可喜传》。
4　王钺：《水西纪略》。
5　《清史列传》卷八〇《尚之信传》。
6　《清史稿》卷四七四《尚之信传》。
7　《平定三逆方略》卷一。
8　《明季稗史初编》卷二六《吴耿尚孔四王合传·平南王尚可喜传》。
9　《平定三逆方略》卷一。

一方之巨蠹。

一 城中驻兵牧马

顺治七年冬，平南、靖南二王攻下广州城。由于攻战之惨烈，尚可喜、耿继茂于城破日下令屠城，所谓“怒其民力守，尽歼其丁壮”[1]，血洗了广州。入城以后，二王犹未泄愤，“即于城中驻兵牧马”[2]，以示惩戒。故而，自平南、靖南镇粤伊始，未苏于战争巨创的百姓便为二王“马政”所苦，民房大多变为马厩，民人几尽为马夫，百姓游离不得归梓，食粮多输予藩府马兵。据时人梁药亭记载：“庚寅（顺治七年）冬，耿尚两王入粤，广州城居民流离窜徙于乡，城内外三十里，所有庐舍坟墓顷悉令官军筑厩养马。”梁药亭哀其状凄惨，作《养马行》诗一首，形象地记述了当时的情景。诗曰：[3]

贤王爱马如养人，
人与马并分王仁，
王乐养马忘苦辛，
供给王马王之民。
马日吃水草百斤，
大麦小麦十斗匀，
小豆大豆驿递频，
马夜吃豆仍数巡。
马肥王喜王不嗔，
马瘦王怒王捕人，

1 《清史稿》卷二三四《耿继茂传》。
2 《清史列传》卷五《耿继茂传》。
3 梁药亭：《六莹堂诗集》；伦明哲：《清史谈屑》。

东西教场地广阔，
筑厩养马凡千群。
北城马厩先鬼坟，
马厩养马王官军，
城南马厩近大海，
马爱饮水海水清。
西关马厩在城下，
城下放马马散行。
……

王日数马点养马丁，
一马不见王心不宁，
百姓乞为王马王不应。

及耿继茂移镇后，其马政之害亦移至福州。当时，靖南王马厂遍设各处，“每厂用夫一二百名，坐派轮流，不许时刻有离，夜不许回，亦不许睡，令持锣守宿。要回者每名索银一钱。”[1]除此之外，还要向民间广征草料。每征草一束，即为七斤，旋为十四斤，后又加至每束二十余斤，可一束分为三束。致使乡间草价暴涨，每束可索银二分五厘。

在云南，平西王吴三桂虽未在城中牧马，然城郭附近、方圆数十里亦尽为草场，耕地尽废。当时，客居湖南的昆明士子高澹生在投寄于友人的信中说：“近有人自乡中来，云昆明池及西山皆无恙，唯自南薰门以至出郭，瓦砾鳞集，衢巷萧然。出郭二三十里为草场，以牧骡马牛马，人不插耕。”[2]

1　海外散人：《榕城纪闻》。

2　昆明志编纂委员会：《昆明历史资料汇集》，《高澹澹生诗文钞·寄同社书》，第15页，1964年。

二 藩府营建之累

在封建社会，宅第和府邸的规制，往往象征着主人的权势。三王为一方藩镇，位极势宠，因而，自受命移镇之日起，无不穷极土木，营建藩府。

据史书记载：在广州，“靖南、平南两藩府，东西相望”。为营建二府，百姓供役浩繁，民力不堪。耿继茂尤为侈靡。他广征材木，令人自高要县之七星崖采巨石运入广州。七星崖距广州城百余里，往返需数日，“工役无艺”，又多山地，往往人毙马死，“民咸苦之”[1]。顺治十七年，耿继茂受命移镇福建，甫至福州，又重启土木之工，“将明尚书大厦并附近民房数百间尽行毁拆，起盖王府。召八府土木匠供役，三年乃成。”[2]不意，康熙三年八月，福州城一场大火，王府焚于一旦，周围民房并烧去二十余里。然火灭之后，“耿王即将此地再起王府，召八府工匠，役福州民夫，宫殿壮丽，费数十万钱粮，较前更觉华美”[3]。

但是，比起平西王吴三桂来，却仍有小巫与大巫之别。

为建造平西王府，吴三桂煞费苦心。一进云南，他便选中永历帝“由榔所居五华山故宫为藩府，增华崇丽”[4]。此故宫坐落在昆明西北部的五华山上，原为明黔国公沐氏邸第，永历帝朱由榔迁居云南后，此宅又成为这位落魄皇帝的宫殿，至吴三桂已是三易其主。随着他镇滇日久，志骄意满的吴王爷自然心生厌意，以其狭小欲建新居。

康熙四年，吴三桂刚刚自征讨水西土司的战场返回云南，即兴土木。这次，他选中了方圆数十里的翠湖为新府地址，于是，

1 《清史列传》卷五《耿继茂传》。

2 陈鸿、陈邦贤：《清初莆变小乘》卷五，《清史资料》第1辑，中华书局，1980年。下同。

3 陈鸿、陈邦贤：《清初莆变小乘》卷五。

4 《清史稿》卷四七四《吴三桂传》。

命人“填菜海子（翠湖）之半作新府”[1]。新府完全仿照帝居，“重楼复道，规制拟大内”[2]，“千门万户，极土木之盛”[3]。及成，这座“红亭碧沼，曲折依泉，杰阁丰堂，参差因岫，冠以巍阙，缭以雕墙，袤广数十里”[4]的新王府，不仅可以以其独特的秀丽与北京的紫禁城媲美，而且其千门万户，重楼复道，也无不强烈地显示着主人的权势与地位，暴露出其潜越的野心。

然而，吴三桂花精力最多、费力最大的，是他在莲花池一带兴建的第三座“宫殿”——安阜园。安阜园，又称“野园”，是吴三桂专门为他的宠姬陈圆圆修建的别墅，坐落于新府的左侧。据说，为讨得这位佳丽的欢心，吴三桂不惜万金，卉木之奇运自两粤，器玩之丽购自八闽，而管弦锦绮以及书画之属，则必取之三吴，捆载不绝，历三年始成。“野园”堪称超凡脱俗，豪华与幽雅并著。仅园中的花草树木就达千种以上，其中不乏花中极品，有一种酷似芙蓉的“神女花”，一天能六次改变着颜色，子丑为白色，寅卯为绿色，辰巳为黄色，午未为红色，申酉为橙色，到了戌亥时又变成紫色，每年春季开花，花期长达数十天。[5]园中的珍玩器宝亦称得上琳琅满目，其中尤以吴三桂的三件宝物：虎皮、大理石屏和帽顶为奇。虎皮和帽顶得之宁远，“虎皮白章黑纹”，世所罕有；“帽顶大红宝石径寸，长二寸许，光照数丈，炎炎如火”[6]；大理石屏则是沐氏旧物，瓶高六尺左右，瓶上花纹酷似山水木石，浑然天成，很像是出自元代名画家倪瓒之手。园中还有

---

1 刘健：《庭闻录》卷四《开藩专制》；卷六《杂录备遗》。

2 何小泉辑：《滇事拾遗》卷六。《清朝野史大观》卷五《吴三桂奢淫》，上海书店，1981年。

3 刘健：《庭闻录》卷四《开藩专制》；卷六《杂录备遗》。

4 钮琇：《觚賸》。

5 李孝友：《陈圆圆与吴三桂》，《边疆文艺》1980年第7期。

6 刘健：《庭闻录》卷六《杂录备遗》。

书屋一所，名为“万卷楼”，各种书籍齐备，有些可称孤本。为了尽情地享乐，吴三桂还把他的三座宫苑连在一起，自“新府”可以乘辇去野园，也可以坐船到五华山麓的故宫。如果兴起，还可以由新府乘船经过篆塘通往近华浦（今大观楼），直入五百里滇池游览。故有人称，半个昆明成了吴三桂的府邸和私人花园。百姓供役之累，由此可见一斑。

此外，随着王宫藩府深宅大院的落成，黎民百姓又遭“选美”之殃。如靖南王耿精忠，“内宠甚多，自妻以下，曳罗绮如夫人者二十余人。”而侍女、婢妾尤不可计，多强取民间。据记载：“耿为总兵时，尝统兵过宁远，路见霞（一民女，名倩霞）牧豕于田畔，一老妪坐户下缉苎麻。霞时才九岁，虽乱头粗服，脂粉不施，而眉目如画。耿问老妪，云是孙女。耿出白金十两，欲取之，妪不从。耿大怒，掠之以归。”[1]类此之例，不胜枚举。而平西王吴三桂更是裘马清狂。他的后宫之选几及千人，除陈圆圆外，又得歌女“四面观音”、“八面观音”等人，却仍在不断“选美”。安阜园落成以后，又专命贴身侍卫、称赵虾者，自江南采买美女四十余人，个个年方十五六岁，作为伶人，[2]供其享乐。

三　藩兵横行暴民，势凌有司

早在二王同镇广东之时，藩兵殃民，已然地方一患。二王“视百姓如草芥”[3]，“所部颇放恣为民害”[4]。将士因而有恃无恐，甚或随意掠辱士绅妇女，滥委署官，占据了布政使官廨。地方官非但无以过问，且亦并供其役使，所谓“藩府使命络绎旁午，役县

1　和邦额：《夜谭随录》卷三《倩霞》，上海古籍出版社，1983年。

2　孙旭：《平吴录》。

3　《明季稗史初编》卷二六《吴耿尚孔四王合传·靖南王耿仲明传》。

4　《清史稿》卷二三四《尚可喜传》。

令如奴隶"[1]。

顺治十年，布政使胡章自山东调任广东。六月，行至江西，闻官廨为藩府兵马所占，便具书弹劾上述耿、尚二王纵兵扰民之状，并指出："臣思自古亲王藩封，天子使吏治其国而纳其贡税焉，不得暴彼民也。二王不过以功受封，宜仰体圣明爱民至意，安地方以安百姓，斯为不负恩命。乃所为如是，臣安敢畏威缄默，自负厥职乎！况公署被占，臣莅任无地。伏乞敕下二王，还官署以肃体统，释虏俘以慰孑遗。"[2]疏上，朝廷命二王回奏。当时，适逢靖南王耿继茂征剿潮州得胜班师，闻讯大怒，上疏诸款辩驳，曰："前者我兵围广州九月，被贼炮击锋，伤不知凡几。城下之日，即食肉寝皮，未足泄忿，俘执实多。至部众初虽杂处，旋即移驻北城，未尝久占官廨。"[3]尚可喜疏辞与之俱同。时值广东各处未靖，朝廷依毗二王方殷，以故胡章坐诬论处，议"革广东布政使胡章职，下刑部究问，以其劾奏平南、靖南二王失实也"[4]。旋刑部议绞，在顺治帝的宽释下，才得贷以死罪。此后，凡藩府所为，"无复言者"[5]。而藩府赖朝廷之宠，更加肆行妄为，致使地方诸政混乱。

至顺治十六年正月，兵科给事中、原广东高要知县杨雍建又再次直言，"目击粤民颠连困苦"，历数广东滥委、滥派、里役无定例，用夫无限数、私埠、私税、砍柴、采木等诸端弊政。并毫无讳言地指出，滥派中，"有以藩令采买，名曰王谷、王蓆"；砍柴之害，皆悍兵所为，"悍兵藉取柴火，凡坟树果木皆强伐之，且污辱妇女，劫夺财物，道路阻绝"；此外，"木商已为营弁占踞，

1　《明季稗史初编》卷二六《吴耿尚孔四王合传·靖南王耿仲明传》。

2　《清世祖实录》卷七六，第 10 ~ 11 页。

3　《清史列传》卷五《耿继茂传》。

4　《清世祖实录》卷八四，第 3 页。

5　《清史稿》卷二三四《尚可喜传》。

及两藩采买，反问民间，不得不重价购诸王商以应，此采木之害。”最后提出：“今川贵底定，请移一王镇抚其地，以救粤民疲困。”[1]其言辞之激烈更甚于胡章。然终因形势有变，广东平定，西南亦渐次并入版图，且经略大学士洪承畴等亦疏请分驻重兵于川贵要地，故杨雍建得以幸免。

此后，靖南王耿继茂奉命移镇福建，但二王藩兵仍横行如故。平南藩属欺压小民之事屡屡未绝，致“广东人民为王属下兵丁扰害，失去生理”[2]。而靖南藩属暴民更酷于先时。其时，藩下兵丁分防福建四府重地，俱驻于城中。“横行无忌，有司难制，民不聊生。”城中民户，“富者恣其苛索，亦相和好；贫者难应，受辱百端。”且藩兵驻防“一年一换，一换迁一处，通城受亏”[3]。驻于乡间之兵丁，往往三五成群散在旷野，路遇行人，财物、衣服抢劫一空。被劫掠者，即官绅也难幸免。据时人记载，靖南藩府刚刚移镇福州，“城中夜间行劫，开元寺铁佛殿，有一知县住小排营张子庚家，有一春元，俱被劫，告官查拿，皆王府部院兵丁。官不敢问。”[4]此外，藩兵还常常借禁海之名，径行入民人家中搜寻，借端敲诈勒索，无所不为。时海禁正严，民人唯冀侥幸免祸，无敢言者。

然相比之下，平西藩下甲兵之骄横尤有过之。他们狐假虎威，仗势欺人，“杀人夺货毫无畏忌，讼牒命、盗两案，甲兵居其大半，有司不敢问。”又以种种方式“诱人称贷，责重息，稍有毫发负”，便指为“逃人”。[5]并借征兵打仗之机，四处掠掳男丁，不从者，如果不以重贿，亦被指为“逃人”。民人多受其累，而官员忌惮藩

1 《清世祖实录》卷一二三，第6～7页。
2 《清史列传》卷七八《尚可喜传》。
3 陈鸿、陈邦贤：《清初莆变小乘》。
4 海外散人：《榕城纪闻》。
5 刘健：《庭闻录》卷四《开藩专制》；卷六《杂录备遗》。

府之威，无敢问及者，以致藩兵越发率意。如一藩兵，认一富翁为义父，便每日三餐就食于"义父"家，随之，妻儿、亲朋亦携之同往。日久，富老儿倾家亦不足恣其挥霍，"义儿"才在富老儿的哀求与厚赠之下离去。"此风一开，滇城钱奴半受干儿之累，即城外富倮亦有堕其术者。"又如，一藩兵在知府衙前跳跃狂舞，故作痴态，引来众人围观，见同知刘崑由府内走出，越加冲道而行。刘崑见状大怒，命人拿下拘于衙内。甲兵非但不惧，反而大骂曰："汝何官，敢辱藩下人?"[1]狂妄至极，无视朝廷命官。更有甚者，一藩兵投宿客店，遇有朝中"赍诏官"（专门负责将朝廷诏令发送地方的低级官吏）先宿于此，竟然"挥鞭逐之"[2]。

藩下人之所以如此肆无忌惮，显然是凭借树大根深的藩府王爷为后台。因而，三藩势力的发展，不仅威胁着清王朝的集权统治和国家统一，且破坏了封建统治秩序的安定，造成社会矛盾的尖锐。三藩已站到整个社会的对立面。

1　刘健：《庭闻录》卷六《杂录备遗》。

2　孙旭：《平吴录》。

第四章　清廷撤藩与三藩叛起

第一节　撤藩前清廷对三藩权势的限制与削夺

三藩的尾大之势，早已引起清廷的警觉，特别是对权势旨显的平西亲王吴三桂，由于他不同于平南、靖南二王只具有地方上的统兵用兵之权，而是以云贵总管的身份总揽两省军事、行政和财政大权，所谓“事权归一”，因而，清廷在正式撤藩之前对三藩的裁抑，即主要表现在对吴三桂权力的逐步削夺。

先是收缴大将军印。清制：凡兴大师，辄授王公大臣为大将军，以任征伐，为总统一方之主帅，权势颇重，却系临时性差遣，事毕即解职归朝，将印退还。吴三桂于顺治十四年挂平西大将军印出征贵州、云南，攻打南明永历政权。顺治十六年，贵州平定；十七年，云南平定；康熙元年，永历皇帝朱由榔就戮。然而，吴三桂仍持大将军印不还。康熙二年，随着国家的统一和西南的安定，清廷决定收缴吴三桂的“大将军印”。但是，多年纵其事权，清朝的统治者们也不得不谨慎从事，他们遣内大臣对居于京城的吴三桂长子额驸吴应熊说：“他日永历在缅，边方多故，故予若父将印，重事权也。今天下大定，据之不还何为者？”规劝之中带有明显的警告，“三桂不得已，具疏上之，怏怏不快”[1]。

继之，裁兵节饷。早在顺治十七年，清廷就因吴三桂兵多饷糜，经议政王大臣会议议决，限其绿旗兵“以三万为额”，以济兵饷之竭。然而，裁减“五万之二”以后，吴三桂的藩属兵额，仍是靖南、平南的三倍之多，故朝中仍有议裁者。对此，吴三桂早已风闻。他明晓清廷惮其权重，为能维护既得的利益，保持已有的均衡，吴三桂于康熙四年，平定水西土司后，即疏请裁兵，五月，兵部议覆“应如所请”，诏谕“从之”。于是，“各营镇共裁去兵七千二百名，内将一千八百名存为广罗、蒙景二镇，云州、马龙二营添设之用，实裁去兵五千四百名。除总兵以下官另行改补外，实裁去官，副将一员、参将一员、游击一员、千总二员、把总四员，其忠勇等五营悉行裁去。”[2]这是一次规模较大的裁兵。接着，康熙六年，左都御史王熙再次奏请裁军节饷，疏言：“直省钱粮，大半耗于云、贵、闽、广之兵饷。就云贵言，藩下官兵岁需俸饷三百余万，本省赋役不足供什一，势难经久，臣愚以为滇黔已平，绿旗额兵亟应汰减，即藩下余丁，亦宜遣散屯种，则势分而饷亦裕。”[3]疏下部议，“令平西王与督抚提镇酌筹裁汰”，又“省额饷百余万”[4]。是后，吴三桂所部，“转饷虽如故，额不得仍前之多”[5]。

第三，限制“西选”。自康熙五年，清廷开始限制西选，凡吴三桂“题补各官，多不如请”。其谋士方光琛，亲信胡国柱告诫曰：“朝廷疑王矣，王当为自全之计。”[6]这时，随吴应熊入京的心

1　刘健：《庭闻录》卷四《开藩专制》。

2　《清圣祖实录》卷一五，第12页。

3　《清史列传》卷八《王熙传》。

4　《国朝先正事略》卷四《王文靖公事略》，台北明文书局《清代传记丛刊》本，1985年版。

5　刘健：《庭闻录》卷四《开藩专制》。

6　孙旭：《平吴录》。

腹胡心水已死，吴三桂耳目不聪，无法及时得知朝中情势，于是便具疏朝廷试探，曰："今天下大定，文官仍听吏部铨选，臣不敢题请"，"今天下宁谧，武官应听兵部考选，臣不敢题请"。不料，清廷顺水推舟，皆"奉旨依议"。并且，尽"裁其用人题补之权，迁除悉归部选"，自此"除吏亦具疏"。吴三桂虽懊恼至极，却又有口难言，"佯谢中，实怨望"[1]，方光琛又旁作挑唆："王犹不悟朝廷意耶？"，"桂不语"[2]，却越发与清廷离心离德。

第四，解除云贵总管。自"题补"之权被裁之后，吴三桂便加紧练兵，以防"不测"。他"每与婿侄在箭道较射"，又在军中推行了一种奖励军械制作的办法，"悬甲为的，箭中甲穿，罪函人（制作甲胄的人）；镞曲，甲不穿，罪矢人（制作弓箭的人）。自后，箭中，镞套甲内，镞不曲，甲不穿，函矢人均赏。"然隔墙有耳，此事很快为朝廷侦知，即命内大臣吴丹作为钦差前往云南"嘉奖"，赐藩下将士弓箭数千副。是日，吴三桂陈兵教场，率左右固山梅勒章京跪谢圣恩毕，便与吴丹一同阅射。"胡国柱故匿精壮，以老羸比试，由是朝廷之疑稍释。"[3]然而事后，吴三桂却难以安寝，为尽释朝廷之疑，表明自己"安分克己"，康熙六年五月，吴三桂再度上疏，以目疾求解云贵总管大权。这不早不晚，恰恰发生在吴丹去过云南之后的"交权"，带有明显的试探与要挟。但是，吴三桂的伎俩，依然未能奏效。康熙帝降旨曰："王久镇严疆，总理两省，勋劳茂著，倚毗方殷。览奏，知两目昏瞀，精力日销，皆因事繁过瘁，深轸朕怀。云贵两省事务，应作何管理，著该部议奏。"[4]于是，吏部依旨议决，"将该藩所管各项事务，照各省例，责令该督抚管理，其大小文官，亦照各省例，陈

1 刘健：《庭闻录》卷四《开藩专制》。

2 孙旭：《平吴录》。

3 孙旭：《平吴录》。

4 《清圣祖实录》卷二二，第10页。

部题授”[1]。借机解除了吴三桂总管滇黔两省事务的特权。这一打击非同一般，吴三桂岂肯善罢甘休，煽动部下制造事端，其党羽纷纷上疏，为之大鸣不平。“云贵总督卞三元、云南提督张国柱、贵州提督李本深，交章侈三桂劳绩，谓苗蛮叵测，非任三桂，恐边衅日滋。”[2]“合词请平西王吴三桂仍总管滇黔事务。”[3]卞三元“疏词尤迫切”，甚至以边疆不靖，迫使朝廷“收回成命”。[4]

面对气焰嚣张的藩镇势力，少年皇帝毫不退让。由于自幼熟读史乘，并有祖母孝庄文皇后悉心教育，康熙“习知中外利害与前代方镇得失”[5]，是时，虽然刚刚亲政，但对日益坐大的三藩势力，早已是忧心忡忡、日夜难安了。他说:“朕听政以来，以三藩及河务、漕运为三大事，夙夜廑念，曾书而悬之宫中柱上。”[6]因而，对吴三桂继续留任云贵总管决然不允。颁诏说:“该藩以精力日为销减奏请，故照所请允行，今地方已平，若令王复理事务，恐其过劳，以致精力大损。如边疆地方遇有军机，王自应料理。”[7]并作出藩王下属人员不得任督抚的规定。康熙帝的这一果敢举动，无疑给吴三桂以有力回击。但是，康熙帝深知彻底解决藩镇势力的时机还未成熟，为缓和矛盾，他命晋吴应熊为少傅兼太子太傅，赴云南探亲视疾，以示朝廷眷顾之意，并借以规之。

第五，清廷在裁抑吴三桂的同时，亦不断打击耿、尚二藩的骄横气焰，明令严禁藩属兵丁仗势扰民。早在康熙四年三月，即以“广东人民为王下兵丁扰害甚苦，失其生理”，密旨诫谕平南王

---

1 《清圣祖实录》卷二二，第 11 页。

2 《逆臣传》卷一《吴三桂传》。

3 《清圣祖实录》卷二四，第 8 页。

4 《清史列传》卷七《卞三元传》。

5 魏源：《圣武记》卷二《康熙勘定三藩记上》。

6 《清圣祖实录》卷一五四，第 10 页。

7 《清圣祖实录》卷二四，第 8 页。

尚可喜曰："此皆所属将领不体王意，或倚为王亲戚，以小民易欺，惟图利己，恣行不法之故。王特受重寄，镇抚地方，为国屏翰，岂有明知故纵之理，或申饬未到所致，故降兹密旨诫谕，以后将所属官兵严加约束，以仰副倚任遣往安辑地方民生之意，勿仍纵容属员，以为事发伊自受过，与己无涉，草草从事，如此久之，倘有大事岂能委于属员？王宜敬体朕谆谆申谕至意，更改往辙。"[1]康熙六年五月，左都御史王熙遵旨条奏曰："闽、广、江西、湖广等省各官，近或自置货物，售予属下，或巨舸连樯，装载他方市易，行同商贾，不顾官箴，甚至指称藩下，挟势横行，假借营兵，放债取利。请敕部详议，嗣后闽广等省，王公将军、督抚提镇，如有恃势贸易，与人争利者，作何议处治罪。并严指称假借之禁，庶小民得以安生，官方因之整肃。""下部议行。"[2]康熙十二年正月，又令"平西藩下逃人俱归有司审理，章京不得干预"。云南按察使李兴元遵旨奉行，以云南同知刘崑"强项"，属为审事官，"凡甲兵有罪，辄论如法，不少贷。平民判使归农者数百人。"[3]然而，清廷对三藩的种种限制与削夺，并未使其就此收敛，耿精忠、尚之信骄纵如故，吴三桂反而"益欲揽事权"[4]，终于导致矛盾的激化。

第二节　康熙皇帝撤藩及其部署

康熙帝向以"藩镇久握重兵，恐滋漫生变，非治安长计"[5]，决意撤藩。

1 《清圣祖实录》卷一四，第 23 页。

2 《清圣祖实录》卷二二，第 7 页。

3 刘健：《庭闻录》卷四《开藩专制》。

4 《逆臣传》卷一《吴三桂传》。

5 《逆臣传》卷一《吴三桂传》。

康熙十二年初，尚可喜对其子尚之信"暴横日甚"，"所为益不法"[1]，已是忧心如焚，唯恐获罪。这时，其心腹幕僚金光献计曰："朝廷方嫌尾大，计莫若率诸少子及左右亲信归耕辽东，避俺答去，朝廷必大喜，则君臣父子之好，可两全无祸。"[2]于是，三月，尚可喜以年老疏请归辽，留尚之信镇粤嗣封。"盖受制于其子之信，不得已用其客金光计，冀见上得自陈。"[3]疏曰："臣自命镇粤以来，家口日蕃。顺治十二年曾具疏请解兵柄，部臣以地方未宁，俟后议。方今四海升平，臣年已七十，精力就衰，正退耕垄亩之日。伏念太宗皇帝时曾赐臣以辽东海州及清阳堡等地，今乞准臣归辽东安插。"[4]

康熙帝见时机已到，即准备撤藩。他先肯定尚可喜"欲归辽东，情词恳切，具见恭谨，能知大体"。同时又以"广东已经底定"，令议政王大臣会同户兵二部确议，"王下官兵家口作何迁移安插"[5]，其撤藩的意图十分明了。于是，议政王大臣根据康熙的旨意议决："平南王尚可喜奏请复归辽东，应如所请。但该王之子尚之信仍带领官兵居住粤东，则是父子分离，而藩下官兵父子兄弟宗族亦至分离。今粤省已经底定，既议迁移，似应将该藩家属兵丁均行议迁。"[6]康熙诏"从之"，借机撤除了平南藩镇。五月初三日，令尚可喜全藩撤离的诏书送到广东，尚可喜"拜命之后，即缮书称谢，随陆续题报起程日期、家口马匹数目"[7]。

康熙帝撤藩的消息传出后，吴三桂与耿精忠也先后于七月三

1 《平定三逆方略》卷一。

2 王钺：《水西纪略》。

3 魏源：《圣武记》卷二《康熙勘定三藩记上》。

4 《平定三逆方略》卷一。

5 《清圣祖实录》卷四一，第 17 页。

6 《清圣祖实录》卷四一，第 21 页。

7 《元功垂范》卷下。

日、七月九日上书请撤藩封，意在窥探朝旨，希冀解除瓜田李下之疑，永固一方。康熙令议政王大臣与户兵二部会议，七月二十八日，议政王大臣会议以“福建今已底定，地方有防守官兵”，决定“靖南王既请自福建迁移，应将王本身并标下十五佐领官兵家口均行迁移”[1]。但对平西王藩属的迁移与否，却屡议不决。当时，廷议纷出，“撤”与“不撤”，两议相持不下。大学士索额图等多数人慑于吴三桂的军威，皆主勿撤。强调：“吴三桂镇守云南以来，地方平定，总无乱萌。今若将王迁移，不得不遣兵镇守，兵丁往返与王之迁移，沿途地方民驿苦累。且戍守之兵系暂居住，骚扰地方亦未可定，应仍令吴三桂镇守云南。”[2]只有户部尚书米思翰、兵部尚书明珠、刑部尚书莫洛及苏拜、塞克德等少数人主张“应将王本身并所属官兵家口，均行迁移，在山海关外酌量安插”。并提出善后，“云南地方有土司苗蛮杂处，不得稍踈防御。今既将王迁移，应暂遣满洲官兵戍守，俟戍守官兵到日，该藩起程。”[3]至八月六日，廷议仍未统一，只好并上两议，请求“圣裁”。

康熙帝鉴于历史上藩镇强大之后，尾大不掉，势必与中央政府抗衡，屡屡称兵作乱，危害国家统一的教训，撤藩意念已成竹在胸。于是，力排众议。他说：“朕以三藩俱握兵柄，恐日久滋蔓，驯致不测，故决意撤回。”[4]他又对担心吴三桂反叛的诸大臣说：“三桂等蓄谋已久，不早除之，将养痈成患。今日撤亦反，不撤亦反，不若先发。”[5]随即断然下达了撤藩的命令，于是日颁布上谕：“吴三桂请撤安插，所奏情词恳切，著王率领所属官兵家口，俱行

1 《清圣祖实录》卷四二，第26页。
2 《清圣祖实录》卷四三，第2～3页。
3 《清圣祖实录》卷四三，第2页。
4 《清圣祖实录》卷九九，第8页。
5 《清史稿》卷二六九《明珠传》。

搬移前来。”[1]

然而，康熙帝虽然口称三藩之反，势在必然，撤与不撤都改变不了这种局面，而事实却表明，他对三藩可能反叛的形势估计不足。

撤藩令下之后，康熙帝连连发布上谕，作了有关指示。据《实录》记载：

康熙十二年八月九日，康熙帝指示兵部筹划搬迁，曰:“兹因地方底定，平西王吴三桂、平南王尚可喜、靖南王耿精忠各具疏请撤安插，已允所请，令其搬移前来，地方应行事务及兵马机宜，必筹划周详，乃为善后之策，应各遣大臣一员前往会同该藩及总督、巡抚、提督商榷，作何布置官兵，防守地方，并照管该藩等起行，应差官员职名，开列具奏。”[2]八月十五日，即差礼部侍郎折尔肯、翰林院学士兼礼部侍郎傅达礼往云南，户部尚书梁清标往广东，吏部右侍郎陈一炳往福建，“经理各藩撤兵起行事宜”[3]。同时，令户部负责料理“该藩及各官兵家口安插地方所需房屋田地”等项，“务令到日即有宁居，以副朕体恤迁移至意”[4]。并命户部侍郎达都前往辽东，会同盛京户部侍郎、奉天府尹，“将安插三藩地方察看”[5]。为防止平西王吴三桂在云南恃势作梗，康熙帝于八月二十四日，书手诏谕平西王吴三桂遵旨令迁移，命折尔肯、傅达礼携往云南督迁。又特遣一等侍卫吴丹传谕二人，钦赐佩刀各一把，良马各二匹，以为关怀和砥砺。

可见，康熙帝对三藩问题的处理，重点放在了布置三藩撤迁、安置诸项事宜上。他期待着三藩皆能“振旅班师，休息士卒，俾

1 《清圣祖实录》卷四三，第 3 页。

2 《清圣祖实录》卷四三，第 3～4 页。

3 《清圣祖实录》卷四三，第 5 页。

4 《清圣祖实录》卷四三，第 6 页。

5 《清圣祖实录》卷四三，第 9 页。

封疆重臣优游颐养，赏延奕士"，得"君臣皆乐，永保无疆之休"[1]，而未作必要的军事防御。仅在八月十八日，令侍卫传谕福建总督范承谟，以"福建边疆重地、海氛未靖"，令"其益加勉励"。同日，谕吏兵二部速议"应专设云南总督一员，添设提督一员，责成专管料理"[2]。

这表明，康熙在撤藩问题上存在着矛盾的心理，并带有某种程度的轻敌。而他的这种心理和心态，应该是符合他本人的状况的。

第一，康熙年轻气盛，当年只有 20 岁。他曾将解决三藩分裂割据势力列为治政三大事之首，书而悬之宫中柱上，表明他在这一问题上的态度鲜明而强硬，在撤藩时也表现出一种"初生牛犊"一往无前的气概。为了说服反对撤藩的大臣，他有意强调了三藩反叛的危势，而其心里却并不认为三藩反叛在即，这从他的撤藩部署中即可看出。

第二，康熙欲先发制人。在他看来，只要在撤藩的过程中实行优恤政策，就可以缓解三藩与朝廷的矛盾；甚至认为，即使三藩反叛，朝廷已先行裁制，下令撤藩，仍不失为主动。

然而，康熙欲通过撤藩，即南藩北迁的办法来解决藩镇势力的设想及其部署未能奏效。相反，它使三藩与朝廷的矛盾骤然激化起来，随着撤藩令下，三藩接踵叛起。

第三节　吴三桂对形势的错误估计及其猝然起兵

吴三桂"自以为功高，朝廷终不夺我滇"，且经营多年，"益

1 《清圣祖实录》卷四三，第 8～9 页。

2 《清圣祖实录》卷四三，第 5 页。

固根蒂为不可拔”[1]。他上书请旨迁移，“本挟云南，要旨慰留，冀得世守藩封，如沐氏（沐英）故事，永踞滇中”[2]。当时，其幕客刘玄初曾表示反对，谓：“上久思调王，特难启口，王疏朝上而夕调矣。彼二王辞者自辞，王永镇云南，胡为效之耶！”吴三桂不听，怒曰：“予疏即上，上必不敢调予，具疏，所以释其疑也。”[3]然而，吴三桂低估了康熙皇帝。

撤藩令下，吴三桂愕然，“即与其党聚谋”[4]。“其党愤愤不平，谓之功高，今又夺滇，怂恿举事。”[5]方光琛密与其言曰：“王欲不失富家翁乎？一居笼中，烹饪由人矣。”[6]胡国柱知其“恨应熊在京”，已先遣亲信鲁虾（侍卫）往京接取。又潜布流言曰：“北上河南、湖广，沿路置刀斧手，埋伏地雷，专伺王过，罄杀无遗”[7]，煽动蛊惑反叛。骁将马宝自楚雄赶回昆明，径入西门，西门守将刘登云诘其何因离汛，“马宝挥鞭裂其冠”，直奔王府。适逢吴三桂“宴群昵，宝怒容立筵前……艴然曰：事势至此，必宜亟反”[8]。此时的吴三桂也是满心的怨愤。撤藩，使他从权力的顶峰骤然跌落，纵然仍有锦衣玉食，禄丰廪足，却再也不能称霸一方，这使他由衷的不快。他无法接受这一现实，更难免有兔死狗烹之惧。因而，已有反意。

其时，满族开国诸王早已故去，吴三桂自恃久经沙场，“才武不世出，地险财富，所属亲军与两迤诸镇将、健卒，皆百战之锐，素得其死力，即他直省平日所植党，兵起当无不从

1　魏源：《圣武记》卷二《康熙勘定三藩记上》。
2　刘健：《庭闻录》卷四《开藩专制》。
3　刘献廷：《广阳杂记》卷四。
4　魏源：《圣武记》卷二《康熙勘定三藩记上》。
5　刘健：《庭闻录》卷四《开藩专制》。
6《云南备征志》卷一七《云南事略》。
7　孙旭：《平吴录》。
8《云南备征志》卷一七《云南事略》。

命”[1]。自以为天下无敌，“谅中朝诸将无足当己者”[2]，视年轻的康熙帝“乳臭未脱”，绝非对手，因而有恃无恐。然而，“师出无名”，且仕明叛明，已为天下人不齿，现在又要仕清再叛，实在理屈胆虚。何况，他已年逾花甲，长门之子又在京城为质。故而他寄希望于朝廷收回成命，但这只能是一厢情愿。

康熙十二年九月初七日，钦差大臣侍郎折尔肯、学士傅达礼和郎中王新命等一行人抵云南。即于是日宣读康熙手谕，曰：

> “自古帝王平定天下，式赖师武臣力。及海宇宁谧，必振旅班师，休息士卒，俾封疆重臣优游颐养，赏廷奕世，宠固河山，甚盛典也。王夙笃忠贞，克摅猷略，宣劳戮力，镇守严疆，释朕南顾之忧，厥功茂焉。但念王年龄已高，师徒暴露，久驻遐荒，眷怀良切，近以地方底定，故允王所请，撤移安插。兹特遣礼部侍郎折尔肯、翰林院学士傅达礼前往宣谕朕意，王其率所属官兵趣装北来，慰朕眷注，庶几旦夕觐止，君臣皆乐，永保无疆之休。至一应安插事宜，已敕所司饬庀周详，王到日即有宁宇，无以为念。”[3]

吴三桂无言以对，他自请迁移，康熙帝“允王所请”。他追悔莫及，而又恨恨不已。绝望之中，于十月又上一疏，言：“臣部下官兵家口，三十年来蒙恩豢养，生齿日众，恳请赐拨安插地方，较世祖章皇帝时，所拨关外至锦州一带区处更加增廓，庶臣部下官兵均霑浩荡之恩矣。”[4]似已遵旨搬迁。然吴三桂言不由衷，请求增扩安插之地是假，借故拖延，幻想朝廷一改前旨是真，所谓

1　刘健：《庭闻录》卷四《开藩专制》。
2　魏源：《圣武记》卷二《康熙勘定三藩记上》。
3　《清圣祖实录》卷四三，第8页。
4　《清圣祖实录》卷四四，第2页。

“故难其说，以阻其行”。总之，吴三桂仍未得到“满意”的答复。康熙帝虽“曲循其意，令有司如数拨给”[1]。表示“王所属官兵家口迁移远来，自应安插得所，俾有宁居，以副朕怀。此所请增赏地方，著速议具奏。”[2]于是，吴三桂不再犹豫，“异志遂坚”。

只是，其妻张氏以一子四孙为质京师极力反对，吴三桂亦心怀舐犊，为此作难。然其侄婿吴应麒、胡国柱、夏国相等百般怂恿，认为“去滇则俱就闲，无兵权，图必反”。他们对吴三桂说：“王威望兵势甲海内，戎衣一举，天下震动，因索世子世孙于北，画地讲和，此汉高分羹之计也。若就迁于辽，他日吹毛索瘢，只就戮耳。岂若举兵而父子俱全哉!”于是“三桂惑之婿侄”[3]。胡国柱等又劝其与方光琛谋之。

吴三桂亦觉事属非常，当与人商量。却又贼人胆虚，第一次至方光琛府，“稍露其意，次日始言之，又次日昧爽，方（献廷）未起，桂至床沿商之”[4]。方献廷窥吴三桂意决，即为其分析了闽、粤、楚、豫、秦、蜀传檄可定之状，认为“战胜攻取如指之掌”。于是，吴三桂跃然。

面对钦差的敦促，吴三桂满口应承，答以十一月二十四日启程。但旋即又以家口八十余万，安土重迁为由，请缓行期，暗地里却在加紧谋反的准备。他“阴与左都统吴应麒、右都统吴国贵、副都统高得捷，婿夏国相、胡国柱谋乱，部署腹心扼关隘，入者听，出者有禁。”[5]并“阴勒士马，禁遏邮传”[6]，封锁了昆明城。

行期在即，却迟迟不见吴三桂搬迁动静。总督甘文焜提出：

1 《平滇始末》。

2 《清圣祖实录》卷四四，第2页。

3 《平滇始末》。

4 《平滇始末》。

5 《清史列传》卷八〇《吴三桂传》。

6 魏源：《圣武记》卷二《康熙勘定三藩记上》。

“寒冬恐有雨雪，宜速为计。”[1]于是钦差折尔肯与巡抚朱国治等“三日一问”，五日一询。吴三桂皆以“缓商”为拒。双方关系骤然异常紧张。为防万一，巡抚朱国治于昆明设“六门城守”，又于四处建立卡栅秘密巡视。可是，吴三桂经营云南多年，爪牙密布，整个云南早已置其指掌之中。他侦知朱国治设守，遂恶人先语，厉斥朱国治逼他造反，扬言曰：“功成名遂，本藩素志。今奉命入都，适遂本愿，闻亲翁四路防探，意欲何为？古今由于汝辈激成者正不少也。”[2]为了缓和冲突，搬迁之事暂被搁置。转眼即十一月十五日，不宜再迟。是日，朱国治偕折尔肯、傅达礼等再至王府。吴三桂循例备酒宴，待客谦和，独不言搬迁。于是，朱国治问曰：“三大人候久，王若无意（迁移），三大人自去回旨。”吴三桂再也掩饰不住满腔的愤怒，迁怒于朱国治，“赪頳大骂，曰：‘咄咄朱国治，吾挈天下以与人，只此云南是吾自己血挣。今汝贪污小奴不容我住耶！’”[3]借此发泄出他对清廷撤藩的极端不满和怨恨。

“云南是吾自己血挣！”这是吴三桂积郁已久的心声。他早已视云南为“己土”，而撤藩则打破了他“世守云南”的美梦，成为导致他与清廷矛盾激化的直接原因。

这场盛怒，将吴三桂“久蓄异志”、“潜谋不轨”的真面目暴露无遗。诸钦差不得不另作打算。这时，吴三桂遣人私铸印札，文曰“天下都招讨兵马大元帅”，事发，云南同知刘崑“密向中丞朱公曰：事急矣，宜商之”[4]。于是，朱国治与撤藩使臣等集议。“皆曰：朝廷封疆，与百万生灵所关不小，宜亟上疏，请暂停搬家。”折尔肯意左。他说：“吾等奉旨搬家，今若此，何以复

1 孙旭：《平吴录》。

2 《云南备征志》卷一七《云南事略》。

3 孙旭：《平吴录》。

4 刘健：《庭闻录》卷五《称兵灭族》。

命？"[1]提出"展期以缓其反，密请重兵速扼川西、镇远、常德等处，挤之山中，使不得为出柙虎，纵有不测亦易制也"[2]。众议由傅达礼先回京师奏明"圣上"，折尔肯与王新命暂留云南待命，朱国治书启情由。

越两日，朱国治犹豫未敢上疏。时傅达礼东行未百里，被守口藩将阻还，云南知府高显辰出交水备办夫马刍粮，亦被吴三桂遣骑执回。滇城扰扰，势已剑拔弩张。

康熙十二年十一月二十一日昧爽，吴三桂集四镇十营总兵马宝、高起隆、刘之复、张足法、王会、王屏藩等于大殿，"掷帽，剪辫发"[3]。又召文武百官赴王府会议。"中丞朱公（朱国治）率众往，贼党不候令，害之，刃三下乃死。"[4]

初意，吴三桂不欲杀朱国治，以留有余地。"使其子飞骑传谕不得轻杀，至则中丞已身首殊。"[5]于是，吴三桂又借朱国治婪赃污秽，大做文章，"有牌引大书，凌迟处死天下第一贪官某某以快人心"。"兵民衔于心者，竞取其肉而食之"[6]，群情激奋。吴三桂遂胁令诸官从叛，囚按察使李兴元、知府高显辰、同知刘崑等抗拒不屈者，在其部将的拥戴下，举起了叛旗。

吴三桂改国号曰"周"，以明年（康熙十三年）为元年，自称"天下都招讨兵马大元帅"。为鼓动人心，虚张声势，又制列将军称号。"最亲者金吾前后左右四将军，次左右两翼将军，次左右两掖将军，次铁骑前后左右将军，次骁骑前后左右将军，又奋威、仁威、亲威、建威、龙威、绥远、怀远、广武、勇略等将军，又

1　孙旭：《平吴录》。
2　刘健：《庭闻录》卷五《称兵灭族》。
3　孙旭：《平吴录》。
4　刘健：《庭闻录》卷五《称兵灭族》。
5　刘健：《庭闻录》卷五《称兵灭族》。
6　《云南备征志》卷一七《云南事略》。

各路总管征朔、讨朔、覆朔、灭朔、殄朔、破朔、剿朔、靖朔八大将军。”[1]文职设六曹、中书省等机构。并于是日封授文武群臣。

现据第一历史档案馆所藏档案，开列吴三桂所授文武职官名单如下：[2]

1. 武职各路将军

金吾左将军	胡国柱
金吾右翼将军	夏国相
金吾后将军	吴应旌（长沙阵亡）
金吾前将军	赵
亲军前将军	吴国贵（松滋总统）
亲军左将军	吴应期（岳州总统）
亲军后将军	祖述舜
亲军骁骑前将军	马宝
亲军骁骑左将军	高起隆
亲军骁骑右将军	王会　吴真
亲军骁骑后将军	杜辉（岳州水师）
亲军骠骑前将军	王屏藩
亲军骠骑左将军	张足法
亲军骠骑右将军	陶维智
亲军骠骑后将军	卫朴（死）
亲军铁骑前将军	田进学
亲军铁骑左将军	廖进忠
亲军铁骑右将军	范齐韩
亲军铁骑后将军	何继祖
亲军铁骑左翼将军	高得捷
亲军铁骑右翼将军	柯铎

1　孙旭：《平吴录》。

2　中国第一历史档案馆：《清三藩史料》，胶片 2759 号。其姓名未书全者，为原稿缺漏。

亲军前锋将军	于化龙
亲军宣威将军	董重民（广东总督）
亲军建武将军	李
亲军建威将军	杨奉先
亲军昭武将军	巴养元
亲军振武将军	李国栋
亲军宣武将军	王永清
亲军昭勇将军	刘之福
亲军振威将军	王永勋
亲军信威将军	祖泽清
亲军智武将军	许洪仁
亲军勇威将军	郭义
亲军奋武将军	张起龙
亲军信武将军	王君极
云南留守将军	郭壮图（兼管总督、巡抚）
内府将军	吴国柱
贵州总管将军	李本深
亲军威宁将军	朱万年
四川总统将军	谭宏
建昌将军	何德成
松盘将军	吴应祚（原名之茂）
汉中总管将军	张　、　李
江西总统将军	刘弘毅
吉安将军	韩大任　陈尧

2. 文职各官

中书省参知政事	胡国柱
承旨	丘可孙（原施平县山东人）

	姚文燮（原姚安同知）
	杨山梓（杨嗣昌之子）
	王之俊
学士	方光琛（转长沙巡抚）、方孝标
中书给事	米琦、金征麟、胡钦华、吕师濂、陶成瑜、程封（辞）、钱点
检讨	刘士元、郑应侯、张紫文
中书舍人	王式、金晋侯、吴楚、阚鸿滩、范师我、王仙墀
吏曹掌印郎中	车文龙、葛震
员外	王梦松、王攀麟
司务	勒日本
户曹掌印郎中	詹圣化、刘作长、李世培
员外	王屏翰、宁君智、张羽皇
主事	祖继善、黎子来、刘昭、范允文、李履祥
礼曹掌印郎中	王天钟、孙骥
员外	郑鸣凤、田永靖
主事	方飞阳
司务	刘泽深、李廷英、李惠、高世忠
兵曹掌印郎中	杨彦容、韩大任（吉安将军）、李希膺
员外	王如伦、俞大章
主事	王元昌、门文魁
司务	高魁元、刘善政、杜如荀
刑曹掌印郎中	葛朝瑞
员外	金映麟

主事	彭恒
司务	尚登堦
工曹掌印郎中	刘应第
员外	葛朝盛、李一心
主事	刘
司务	许洪智、雷起龙
序班	艾春兰、张应泰
鸣赞	李作舟、高羽皇

云南各官也皆以亲信易之。如：以楚雄知府冯甦代崔之瑛为云南布政使，以琅井提举来度为储粮道，彭化南为云南知府，郭昌为云南巡抚。[1]

尽管大事已经定夺，吴三桂仍有凄惶之感，由于其妻张氏顾虑反叛将贻害子孙，大闹王府，奔到大殿上，当众痛骂胡国柱等，责其无义小人，负恩清廷。这使真正辜负朝廷的吴三桂狼狈不堪，又觉丧气。但碍于张氏为吴应熊生母，以其爱子心切，不便与之计较。只是，素日对他降清颇持异议的陈圆圆，此时也并不赞成举兵，更令他心中怏怏，情绪不爽。然已成骑虎之势，他也就顾不了许多了。为鼓舞士气，行前，吴三桂于郊外大阅三军，令以向晓集合，后期者按以军法。是日，鼓角齐鸣，队伍齐整，军容肃然。62岁的吴三桂“披甲上马，扬鞭疾驰，发三矢皆中的，长枪、大剑、画甲、雕戈罗列左右，每驰马一回，即于马上接一器运之，风驰雨骤，英武绝人。其意欲以力诎众心也。”[2]

十二月初一日，吴三桂亲率二十余万人马启行[3]。是时，吴三

1　刘健：《庭闻录》卷五《称兵灭族》；孙旭：《平吴录》。

2　《明季稗史初编》卷二六《吴耿尚孔四王合传·平西王吴三桂传》。

3　孙旭《平吴录》记载“二十余万人马”，当为吴三桂临时召募、编外以及所征士兵等。

桂颇恃兵强而倨。“或有劝桂出秦蜀，曰：‘岁星在翼，轸荆楚之地不利行师，只宜遣一大将，大众由蜀出秦据关中，以示天下形势。’”吴三桂不听，答曰：“天文渺茫，地利难凭，吾遣王屏藩取蜀，犹吾自行矣。”马宝请任取两广，吴三桂亦反对，曰：“一辨士口舌可下，不烦兵，已遣人矣。”[1]于是，吴三桂以吴国贵、夏国相为前锋先驱，自普安入贵州，自统大兵殿后。一路，“不宿民房，不入城郭，军行五十里，依山傍水下营”，尽量减少骚扰。“每日前军起营，则中军起，次左、次右、次后，黎明即行，日中即止”[2]，秩序井然，却并不欲速。自云南启程即已檄令李开先执总督甘文焜，贵州一应事宜早已部署妥当，故“行二十日至贵州”[3]。

总督甘文焜闻变，“欲拒守，而督标兵皆不为用”[4]。他自度不保，驰书荆州告川湖总督蔡毓荣，又趋经理移藩的郎中党务礼、员外郎萨穆哈、主事辛珠、笔帖式萨尔图诣阙告变，自率数骑奔镇远。但镇远知府张维坚、副将姜义已得吴三桂“逆书”与“伪令”，以兵围总督。甘文焜走投无路，自刎于吉祥寺前，其四子国域与笔帖式雅图、华善从死，辛珠、萨尔图为叛军追杀。巡抚曹申吉等出迎吴三桂，贵州旋踵而下。

吴三桂出师虽旗开得胜，但矛盾亦随之即来。先是，因甘文焜已先奔镇远，吴三桂未得亲除异己，“怒李开先纵文焜出走，欲杀之。众乞哀，乃杖八十抄其家。”致使观者畏而生异，寒心者有之。继之，吴国贵与胡国柱忤。次晨，前营未起，吴三桂正在疑惑，天明，吴国贵来告，曰：“‘吾不去矣。’桂（吴三桂）与贵（吴国贵）一坐一跪，各无语，久之，桂抱国贵大恸曰：‘儿在云

1 《平滇始末》。

2 孙旭：《平吴录》。

3 孙旭：《平吴录》。

4 魏源：《圣武记》卷二《康熙勘定三藩记上》。

南即当云不去。’遂入账房高卧，国贵亦自回营。”[1]吴国贵在吴三桂侄婿、诸将辈中素以勇武为其钟爱，起兵前后，与方光琛谋时，又得其忠告曰：“吴国贵虽倔强，然勇略过人，至死不变。惟吴应麒妄自尊大，夏国相轻浮浅露”[2]，“此二人庸鄙贪纵，必偾事”。又告曰：“马宝、吕布之流，反复不常，后必决裂，归罪于我，势难共事也。”此时，吴三桂对方光琛是言听计从，当即表示：“婿侄在我，我立誓不用。若马宝老于流贼，若兵出留于滇，恐有不虞，当另处。”[3]于是，马宝不为所信，吴应麟、夏国相不为重用，吴三桂除了“专帷幄”，于方光琛外，便“尤亲信”胡国柱与吴国贵。一“为桂替身”，一为其膀臂。此时，吴国贵虽一时负气，“次日仍起行至镇远”，但此二人抵牾，着实令吴三桂挠头不已。而其内部矛盾重重，“识者以为不祥”[4]。

是年十二月，吴三桂以其党羽、原贵州提督李本深为贵州总管大将军，镇守贵州，巡抚曹申吉因先剪辫，与潘起先、张文憙等俱以原官用。部署停当，即分兵两路，继续北进。吴三桂遣马宝、吴国贵为东路前锋攻楚，他仍自行殿后，西路则由王屏藩全权指挥打四川。

康熙十三年正月十二日，吴三桂由贵阳出发，二十日至镇远，二月，入湖南，沅州总兵官崔世禄投降，叛军遂进陷辰州，偏沅（湖南）巡抚卢震弃长沙奔岳州，再奔荆州，新任云南提督桑格走彝陵（宜昌），各州县官亦望风奔溃，“五千里无只骑拦截”[5]。于是，杨宝阴陷常德；夏国相陷澧州；张国柱陷衡州；吴应麒陷岳州、长沙，至三月，吴军陷湖南全境，兵抵长江。四川一路亦是所向克

1　孙旭：《平吴录》。

2　孙旭：《平吴录》。

3　《平滇始末》。

4　孙旭：《平吴录》。

5　《平滇始末》。

捷，所到之处，清军几乎是望风披靡，王屏藩已由保宁趋汉中。

吴三桂亲临常德督阵，陈重兵于长江南岸。他命马宝为援剿将军，驻长江，往来救应；命吴应麒挂讨朔将军印，守岳州，扼洞庭湖峡口；命吴国贵挂靖逆将军印守衡州；命王屏藩挂破朔将军印总理四川；并以方光琛巡抚湖南；夏国相、张国柱由长沙袭取江西，陷入赣要道萍乡，声袭袁州，摆出一副汹汹之势。又得“土司苗、倮助军锋，伐黔楚山木，造楼船巨舰，铸滇铜为钱，文曰‘利用’；转川、湖之粟以饷军”[1]，似有备无患。然而，恰在此时，吴三桂连连失误。

其一，未用方光琛言，用人失误。先时，吴三桂对方光琛有言必从。久之，闻其“为人不端”，人皆“比为伯嚭，因号为吴太宰”[2]，不免心生厌恶，不似从前。加之，自起兵之后，吴三桂摈夏国相、吴应麒不用，“两人日结纳，左右共相延誉”，吴三桂遂食言而肥，重新重用吴应麒、夏国相与马宝，并诫之曰：“方献廷以尔辈必不可任，今吾任尔，务要洗心涤虑，立功建业，毋贻笑献廷。”[3]然后令方光琛出为巡抚。这亲疏的变化，反映了吴三桂前后用人的不同。方光琛虽然狡诈，但足智多谋，乃吴军的智囊人物。而吴三桂以婿侄为重，吴应麒等“三人比党贝锦，献廷由是遂疏矣”。且“因谗不安”，亦愿“于内出抚长沙”[4]。吴三桂遂失去谋士。而方光琛所言，日后多为事实所证。如吴应麒贪鄙成性，镇岳州时，初备三年粮，然吴应麒“拥仓庾不发，折价缩值以给军，而转卖高值入私囊”[5]，导致岳州被困后，粮饷皆无。后又欲杀吴世璠，行篡，等等。

1　魏源：《圣武记》卷二《康熙勘定三藩记上》。

2　《文献丛编增刊·清三藩史料》，第203页，国立北平故宫博物院，1931年。下同。

3　《平滇始末》。

4　《平滇始末》。

5　刘健：《庭闻录》卷五《称兵灭族》。

其二，战略决策的失误。吴三桂起兵后，以飙迅之势据云贵、下川湖，士马饱腾，人心奋然。甫至湖南，“有欲疾行渡河全师北向者；或劝下九江扼长淮以绝南北运道；或劝据关东、巴蜀，塞殽函以自固”[1]。是时，清廷闻变仓促，不及布防，“京兵未出，诸道兵未集，地方处处无备”[2]。吴三桂无论长驱北上，还是顺流东下，都可得逞一时。但是，“三桂皆拒弗从”[3]。时间一天天过去，始而势如破竹的吴军仍在长江南岸按兵不动。

原来，吴三桂另有主张。云南起兵，他首先给禁了折尔肯等朝廷使臣，却没有加害，反“差人送茶与使臣，言外间兵变杀巡抚，与大人无与，不必惶骇”[4]。及至兵发，又携折尔肯、傅达礼一同北上。“至常德，具疏付折尔肯、傅达礼还奏。”[5]这是一份值得注意的“上书”。首先，吴三桂在发布反清檄文之后又具疏清廷，上最后一份“奏章”，其内容必然与檄文不尽一致，说明其起兵之初，在反清的旗帜下别有企图。其次，吴三桂先以大兵压境，然后“具疏上奏”，实则是以兵相逼，迫使清朝妥协，达到其起兵的本来目的。再次，由于吴三桂这份上书已无从查找，我们无法尽知其内容，《清史稿》、《清实录》只记载了康熙皇帝览奏后，痛斥吴三桂“语不逊”[6]，“妄行乞请”。但是，从安远靖寇大将军贝勒尚善寄吴三桂书看，尚善称：“老夫已解王意矣，岂非为宇内升平，干戈久贮，名士衰迈，乘国不备之际，及此一举，破打(竹)之势，而易得来者。”又说：“(吴三桂)止欲独掌天下，亦当固根本，收民心，练士卒，积粮饷，选将帅，计处万金(全)，方

1 《明季稗史初编》卷二六《吴耿尚孔四王合传·平西王吴三桂传》。

2 《平滇始末》。

3 《明季稗史初编》卷二六《吴耿尚孔四王合传·平西王吴三桂传》。

4 孙旭：《平吴录》。

5 《清史稿》卷四七四《吴三桂传》。

6 《清史稿》卷四七四《吴三桂传》。

可举动，只缘一时之念，希图侥幸，岂不殆哉。”[1]由于这封书信写自吴三桂上书之后，而尚善于六月离京前又受到康熙皇帝的召见和面授机宜，故从上述书信中对吴三桂的批驳来看，可得吴三桂上疏企图之一二。再联系达赖喇嘛受吴三桂所托，为之“说情”，请康熙皇帝“裂土罢兵”。吴三桂欲恃兵力之强，要挟清廷，行称王割据之私的反清动机和目的已经昭然。

正因如此，吴三桂轻易不肯与清军决战。他与清人共事多年，深知八旗所长。当时，“贼里边的将官欲与我兵相战的，吴三桂秘戒云：‘你等不知虚实，我与他同用兵多年，其骑射是最不可当的，如今我们依山阻水还可以自守，若到平原地方，你们如何敌得过他？’”[2]因而，只要能划江而国，至少割据一方，吴三桂绝不愿再举兵戈，消耗实力。

但是，四月，清廷处死吴应熊。六月，消息传来，吴三桂不胜惊骇。“至是方食，闻报，惊曰：‘上少年乃能是耶！事决矣！’推食而起。”[3]气焰由是大沮。如意算盘被彻底打破，爱子幼孙又徒作了牺牲品。吴三桂不仅失望、痛心、愤恨，而且良心感到了不安。“初据湖南还指望生得其子，六月间闻伊子伏诛，他在人面前不肯显出，暗地里哭，云吃这一伙（胡国柱、马宝等人）亏了”[4]，悔不当初，以致进退维谷。所谓“三桂善持两端，反后颇中悔，及闻应熊讣，时方饮，停杯洒泪曰：‘今日乃真骑虎矣！’”[5]退路已断，吴三桂只能与清军一搏。

由此，我们可以看到两点既成事实。第一，吴三桂虽在吴应熊被诛以后始执意反清，似有“被迫”之情，却无法改变他起兵

1 《贝勒尚善寄吴三桂书》，《清史研究通讯》1990 年第 3 期。下同。

2 《文献丛编增刊·清三藩史料》，第 203 页。

3 《清史稿》卷六《圣祖本记》。

4 《文献丛编增刊·清三藩史料》，第 203 页。

5 刘健：《庭闻录》卷五《称兵灭族》。

反叛欲行分裂割据的本来面目和政治目的。第二，由于吴三桂低估了康熙皇帝，迟迟不肯进兵，在战略决策上失误，已经失去了进兵的有利时机。

第四节　耿精忠、尚之信举兵响应

同吴三桂一样，耿精忠"鸣剑之心已非一日"[1]。

康熙十二年七月，耿精忠在疏请撤藩、窥探朝旨的同时，就在蠢蠢欲动，密谋以反叛抗拒朝廷撤藩。于是，八月，耿精忠差漳浦人黄镛为使，赴台湾约郑经举事。书曰："孤忠海外，奉正朔而存继述，奋威中原，举大义以应天人，整征帆同正今日疆土，仰冀会师，共成万世勋业。"[2]郑经喜出望外，亲率舟师至澎湖应约。只因"吴三桂反，上诏平、靖二王留旧封，精忠谋益缓，乃辞锦，旋师"[3]。然而，兔死狐悲，物伤其类，清廷撤藩已使耿精忠与吴三桂命运休契相关。吴三桂以书诱之，"精忠素庸劣，然好乱乐祸，又为三桂煽惑，见湖南用兵，有异志，谋据福建"[4]。于是，耿精忠通使吴三桂等，往来不绝，"三王交通逆命，虽复停留，而反谋决矣！"[5]随即，耿精忠与藩下左翼总兵曾养性，右翼总兵江元勋，参领白显忠、徐文耀、王世瑜、王振邦、蒋得轼等潜定反叛之谋，"府中男子年十四岁悉给弓矢，习骑射"[6]，操练不已。旧例，靖南王阅操检伍，必先期会督抚，定期某日，齐至教场演视"洗炮"，亦必先期五日咨会督抚出告示，晓谕居民，

1　魏源：《圣武记》卷二《闽中纪略》。
2　江日昇：《台湾外志》卷一五，嘉庆抄本。下同。
3　邵廷采：《东南纪事》，上海书店，1982 年。
4　《平定三逆方略》卷六。
5　阮文锡：《海上见闻录定本》卷二，福建人民出版社，1982 年。
6　魏源：《圣武记》卷二《闽中纪略》。

使毋惊恐。然撤藩令下后，“忽一日五更，城头角声齐动，巡捕官查探，则耿王已下教场操演竟日。自后或一更，或半夜，或昼或晓，忽操忽止。”又“忽一日，天未明，炮声轰天而起，制府（总督）疑有变，差人侦问，则耿王洗炮也。是日洗炮至晚，满城惊骇，衅端已决。”[1]

康熙十三年三月十五日，耿精忠果据福州倡叛。他集诸官于藩府，以兵威胁总督范承谟从叛，因不屈，幽之，并其家口50余人。杀守备廖有功、知府王之义等，举兵反。“自言其祖入山海关时，与吴三桂有成约”[2]，传檄四方，鼓动反清。他自称:“总统兵马大将军”，效吴三桂蓄发易衣冠，私铸“裕民通宝”钱。又大力培植亲信，藩下佐领黄国瑞、林芳孙、廖廷云、李似桂，护卫夏秀旺、吕应斗，长史陈仪、陈斌等，凡从逆者，各加职衔，诱以征伐。随即，调兵遣将。

当日，曾养性、白显忠、江元勋、马九玉等奉命挂将军印出征，分陷福建延平、邵武、福宁、汀州等地，未逾月，攻陷全闽。于是分兵三路，曾养性出东路，进兵浙江温州、台州、处州；白显忠出西路，进兵江西广信、建昌、饶州；马九玉出仙霞岭中路，进兵浙江金华、衢州，并联络严州、徽州“土寇”。与此同时，耿精忠分发文书，约吴三桂分进江西、江南；约潮州总兵刘进忠扰广东，复命黄镛再去台湾约郑经，称“贵藩得水，吾将陆，江浙唾手可得也”[3]。叛势甚猖。

耿精忠反叛后，三藩中只剩下了尚可喜。然尚可喜“性笃忠贞”，与朝廷没有二心。吴三桂曾遣使以“逆书”诱叛，“可喜执其使，以逆书呈奏”[4]。这时，诸子及左右亲信或有进“邪说”

1 魏源：《圣武记》卷二《闽中纪略》。

2 魏源：《圣武记》卷二《康熙勘定三藩记下》。

3 江日昇：《台湾外志》卷一六。

4 《清史列传》卷七八《尚可喜传》。

者，“老王辄发愤，骂曰：痴儿，而翁食盐酱，多于而辈食白米饭已矣，勿复言，而翁之天时人事已预定矣。”“守臣节特坚。”[1]不久，孙延龄“伪檄”中出现了“三藩”之语，尚可喜当即疏奏，表示：“臣与耿精忠本系姻娅，不能不踧踖于中。窃臣叨王爵，年已七十有余，虽至愚极陋，岂肯向逆贼求名功富贵乎？唯知捐躯矢志，竭力保固岭南，以表臣始终之诚。”[2]在叛者纷起，离心者日众的形势下，尚可喜矢志报国、忠于朝廷的明朗态度，不能不使人感动。康熙十三年十月，康熙帝诏令广东，“督抚提镇以下听王节制，嗣后补授文武官员，听王选补奏闻，其一切调遣兵马及招抚事宜，亦听王酌行”[3]，俨然广东总管。康熙十四年正月，又命晋封平南亲王，“以亲王品级顶戴支俸”[4]，以示笼络。官爵衮衮，权位尊宠，使尚可喜更加悉心竭力，以报朝廷重任之恩。

然而，尚之信的态度却与之迥然。

在三藩王诸长子中，尚之信是唯一得赐“公爵”者，自以为承袭平南王乃天经地义。康熙十二年三月，尚可喜疏请归辽，留其嗣封，正遂尚之信心愿。不料，清廷未准，并下令撤藩。尚之信不仅失掉了经营已久的广东，且不得袭封王爵，遂生怨恨。

康熙十三年初，幕客金光又进言尚可喜曰：“俺答公（尚之信）刚而多虐，勇而寡仁，若以嗣位，必不利于社稷，请废而立次子固山（尚之孝）。”[5]尚可喜“恶之信酗酒嗜杀”，“虑其拥兵速祸”[6]，于当年四月上疏朝廷请以尚之孝袭封王爵。疏曰：“臣诸子中，唯次子都统尚之孝律己端甚，驭下宽厚，可继臣职。”[7]清廷依奏恩准，

1　王钺：《水西纪略》。

2　《清圣祖实录》卷四七，第4页。

3　《清圣祖实录》卷五〇，第9页。

4　《平定三逆方略》卷一二。

5　王钺：《水西纪略》。

6　《清史列传》卷五《尚之孝传》；卷八〇《尚之信传》。

7　《清圣祖实录》卷四七，第5页。

命尚之孝赴潮州征讨叛将刘进忠，旋又晋平南大将军。而尚之信则以讨寇将军衔协从征剿。

地位遭贬，权力丧失，自撤藩以来尚之信遭到了接二连三意外的打击。他怨父、妒弟，尤其仇恨金光。只是碍于尚可喜“如旧理事”，无从泄愤，由是萌动了背叛朝廷的心理。所谓“尚可喜子俺答公尚之信被废怨望，矫父命叛降贼”[1]。“之信积不平，杀金光……劫父叛降三桂。”[2]说明尚之信起兵反清的原因，同吴三桂、耿精忠如出一辙，亦是权益所致。

康熙十五年正月，广东已处于叛军的四面包围之中，郑经进据东莞，马雄兵至新会，孙延龄攻下梧州，形势十分不利。尚可喜已忧病交加，卧床不起。尚之孝则屡战刘进忠不利，退驻惠州。王事仍由尚之信代理。

据王钺记载:“之信虽酷虐而不吝于财，有当意者赏，尝浮于所事。诸藩下月饷，经老王扣克，分隶诸少子者，之信获印时尽为清出，给诸穷丁。以是诸穷丁及藩下世职，多心属之信。而之孝者，儒雅安详，乐与诸文人游，然而性鄙甚，其贪吝过于老王，藩下诸将士弗善也。”[3]可见，这时的尚之信拥有两方面的优势，其一，实际掌握着平南藩府的全权；第二，以不吝赏赉赢得了部众的支持。

这期间，吴三桂多次遣使至广东煽诱，水师副将赵天元、总兵孙楷宗、苗之秀，副将吴启镇等相继反叛。于是，“尚之信欲其父尚可喜从贼，迫之不已”[4]。又“约众谋逆，送印伪周，自称暂管辅德将军”[5]。“时平南昏髦，藩下诸将士奉之信为重，已暗中通吴逆。一日，集将士向老王议事，未决，而之信亦阴令其母

1 顾公燮：《丹午笔记·三藩之乱》，江苏古籍出版社，1985 年。

2 刘健：《庭闻录》卷五《称兵灭族》。

3 王钺：《水西纪略》。

4 《清圣祖实录》卷九一，第 19 页。

5 钮琇：《觚賸》。

持剪刀剪王辫，将士乃齐呼：老王爷已剪辫投降！讫王势不自由，遽投地得病，而之信则收印绶向伪逆纳降款矣。”[1]二月二十一日，尚之信“易服改旗帜，遣人守其父尚可喜第，以炮击我营，倡众作乱。镇南将军舒怒等引兵归，副都统莽依图自肇庆突围出。”[2]然后“移檄郡县，使皆纳款”[3]，“王（尚可喜）竟以是抑郁死。”清廷对广东的统治已不复存在。

由上述事实可以看出，尚之信的反清从叛是确凿无疑的。第一，蓄发易衣冠。据目击这场叛乱变起的王钺说:“当广州之初变也，王公大夫皆戴大帽，衣满洲袍，民间为之谣曰：明朝头、清朝尾，过了三周年，依旧归康熙。”第二，尚之信接受了吴三桂授予的招讨大将军、辅德公、辅德亲王等封号。《清史列传》卷八十记载:“之信遂授伪职招讨大将军、辅德公，与海贼议和，夺之孝兵柄，使闲居广州。”第三，由于尚之信叛清后，整个广东已被叛军控制，以致两广总督金光祖、广东巡抚佟养钜等一些行政官员，也被裹挟从叛。第四，也是更重要的一点，尚之信在易服改制后，即“以炮击我营”，与驻守广州、肇庆等地的清军发生了激烈的枪战，最后迫使清军退出广东。

尚之信继耿精忠之后响应叛乱，举兵反清，遂形成了三藩并叛的局面。

第五节 叛者四起及其原因

三藩反清后，云贵、川湖、闽浙、两广以及陕甘等地尽被兵燹，全国出现了“伪檄所至，叛者四起，势如鼎沸”[4]的局面。

1 王钺：《水西纪略》。

2 《平定三逆方略》卷二三。

3 刘健：《庭闻录》卷五《称兵灭族》。

4 苍弁山樵：《吴逆取亡录》。

一　参加反清的主要社会力量

首先，叛军所到之处，朝廷命官，主要是原明降官降将率先从叛。

据记载：吴三桂自云南发难，除巡抚朱国治、按察使李兴元、知府高显辰、同知刘崑不从，被杀、被执外，其余“提督张国柱，总兵杜辉、柯铎，布政使崔之瑛，提学道周昌，知府冯甦等以下官，并从逆”[1]。至贵州，“提督李本深应之”，“巡抚曹申吉、黔西总兵王永清、沅州总兵崔世禄降贼”[2]。进入湖南后，长沙“副将黄正卿、参将陈武卫以城献贼，襄阳总兵杨来嘉、副将洪福叛据谷城、勋阳山寨，并为三桂伪将军”[3]。“四川巡抚罗森，提督郑蛟麟，总兵官谭弘、吴之茂等，以四川叛降贼。”[4]

耿精忠反福州，得巡抚刘秉政，福州城守副将王可，原黄岩镇总兵武灏等积极响应。“逆书所至煽惑，提督王进功、兴化总兵马惟兴、海澄总兵赵得胜、漳浦总兵刘炎并道台、知府等俱从叛”，甚至，连海澄公黄梧亦被迫剪辫。“为国捐躯”，自缢而死者，唯汀漳道陈启泰，所谓:“从容尽节，慷慨成仁，甲寅殉难，唯公一人。”以致耿精忠“驰数骑片檄而得全闽”[5]。进入浙、赣之后，又有平阳总兵蔡朝佐、温州总兵祖弘勋、黄岩总兵阿尔泰、饶州参将程风、广信副将柯升等叛应。[6]并诱潮州总兵刘进忠从叛。

尚之信据广州反后，“总督金光祖、巡抚佟养钜、陈洪明俱降贼”[7]，提督严自明等亦从之。

1　苍弁山樵：《吴逆取亡录》。

2　《清史列传》卷八〇《吴三桂传》。

3　《清史列传》卷八〇《吴三桂传》。

4　《清圣祖实录》卷四五，第 14 页。

5　江日昇：《台湾外志》卷一六。

6　江日昇：《台湾外志》卷一六。

7　《平定三逆方略》卷二三。

此外，又有“广西将军孙延龄反”[1]，“广西提督马雄、左江总兵官郭义降贼”[2]，陕西“提督王辅臣兵叛于宁羌州”[3]，河南省河北镇总兵蔡禄反怀庆，“造鸟枪、购骡马，与杨来嘉往来，同谋约应吴逆”[4]。在江西，南瑞总兵杨富亦暗通叛军。

据初步统计，三藩反清后，从叛的封疆大吏：将军一人，总督一人，巡抚五人，提督八人，总兵达二十余人。兹列表如下：

抚蛮将军：孙延龄

总督：金光祖（两广）

巡抚：曹申吉（贵州）、罗森（四川）、
佟养钜（广东）、陈洪明（广西）、
刘秉政（福建）

提督：张国柱（云南）、李本深（贵州）
郑蛟麟（四川）、王进功（福建）
马雄（广西）、严自明（广东）
王辅臣（陕西）、杨明遇（广东原任）

总兵：（云南）杜辉、柯铎
（贵州）王永清、崔世禄
（四川）吴之茂、谭弘
（湖北）杨来嘉
（广西）郭义
（福建）武灏（原任）、马惟兴、赵得胜、刘炎
（浙江）蔡朝佐、祖弘勋、阿尔泰

1 《清圣祖实录》卷四六，第14页。
2 《清圣祖实录》卷四九，第25页。
3 《清圣祖实录》卷五一，第7页。
4 《清圣祖实录》卷四七，第13页。

(广东) 刘进忠、孙楷宗、苗之秀

(河南) 蔡禄

(江西) 杨富

其次，郑经及部分前明遗老积极响应叛乱。

郑氏退守台湾后，一直奉南明永历为正朔，坚持抗清立场。故吴三桂甫举叛旗，便于康熙十三年三月，遣使祝治国、刘定先赴台湾，致书郑经，约其起兵，“复累世大仇”。曰:“今天下大举，正千载一遇，时不可失。殿下速整貔貅，大引舟师，径取金陵，或抵天津，断其粮道，绝其咽喉。此奇兵乘虚，乃捷奏万全。”郑经得书，随令监纪推官陈克歧、副将陈文焕，随吴使至湖广，复书于吴三桂曰:“闻殿下忘家为国，不顾其子，欲伸大义于天下，不禁雀跃。”表示“亦欲依日月之末光，早建匡复之业，枕戈待旦，以俟会师之举尔”[1]。故而，当接到耿精忠约其出兵的书信后，郑经“大喜，随整船只，调拨各屯屯佃，归伍分配……次澎湖待之”[2]，做好准备。四月，便应吴、耿之约，命陈永华留守，亲自率军离台湾，奔厦门。并发表檄文声称:“予组练百万，楼船数千，积谷如山，不可纪极。征帆北指则燕齐可捣，辽海可跨，旋师南向则吴越可掇闽粤可联。陆战而兕虎碎易，水攻而蛟龙震惊。所愿与同志之士，敦念故主之恩，上雪国家之仇，下救生民之祸，建桓文之伟业，垂青史之芳名。”[3]即准备与吴三桂、耿精忠等同心协力，率军西进北上，一举推翻清王朝的统治。表明郑经是这场叛乱的积极支持者和参加者。虽然他未能实现北上的愿望，却一度“复猖獗海上”，占据漳州、泉州、潮州、惠丰等地，为反叛势力之大援。

1 江日昇:《台湾外志》卷一六。

2 江日昇:《台湾外志》卷一六。

3 杜春胜、林信笃编:《华夷变态》上册，卷二，《日本东洋文库丛刊》本。下同。

除郑经外，前明遗老亦趁机举事反清。如福建、江西一带，有朱统锠“以前明宗室名号，纠集党羽，盘踞山谷”，从事反清活动，“官兵成千累万”，清军屡剿不灭。朱统锠又“受耿精忠敉远将军伪印”，“自称宜春藩名色”[1]与耿精忠军唱和。直到康熙十五年末，耿精忠归降后，清军才歼除这股顽敌。又如，吴军进入江西后，曾令其随征都督佥事张鲍“联络义旅”，张鲍与吴军江西都督兼监察御史万全吉“联络将军镇道三十余营，计合义旅二十余万，”欲“齐心协力，共剿挞伐，拟于腊月中旬，带领文武将士出关，路由南丰、广昌之间，定期会师。”提出“兴复中华，重关日月”，“同仇共愤，迅扫星膻”[2]，等口号。此外，杨起隆率八旗奴仆起事，亦奉朱三太子相号召。

第三，军队哗变，加入反清行列。

三藩反清的主力，主要是降清的前明汉人官兵，因而其向背对绿营官兵震动很大。早在康熙十三年正月，吴三桂尚在贵州，四川官兵即已动摇，巡抚罗森有疏曰：“蜀省军心颇怀携贰。”[3]湖南被陷后，“绿旗官兵降贼者众”[4]。特别是以精锐著称的陕甘绿营，曾接连三次兵变。第一次是康熙十三年七月，清廷调陕西绿营兵进征四川，至兴安，总兵王怀忠标下四千人逃散。[5]十二月，陕西绿营再次奉命入川征剿，至宁羌又有“王辅臣标兵猝叛攻营”，共二千人星散。[6]第三次，发生在“康熙十四年十二月二十二日，宁夏提标兵变，提督陈福遇害”[7]。

1　《清圣祖实录》卷六四，第 20 页。
2　中国第一历史档案馆：《清三藩史料》，胶片 2868 号。
3　《清圣祖实录》卷四五，第 13 页。
4　《平定三逆方略》卷一七。
5　《清圣祖实录》卷四八，第 25 页。
6　《清圣祖实录》卷五一，第 19 页。
7　《清圣祖实录》卷五九，第 2 页。

此外，其他各地的兵变也相继发生。如康熙十三年三月，福建福宁州兵变；[1] 八月，江西“饶州营兵变”，[2] 等等。

第四，蒙古等诸部骚扰边疆。

康熙十四年初，清廷调察哈尔蒙古左翼四旗驻宣府，以备陕西。布尔尼反叛后，制造流言，转相煽惑，察哈尔左翼四旗遂怵于其说，“众譟毁边墙私遁”，“意欲仍归故地，依附党类”[3]。五月，甘肃叛军窃据洮州、河州二府，“番人乘隙肆掠”[4]。至康熙十五年初，又有宁夏北部的鄂尔多斯蒙古“乘内地有事，入边侵掠宁花寨、平羌等堡”[5]。八月，“彝人滚布窥我兵调征河东，乘隙入内地，收掠番族人畜”[6]。此外，还有“达赖台吉诸部落入边侵扰”[7]。

第五，农民、流民组成义军，从事抗清活动。

三藩反清后，即有民间的抗清队伍与之联合。如“精忠兵逼袁州，山民棚居与相结，谓之棚寇”[8]。“福建逆贼率兵一万四五千人入犯遂安（浙江）。复有遂安土寇王应茂等率兵四千，沿山傍海，遥为犄角。”[9]“江西广信、玉山、永丰等处叛兵土寇，勾合闽贼伪总兵李云龙，率贼众五千，来犯常山、开化、金华。”[10] 甚或闻风而动，独树抗清旗帜，攻城略地。浙江尤为猖獗。如“绍郡奸民闻风煽惑，亦群起应之，称伪都督、伪都师、伪将军、伪军

1 江日昇：《台湾外志》卷一六。
2 《清圣祖实录》卷四九，第2页。
3 《平定三逆方略》卷一五。
4 《清圣祖实录》卷五五，第15页。
5 《平定三逆方略》卷二一。
6 《平定三逆方略》卷二五。
7 《平定三逆方略》卷二四。
8 《清史稿》卷二五六《董卫国传》。
9 《清圣祖实录》卷五〇，第3页。
10 《清圣祖实录》卷四八，第8页。

师、伪监军道、伪理刑、伪会应侯、伪总兵，各拥众数千，连营结寨，初掠富室，继剥穷民，乡城村镇无一宁处”[1]。“黄岩土寇窃发”[2]。嘉兴、湖州二府亦有朱二胡子、羊子加等“土寇”结堡盘踞。[3]

而且，这股反清势力，并非限于一地，几乎波及全国。广东有“李三官七乘机窃发，虽旋即扫荡，而尚有党羽潜伏于山陬海陬之间”[4]。又有“奸民江鹏翥等在佛山镇地方结党煽乱”[5]。“河南土寇张成武侵扰永宁县境”。江西“金谿贼首杨益茂盘踞县城，倚山立营，共二十余座”[6]。吉安“民蓄发者众”[7]。川楚陕尚有“茅麓山贼”活动。[8]其中，江西的情况尤其严重，康熙皇帝后来回忆说：“江西于贼未到之先，地方奸徒，辄行倡乱，广信、南康、饶州、奉新、宁州、宜黄、安仁、永新、永丰、彭泽、湖江、泸溪、玉山、铅山等处，所在背叛，忠义全无，绅衿兵民人等或附和啸聚，抗拒官军；或运送粮米，助张贼势；或布散伪札，煽诱良民；或窝藏奸细，潜通消息。轻负国恩相率从逆，以致寇氛益炽，兵力多分，迟延平定之期，劳师费饷，揆厥所由，良可痛恨。”[9]

二　叛者四起的主要原因

上述事实说明，三藩反清后，的确在社会上引起极大的反响。

1　魏源：《圣武记》卷二《康熙勘定三藩纪下·固山贝子平浙纪略》。
2　《平定三逆方略》卷十、一三。
3　《清圣祖实录》卷四八，第23页。
4　《平定三逆方略》卷二五。
5　《清圣祖实录》卷五〇，第13页。
6　《清圣祖实录》卷六二，第8页。
7　《平定三逆方略》卷二五。
8　《清圣祖实录》卷五〇，第13页。
9　《清圣祖实录》卷七九，第13页。

它汇集了社会各阶级、阶层的反清力量，形成了一股强大的反清浪潮，甚至出现了局部地区的联合抗清局面。对于三藩倡叛的号召力，就连清朝统治者也不讳忌，康熙皇帝就曾说过:“吴三桂背恩反叛，天下骚动，伪檄一传，四方响应。”[1]因而，应该说三藩反清具有一定的社会基础。然而，是否据此就能改变三藩反清的性质，即否定三藩反清是基于坚持封建割据、分裂统一国家的立场呢？回答自然是否定的。历史是纷繁复杂的，需要我们透视迷离混沌的历史表象，去探索它的实质。

那么，三藩反清，何以叛者四起呢？

第一，清初错综复杂的社会矛盾及清军入关、清王朝建立后所行种种民族压迫政策所带来的后果。

其一，清初落后的统治政策及其后果

众所周知，清朝入主中原，曾实行了野蛮的民族征服，入关以后，清政府又制定和推行了一系列民族高压政策，致使满汉之间的民族矛盾十分尖锐。

顺治二年六月，清朝在翦灭南明弘光政权之后，悍然颁布了剃发令。“自今布告之后，京城内外，限旬日，直隶各省地方，自部文到日，亦限旬日，尽令薙发。遵依者，为我国之民，迟疑者，同逆命之寇，必置重罪。”[2]这种以暴力强迫汉民族改变传统习俗的野蛮行径，严重损害了汉族人民的民族感情，不仅广大劳动者反对，且更为持“华夷之辨”为民族大节的汉族士大夫所切齿，因而爆发了以江南地主阶级为主要力量的轰轰烈烈的反薙发斗争。

圈地、投充、逃人法，是清朝统治者为了维护满洲贵族的特殊利益、保证八旗兵丁生计所实行的又一落后政策，它直接建立

1 《清圣祖实录》卷九九，第8页。

2 《清世祖实录》卷一七，第8页。

在对广大汉族人民的强权掠夺与奴役上。诸如圈地，“凡圈田所到，田主登时逐出，室内所有皆其有也”[1]。不仅广大农民失去土地，且地主阶级也在所不免，号称清初三大名儒之一的孙奇逢，虽能屡承清廷招聘的殊恩，却亦不免被逐出自家土地的厄运。而清廷通过这种方式圈占的旗地和官庄，遍布近京“七十七州县，广袤二千余里”。被圈占的州县内，民地已寥寥无几。且圈地并不限于京畿，随着满洲八旗驻防各地，圈地也扩大到山东、山西、陕西、云南等地，致使大量汉民失去土地，沦为流民。“流民南窜，有父母、夫妻同日缢死者，有先投儿女于河而后自尽者，有得钱数百卖其子女者，有刮树皮、掘草根而食者，至于僵仆路旁，为鸟鸢、豺狼而食者，又不知几何矣！”[2]走投无路的农民，不得不铤而走险，所谓“自圈地圈房之后，饥寒迫身，遂致起而为盗”[3]，组织起来进行反清斗争。圈地的同时，清廷还逼令上百万汉民充当家奴，驱之在圈占的土地上耕作，谓之“投充”。这种落后的农奴制度推行于早已高度封建化的中原地区，同样引起了强烈的反抗。不甘心被束缚在满洲贵族农奴制庄园上的奴仆，纷纷逃亡，“数月之间，逃人已几数万”[4]。“满洲藉家仆资生”[5]，清朝统治者为防止奴仆逃亡，制定了残酷的逃人法以严惩逃人。但同时规定，隐匿逃人，“一经发觉，身家不保，邻里连坐，该管府、州、县、营、卫等官一并议处降罚”[6]。摄政王多尔衮还强调说:“自入关以来，逃亡已十之七，不严此令，必致无复一人。”[7]

1 史惇：《恸余杂纪》，《圈田条》，中华书局，1959 年。

2 《魏文毅公奏议》卷一，转引《简明清史》上册，人民出版社，1980 年。

3 《清世祖实录》卷一二五，第 11 页。

4 《清世祖实录》卷二六，第 3 页。

5 《清圣祖实录》卷一四，第 1 页。

6 秦世桢：《抚浙檄草》，《清史资料》第 2 辑。

7 卫周胤：《请陈治平三大要》，《皇清奏议》卷二，墨缘堂 1936 年石印本。

在这种形势下，逃人法不仅危害于广大汉族劳动群众，且同样危及汉族官绅地主阶级，“立法太重，株连太广，使海内无贪富良贼，皆惴惴莫必旦夕之命”[1]。汉人即使贵为王爷、督抚，一经触犯逃人法，概不宽免。如前所叙及，顺治六年，靖南王耿仲明即因部下隐匿逃人，惧得罪，自尽身亡。顺治七年六月，“广西巡抚郭肇基、游击戴清音、中军郑允昌、旗鼓苏明，坐擅带逃人五十三名，俱论死”[2]。因而，逃人法自实行以来便遭到了汉族官员的屡屡反对，他们纷纷上疏要求放宽逃人法。但在顺治三年十月，多尔衮却严令:“有为薙发、衣冠、圈地、投充、逃人牵连五事具疏者，一概治罪，本不许封进。”[3]强权政治只能奏效一时，顺治帝亲政以后，又一次形成了“汉人议隐匿逃人之罪，必欲轻减”[4]的强烈呼声。然而，同多尔衮一样，顺治皇帝自顺治十一年九月至第二年三月，半年多的时间里，多次下诏痛责汉官，曰:“近见诸臣条奏，于逃人一事各执偏见……但知汉人之累，不知满洲之苦。”[5]坚持“逃人之多，因有窝逃之人，故立法不得不严”[6]的陈说，严禁汉官再谏。并惩处了力主减轻逃人法的赵开心、李裀等人，从而使已经尖锐的民族矛盾更加复杂化，清朝统治集团内部满汉官吏之间的对立情绪与矛盾因素，由此而加深、加剧。

顺治十八年，郑成功退守台湾之后，清廷为切断郑氏抗清力量同内地的联系，又下令迁海。在福建、浙江、江苏、广东四省近海处各移内地三十里，“令下即日，挈妻负子载道路，处其居室放火焚之，片石不留，民死过半，枕藉道涂，即一二能至内地

1 《清史稿》卷二四四《李裀传》。
2 《清世祖实录》卷四九，第 8 页。
3 《清世祖实录》卷二八，第 11 页。
4 《清世祖实录》卷八六，第 1 页。
5 《清世祖实录》卷九〇，第 4 页。
6 《清世祖实录》卷九〇，第 3 页。

者，俱无澹食之粮，饿殍已在眼前。”[1]一生为人幕僚的王澐在他的《游记》中写道：“诸臣奉命迁海者……初立界犹以为近也，再远之，又再远之，凡三迁而界始定。县卫城郭以数十计，居民限日迁入，逾期者以军法从事，尽燔庐舍，民间积聚器物重不能至者，悉纵火焚之，其失于察觉者坐罪有差。功令既严，奉行恐后，于是四省濒海之民，老弱转死于沟壑，少壮流离于四方者，不知几亿万人矣。”[2]

康熙帝即位以后，清王朝在政治、经济、文化等方面开始逐渐地调整，民族矛盾随之缓和。然而，积重难返。以圈地为例，康熙八年，清廷诏令永行停业，但圈地已经持续了二十余年，致使数万人流离失所，加重了社会负担和民族矛盾与隔阂。故康熙十年，圈地的中心，直隶仍然是“盗贼繁多，大为民害”，“京城内外盗贼棍棒肆行无忌。”[3]康熙十二年，“因直隶多盗，廷议于玉田、滦州、霸州、雄县增设驻防旗兵”[4]，以加强防范力量。又如，逃人法虽然自康熙年间始有减轻，但是终清一代没有废除。

总之，由于清朝初期实行了种种落后的统治政策，致使阶级矛盾与民族矛盾十分尖锐。尤其是民族矛盾，在顺治年间曾一度上升为主要的社会矛盾，出现了农民军联明抗清的局面。

其二，统治阶级内部的满汉差异及满官对汉官的摧抑

清初的统治阶级内部矛盾，也多表现于满汉官吏的对立，清王朝虽然是满汉地主阶级联合专制的封建政权，却并非满汉地主阶级平分秋色。清代首崇满洲，在官缺上，汉人原则上一概不得任满缺，满人却可随意补汉缺。在官员品级上，满族大学士为正一品，汉人大学士最初只有正五品，满汉之间体现着严重的不平

1　海外散人：《榕城纪闻》。
2　王澐：《漫游纪略》，申报馆排印本。下同。
3　《历史档案》1982 年第 1 期，清朝康熙十年—十八年上谕选载。
4　《清史稿》卷二五〇《吴正治传》。

等。逃人法更以法律的形式，规定了重满轻汉的民族歧视政策。因而，清朝统治者在联合汉族地主阶级的同时，又人为地制造了满汉官吏之间的民族隔阂，并由此形成了满官倨傲骄横、汉官谦卑唯谨的官场风气。顺治十五年四月，直隶、河南、山东总督张悬锡自刎身死，起因即为被满官麻勒吉“因事责备，借端苛索”[1]。先时，张悬锡曾因“迎节失议”，奉命赴部面质。到部，却受到部臣麻勒吉等人的慢待。“诸臣之待臣（张悬锡）也，不以礼，始而倨傲之，不与见，既见而鄙薄之，不与坐，不与言，侮辱情状，诚所难堪。然臣犹再三求见，再三求教，怡然下气。”“麻勒吉因臣侮惧之后，愈加责备之词，始则正告以失仪之言，而继则渐露彼苛索之意。”[2]张悬锡终因触犯满官，畏惧被妄加治罪而自决。麻勒吉以简任近臣竟敢逼勒总督大员，表明清初统治阶级内部满汉官吏地位的悬殊差异，以及矛盾的尖锐。

兴案狱，是清朝统治者征服汉族士大夫的惯用手法。

清军入关，实现了与北方汉族地主阶级的联合，为了臣服尚未承认清朝统治的江南地主士大夫集团，顺治末年清朝连兴案狱，顺治十八年的“江南奏销案”即其一。当时，江南乡绅地主，包括在任官吏，规避赋役的现象较为严重，积欠达十余万。清朝以江南素为天下士大夫所观望，而敌视新朝者不乏其人为虑，欲借以惩治。于是，巡抚朱国治以抗粮为名，造欠册报部，文武绅衿共 13517 名，衙役 254 名。部议：现任官降二级调用，衿士褫革，衙役照赃治罪，并将此令通行于苏州、松江、常州、镇江四府及溧阳一县，处置又不问官职大小，不分所欠多寡，以致一次就降革了乡绅 2071 名，生员 11346 名，[3]震惊一时。当时，江南地主

1 《清世祖实录》卷一一八，第 14 页。

2 《清圣祖实录》卷一一八，第 12 页。

3 叶梦珠：《阅世编》卷六《徭役》，上海古籍出版社铅印本。

阶级中的一些头面人物，如徐乾学、徐元文、汪琬、彭孙遹、宋德宜、吴伟业等皆在其列。后来任礼部侍郎的叶方蔼，因“欠折银一厘左官”[1]。“奏销案”沉重打击了江南地主阶级，也消磨了大多汉官的锐气。是后，汉官多恭谨守职，但求无过，“以催征鞭扑士子，盖自辛丑新令以来，官吏无不以奉行为能事，又不独国治所辖之江苏也”[2]。甚至有的官员开始厌倦仕途，逃避为官。如汪琬曾出任户部山西主事，并以缉捕逃人立功，却因“奏销案”和直言满洲弊政两次谪官。于是，由此告病还乡，隐逸山林。后虽应试博学鸿儒特科，历明史编纂，却终生不再为官。可见，清朝虽然达到了压制汉族官僚士子的目的，却也造成了“上下之气未通，满汉之气中阏”[3]的后果。

其三，八旗将领与绿营将领的矛盾冲突及绿营将领的贪刻

与文官满汉隔阂一样，武将中也存在着八旗将领与绿营将领的矛盾冲突。八旗为清军主力，装备精良，极受重视。而绿营兵往往被统治者所轻。清军攻战，多以步兵先驱，骑兵殿后突袭，故绿营兵多要担负最艰险的任务，一旦失利便受重惩，克捷立功却常被埋没，特别是所属士兵、马匹可以随意被人征调，稍有差池，便要受到猜忌。这使绿旗将领不得不谨小慎微，而内心却又十分不满。陕西提督王辅臣之所以反叛，其直接原因，即在于经略莫洛对他的轻视和欺凌。

先是，王辅臣表示，“愿往湖南随征立功”[4]，欲摆脱莫洛的辖制，但康熙未准。康熙十三年五月，安西将军赫业统前锋统领穆占等已进抵四川，克朝天关，包围重镇保宁。于是，康熙以荆岳相持，欲由四川“径袭其后”，然后或取贵州，或取云南，诏令

1　王应奎：《柳南续笔》卷二《辛丑奏销》，中华书局，1983 年。

2　徐珂：《清稗类钞》，《狱讼类》，中华书局，1984 年。

3　《清史稿》卷二六二《魏裔介传》。

4　《清史列传》卷八〇《王辅臣传》。

增兵保宁，分兵守汉中、广元诸处。并令王辅臣“听莫洛酌遣”[1]，或从赫业取保宁，或留守平凉。七月，保宁仍不下，清军饷运日久，秦民不支，莫洛疏请亲赴汉中增援，以速下保宁。但是，因先已奉命入川的总兵官王怀忠标下兵丁4000人俱匮饷逃散，莫洛决定新募绿营征剿，并檄王辅臣随征。当时，王辅臣以“召募之人，不可信用”谏之，莫洛置之不睬。康熙亦遣人谕之曰：“断不可轻率兵前进，进必有变，莫洛执意欲行”[2]，并抽调王辅臣良马2000匹，易以羸者。王辅臣遂以莫洛“欲置我死地”[3]大怨。

十一月二十八日，莫洛率兵启行，由秦州入川。是时，由于四川水陆皆为叛军所阻，清军粮运不继，已自保宁撤兵。康熙命莫洛亲身殿后接应，又以莫洛所率俱系绿营，恐叛军首尾横击，命大将军贝勒董额率满兵“兼程而进”，会同莫洛“速定昭化，接济大兵”。但董额未能及时赶到。十二月初四日，莫洛军行至宁羌，驻南教场，王辅臣标兵鼓噪叛，“炮石齐发”。

绿营将领的地位尚且如此，士兵的处境更是可想而知。在封建官僚制度下，以吃空额克扣军饷的贪污方式风行于军伍，而这些多由明朝旧军改编的绿营兵，也完全承袭了明军的腐朽作风，将领贪污军饷者不在少数。所以，一旦士兵们发现，其以生命为本钱所换取的微薄待遇，还要不时受到各级将领的层层盘剥时，铤而走险是随时可能的，三藩反清期间所发生的兵变，大多基于此因。如兴安兵变发生后，随征总兵党塞面奏康熙帝曰：“王怀忠平日待下贪苛，行事乖戾，众心不服，以致激变。”[4]又如，福宁州总兵吴万福，“平日贪苛寡恩，部众咸怨之”，故当耿精

1 《清圣祖实录》卷四八，第11页。

2 《清圣祖实录》卷四八，第11页；卷二二六，第5~6页。

3 《清史列传》卷八〇《王辅臣传》。

4 《清圣祖实录》卷五二，第16页。

忠遣兵攻城时，“福登城督战，其众（士兵）鼓噪杀福”[1]迎耿军入城。

总而言之，三藩起兵反清时，清王朝入主中原刚过而立之年，大规模的攻战征伐方停止十余年。清朝统治者尚未得暇去医治战争的创伤，也未来得及整饬清初种种落后政策及其所带来的后果。康熙初年，清朝的统治虽已趋于稳定，但是相对缓和的阶级矛盾和民族矛盾依然存在，目睹清廷野蛮征服的汉人，对满族统治者的排击之情已深入骨髓，而这时的民族矛盾又常常与统治阶级内部满汉官吏之间的忤违交织在一起，形成错综复杂的形势。因而，当三藩举起反对民族压迫的旗帜时，汉民族被压抑的反抗情绪借机得以抒发，“这些群众在和平时期忍气吞声地受人掠夺，而在动荡时期，整个危机形势和上层‘本身’都迫使他们去进行独立的历史性的发动”[2]。他们为着本阶级的利益加入反清的行列，即使没有三藩反清，他们也会以各种方式从事反抗斗争。所以，三藩反清，叛者四起，是清初阶级矛盾、民族矛盾以及统治阶级内部矛盾，在整个危机形势下的总爆发，只是由于它以汉人为主体的反满形式，使这场斗争披上了民族矛盾的外衣。然而，在这些“叛者”当中，却体现了不同阶级、不同集团的利益和要求，即使同为统治阶级反叛，其原因、目的也各不相同。

第二，汉官汉将纷起从叛的特殊原因与不同类型。

其一，本人在权力利益上与清廷存在着利害冲突。孙延龄即属此类。孙延龄原系定南王孔有德藩下标员，辽东人，其父孙龙随孔有德降清后，隶汉军正红旗，授二等男爵。顺治九年，孔有德殉节桂林，孙龙亦殁于阵，以孙延龄袭爵，复加一云骑尉。“年齿素轻，位权未重，只因配定南王女（孔四贞），所以命之掌

1 江日昇：《台湾外志》卷一六。

2 《列宁全集》卷二一，第190页，人民出版社，1955年。

管王旗。”[1]康熙三年，命出镇衡州，康熙五年五月，授镇守广西将军，移镇桂林，孔有德旧部将王永年、孟一茂、戴良臣为都统及副都统，“受延龄制”。然而，孙延龄行事多有不妥。

首先是效吴三桂擅除官吏。“吴三桂以平西王爵留镇云南，凡滇黔官吏悉擅除授，延龄效之，渐骄纵，无忌惮。”[2]康熙十一年九月，为山西道御史马大士疏参。马大士劾曰：孙延龄“乃有可疑者，如题补营弁薛起凤一事，部议以广西非系题补省份，覆奏不行，屡经奉旨，孙延龄屡行陈奏，必欲违国家之成例，用本旗之私人，是诚何心？伏乞严敕，以为恣肆不臣者戒。”[3]疏下部察议，“申禁之”。

其次是“不能弹压官兵”。据《啸亭杂录》记载：当时，“延龄所居，明靖江王府也。既居之，忽忽若失，或头目眩晕，不视军事。学围棋、鼓琴，临池摹榻古帖，挟弹丸张罾罟，取鱼鸟以为乐。王、孟既心易延龄年少，以妇贵，无大才略，故不屑为之下。”[4]《庭闻录》又记载曰：“延龄起家素微，庸劣无能，慑妇威不敢抗。”[5]甚至连清朝官方记载的《实录》也承认，“孙延龄终属外姓，论名分，则无承袭勋爵之理，论军心，多有未肯帖服之情”[6]。而孙延龄却以将军自居，渐骄纵。他“锁辱职官”，擅杀人命，又将兵权交其兄长，“委兄孙延基总管旗标官兵”[7]，却“数傲侮王（永年）、孟（一茂），遂有隙”[8]。

1 《清圣祖实录》卷四二，第 20 页。
2 《清史列传》卷八〇《孙延龄传》。
3 《清圣祖实录》卷四二，第 5 页。
4 昭梿：《啸亭续录》卷四《记孙延龄事》。
5 刘健：《庭闻录》卷五《称兵灭族》。
6 《清圣祖实录》卷四二，第 5 页。
7 《清圣祖实录》卷四二，第 20 页。
8 昭梿：《啸亭续录》卷四《记孙延龄事》。

王永年为孔四贞包衣佐领戴良臣所荐，戴良臣欲以其亲戚为都统，自己副之。起初，孙延龄未许。戴良臣便言于孔四贞，“构难其间，谓延龄独信任蛮子，而薄格格旧人。”孔四贞以孝庄太后养女、和硕格格自居，娇宠任性，强孙延龄从己。孙延龄“虽为之请命于朝，而心甚恶”，“由是夫妇亦不合”[1]。而王永年任都统后，每事与孙延龄相左，久之连孔四贞也藐之，“一军唯知有都统，不知有将军，并不知有格格，四贞乃大悔恨”[2]。孔延龄因大权旁落积不平。康熙十二年二月，“永年克减军饷，为兵校所讼”[3]，孙延龄因是疏参其僭乱不法。而王永年亦与副都统孟一茂，参领胡同春、李一第等合疏孙延龄婪赃及纵属下殃民。将军与都统互讦，桂林“城门昼闭，乡民不敢入城”[4]。两广总督金光祖以是上闻，广东道御史鞠珣则以粤西苗蛮杂处，边隅严险，“乞敕部确议，将王女与孙延龄撤回京师，其定藩旧标官兵或归并黄旗，或分隶八旗，仍令驻防该省，另差将军统辖”[5]。

康熙十二年八月，清廷差侍郎勒德洪前往广西审理，结果“勒德洪鞫讯永年所劾属实，请治延龄罪”[6]。清廷念孔有德旧功，诏宽免之。然孙延龄却蒙恩不觉，反怨朝廷未治王永年罪，尤“恨永年刺骨”[7]。

十一月，吴三桂起兵后以书诱孙延龄，孙延龄正恚懑在胸，无处可泄。于是，翌年二月，他以议事召王永年、孟一茂等12人至府，伏力士掷盏为号，尽杀之。“而遣人纳款于三桂，蓄发易

1　《明季稗史初编》卷二六《吴耿尚孔四王合传·定南王孔有德传》。

2　《明季稗史初编》卷二六《吴耿尚孔四王合传·定南王孔有德传》。

3　昭梿：《啸亭续录》卷四《记孙延龄事》。

4　《清圣祖实录》卷四二，第20页。

5　《清圣祖实录》卷四二，第20页。

6　《清史列传》卷八〇《孙延龄传》。

7　刘健：《庭闻录》卷五《称兵灭族》。

衣冠，举兵反”。[1]孙延龄自称安远大将军，移牒平乐、梧州诸府；幽禁巡抚马雄镇，杀浔州知府刘浩、富川知县刘钦邻、平南知县周岱生等，“受三桂命”，为临江王。

由此可见，孙延龄起兵在很大程度上是出于一时激愤，以达发泄个人私怨的目的。对此，清朝官书的记载已剖析得极为清楚，“延龄乘滇黔煽乱，心怀异图，又因都统王永年前发其过，恶衔之特甚，至是将称兵，先执永年杀之，并杀副都统孟一茂等，发兵围巡抚马雄镇署”[2]，扯起叛旗。

其二，多为吴三桂旧部将或“相识者”。吴三桂一生南征北战，戎马经年，在明为平西伯，在清为平西王，故所将官兵甚多。镇守云南之后，又得藉“西选”网罗党羽，势力遍及各省。因而，吴三桂在相当一部分汉官中有着重要的影响。再加上，吴三桂起兵前后广为煽惑，除召平南、靖南同叛外，又致书于贵州、四川、湖广、陕西等地“官吏旧相识者，要约党附发兵”[3]，目的亦在欲利用昔日的地位与影响。于是便形成了这样的局面：在从叛的七省八位提督中，云南提督张国柱“素党三桂”[4]；贵州提督李本深曾“陈三桂功绩”，请清廷留任吴三桂滇黔总管[5]；广东“提督严自明系吴逆旧属”[6]；前任广东提督杨明遇“素与三桂有旧，以老乞休，携家寓常德，其子宝应任云南知府。及三桂反，授宝应为伪总兵，以兵犯常德，明遇内应，知府翁应照从之，常德遂溃。”[7]此外，陕西提督王辅臣曾为云南援剿右镇总兵[8]；福建提督王进功

1 昭梿：《啸亭续录》卷四《记孙延龄事》。

2 《平定三逆方略》卷三。

3 《清史列传》卷八〇《吴三桂传》。

4 《清史列传》卷八〇《张国柱传》。

5 《清史列传》卷八〇《李本深传》。

6 《平定三逆方略》卷三一。

7 《平定三逆方略》卷三。

8 《清史列传》卷八〇《王辅臣传》。

曾隶吴三桂部下。[1]也就是说，除广西提督马雄与四川提督郑蛟麟外，其余六位提督皆与吴三桂“有旧”。

提督如此，从叛的总兵也多属这种情况。例如，广东高雷廉总兵祖泽清为祖大寿子，吴三桂的表兄弟；广东潮州总兵刘进忠，曾为靖南王藩下右路镇标副将。[2]凡此种种，不胜枚举。而且，这些人同吴三桂与平南、靖南二藩一样，皆有隶明降清的历史。因而，无论从感情上或情谊上，还是从贰臣地位的共同命运与感受上，都客观地促成这些汉官汉将响应叛乱，加入反清的行列。其中，王辅臣的情况尤为典型。

王辅臣，山西大同人。曾隶明大同总兵姜襄部下，骁勇善战，号曰“马鹞子”。顺治五年末，姜襄倒戈反清，清军在英亲王阿济格的率领下包围了大同。王辅臣乘一黄骠马征战，勇猛无敌，“来则禽人以去，莫有撄其锋者”[3]。不久，大同城下，王辅臣从姜襄再度降清。姜襄死，清廷以王辅臣勇，授侍卫，隶汉军正白旗。

顺治十年，经略洪承畴奉命南征，王辅臣从征，擢湖广总兵。顺治十六年，云南平定，吴三桂留镇，“奏授辅臣援剿右镇总兵”[4]。

王辅臣为人，“恭以事上”。隶洪承畴时，“经略未食不敢食，未衣不敢衣，视经略所向。经略行辄左右之，遇险阻必下骑自执其辔，有冈峦泥滑不可行者，必背负经略而过，虽家人不是过也，勤敏谦恭。”改隶平西藩下之后，“辅臣之事平西，无异经略，而平西之待辅臣，有加于子侄，念辅臣不去口，有美食美衣器用之绝佳者，他人不得，必赐辅臣。”康熙九年，王辅臣擢陕西

1　孙旭：《平吴录》。

2　《清史列传》卷八〇《刘进忠传》。

3　刘献廷：《广阳杂记》卷四。

4　《清史列传》卷八〇《王辅臣传》。

提督，移镇平凉。“平西闻之，如失左右手。”王辅臣辞行，“王待之甚厚，执手涕泣曰：‘尔至平凉，无忘老夫。’”并“出帑二万两以为路费”[1]。

因而，基于这种交谊，吴三桂反后，即访得王辅臣亲信、云南援剿右营标下所用官汪士荣，“以书二通札二道付汪士荣，令其从间道走平凉，以致辅臣，而令辅臣以书一札一转致张勇，不别遣使。”在吴三桂看来，王辅臣、张勇“皆旧部曲，辅臣尤为亲密”[2]，不致使自己失望。但事与愿违，康熙十三年正月，王辅臣举首“逆札”，执汪士荣，遣其子王继贞星夜入朝奏报。吴三桂大失所望，与“贼将说王辅臣可恨，不必说了，张勇这奴才也甚可恶”[3]。表明此时王辅臣尚无从叛之意。

然而，形势的发展并不保王辅臣一成不变。由于数月之间，吴三桂已下川湖，四方响应，王辅臣亦为之所震慑，始怀犹豫之心，故清廷官书中多记载其“怀叛志”[4]。这是其一。其二，即前文所述莫洛任经略后，尊满歧汉，所行种种引起王辅臣的极端不满。再加上王辅臣与吴三桂的特殊关系及其“信以处友”，颇重友情的个性与为人，终于将他推到了反清的行列。

其三，因三藩兵强势众，被迫从叛。清代史学家赵翼认为：“是时，三桂蓄力已久，天下皆震其威，白首举事，亲至常、澧督战，兵锋甚锐，是以四方响应。”[5]事实证明，这一分析是有一定道理的。自康熙即位以来，清廷大规模的统一战争早已结束，所谓“承平日久，民不知兵”，因而，无论官民，皆无战争的思想准备。据记载，耿精忠反叛后，报至浙江，浙江将军图赖“瘫软不

1 刘献廷：《广阳杂记》卷四。

2 刘献廷：《广阳杂记》卷四。

3 《文献丛编增刊·清三藩史料》，第 203 页。

4 《清史列传》卷八〇《王辅臣传》。

5 赵翼：《皇朝武功纪盛》卷一《平定三逆述略》。

起，时称抬不动将军”；巡抚田逢吉“顿足不止，称跌足巡抚”；总督李之芳“掀髯不已，称捻髯总督”[1]，颇能反映当时清朝官员对三藩反叛事件的惊恐和意外。而大学士王熙所说，京城“汉官多移妻子回家”[2]，又说明有相当一部分官员，对战争的胜利缺乏信心。因而，对于被陷地区的地方官员来说，在毫无准备又抵抗无力的情况下，只能是或降或遁，除此别无生路。

当时，多数官员被迫选择了前者。如四川巡抚罗森，素“有能吏声”[3]，得吴三桂反讯，还将川省军情逐一上奏朝廷。贵州巡抚曹申吉亦以片纸书三桂反叛，差人送湖广总督蔡毓荣转奏。表明在吴军未到之前，二人尚无反清之意。但川贵皆首当云南之冲，二人既无力抵御数万叛军，被迫降吴亦在情理之中。而后，二人又因思谋反正为吴三桂所杀，亦证明降吴非其本意。又如广西提督马雄与总兵官郭义。其时，二人同守柳州，孙延龄反，即遣人持牌招马雄。马雄不应，孙延令提兵往攻，又为马雄击败。而且，“雄邀执三桂伪官，与左江镇总兵郭义并举首三桂逆书，得旨嘉奖”[4]。但是，六月，孙延龄急攻柳州，“贼众不下万五六千人”，马雄以众寡不敌告急朝廷，康熙帝急命尚可喜与两广总督金光祖赴援，却因行动缓慢，未及救援。至九月，马雄、郭义迫于敌众“俱叛降三桂”。所以，在马雄叛后，康熙接连颁诏招抚，曰：“尔世受国恩，镇守西粤，劳绩素著。自吴三桂、孙延龄相继背叛，整兵防御，邀执伪差，矢心报国。尔之忠贞，朕久洞悉。后缘贼氛逼进，援绝势单，当力难持守之时，为暂尔自全之计。”[5]康熙帝为达招抚之目的，自然有意笼络，然其所言马雄叛因当属实情，

1　巫峡逸人：《五藩梼乘》卷下《耿仲明传》。

2　《清史稿》卷二五〇《王熙传》。

3　《清史列传》卷八〇《罗森传》。

4　《清史列传》卷八〇《马雄传》。

5　《清史列传》卷八〇《马雄传》。

即使后来，清廷修《平定三逆方略》，亦还认为“雄屡疏请救，因援兵不即至，亦势迫从贼”[1]。

此外，对被陷地区官员将领纷纷从叛，康熙皇帝有一较为中肯的分析。他说:“逆贼吴三桂反叛，所在地方文武各官，因兵单力微，不能拒敌，欲弃城来奔，又惧国法难逭，迫于不得已而附从者有之；或为奸计讹言摇惑，无知而服从者有之”，其皆为“一时迷惑，情非得已”[2]。因而，康熙帝令兵部通行晓谕，广为招抚。由此可见，相当一部分汉官汉将被迫卷入了反清阵营，由于“抗贼者立见屠戮，归正者纳款无门”，他们“不得已而苟且偷生，冀延旦夕”[3]。他们的从叛，壮大了三藩反清的声势，却无法改变三藩反清的叛乱性质。

第六节　三藩反清的目的

吴三桂与耿精忠起兵后，即四处煽诱，先后发表了“反清檄文”，提出了反清的政治主张。然而，不久即原形毕露。

一　以“反清复明”、“反满兴汉”号召天下

吴三桂起兵前后，曾以反清复明号召天下，俨然民族志士，大义凌然，故惑于其说者，大有人在。

谒明陵，鼓动藩下将吏起兵，是吴三桂借复明旗号反清的第一个举动，明季稗史形象地记载了吴三桂这一拙劣的表演。[4]

康熙十二年十一月，撤藩使臣至滇省督迁，“日以上命促之，

1 《平定三逆方略》卷二七。

2 《清圣祖实录》卷四七，第 11 页。

3 《文献丛编增刊·清三藩史料》，第 210 页。

4 《明季稗史初编》卷二六《吴耿尚孔四王合传·平西王吴三桂传》。

督责过深，颇凌辱其将吏”。时吴三桂反谋已急，唯恐其下不从，便构隙其端。于是，“设宴大会诸将。酒三行，起而叹曰：‘老夫与诸君共事垂三十年，今四海升平，无所用吾辈，行且远矣，未知圣意所在，且尽今日欢，与诸君叙故，未识异日复相见否？’诸将闻言皆泣下”，人心开始动摇。

“越两日，使臣促益急，三桂下教（场）会诸将曰：‘行期迫矣，朝廷之严谴不可逃也。’”

诸将怒曰：“行即行耳，何相逼为？”

三桂复慰之曰：“朝命也，诚不可缓。但向者诸君得处此土，以有其家，以享富贵，伊谁之赐？愿诸君思之。”

诸将皆稽首曰：“邀殿下（吴三桂）之福。”

吴三桂曰：“非也。”

诸将曰：“然则君上之恩？”

曰：“是已。未尽然也。昔我受先朝厚恩，待罪东陲，值闯贼构乱，召卫神京，计不能两全，乃乞师本朝，以复君父大仇。继平滇蜀，得栖息于此，今日之富贵，皆先朝余荫耳。故君之陵在焉，可无别乎？”诸将皆拜听命。

于是，吴三桂卜曰“谒陵”，并先期关照诸将：“别故君当以故君之衣服见。”令下三军。

是日，吴三桂率大队人马至昆明城郊篦子坡。当年那乱石飞沙的土琢，如今早已淹没于荒草之中，可怜这贵为一朝天子的永历皇帝，生时飘零流离，死亦孤寂冷清，自葬身黄土之后，还从未被人公开祭奠。可有谁想到，十余年之后，第一个来此“悼念”他的，正是当年必欲置他于死地的吴三桂呢！

吴三桂一副明臣装束，头裹方巾，身着素服，面带忧色跪于永历墓前，身后数万官兵亦皆衣“故君服饰”跪于白旗下，一片肃然。祭祀开始了，不知是因亲手诛戮永历帝忏悔不已，还是为失掉云南藩封委屈不平，吴三桂“酬酒，山呼再拜，恸哭伏地不能起”。军中多有永历旧臣、故吏，及联明抗清的大西、大顺农民军将士，他们因大势所趋归附清廷，然却亲临君亡国破，痛楚尤切。如今又追随吴三桂多年，命运休契相关。所以，虽然吴三桂在假戏真做，而“三军皆哭声震如雷，人怀异志，盖至是而三桂之反谋成矣”。对此，有台湾学者评价曰：吴三桂“身披丧服，涕泗纵横，满口君父之仇，不共戴天”，故“不知有多少为之义愤填膺，热血沸腾，所以他才能够一呼百应”[1]。

继谒陵之后，吴三桂又发表了慷慨激昂的“反清檄文”，即所谓“伪札”、“伪檄”，仍然把自己打扮成一个亡明臣子。声称：

“原镇守山海关总兵官，今奉旨总统天下水陆大师兴明讨虏大将军吴，檄告天下文武官吏、军民人等知悉，本镇深叨明朝世爵，统镇山海关，一时李逆倡乱，聚贼百万，横行天下，旋寇京师，痛哉？毅皇烈后之崩摧。惨矣！东宫定藩之颠跌。文武瓦解，六宫丝乱，宗庙邱墟，生灵涂炭，臣民侧目，莫敢谁何，普天之下竟无仗义之师。本镇独居关外，矢尽兵穷，泪干有血，心痛无声，不得已许虏藩封，暂借夷兵十万，身先前驱，斩将入关，李贼遁逃，誓必亲擒贼帅，斩首以谢先帝之灵，复不共戴天之仇。幸而渠魁授首，方欲择立嗣君，更承宗社，不意狡虏再逆天背盟，乘我内虚，雄据燕京，窃我先朝神器，变我中国冠裳，方知拒虎迎狼之非，悔无及。将欲反戈北逐，适值先皇太子幼稚，故隐忍未敢轻举，避居穷壤，艰晦待时，盖三十年矣。彼夷君无道，奸邪高张，道义之儒悉处下僚，斗筲之辈咸居显职，君昏臣暗。慧星流陨，天怨于上，山岳崩裂，地怒于下。本镇仰观俯察，正当伐暴救民，顺天应人之日也，爰率文武，共举谋义。”[2] “卜取甲寅年（康熙十三年）正月元旦寅刻，推奉三太子，郊天祭地，恭登

1 《开国英雄传·清朝编》，台北庄严出版社，1980年。

2 《满清稗史·满清兴亡史》，上海书店，1987年。

大宝，建元周启，檄示布闻，告庙兴师，刻期并发。”[1]

这是一篇颇能蛊惑人心的反清檄文。第一，它以亡明号召天下，利用蓄发易衣冠所形成的民族矛盾鼓动反清；第二，声称吴三桂降清为借兵复仇，乃不得已之举；第三，说明吴三桂借兵后曾与清人有盟约，欲立明太子为君；第四，吴三桂在云南为艰晦待时，伺机反清。总而言之，吴三桂是在利用当时社会上最复杂、最敏感的民族矛盾和民族情绪进行反清宣传，这在明亡未久，人心思旧的清初，确实有很大的感染力，“伪檄所至，反者四起”，甚至连毗邻东北的朝鲜也纷纷然。为此，清廷曾对“檄文”严查严禁，但百年之后，乾隆皇帝南巡，在河南夏邑仍查得一份“伪檄”。足见“檄文”在当时所产生的影响，及时人对它的态度。

吴三桂这种欺世盗名的伎俩，为耿精忠所效仿。他在起兵的同时，也发表了一篇鼓动反清的“檄文”。“檄文”中说：“海内黎元苦残暴之日久矣。本藩蒿目时艰，无术拯救。今日朝纲变乱，众叛亲离，中外之势已分，东南之民无主，远近喁喁，谬相推戴，不得已誓师振旅，期与天下豪杰，共定中原，复华夏之冠裳，救生民于水火。师之所过，不犯秋毫。务期除残去苛，省刑薄敛，疮痍立起，乐利再逢。凡我绅士兵民，宜仰体本藩吊民伐罪之心，率先归顺。自当分别录用，恩赉有加。毋或逆我颜行，自取诛戮。敬哉！故谕。甲寅三月十六日谕。”[2]

随即，又专为衣冠发式檄告：“为光复冠裳与民更新事。照得衣冠服色，贵贱攸分，等威所辨。今本藩倡建义旗，廓清海内，首当变易风俗，与民更始。尔等文武官员绅士军民人等，均属中华之赤子，久思汉代之威仪。令下之日，速宜剪辫，留发包网。所有官帽员领带绶儒巾小帽，一切悉照汉人旧制，毋得混淆。共

1　杜春胜、林信笃编：《华夷变态》上册，卷二。

2　陈鸿、陈邦贤：《清初莆变小乘》。

敦华夏之风，复睹文章之旧。如有抗玩，军令不赦，敬哉！故谕。”[1]

康熙十三年三月二十六日，再次出示“谕令”:“令迁民复回故土，耕种采捕，兵丁不碍拦阻。”[2]欲借取消禁海、迁海令达到收揽人心的目的。

耿精忠以民族矛盾煽动反清，其反满兴汉色彩，比吴三桂更有过之，然而，却只字未言复明。表明三藩起兵之始，即缺乏统一的政治目标。

二　行称王割据的一己之私

吴三桂虽然号称“反清复明”，但却无法掩饰其称王割据的野心，到头来，只能是食言自肥。

先是，吴三桂曾集众人议举兵之名，部将刘茂遐提出:“明亡未久，人心思旧，宜立明后奉以东征，老臣宿将无不愿为前驱矣。”可是，深知吴三桂为人的方光琛坚决反对，他说:“出关乞师力不足也，此尚可解，至明永历已窜蛮夷，必擒而杀之，此不可解矣。今以王兵力恢复明土甚易，但不知功成之后，果能从赤松子游乎？事势所迫，万不能终守臣节，篦子坡之事可一行之，又再行之乎?”[3]这一番话道出吴三桂的心病，动其心弦。他无意复明，谒明陵，祭永历，乃至蓄发易衣冠，都是哗众取宠、收揽人心之举。因而，“三桂听之悚然，遂不用茂遐策”。可是，出师不能无名，于是，他命人炮制了一篇文字巧饰的《反清檄文》，把自己装扮成一个亡明遗臣。

然而，这一切不过是纸中包火。首先，檄文中所称“三太子

1　陈鸿、陈邦贤：《清初莆变小乘》。
2　陈鸿、陈邦贤：《清初莆变小乘》。
3　刘健：《庭闻录》卷四《开藩专制》。

者”纯属虚构，“恭登大宝”更是无稽之谈。而且，在康熙十三年正月，吴三桂刚到贵州便以“周王”自称。当时，“有某生者上书极谏，大略谓：宜奉明正朔，称前平西伯，缟素待罪。以告天下，则忠臣义士谁不倾心？今义旗甫举，便以开国为名，是解天下体也。自此，人窥王志，无复望其景从矣。”[1]吴三桂置之不理。兵至湖南，吴三桂“聘故明少卿李长祥，延以宾礼，问方略。长祥曰：‘亟改大明名号，以收拾人心，立怀宗后裔，以鼓舞忠义’。桂以其言问方献廷、胡国柱，二人曰：‘昔项羽立义帝，后又弑之，反动天下之兵，今天下在王掌握，他日又置怀宗后裔于何地？’长祥知桂意，遂谢去。”[2]时吴三桂急欲网罗文人为其赞画运筹，听说昔日故友谢四新在安徽徽州，大喜。谢四新乃当时通人处士，在辽东时就为吴三桂仰慕，二人交谊一场，因而吴三桂派人潜至徽州延聘。谁知，“谢四新辞不赴”，答一诗曰：“李陵心事久风尘，三十年来讵卧薪，复楚未能先覆楚，帝秦何必又亡秦。丹心早为红颜改，青史难宽白发人。永夜角声应不寐，那堪思子又思亲。”[3]这语词辛辣、入木三分的讥讽，将吴三桂朝秦暮楚、反复无常的品性揭露无遗，剥开了他反清复明的伪装。吴三桂感到无地自容，他大骂谢四新是“薄福小人”！可诗中的字字句句，不仅令他羞愧难忍，甚至有些毛骨悚然。

此后，吴三桂遂不再言复明。在他以周王名义发布的“升授官员”文告中，不仅绝口不言复明，甚至连兴汉、恢复中华也极少提及，只书：“予以宇宙昏蒙，如居长夜，仰承天意，倡义救民，必资智勇之才，共济升平之烈。查得屯田游击姚昆，今仍授以游击用，示优异合行给札。……”[4]只是他还不敢公开收回复明和反

1　刘健：《庭闻录》卷五《称兵灭族》。

2　孙旭：《平吴录》。

3　孙旭：《平吴录》。

4　中国第一历史档案馆：《清三藩史料》，胶片 2721 号。

满兴汉的主张，故在其下级将领的文告中，仍有“照得天意亡胡，人心思汉”，“荡夷虏浊乱之腥羶，复华夏衣冠之礼乐”[1]的字样，但比之起兵伊始之“谒明陵”，以先朝臣子自居，已判若两者。

因而，以遗明代表自居的郑经，虽对吴三桂约其出兵表示“雀跃”，却不免持有疑虑，复信吴三桂曰：“既庆朝廷之光复，又喜所怀之不谬，故献一言：自古成天下之大业，必先建天下之大义，以殿下之忠贞，而择立先帝之苗裔，则足以号召人心，而感奋忠义。不佞所以区区道及，亦欲依日月之末光，早建匡复之业。”[2]吴三桂为了取得郑经的支持，遣礼曹钱黯赍书往台湾，解释不复故明而称“周”的理由。书曰：“先朝盛德，何日忘之，然藉拥戴以呼召人心，乃草创故智，不慎于始，后必终凶。项氏之于义帝、诸刘之于更始，可鉴也。使大势既定，亲贤自不乏人，与天下公议之，一德同心，宣化之例，何必逊古人耶。倡义除暴，首当削号，故改为‘周’。且列国即位改元，春秋正例，师古正名，窃附斯义耳。”[3]在这里，吴三桂对其无意复明，已不再做任何掩饰，承认，初倡复明，不过是行“草创故智”，“藉拥戴以呼召人心”。并以亲贤自居，把称“周”改号，比为“春秋正例”，已暴露了他欲称帝自为的个人野心。故郑经闻言，大为感叹，曰：“吴藩萌念已差，不但不能取信天下、号召英雄，实为后世羞耳。”[4]

由吴三桂与郑经之间的书信往来可以看出，郑经出兵助吴，志在复明，即如封建文人所言：“郑王虽偏守台湾，而尊王朔，志存继主，忠孝凛然。”[5]而吴三桂约郑经出兵，则是要郑经助他打

1　中国第一历史档案馆：《清三藩史料》，胶片 2727 号。

2　江日昇：《台湾外志》卷一六。

3　江日昇：《台湾外志》卷一六。

4　江日昇：《台湾外志》卷一六。

5　《文献丛编增刊·清三藩史料》，第 44～45 页。

天下。因而，他们虽然同为反清，却是目的各异，同床异梦。耿精忠亦是如此。他既不奉明为正朔，也不从吴尊周王，而独树一帜，书“甲寅”年号，铸“裕民通宝”为币，以充兵用，“不遵者斩”[1]，并且与吴周一样设立六曹官制。因而，有人说：“耿王自三月十五日建旗之后，颁发谕示，俱称敕旨。既用黄绫，从不遵及大明正统，既已无旧主之念，何以服兆姓之心。”[2]其分崩离析，迅速解体亦是必然的。郑、耿交恶之后，吴三桂遣礼曹钱黯至福建为二人和解。然而，由于吴三桂自身名义不扬，和解甚是无力，郑将刘国轩嗤之说：“吾家在海外数十年，称奉明号，今吴号称周，耿称甲寅，是以来攻尔两家。若归正朔，吾不难进镇江、上南京，否则尔两家皆吾敌国也。”[3]

由此可见，三藩反清，既不为复明，亦不欲恢复中华，而是坚持割据、分裂统一国家的叛乱，其失败是必然的。康熙十七年三月，吴三桂称帝衡州，进一步暴露了他发动这场反清斗争的真实目的，也宣布了他称王割据的末日已经到来，所谓“三桂初发难时，洛邑顽民犹思禄父，故讹言煽动，所在响应，耿、尚二王及台湾郑氏皆通使往来，及闻其南面自尊建号、改元、设官、制历，由是天下解体，角材而至者，皆思有以诎之矣。”[4]

1　江日昇：《台湾外志》卷一七。

2　《文献丛编增刊·清三藩史料》，第 44～45 页。

3　孙旭：《平吴录》。

4　《明季稗史初编》卷二六《吴耿尚孔四王合传·平西王吴三桂传》。

第五章　清朝平定三藩与三藩兵败

第一节　康熙皇帝力主平叛，维护国家统一

康熙十二年十二月二十一日，奉命前往贵州备办吴三桂夫船糗粮事宜的兵部郎中党务礼、户部员外郎萨穆哈驰驿到京，奏报吴三桂反讯。一时，举朝震动。一些大臣被吴三桂的汹汹气势所吓倒，“多有退而非毁”者，“谓因迁移所致”。[1]康熙皇帝命议政王大臣会议发兵，都察院左佥都御史魏象枢“力言不可”。他说:“此乌合之众，何须发兵，昔舜诞敷文德，舞干羽而有苗格。今不烦用兵，抚之自定。”“何必劳师于远，贼至，我以逸待劳，即可息弥耳。”[2]大学士索额图竟提议杀掉主张撤藩诸臣，向吴三桂谢罪，“谓因撤藩激变，请诛撤藩之人”[3]。或“议者以军需浩繁，谓宜就近调兵御守”[4]，实则亦反对出兵。康熙帝断然否决了索额图、魏象枢等人的意见。他说:“此（撤藩）出自朕意，伊等何罪?”[5]“朕自少时，以三藩势焰日炽，不可不撤，岂因吴三桂

1　《清圣祖实录》卷九九，第8页。

2　《清圣祖实录》卷一六三，第17页。

3　《清史列传》卷八《索额图传》。

4　《清史列传》卷六《米思翰传》。

5　昭梿:《啸亭杂录》卷一《论三逆》。

反叛遂诿过于人耶？”[1]力主出兵，由京师遣发八旗劲旅平叛。是时，部分满大臣见康熙帝镇定自若，有胆有识，亦增强了勇气和信心，转而赞同出兵，他们嗤魏象枢曰：“贼逼城下，始出兵御敌，有是理乎！”[2]户部尚书米思翰又指出：“贼势猖獗，非绿旗兵所能制，宜以八旗劲旅会剿之。至军需，内外协济，足支十年，可无他虑。”[3]这更坚定了康熙皇帝的意念，遂立即进行全面的军事部署，决心讨平叛乱。

康熙十三年三月，吴军攻占湖南、四川，陈兵于长江南岸，吴三桂坐镇常德指挥，麾兵所到，清兵望风披靡，形势危甚。兵部尚书王熙请诛吴应熊夺敌士气，他说：“逆子吴应熊素凭势位，擅利散财，蓄养亡命。种种流言，讹传不止。大寇在外，大憝在内，不早为果断，贻患匪轻。”“应熊之当诛戮，无待再计决者，宜速正典刑，传首湖南、四川。老贼闻之，必且魂迷意乱，气阻神昏；群贼闻之，内失所援，自然解体；即兵士百姓闻之，公义所激，勇气自倍。消除内变之根源，扫荡逆贼之隐祸，务莫急于此。”[4]诸王大臣亦众口喧然，皆谓“反逆子孙理应诛戮，以彰国法”。康熙从事慎重，“尚冀其悔过自新，束身待罪”[5]。四月二日，镇南将军尼雅翰奏闻：吴三桂以舟送撤藩使臣折尔肯、傅达礼还武昌，并携吴三桂奏章。康熙帝大悦。他立即遣侍卫纳尔泰等迎至黄河，宣旨温慰，又遣侍卫苏达齐赐衣帽鞋袜，遣伊都额真一等侍卫前去接迎。同时谕令前线驻军提高警惕，敕顺承郡王勒尔锦曰：“朕思吴三桂素多狡诈，此中疑有诡计，如吴三桂服罪请降，王及将军等仍议招致之，益加警备，毋堕奸谋。即吴三桂

1　《清圣祖实录》卷九九，第 9 页。

2　《清圣祖实录》卷二七四，第 17 页。

3　《清史列传》卷六《米思翰传》。

4　《清史列传》卷八《王熙传》。

5　《清圣祖实录》卷四七，第 6 页。

素身归命，王等但以礼受降，其官属益加严防，不可分散兵力，急于前进，务相机以行。”[1]四月九日，折尔肯、傅达礼至京师奏闻。康熙帝御乾清门，温纶嘉慰，详询吴三桂反叛情形及云南地方事宜，阅吴三桂奏章，始知其怙恶不悛，善利难舍，毫无悔过之意，遂严词痛斥曰：“近览吴三桂奏章，语词乖戾，妄行乞请。”[2]并于四月十三日下令，将吴三桂子吴应熊、孙吴世霖处绞，其余幼孙免死入官，应坐人犯分别正法。谕旨称：“朕思乱臣贼子，孽由自作，刑章俱在，众论佥同，朕亦不得曲贷之也。”命兵部、刑部“即通行晓谕内外军民人等，俾咸悉朕意”[3]。康熙皇帝以吴三桂多行不义必自毙诏示天下，表明其铲除叛逆的决心。

康熙十四年四月，吴三桂授意达赖喇嘛上疏康熙皇帝，曰：“若三桂力穷，乞免其死罪。万一鸱张，莫若裂土罢兵。”康熙严词拒绝了此等分裂中国的建议。他痛加驳斥说：“吴三桂乃明时微弁，父死流贼，摇尾乞降。世祖章皇帝优擢封王，其子尚公主，朕又宠加亲王，所受恩典，不但越绝朝臣，盖自古所罕有。吴三桂负此殊恩，搆衅残民，天人共愤。朕乃天下人民之主，岂容裂土罢兵，但（吴三桂）果悔罪来归，亦当待以不死。”[4]并指明，吴三桂是负恩反叛之“逆贼”，其反清毫无正义可言。

第二节　康熙皇帝平叛的军事部署

康熙皇帝作出出兵的决定后，立即调兵遣将，进行全面的军

1 《清圣祖实录》卷四七，第 1 页。
2 《清圣祖实录》卷四七，第 6 页。
3 《清圣祖实录》卷四七，第 6~7 页。
4 《清圣祖实录》卷五四，第 17 页。

事部署。

一　组成以荆州为中心、以川湖为重点的防御体系

平叛之初，康熙帝力图将战事控制在云南、贵州和湖广境内，因而沿三省设防，布军要冲。康熙十二年十二月二十一日，康熙帝面谕诸王大臣，发布指令。他以荆州位居天下之中，“乃咽喉要地，关系最重”，派前锋统领硕岱率每佐领前锋一名，约计千余人，[1]兼程前往守御，以固军民之心，并进据常德，以遏叛军东犯之势；广西毗邻贵州，授孙延龄为抚蛮将军，线国安为都统，命其统兵固守；四川与滇省接壤，令西安将军瓦尔喀率副都统一名，悉率骑兵，星驰赴蜀，坚守自滇入川险要之地。同时停撤平南、靖南二藩，令二王分守汛地，以示区别，并孤立吴三桂。康熙帝举军事、政治并重，显露出他非凡的指挥才能，并表明其战略意图为集中力量打击元凶首恶。

湖广和四川是清廷防御的重点。十二月二十四日，康熙皇帝命多罗顺承郡王勒尔锦为宁南靖寇大将军，总统诸将驻守荆州，多罗贝勒察尼、都统觉罗朱满、鄂内等八人参赞军事，都统范达礼、王国诏等十四名将领同往，所率满洲、蒙古、汉军八旗劲旅中仅前锋、护军、骁骑等八旗精锐约计近一至二万人。[2]十二月二十七日，命都统赫业为安西将军同瓦尔喀一同由汉中入蜀，护军统领胡礼布为副将军。前锋统领穆占、副都统颜布同往。两路大军出发之日，康熙皇帝御太和殿，亲赐勒尔锦、赫业等敕印，诫谕将帅曰：“行军之道，唯得民心为要，所过宜厚加抚恤，严禁侵掠。诫

1　据《清史稿》卷一三〇《兵志》，清朝上三旗中满蒙佐领共计 345 个，若加上下五旗满蒙佐领当在千余，故据此推测。

2　当时议政王大臣会议定：八旗满洲蒙古每佐领前锋各一名，护军各七名，骁骑各十名，汉军每佐领骁骑各五名，官员酌量兵数派出。据《清圣祖实录》卷四四，第 13 页；光绪《大清会典事例》卷一一一一，第 2～4 页；《清史稿·兵志》卷一三〇。

能无犯秋毫，则百姓安矣。至官兵暴露良苦，亦宜拊循。有劳绩者，即向所司支给赏赉，勿致逾时”。[1]然后，诣堂子行礼、祭旗纛，亲出西安门送行。厚望诸将早奏凯歌，取得平叛战争的胜利。

二　屯重兵于兖州、太原与增设驿递邮传

调兵当中，康熙皇帝考虑到清军进征川湖，援兵自京发遣难以骤至，且至兵马疲劳，以山东兖州地近江南、江西，湖广，以山西太原地近陕西、四川，均属东西孔道，命副都统马哈达领兵驻兖州，扩尔坤领兵驻太原，秣马以待，所在有警，便即时调遣。

为能及时了解前线军情，康熙帝还考虑到，交战之后必致羽书络绎，命兵部于驿递之外，每四百里置笔帖式，拨什库各一，“以速邮传，诘奸宄，防诈伪”。于是，“甘肃西边五千余里九日可至，荆州、西安五日可至，浙江四日可至”。建立起一条直接服务于平叛战争的高效率的通讯系统，以针对前线瞬息万变的形势采取相应的对策，从而保证了战争的胜利取得。

三　诏示天下以伸张正义，打击元凶

于军事部署的同时，康熙皇帝颁诏敕天下，削吴三桂爵，历数其负恩反叛诸罪行，以表明平叛战争的正义，宣告清军“兵威所至，刻期荡平”的决心。诏书宣谕云贵文武官员军民曰：“各宜安分自保，无听诱胁，即或误从贼党，但能毁罪归诚，悉赦以往，不复究治。尔等父兄子弟，见在直隶各省出仕居住者，已有谕旨，俱令各安职业，并不株连，尔等勿怀疑虑。其有能擒斩吴三桂头献军前者，即以其爵爵之，有能诛缚其下渠魁，及以兵马城池归命自效者，论功从优叙录，朕不食言。”[2]康熙帝宣布政策，争取

1 《清圣祖实录》卷四五，第 5 页。

2 《清圣祖实录》卷四四，第 19 页。

民心，将平叛目标集中于吴三桂及其死党。

四　保固东南财富重地

东南向为财富之区，赋税重地。康熙十三年正月初八日，康熙帝降旨曰："江南沿海濒江，甚属紧要，俱应有备。江西水陆皆与楚闽接壤，尤宜固守。"命两江总督阿席熙"饬令镇将，整顿兵马，于封疆扼要之处加意探防。"[1]同时部署加强江南上游重镇安庆的防务，以防止叛军顺流东下。正月十九日，命都统尼雅翰为镇南将军与副都统席布率领德州、沧州、顺义等十处驻防满兵前往兖州与兖州驻防副都统马哈达会师。然后分兵为三，择马肥者，令尼雅翰、席布领之先往安庆；马瘠者，喂养后由马哈达领之继往安庆；余兵以副都统根特巴图鲁统领留守兖州。

正月二十二日，侍卫夸塞自荆州驰还，奏闻偏沅巡抚卢震弃长沙奔岳州。康熙见长江上游局势有变，即命都统觉罗朱满领兵速赴武昌重地，谕令"务期保固地方，贼势倘众，勿轻与战。或武昌无警，即于岳州以北，水陆要地驻防。"[2]遏敌东下。并命江宁将军额楚、镇海将军王之鼎，各遣副都统一员，领兵千名，水陆并进，先往安庆，以将军尼雅翰总统安庆各路驻防及增援兵马。

五　形势的恶化与康熙皇帝对平叛部署的重新调整

康熙皇帝欲将叛军控制在西南三省的意愿未能实现。

先是，四川巡抚罗森，提督郑蛟麟，总兵谭弘、吴之茂等以四川叛降吴三桂，声言将分兵取汉中、下夔州，危及陕西、湖北。未几，吴军总兵杨宝应，将军夏国相、张国柱、吴应麒等，分别攻陷常德、澧州、衡州、岳州等地，清军长沙副将黄子卿献城附

1 《清圣祖实录》卷四五，第 4～5 页。

2 《清圣祖实录》卷四五，第 12 页。

叛。提督桑格、总兵官周邦宁等因孤军难御退守荆州，湖广总督蔡毓荣疏乞清军星驰前往。

四川、湖南沦陷，清军平叛部署须重新调整。康熙帝调彝陵总兵官徐治都自常德返彝陵，备四川叛军东出夔州。命都统席卜臣为镇西将军，与副都统巴喀、德业立同往保守西安，接应进川大军，加强陕西防务。陕西为边陲要地，且与四川地处邻封，二月二十七日，康熙帝又派武英殿大学士、刑部尚书莫洛经略陕西，率领满兵驻守西安府，会同将军总督而行，“巡抚提镇以下悉听节制，兵马钱粮悉听调发，一切应行事宜不从中制，文武各官听便选用，吏兵二部不得掣肘”[1]。给以充分的权力。在湖广战场，由于以硕岱、巴尔布等为首的荆州大军先遣部队，陆续于正月二十四日、二月初一、初二、初六日抵达驻地，大将军勒尔锦也已赴任，荆州得以保固。而且，又自荆州分兵襄阳、郧阳等地，组成了荆襄防线。于是，清军将吴三桂拦阻于江西以西，荆襄以南，使之不得北上和东进，对于稳定事态、扭转战局起了重要作用。

但形势进一步恶化。康熙十三年二月二十八日，广西将军孙延龄据桂林叛，三月十五日，耿精忠据福建反，“东西南北，在在鼎沸”。耿精忠一面致书郑经请于海上登陆，一面分兵袭取浙江、江西。吴三桂亦乘机对清军展开攻势。见清朝大军扼荆楚，乃图两翼，“一由长沙窥江西，一由四川窥陕西，其江西之贼入袁州，陷萍乡、安福、上高，与耿逆之兵合，陷三十余城”[2]。“又遣伪护卫至岳州，令贼将坚守，且趣进兵。”[3]同时还分兵袭击荆州清军驻地，“每声言渡江”[4]。浙江总督李之芳与江西总督董卫国纷纷告急，江西以楚闽夹击，危急尤甚。

---

1 《清圣祖实录》卷四六，第 12 页。

2 魏源：《圣武记》卷二《康熙勘定三藩记上》。

3 《清圣祖实录》卷四八，第 9 页。

4 《平定三逆方略》卷六。

康熙帝见形势有变，再次重新调整平叛部署。

增兵江浙。四月，授驻守怀庆内大臣阿密达为扬威将军，率禁旅往援江宁，协江宁将军额楚驻防；授都统赖塔为平南将军，总统副都统马哈达、胡图所部驻守安庆、江宁兵丁，与将军华善所分遣兵赴杭州，马哈达、胡图并为参赞，“其杭州驻防官兵，仍听将军图赖统辖，一切剿守事宜，赖塔、图赖商酌以行”[1]。此外，安南将军华善仍守京口，镇海将军王之鼎仍镇汛地。东南重镇军备大大加强。

巩固荆襄防线，招抚吴三桂。在原有的基础上，康熙皇帝又增满洲八旗并察哈尔、科尔沁蒙古诸部往荆州。六月十三日，命多罗贝勒尚善为安远靖寇大将军，同固山贝子章泰、镇国公兰布率兵往岳州，加强了岳州的攻势。同时，康熙皇帝鉴于当时的形势，在尚善离京前特地召见面谕，指示其在武力攻取的同时，尽最大可能进行招抚，“兵勿轻入”。故尚善抵前线后，便致书吴三桂，其中有云:“皇上封弟（尚善自称）为定南大将军，谆蒙训谕，谓王非比他人，受我国恩甚重，如果谋为不轨，岂有公主驸马两造滇南且不叛者乎。今观其晚年兴作非王本意，兵勿轻入。窃思此谕，皇上犹然怜王，不忍遽灭吴宗，自古人君，未有加惠叛臣而如此者也。”“今我兵云集，得失之形已著，王何犹豫焉，事异形殊，形分迹异，天下佑王者，以王有罪之故耳。王一身而为两朝臣，实未尽心于一主，乃不忠之罪也；为子不能保父尸，乃不孝之罪也；为父乃使子孙绝灭，乃不仁之罪也；承人恩而后背负，乃不义之罪也。足不（下）戴不忠、不孝、不仁、不义之大罪，何以为君而治天下，收民心哉！以此服人，以此保族，以此收民，实同卧草求安，巢墓为固也，岂非自欺乎？兹者智士寒心，谋士捐策，勇士怀忿，皆欲诛逆，此乃见义而进，遇难而退之细人，

1　《清圣祖实录》卷四七，第 9、10 页。

慕一时之利，并未深计大事，以为至易，曲迎王意，共同富贵耳。王一时未能预度，业经举动，相持日久，胜负昭然。斯时也，捐躯而为王效死者谁乎？间有一二欲报王恩，王复春秋高迈，设为子孙谋，世子又监禁京城，前不能进，后不能退，立于两歧，自身妻子，尚不能保复，何心而为王争大事乎？莫若详察愚陈，腑首自责，返身认罪，皇上仁明好生，决不泯王善而降大罪，如此上可免负君之罪，下可安万民，则父号子叹之难，从此息矣。王又去盗贼之名，而锦（绵）宗祖之祀，世世子孙，富贵可继矣。”[1]给了吴三桂以最后悔过自新的机会。

严守江西。江西为广东门户，水陆皆与楚闽接壤，是吴、耿必争之地，康熙皇帝极其重视江西的防务。康熙十三年三月，当巡抚董卫国奏报吴军“张夏二贼欲犯江西袁州、吉安”时，康熙即命副都统根特巴图鲁率南昌驻防兵前往剿御，旋即又任命内大臣希尔根为定南将军，礼部尚书哈尔哈齐副之帅师赴往，命护军统领桑格、吏部侍郎觉罗舒恕、副都统根特巴图鲁、席布同参赞军务。六月，由于耿军进入江西，广信叛弁柯升勾结耿军作乱，江西东部形势吃紧。康熙命根特巴图鲁停止增援广东，先定广信；护军统领查哈太也由去荆州，改赴江西，同副都统甘度海一同为希尔根参赞军务，又一次增兵江西。康熙皇帝认为，“江右为粤东咽喉，江浙唇齿，所关綦重”。因而，于八月手书敕谕护军统领桑格务期保卫江西。他说:“今兵民之心，尚持两端，若不先灭地方小丑，大兵难以前进。至袁州、吉安、赣州尤属要地，若有失陷，则广东声息必至梗阻，广东梗阻则势益危急。今满兵驻袁州，相机进取长沙，否则固守地方，庶三府可保无虞。”[2]

增设大将军，命诸王、贝勒等宗室贵族出征。由于各将军分

1 《贝勒尚善寄吴三桂书》。

2 《清圣祖实录》卷四九，第11页。

守汛地，互不统属，康熙认为应增派大将军，并以宗室诸王、贝勒充任。六月二十五日，即谕令兵部于浙江、四川两路，遣诸王、贝勒、公等前往剿御。并于是日授和硕康亲王杰书为奉命大将军，同固山贝子傅喇塔率兵赴浙江；多罗贝勒董额为定西大将军，同固山贝子都统温齐、辅国公绰克托往四川。九月十八日，又授和硕简亲王喇布为扬威大将军，保卫江南、江西。九月二十四日，授和硕安亲王岳乐为安远平寇大将军赴广东（实转战江西、湖广）。大将军总统一方，加强了清军各部之间的联系，且诸王、贝勒指挥调遣无可牵制，大大增强了清军的战斗力。

经过此次大规模的调整，康熙指挥清军平叛的部署基本就绪。

附康熙平叛所授战将军衔名单：[1]

宁南靖寇大将军	顺承郡王	勒尔锦
镇南将军	尼雅汉	
镇西将军	席普臣	
安南将军	华善	
定南将军	希尔根	
平南将军	赖塔	
镇东将军	喇哈达	
扬威将军	阿密达	
平寇将军	根特巴图鲁	
奉命大将军	康亲王	杰书
安远靖寇大将军	贝勒尚善	
扬威大将军	简亲王	喇布
定远平寇大将军	安亲王	岳乐
振武将军	昆巴图鲁下	
平南大将军	尚之孝	

1　摘抄自中国第一历史档案馆档案，《清三藩史料》胶片 2760 号，缺处为笔者补注。

建威将军	鄂泰
靖寇将军	张勇
平逆将军	毕力克图
镇安将军	噶尔汉
讨寇将军	尚之信
抚远大将军	鄂札（据《清实录》补）图海
靖寇将军	王辅臣
奋威将军	王进宝
征南将军	穆占
镇平将军	耿昭忠
宁海将军	印贝子傅喇塔（据《清实录》补）
讨逆将军	宜里布（据《清史稿》补）
荡寇将军	
抚远将军	章泰（据《清史稿》补）
安西将军	赫业（据《清史稿》补）
定西大将	军印贝勒董额（据《旧典备征》补）
安北将军	印佟国纲（据《清史列传》补）
征逆将军	刘行忠
建义将军	林兴珠
宣义将军	尚之孝
奋威大将军	尚之信
昭武将军	杨捷
定海将军	王之鼎
昭义将军	马承阴
绥远将军	蔡毓荣
勇略将军	赵良栋
怀忠将军	海朝龙
征南大将军	赖塔

安远靖寇大将军	贝勒察尼代尚善（据《旧典备征》补）
定远平寇大将军	贝子章泰代安亲王（据《旧典备征》补）
征蛮灭寇将军	傅弘烈（据《清史稿》补）
镇南将军	舒恕、莽依图（据《清史稿》补）
	勒贝（据《清史列传》补）
振武将军	佛尼埒（据《清史稿》补）
西安将军	瓦尔喀（据《清史稿》补）

第三节　息内乱，平察哈尔，解除后顾之忧

法国传教士白晋评论三藩叛乱说："这一叛乱的危险性是如此之大，因为它为其他的叛乱提供了机会。"[1]事实正是如此。

吴三桂反清的消息传至京师的第二天，即康熙十二年十二月二十二日，京城爆发了杨起隆起义。"这一叛乱是北京的汉族奴仆阴谋策划的，他们预谋在一夜之内杀死他们所有的满洲主子。"[2]杨起隆自称"朱三太子"。建年号"广德"，起义成员称"中兴官兵"，皆头裹白布，身束红带为标志。是日，杨起隆在正黄旗承恩伯周全斌之子周公直家（鼓楼西街）举火起事，起义者"皆披甲露刃"，[3]"四处纵火"。但由于镶蓝旗监生郎廷枢家仆事先告变，郎廷枢捕获黄裁缝等四人首告。周公直察知有变，亦呈首正黄旗都统祖承烈，曰："有素不识面凶恶之徒，三十余人，在于伊家。"[4]正黄旗都统图海、祖承烈与镶黄旗副都统纪哈里等亲率官兵，将

1　（法）白晋：《康熙帝传》，《清史资料》第 1 辑，中华书局，1980 年。下同。

2　（法）白晋：《康熙帝传》。

3　《清史稿》卷二五八《鄂克巡传》。

4　《清圣祖实录》卷四四，第 15 页。

周公直家团团包围。起义者陈益等见“流矢如雨”，遂“放火拒捕”，掩护杨起隆、张子房等六人突出重围。陈益、黄吉、杨起隆妻马氏等数十人被捕。“这些同谋者人数众多，彼此却并不相识，由于皇帝果断地采取了预防措施，所以在短短几天内就彻底平息了叛乱。”[1]

由于杨起隆尚未捕获归案，康熙皇帝谕令严审黄裁缝等人，缉捕杨起隆及其他起义者。“后广为搜捕，共获贼众数百人。”[2]未几，有人举首杨起隆潜藏大城之内，清廷关闭城门，张兵城上，严行缉捕。百姓惊恐，欲逃奔西山避难。

康熙帝以三藩战事为急，欲迅速稳定京城，全力投入平叛战争。为此，于康熙十三年正月，连发上谕，安抚百姓。他说:“前令缉获假称朱三之杨起隆，与良民毫无干预。并无驱逐居民，移居城外之事。”“军民人等俱宜各安生业，不得听信讹言，自生疑惧，旁人亦不许妄行首告，借端吓诈，扰害善良。”命兵刑二部“通行晓谕”。[3]是月十八日，康熙下令将黄裁缝等十二人俱凌迟处死，余犯即行处斩，各犯亲属从宽免罪，京城秩序趋于平稳。

然而，第二年，新的威胁又向京城袭来，居于漠南地区的“另一蒙古王公也造反了”。

康熙十四年三月，正当以吴三桂为首的反清势力甚嚣尘上之际，在我国内蒙古东部、辽河以西的蒙古察哈尔亲王布尔尼也起兵反叛。

布尔尼是元太祖成吉思汗的后裔。天聪年间，其祖父林丹汗被皇太极击败后，正妃与儿子额哲悉众归清。清廷为笼络、稳定

1 （法）白晋：《康熙帝传》。

2 《清圣祖实录》卷四四，第 15 ~ 16 页。

3 《清圣祖实录》卷四五，第 4、14 页。

漠南蒙古，先后封额哲与其弟阿布奈为亲王，妻以公主。但阿布奈并不感恩朝廷，“所为多不法”，“不修朝贡者八年”[1]。康熙八年，理藩院以阿布奈“无藩臣礼，大不敬”，论处死罪，康熙皇帝令“从宽免死，著革亲王爵，严禁盛京”[2]。事后，为安抚察哈尔蒙古，又封阿布奈长子布尔尼为亲王。布尔尼时年16岁，娶安亲王岳乐之女为妻，爵秩郡主，布尔尼遂为清朝额驸。但他性情尤为凶顽，时刻寻机要报祖、父之仇，“推翻满洲人的统治，恢复他们祖先曾经统治过的帝国”[3]。

吴三桂起兵后，康熙帝多次谕令布尔尼率兵南下平叛，但布尔尼拒不行动，反而“在三藩王（或汉族王）造反最激烈时，这个蒙古王手下几个官吏来到了北京。当他们发现北京几乎没有满洲人的军队，连守卫大门的也只是些小孩时，他们立即向他们的主子报告。”[4]于是，布尔尼“谋劫其父阿布奈兴兵造反，日与其党缮治甲兵”[5]，并派人奔赴漠南各地，联络蒙古诸部。喇嘛阿扎里、副都统布达礼等十一人，亦极力鼓动布尔尼举事。欲乘“国家有事之际，王师四出，潜搆逆谋”[6]。布尔尼企图反叛的行径为从嫁公主长史辛柱发觉，立即派其弟阿济根奏报朝廷。

消息突如其来，“圣祖忧之”[7]。其时，云贵、四川、湖南、福建、广西、陕西相继失陷，人心动摇，“自古藩镇之乱未有甚于此时”[8]，“天下事几不可问矣”[9]。且北京城内刚刚发生汉族奴

1　勒德洪：《平定察哈尔方略》卷上，第一历史档案馆藏精写本。下同。

2　《清圣祖实录》卷二九，第6页。

3　（法）白晋：《康熙帝传》。

4　（法）白晋：《康熙帝传》。

5　《清圣祖实录》卷五三，第21页。

6　勒德洪：《平定察哈尔方略》卷下。

7　昭梿：《啸亭杂录》卷二《图文襄公用兵》。

8　赵翼：《皇朝武功纪盛》卷一《平定三逆述略》，《近代中国史料丛刊》本，台北文翰出版社。

9　《明季稗史初编》卷二六《吴耿尚孔四王合传·平西王吴三桂传》。

仆暴动事件，人人惶恐，如果布尔尼反叛一旦得逞，清王朝将腹背受敌，后果不堪设想。康熙帝深感事关重大，“以事尚未露，不便遽加以兵，欲派人召布尔尼兄弟，以觇虚实，又恐其生疑”，便请示祖母孝庄文皇后。决定“遣侍卫塞稜等遍召巴林王鄂齐尔兄弟，翁牛特王杜楞兄弟，及布尔尼、罗布藏俱入京师”。[1]不久，诸王皆至，唯布尔尼兄弟不来。康熙十四年三月十七日，布尔尼执侍卫塞稜，于是月二十五日，公开举兵反清。奈曼部王札木山及附牧于察哈尔牧地的喀尔喀贵族垂札布率部从叛，共计万人，集于察罕郭尔河。顿时，关外诸处，气势汹汹，一片混乱。长史辛柱亲率伊弟巴勒米特赴京奏闻。

在这紧急关头，康熙皇帝依然镇定自若，“外则视以暇豫，每日出游景山骑射”，[2]安定人心，同时从容部署平叛。三月二十九日，康熙命多罗信郡王鄂札为抚远大将军，又接受孝庄文皇后建议，擢都统大学士图海为副将军，护军统领哈克山、副都统吴丹、洪世禄参赞军务。然统帅虽命，却无兵可领，“时诸禁旅皆南征，宿卫尽空”。在这非常的情况下，图海“请选八旗家奴之骁健者，得数万人”，[3]组成一支特殊的平叛大军。康熙又命盛京将军倭内巴图鲁、宁古塔将军巴海固守盛京，以防其劫掠阿布奈，同时配合鄂札、图海平叛。

四月三日，康熙帝遣理藩院郎中马喇，员外郎塞冷赴漠南蒙古各盟旗调兵，并宣谕察哈尔部众曰:“尔等当向布尔尼申明利害，彼若悔罪归诚，尔等亦当获福多矣。”“若布尔尼拒谏不悛，或献贼渠，或自行投降，朕赐以官爵，俱加恩养，断不食言。”[4]以期分化瓦解敌众。四月六日，清军启程。康熙皇帝鉴于清军平叛队

1 《清圣祖实录》卷五三，第21页。

2 《庭训格言》，台北商务印书馆，1986年。下同。

3 昭梿：《啸亭杂录》卷二《图文襄公用兵》。

4 勒德洪：《平定察哈尔方略》卷上。

伍组成仓促，缺乏训练，认为必须乘敌不备，急驰突袭，方能克敌制胜。故于行前，又指示鄂札等人曰："大兵出山海关，当宣布累朝待布尔尼厚恩，及朕不忍加诛意。彼若悔罪来归则已，否则以敕书付纵蒙古持往谕之。即布尔尼等临阵来降，亦当受纳。今值蒙古马瘦，尔其速往无违。""兼程驰赴，乘贼马未肥，党羽未合，即行扑灭。"[1]

清军出发后，一路上，鄂札与图海"仰遵诏旨，卷甲疾趣"[2]。图海以利相诱，每至州县村堡，纵令众家奴略掠，所获金帛尽归己有，不数日便至察哈尔。四月二十一日，清军进至歧尔哈泰，侦知布尔尼、札木山屯于达禄。二十二日，清军抵达禄，宣谕旨招抚。从叛者闻诏，即纷纷离去，喀尔喀垂扎布手下台吉托伊率四佐领兵奔到科尔沁，奈曼一等台吉鄂齐尔率九佐领兵及妻子奔往敖汉，再奔科尔沁。布尔尼兄弟陷于孤立。

时布尔尼以逸待劳，设伏山谷，另以三千人迎战。鄂札以图海、吴丹率轻骑进攻，命洪世禄率左翼搜捕山涧。图海下令曰："前此所掠皆士庶家，不足为宝。今察哈尔承元之后，数百年之基业，珠玉货宝不可胜计，汝等如有获取之，可富贵终身也。"为厚利驱使，众八旗家奴"勇跃从事"，"无不以一当百"[3]，布尔尼大败，察哈尔都统晋津于阵前率军投降，札木三势穷，自缚请罪，垂扎布落荒而逃。布尔尼与罗布藏亦仅以30骑遁走，逃至扎鲁特境内贵苏特，路遇科尔沁和硕额驸沙津率领的科尔沁右翼五旗军队。沙津为罗布藏妻兄，布尔尼要罗布藏送其妻与沙津，并告以战败欲逃之故，希冀沙津念及姻戚之情纵其逃走。然沙津责令二人向清廷请罪，二人亡命溃逃，遂为沙津射杀。

1　勒德洪：《平定察哈尔方略》卷上。

2　勒德洪：《平定察哈尔方略》卷上。

3　昭梿：《啸亭杂录》卷二《图文襄公用兵》。

清廷仅以两月时间便平定了这次叛乱。法国传教士白晋形象地描述这次平叛过程说："康熙帝迅速地派出了由驻京军队（八旗奴仆）和邻近这个蒙古王公的辽东省军队（科尔沁蒙古）组成的一支小部队，命令他们出击，使这个蒙古王公措手不及，无法凑集他的全部兵力，更不能同与他结盟的几个蒙古王公的军队会合，这样就迫使蒙古王公仓促地纠集他所能集中的兵力与那些以迅雷不及掩耳之势直捣他的心脏地带的清兵交战，蒙古王公因此而遭到了惨败。"[1]清廷遂解后顾之忧。是役，图海立有大功。事后，康熙皇帝虽责图海放纵士兵掠掳，却以其不辱君命，"有所为"，倚毗益深。

布尔尼平定，京城转危而安，清廷摆脱了南北夹击的困境，得倾全力于西北。

第四节　起用绿营将领与底定三边

平叛伊始，康熙帝仍以八旗军为主力，部署讨吴阵容，各路统帅皆命以诸王、贝勒，声称"所以遣王等者，非谓诸将才能不足。念诸王、贝勒皆朕懿亲，指挥调遣无可牵制，守御征剿足增威重。"[2]然而，八旗军已今非昔比，入关后优裕的生活环境使之丧失了创业时英勇善战、所向披靡的锐气，新一代王公没有临战经验，老一辈"军功勋旧诸王"又多已故去，或老者不能再执干戈。战争一开始，八旗兵的弱点便暴露出来，突出表现为怯战并进军迟缓。如清军始抵荆州，便"迟久不前，以致常（德）、澧（州）相继皆陷"[3]，未能实现康熙帝"进遏常德"的计划。顺承

1 （法）白晋：《康熙帝传》。
2 《清圣祖实录》卷四八，第 13 页
3 《清圣祖实录》卷四六，第 8 页。

郡王勒尔锦身为荆州统帅，却鼠辈无能，“初至军，言马未肥，又言天热多雨难行”，按兵不动，康熙帝“手谕与王者再，所言似合机宜，又两遣侍卫往，未见王回奏”。康熙帝很是不满，责之曰：“若何进战，一在于王，今所在蠢动，岂不可虞？大将军出征，进止调度，必待中旨，于古未闻。”[1]失望之中，康熙帝始以八旗军难以负起平叛重任为忧。

清朝兵力，就人数而言，以步兵为主的绿营兵最多，全国约有六十万左右，[2]其中亦不乏勇兵良将。然而，如前所述，清代首崇满洲，由汉人组成的绿营兵地位低下，一向不为统治者所重视，积极性受到极大的压抑。吴三桂反清后，又利用民族矛盾极力煽诱，故绿营官兵“降贼者众”[3]。因而，能否重用绿营兵，不单纯是军队战斗力的调整，而是关系到清朝的国策、民心所向的大问题。

陕西号为严疆，绿营兵向以骁勇善战驰名，康熙帝一向认为：“天下绿旗兵无如陕西强壮，而其数较各省倍重”，[4]故尤为关注。康熙十二年十二月二十七日，康熙帝在调兵遣将最繁忙的时候，特地降旨谕陕西总督哈占与提督张勇、总兵王辅臣曰：“尔等皆朕股肱之臣，扞御边境，绥辑军民，唯尔等是赖。”[5]令其举首吴三桂“伪札、伪书”。康熙十三年正月二十三日，又单独谕总督哈占曰：“秦中绿旗官兵当拊循得宜，更加鼓励保障地方。”[6]陕西提督王辅臣遵旨举首吴三桂信札，并遣子王继贞赴京奏闻，以表忠贞。康熙帝遂授王辅臣三等精奇尼哈番，晋其子大理寺少卿，即“加恩以彰激劝”[7]。不久，甘肃提督张勇亦执使缴札，得康熙帝嘉

1 《清圣祖实录》卷四九，第16页。
2 《清史稿》卷一三一《兵志》二。
3 《平定三逆方略》卷七。
4 《平定三逆方略》卷四七。
5 《清圣祖实录》卷四四，第19～20页。
6 《清圣祖实录》卷四五，第13页。
7 《清圣祖实录》卷四六，第3、12页。

奖。然康熙帝于绿营将领仍不失防范之意，特别是四川汉官汉将皆从逆叛清，致使清朝丢掉四川全省，尤使康熙帝放心不下，所以，派刑部尚书莫洛经略陕西，“巡抚提镇以下悉听节制”[1]，其目的之一就是监督汉官汉将。

然而，莫洛抵秦后，在监督的同时，过于尊满歧汉，对绿营官兵甚是轻漫，最终导致了王辅臣反叛。

为防止事态扩大，康熙帝谨慎从事，在四处调兵、增援西安的同时，传谕总督哈占，在弄清王辅臣反叛的事实之前，不得加害其妻小，认为“即王辅臣果反，或出一时胁迫，亦未可定”[2]，并遣科臣苏拜协同哈占招抚王辅臣，安插乱兵。康熙十三年十二月二十二日，哈占据自栈道逃回的莫洛标下中军官吴石珊所言，向康熙帝疏陈王辅臣反叛情由。康熙“闻之，殊为骇异”，然亦不立即加罪。翌日，又颁专敕谕王辅臣，将其反叛原因引咎于己。他说：“兹兵变之后，面询尔子，始知莫洛于尔心怀私隙，颇有猜嫌，致有今日之事，则朕之知人未明，俾尔变遭意外，忠尽莫伸，咎在朕躬，于尔何罪？”[3]表示，如王辅臣反正，仍还提督原任，不咎既往，并遣其子往陕西招抚。康熙帝对王辅臣反叛事件的处置，表明他已从中意识到妥善处理满汉将领关系、提高绿营官兵地位的重要性，并试图通过对王辅臣的招抚，安抚汉将，稳定西北绿营军心。

是时，王辅臣已自宁羌率叛军返回平凉。虽具疏悔罪，却未投降，犹豫观望。吴三桂遣叛臣巴三纲以银二十万两给王辅臣，引诱之。二月，王辅臣再次发兵，断栈道，陷定边诸地，代吴三桂散布“逆书”、“伪札”，所在响应。陕甘数十郡县或为叛军攻占，或叛降附逆，“土寇”羌番蜂起。康熙帝以“三边一摇，势

1 《清圣祖实录》卷四六，第3、12页。
2 《清圣祖实录》卷五一，第9页。
3 《清圣祖实录》卷五一，第20页。

难猝定"[1]忧甚。其时，京师八旗俱已遣发各地，而大将军贝勒董额又令其失望。他曾降谕责之曰："前贝勒董额等至西安，不即随经略取道秦州，乃由栈道进，托言马瘠，竟驻汉中，致宁羌告变。王辅臣回秦州时，又不追蹑剿杀，急回汉中。及保宁兵旋，仅留将军席卜臣等守汉中，亲统大兵辄回西安。知栈道险要，不多设兵防守，致狡寇阻截，俾广元、朝天等处覆为贼据，皆董额等退缩迟延所致。"[2]

相比之下，甘肃提督张勇虽与陕西提督王辅臣同为吴三桂旧部，但王辅臣叛，张勇不受煽惑，效忠朝廷，率部坚守汛地，多次逐败西番土回的进犯，使河西免于沦陷。且甘肃巡抚华善疏言："目前情势，非提臣（张勇）不能守，非提臣不能战，非提臣不能破贼恢复。第事权不重，未免掣肘，请赐敕便宜行事。"[3]主张以绿营兵扭转战局。康熙帝遂毅然更张，决意起用绿营将领。康熙十四年三月十九日，授张勇为靖逆将军，"仍兼管甘肃提督事务，总督不得节制，一切征剿机宜听尔便宜以行，镇将各官悉听统辖调遣，所属武职有应调补者，即行补授具题"[4]。对张勇部将亦分别优叙擢用。命加甘肃总兵官孙思克左都督，西宁总兵官王进宝都督同知。事平之日，俱以提督先用。又以宁夏总兵官陈福屡次举首"逆札"，克笃忠贞，不顾妻子被挟，升补陕西提督。不久，张勇又斩王辅臣使臣，王进宝出首王辅臣书札。于是，康熙帝封张勇为"靖逆侯"，授王进宝阿思哈尼哈番。

康熙皇帝的拔擢与倚任，使张勇等人备受鼓励。其时，康熙为速下陕甘，决定各路进剿。命大将军贝勒董额、将军阿密达统领大军分路速进，恢复秦州、平凉；川陕督抚协守西安诸处；将

1 《清圣祖实录》卷五二，第 13 页。

2 《清圣祖实录》卷五三，第 2 页。

3 《清史列传》卷七九《张勇传》。

4 《平定三逆方略》卷一三。

军席卜臣坚守汉中；并密檄提督张勇，总兵官孙思克、陈福、王进宝等绿营兵“整兵固守汛地，前来夹攻”[1]。于是，张勇亲自统兵下河州、洮州，克取重镇巩昌；王进宝帅师克临洮府，恢复金县、安定县，进攻兰州，败敌入城；陈福自宁夏南下会同蒙古兵恢复花马池、定边、砖井、安边等地；孙思克则奉命防御北边蒙古骚扰，并助张勇攻巩昌。由于董额久围秦州不下，援兵、大炮又为敌阻，董额“飞差章京至巩，调公（孙思克）应援，公即统兵，戴星而往”[2]，与满兵协力击敌，“贼惊惧，伪总兵陈万策率兵出降，贼将巴三纲等遁走”[3]，秦州恢复。自康熙十四年二月至六月，短短数月之间，清军收复大部失地，王辅臣龟缩至平凉、固原，西北渐趋稳定。康熙帝“甚嘉悦”，尤以绿营官兵“效力过疆，劳绩可嘉”[4]为喜。

康熙帝在重用、信任绿营官兵的同时，不时给以关怀。如敌阻饷道，饷运不济，康熙帝命户、兵二部发银赏赉，遣官由边外运至军前，“示朕优恤之意”[5]，激劝官兵再接再厉。清军恢复秦州、兰州、巩昌等要地，“将军张勇劳绩甚多，（康熙）恐贝勒等藐忽视之，生彼愤懑，时廑朕怀”。因而诫谕定西大将军贝勒董额，要以大局为重，尊重张勇，不得轻视，“贝勒等既效勤劳，底定秦省，务期克奏全功，以慰朕望”[6]。康熙帝“善于作出英明的决策，处理与各省各重要部门的大臣及汉族重要将官的关系”[7]。以他的聪明才智和严密的部署，将各种不利因素消于未萌之中，从而保证了战争的胜利取得。

1 《清圣祖实录》卷五三，第 9 页。

2 《孙思克行述》，《清史资料》第 2 辑，中华书局，1981 年。

3 《清圣祖实录》卷五六，第 4 页。

4 《清圣祖实录》卷五五，第 21 页。

5 《清圣祖实录》卷五五，第 21 页。

6 《清圣祖实录》卷五六，第 15 页。

7 （法）白晋：《康熙帝传》。

康熙十四年八月，西北失地渐次恢复，唯有平凉、固原仍陷敌锋。康熙帝认为："秦州、巩昌、兰州诸处虽次第恢复，而底定全省，唯在速取平凉。"[1]八月十五日，大将军贝勒董额统平逆将军毕力克图、扬威将军阿密达等满洲大军抵达平凉，成围势，平凉为孤城。但逾月未下，九月末，平凉叛军至固原增援，固原叛军亦自城内突出作乱。十月，王辅臣又遣将周养民再次攻陷庆阳，而"兴安贼众犯商州大峪口，川贼谭弘救平凉"，已遣人入城。康熙帝命增兵运炮，助平凉攻取，董额却"唯有高坐，不即攻取"。康熙帝切责之，指出：敌势复猖，"皆因王辅臣未灭，我军俱集平凉，故诸贼乘隙侵犯，欲分我兵力，以援王辅臣"。"若平凉破，王辅臣灭，则贼应援之念绝，而窥伺商州之计亦阻，陕西可无虞矣。"并指授贝勒董额攻城方略曰："由平凉南山俯视城中甚悉，若据南山，放红衣炮城中贼众自不能支。董额等速夺南山，以取平凉可也。"[2]在康熙帝的一再督促和严责下，董额于十一月往攻平凉，克取第一关厢，距城三里许对南山屯营，奏报"欲前进薄城，因沟深地险难以下垒，城未能速下"。康熙帝又指授说："逆贼久据平凉，皆因有粮可恃，若断其饷道，则贼自穷困。平凉西北，通固原要路，大将军贝勒等宜速断截，以困毙之。"[3]然康熙帝已意识到，董额的怯懦无能实难荷此重任，不得不就主帅的人选另作筹划。

最初，康熙帝是属意张勇的。"张勇忠勤懋著，谋略优长。久镇西凉，奠安疆宇。近复躬履行间，殚心筹画，屡败贼众，恢复城池，必期歼灭贼众，底定秦陇，朕甚嘉之。"[4]秦、巩恢复后，康熙帝便命张勇与董额会商速定平凉。董额以满族贵族自居，轻

1 《清圣祖实录》卷五六，第22页。

2 《清圣祖实录》卷五七，第27页。

3 《清圣祖实录》卷五八，第15页。

4 《清史列传》卷七八《张勇传》。

视张勇，自带满兵往攻平凉。王辅臣婴城死守，平凉久攻不下，“川贼已过昌宁驿来援平凉”。康熙帝即命张勇“量留官兵守巩昌，亲自率兵赴董额军前，协力进取平凉。若巩昌必不可离，多发标兵往平凉，以助攻战，并宜设策截川贼来援之路。”康熙帝厚望于张勇，曰：“陕西重地，凡平定地方，扫除贼寇，唯尔是赖。”[1]张勇已敏感为董额所轻，不愿与之合取平凉，且四川叛军已在蠢动，谋图再陷秦巩，进入陕西，故张勇疏言：“逆贼吴之茂率众进屯单家河等处，臣若赴平凉，恐贼乘虚直犯，臣断不可远离巩昌，且官军皆已分遣诸处，臣兵单，实无可发。”[2]议政诸王、大臣亦意同张勇固守巩昌、秦州等处，相机剿御。康熙帝并不固执己见，是张勇所言，充分尊重了前线将领的意见。康熙十五年二月初十日，别遣都统大学士图海，授抚远大将军，率每佐领护军二名，亟赴陕西。命总辖全省满汉大兵，贝勒董额以下悉听节制，晓谕其以“断贼饷道”[3]为破敌之策，行前又发赍金五万帑予平凉犒师。五月十七日，图海至平凉，他“明赏罚，申约束，军威大振”[4]。十九日，遵旨断敌饷道，亲率官兵至城北虎山墩相度形势。虎山墩，“高数十仞，贼首（王辅臣）以精兵通西北饷道”，乃平凉之咽喉。王辅臣见图海兵至，发兵万余迎战，步前马后，布列火器挨牌。图海不期遇敌，率兵仰攻，命士卒番休迭进突破叛军火力封锁，自巳至午，遂败敌夺虎山墩。平凉全城尽在俯视之中，如在掌握。图海命发大炮击王辅臣军营，城中汹惧，王辅臣气馁，图海随即遣参议道周昌入城招抚。六月十五日，王辅臣受降。平凉平定，固原、庆阳等地叛军亦相率归顺。康熙帝“深为嘉悦，复辅臣原官，加太子太保，擢靖寇将军”，令其“立功赎

1 《清圣祖实录》卷五八，第 1 页。

2 《清圣祖实录》卷五八，第 2 页。

3 《清圣祖实录》卷五九，第 20 页。

4 《清史列传》卷六《图海传》。

罪”[1]。对这一做法，法国传教士白晋评介说，康熙帝“不仅使一些尚未公开表示支持吴三桂的人服从他的命令，而且还能使大部分曾经背离朝廷的人也重新站到他一边来”[2]。

张勇虽未亲剿平凉叛逆，却亦未负康熙信托，“镇守秦巩，复殚心筹划，调度合宜”[3]，多次击溃北上增援的“川贼”，王辅臣只有坐困待毙。先是，张勇统王进宝等会同振武将军佛尼勒于西河县会剿叛军，三战三捷，“川贼”势挫。然宁夏兵变，提督陈福遇害，张勇奉命赴宁夏慰谕官军，四川叛军乘机复起进攻，吴之茂率兵逾风水岭，渐逼巩昌，又命将薄秦州，屯踞北山，阻断临巩之路，秦州清军无从觅饷，且兵力单弱，战守皆难。于是，张勇又遵旨火速返回巩昌，会同将军佛尼勒堵剿。康熙十五年二月，王进宝进军秦州北山，初战告捷。三月，张勇同护军统领杰殷败敌于宁远县之马鸣镇。四月，叛军万余陷通渭县，张勇偕杰殷援剿，于十八盘坡败敌主力，克复通渭县。时秦州乐门等处“逆贼”横行，五月，张勇进征乐门，与都统将军赫业分率满洲、绿旗兵临敌，大败叛军。吴之茂纠集余众再次进 攻。六月，张勇亦再次与佛尼勒、王进宝联合会剿，于牡丹园、西河县北上击溃吴之茂，吴之茂仅以十余骑得脱，翻山而逃。

康熙帝倚任绿营兵，实行满汉联合作战，终于取得战争的胜利。八月初九日，他诏谕安亲王岳乐说：“今秦省全定，蜀中来逆贼十余万尽已歼灭，大兵即不下四川，贼亦不敢复出。”[4]充分肯定了张勇等人的功绩。

西北既定，全局形势开始好转。康熙帝甚感欣慰，以张勇等

1　《清圣祖实录》卷六一，第 17、18 页。

2　（法）白晋：《康熙帝传》。

3　《清史列传》卷七八《张勇传》。

4　《清圣祖实录》卷六〇，第 12 页。

绿营将领“纾朕西顾之忧，功尤懋著”[1]，颁旨嘉奖，晋张勇为一等侯、袭十次；王进宝为一等阿思哈尼哈番、袭八次，授奋威将军，兼管平凉等处提督事务；孙思克为一等阿达哈哈番、凉州提督。康熙帝对自己倚重绿营兵稳定三边局势颇为自得，他在后来给张勇的上谕中说：“自古汉人逆乱，亦唯以汉兵剿平，彼时岂有满兵助战哉？”[2]言外之意，以“汉人平汉人逆乱”，是康熙皇帝用兵的高明之处，法国人耶稣会士白晋也称赞说，康熙帝以“他的聪明才智，很快弥补了他力量的不足”[3]。

第五节　剿抚并用，平定闽浙、江西、粤东，动摇粤西

剿抚并用，恩威并施，是康熙皇帝平叛的主要战略措施。王辅臣反叛后，康熙帝为分化瓦解敌人，曾多次降旨招抚，但由于初期在军事上尚未处于优势，招抚未能奏效。康熙十五年二月“大将军图海，恭承简命，秉钺临边，即宣布恩威，剿抚并用，平凉一带，旬月绥平”[4]。此后，康熙帝明令各战场清军主帅剿抚并用，恩威并施。

一　清军攻战浙闽与招抚耿精忠

康熙十三年三月，耿精忠响应反叛后，对清廷形成极大威胁，如果他“竟至江西前应湖南贼兵；或由海道勾通郑逆，竟进江南京口，长江而上，以应荆州”；[5]或进据江、浙，占有江南财

1 《清史列传》卷七八《张勇传》。
2 《清圣祖实录》卷八五，第 9 页。
3 （法）白晋：《康熙帝传》。
4 《清圣祖实录》卷六一，第 17 页。
5 《文献丛编增刊·清三藩史料》，第 1 页。

赋重地，都将使战局极其不利，后果不堪设想。因而，康熙帝极为重视，命定南将军希尔根、平南将军赖塔、平寇将军根特巴图鲁，分别由江南、浙江、广东三路进军福建，又令扬威将军阿密达、镇西将军席卜臣、安南将军华善、镇东将军喇哈达等，统兵驻守江南、京口等处待命，同时降旨招抚，遣工部郎中周襄绪及耿精忠藩下一等护卫陈嘉猷赍敕前往福建宣谕。康熙说："谅耿精忠必系一时无知，堕人狡计，与吴三桂不同，故将吴三桂子孙正法，耿精忠在京诸弟照旧宽容，所属官兵并未加罪。"如果耿精忠能"革心悔祸，投诚自归，将侵犯内地海贼速剿图功，即释免前罪，视之如初。"[1]随即又作出遣王贝勒"前往剿贼"的决定。康熙十三年八月，奉命大将军康亲王杰书与国山贝子傅喇塔统领八旗前锋、护军及驻守江宁等处的蒙古科尔沁、土默特兵抵浙江杭州。

其时，耿精忠不仅得据全闽，且攻陷浙南与赣西。部将曾养性屯重兵于浙江黄岩，分兵驻台州、温州、处州三府；马九玉屯兵于浙江衢州之常山、江山、开化三县，对重镇衢州形成攻势；白显忠则占据江西之广信、建昌、饶州、抚州等地；郑经也应约"猖獗海上"。康熙帝针对耿精忠拒绝招降，恣意攻城略地，怙恶不悛，提出"海寇（郑经）宜用抚，耿进忠（耿精忠）宜用剿或用间"[2]的战略方针，将耿精忠作为闽浙战场打击的重点。九月十七日，康熙帝指示康亲王杰书，"先剿灭浙省温州、黄岩诸处贼寇，平定地方，然后进剿福建"[3]。贝子傅拉塔亦认为："逆贼甫叛而即寇浙，是以浙为藩篱也，破其藩篱非特耿逆不敢出闽，即尚与吴（三桂）亦何敢径下江南。故欲平闽，必先平浙。"[4]"平浙

1　《清圣祖实录》卷四八，第2页。

2　《清圣祖实录》卷四九，第4页。

3　《清圣祖实录》卷四九，第12页。

4　自远：《平定浙东纪略》，康熙戊辰精刊本。

又当先平台（州），台平而后可取温（州），入闽如破竹。”[1]于是，杰书命傅拉塔率军取台州，自将官兵奔金华。而浙闽赣三省要冲衢州，仍由将军赖塔与浙督李之芳据守。

十一月，杰书誓师金华。十二月初一日，耿精忠部将“伪都督”徐尚朝等率马、步兵三万，土寇二万攻打金华。杰书命都统巴雅尔、副都统马哈达统兵出击，于积道山连战败敌，斩杀二万余，首战告捷。康熙十四年一月，杰书又命副都统马哈达，再败徐尚朝于桃花岭，攻克处州，随即又覆其兵于大溪滩，乘胜收复永康、缙云、宣平诸县。贝子傅喇塔则出奇兵破天台、仙居，只待宁波舟师抵台，即统兵渡江取黄岩。然舟师迟迟未至，康熙帝恐劳师糜饷，促令进兵。于是，傅喇塔由土木岭间道出茂平岭背，破曾养性25营兵力，复黄岩，曾养性乘夜突围走温州。

在军事进攻的同时，康熙皇帝亦并举政治攻势。起初，“安亲王至南昌，移书精忠约降，精忠答书，语多狂悖”[2]。康熙十四年八月，康熙帝再次颁诏敕谕耿精忠，并遣其弟耿聚忠赍诏至康亲王军前招降，诏曰：“尔祖父宣力累朝，勋猷茂著，俾世袭王爵，格外加恩。逮尔父病殁，令尔袭封，仍镇闽疆，方谓尔克绍前猷，殚忠报国。不意尔反为吴逆狡谋所惑，蹂躏土地，戕害生民。朕犹念尔祖父前功，终不忍绝。将尔在京诸昆弟及所属人员，概行宽宥，给还官职，恩礼如常。今大军云集，时势昭然，尔自知之。朕复念尔变乱，必有所由，或为逼迫所致。故复下敕书，遣尔弟耿聚忠赍至军前，明谕朕意。尔若即悔罪率众归诚，当复尔王爵，仍旧镇守，所属人员职任俱各如故，兵民人等照前安插。倘能剿除海寇，共奏朕功，仍优叙加以爵赏。前使臣周襄绪等不遣之归，

1　魏源：《圣武记》卷二《康熙勘定三藩记下·固山贝子平浙纪略》。

2　《清史列传》卷八〇《耿精忠传》。

或别有故，朕不介意。朕以诚心待天下，断不食言。尔勿听信煽惑之言，终怀疑惧，负朕始终保全至意。”[1]然耿聚忠至衢州，耿精忠不纳，遣将江元勋、徐文耀、黄国瑞等扼守关隘，肆意妄为如故。清军遂加紧军事进攻。十月，贝子傅拉塔领攻温州，于南江、石塘等地连连败敌，“斩获二万级”，曾养性退入温州城中固守。温州三面环水，易守难攻，清军难以速破。于是，康亲王杰书坐镇金华，赖塔和李之芳与敌对垒于衢州，傅喇塔围温州数月不下，浙江战场一度出现了僵持的局面。

康熙十五年六月，进据江西的“伪将军”耿继善突然焚毁营盘，尽撤建昌、新城诸叛军，越关宵遁。康熙帝立即作出判断：“耿精忠撤建昌诸贼，其为海寇所逼无疑。”指示康亲王杰书等撤温州之围，直取福建，曰：“我兵宜乘机前进，其令大将军杰书，将军贝子傅喇塔、赖塔，总督李之芳等，速剿闽寇，酌量招抚，勿坐失事机。”[2]

二　郑耿交恶与耿精忠受降

事实果然如康熙帝所料。耿精忠与郑经在福建发生火并。原来，耿精忠初叛时，“虑漳、泉下游文武不服，故遣黄镛渡海请郑经以作声援”[3]。许以全闽沿海战舰，约水陆并进。然起兵后，“乃不一月，全闽蜂附，浙之温、处，江右之广信，粤东之潮州，相继纳款，声威大振”[4]，有悔请经意”。黄镛又言，郑经“海上船不满百，兵不满万，耿王始轻之”，再加上其漳浦总兵刘炎建议摈绝之。于是，耿精忠“照前禁例，‘寸板不许入海’，绝郑经来

1 《清圣祖实录》卷五七，第 8 页。

2 《清圣祖实录》卷六一，第 20 页。

3 江日昇：《台湾外志》卷六，求无不获斋大型本。

4 《闽海纪略》，“中央研究院”历史语言研究所藏抄本。

往”[1]。郑经大怒，发兵攻耿精忠，“据有漳、泉二州，及思明、金门”[2]。海澄总兵赵得胜、潮州总兵刘进忠均以守地降郑。耿精忠大惊，遣使索地求和，郑经不应，遂发兵二万攻泉州。康熙十三年九月，吴三桂得知郑、耿交恶，即手书郑经，遣其礼曹员外郎周文骥前去调解。吴三桂对郑经说："耿殿下乃殿下唇齿之邦，辅车之势，分兵速进则两相资也，持疑拒守则两相毙也。……期与殿下，耿殿下缟素三军，展拜孝陵。"[3]耿精忠因屡屡战败，汲汲求和，郑经亦不复出兵。然双方战事虽停，却嫌隙已深。康熙十五年三月，吴三桂以尚之信反清，约郑经、耿精忠进兵江南，曰："百粤已平，疆界连通，速当会师。"[4]郑经与耿精忠约定水陆并进，不意郑经趁机图全闽，占据重镇汀州。耿精忠恼怒之极，欲兵戎再见，于是，尽撤江西之兵回闽。

康熙十五年七月，康亲王杰书率军南下，进军衢州，与赖塔、李之芳等败马九玉于大溪滩，取江山、常山，长驱入仙霞关，“三关既破，贼失其险，大兵得以长驱入闽”[5]。白显忠于江西闻清军入闽，声言将趋建阳断康亲王后路。然其江西战局一败涂地，所据建昌、饶州、广信复为清朝所有，浙督李之芳又遣间说降其二裨将，其势益孤，遂请降于清。

八月，清军进占福建浦城，于是，江宁、延平等府指日可下。耿精忠两路（马九玉、白显忠）兵败，又处于前有清军进攻，后有郑经搆衅攘夺的夹击中，已是诚惶诚恐，无所措足。康熙帝见时机成熟，令康亲王杰书“以时势晓谕耿精

1 江日昇：《台湾外志》卷六，求无不获斋大型本。

2 邵廷采：《东南纪事》卷一二，《郑成功》下，台北成文出版社，1968 年。

3 江日昇：《台湾外志》卷六，求无不获斋大型本。

4 江日昇：《台湾外志》卷七，求无不获斋大型本。

5 李之芳：《平定耿逆记》，《荆驼逸史》本。

忠速降”[1]。康亲王进征建阳，移书耿精忠曰："尔蒙累朝厚恩，世授王爵，正当遇时立功，以承先绪。乃溺于奸计，自取诛夷。圣上念尔祖父之功，凡尔在京诸弟俱留原职，如旧豢养；复遣尔弟耿聚忠招抚，因不得前进还京。今大兵屯仙霞岭，长驱直入，攻拔浦城。浦城乃闽省财赋要地，咽喉既塞，粮运不通，建宁、延平旦夕可下。与其执项受戮，不如率众归诚，仍受王爵，保全百万生灵。况郑锦与尔有不共戴天之仇，攘夺郡邑无已时。尔当助大兵进剿立功，何久事仇人为？”书至福州，耿精忠犹豫未决，答书曰："自愿归诚，恐部众不从，致滋变患。望奏赐明诏，许赦罪立功，以慰众心，乃可率属降。”[2]显然，有观望之意。九月，清军又克建宁、延平，耿精忠无力再战，遣子耿显祚迎康亲王师抵福州，十月初四日，耿精忠率文武官员出城迎降。康熙帝仍保留其靖南王爵，命随清军征剿海寇，图功赎罪。曾养性闻讯，举温州归顺。至康熙十六年，清军逐郑经回厦门，尽复漳、泉诸府，刘进忠以潮州降清，福建、浙江和赣东平定。

三　尚之信之悔及其纳款投降

耿精忠的归清，直接影响到尚之信。

尚之信起兵之后，不但没有得到任何好处，反而为来自各方面的势力所钳制。起初，吴三桂曾遣人至广东，“许尚之信易公为王，令世守”[3]。诱其反叛。及尚之信反，吴三桂始封其为辅德公，见尚之信愤忿不满，虑有变，才晋封为辅德亲王，所谓“既而吴逆亦恶之信之凶忍也，封拜皆草草”[4]。这时，安亲王岳乐率军围长沙，攻战正酣，吴三桂婴城死守，兵饷已竭，故“三桂屡

1　《清圣祖实录》卷六三，第5页。

2　《清史列传》卷八〇《耿精忠传》。

3　《平滇始末》。

4　王钺：《水西纪略》。

胁之信出庚岭抗大军”，“又遣马雄屯三水，索助饷银十余万”，“征兵征饷之使日至”。[1]尚之信不得已，“贿以库金十万，乃不复相促迫”[2]。然未隔几日，“仍责之信助饷百万，尚输三十万，谓未足”[3]。而且，吴三桂又派亲信董重民代金光祖为两广总督，冯甦代佟养钜为广东巡抚，派马雄驻肇庆，隐然欲取而代之。特别是董重民，狐假虎威，“欲夺尚盐利”[4]。此外，还有台湾郑经已强占广东的惠州及沿海一带，尚之信不许，吴三桂则使马雄调和，迫使尚之信让出了惠州。如此一来，广东几被分割，尚之信大悔。而这时，清军的攻势又大大加强。康熙帝认为："广东变乱，江南江西殊属可虞，若闽粤诸贼会犯京口等处，江南兵单，难以防御。"[5]诏令增兵严防。命简亲王喇布以将军哈尔哈齐、额楚等速取吉安，由江西入粤，与将军舒恕等合兵剿御广东诸寇，这也使尚之信甚为不安。

康熙十五年十二月，尚之信效耿精忠遣人赍密疏至简亲王喇布军前乞降。喇布以闻，康熙皇帝降特旨："将尔（尚之信）以往之罪，并尔属下官兵，概行赦免。""倘能相机剿贼，立功自效，仍加恩优叙。尔当益竭悃诚，勉图后效，以副朕始终曲全至意。"[6]诏谕至广东，康熙十六年三月，尚之信纳款，五月初四日，率省城文武官兵及兵民归清，并遣尚之瑛赴韶州迎镇南将军莽依图所部清军入城。与此同时，金光祖亦使其属下旧兵擒董重民反正。而后，叛将佟国瑶降琼州，祖泽清降高州、雷州、廉州，广东悉定。

---

1 王钺：《水西纪略》。

2 《清史稿》卷四七四《吴三桂传》。

3 孙旭：《平吴录》。

4 孙旭：《平吴录》。

5 《清圣祖实录》卷六〇，第15页。

6 《清圣祖实录》卷六四，第15页。

康熙帝以归诚之功，命尚之信袭封平南亲王，部将各复旧职，并将“董重民免死释放，同解罪人，亦俱宽释”，以示叛乱罪咎在吴三桂，“与协从之人无涉”，“彼所部人员，如能悔罪投诚，概行宽免”[1]。以使招抚政策深入人心。

四　保卫江西

江西地处福建、广东、湖南三省之间，为交通要道。康熙十三年，当吴三桂与耿精忠第一次由楚闽东西两向夹击江西时，康熙皇帝即集全力保卫江西。诏令增兵布防，倚任江西总督董卫国等汉族将领平叛，相继派出内大臣希尔根、礼部尚书哈尔哈齐、护军统领桑格、吏部侍郎觉罗舒恕、副都统根特巴图鲁等满族将领前往江西助剿。并命大将军安亲王岳乐停止进军广东，于江西勘定诸乱。至康熙十四年夏秋，清军终于打破了叛军对江西的夹攻，将军希尔根与总督董卫国等恢复了广信、建昌、饶州等地，阻止了耿军的西进，并以抚助剿，招抚了“泰和、龙泉、永新、庐陵等县，并湖广茶陵州、永宁等县伪官二百七十余员，贼兵及家口六万五千六百余名”[2]。安亲王岳乐亦统领清军复都昌、上高、新昌、安福，与吴军相持于萍乡[3]，江西转危为安。

然而，康熙十五年，江西再度陷入险境。二月，当安亲王岳乐乘胜再下萍乡、醴陵、浏阳，东取长沙之后，震惊不已的吴三桂遂拼死力反击。他除了四处抽调军队增援固守之外，即别遣骁将高得捷、韩大任攻陷江西之吉安，以断安亲王后路。与此同时，尚之信在广东反叛，炮击清军，将军舒恕、额赫纳等已自广东退至江西之南安、赣州。吴三桂又趁机煽惑，书使纷至闽粤，约耿

1　《清圣祖实录》卷七一，第 9～10 页。
2　《清圣祖实录》卷五六，第 19 页。
3　《清史列传》卷八〇《吴三桂传》。

精忠、郑经、尚之信等连通“百粤”，共据江南。于是，江西三面被敌，成为叛军攘夺的重地，所谓“闽粤诸寇又侵犯赣属地方”[1]。时孙延龄、马雄等分路袭取袁州，耿继善奉命再陷建昌、抚州，而占据吉安之吴将高得捷又遣兵攻打新淦、泰和等地。三月，康熙帝诏令已移驻江西南昌的简亲王喇布即遣将军哈尔哈齐、额楚率八旗官兵恢复吉安。四月，谕喇布、希尔根、董卫国严加防御萍乡，以保安亲王进兵后路无虞。旋遇简亲王喇布请兵。六月，康熙帝命调池州满兵及江宁蒙古兵发往江西，又自江南、湖南、河南、山东兖州抽调援军，所发皆精锐，“以此破敌，定有成功”[2]。

但形势又有突变。先是，耿将白显忠被将军希尔根等屡屡击败，势孤请降。接着，六月初六日，耿继善亦焚毁营盘，弃建昌、新城，遁归福建。江西压力减轻，各地依次恢复，唯吉安无有克成。而“平定湖南，全赖吉安大兵接应”，故速下吉安，为保卫江西的关键一战。

据记载：吴将高得捷骁勇善战，老于兵间，所将兵卒四千为其所选锋锐，“以少击众，我师辄挫”。以故，哈尔哈齐、额楚等围吉安数月，至五月二十六日方克其外城，而后便不得再进一步。七月，康熙帝传谕简亲王喇布切责之，命喇布、希尔根、哈尔哈齐、额楚与舒恕、莽依图等协力攻取吉安。不意，八月，吉安吴军又攻陷醴陵。康熙速调副都统席山、杨古代、总兵官赵应奎等防守袁州。由于福建届时已定，九月，康熙帝又檄喇布、希尔根、董卫国等，抽调建昌、抚州、乐平、饶州、南昌诸处满汉官兵赴袁州、萍乡会剿，诏令简亲王亲赴吉安。于是，简亲王喇布率希尔根、哈尔哈齐、额楚、董卫国等十万之众环吉安城而军，城外

1 《清圣祖实录》卷六一，第 6 页。

2 《清圣祖实录》卷六一，第 16 页。

之真君山、天华山、城冈山、螺子山一带旌旗林立。

清军的长围，终于使吉安叛军陷入了困境，致城中饥甚，突外抢食，“尝以百骑奔我军于大觉寺，辄斩将搴旗；又以少兵奔大军于螺子山”。但清军未能抓住战机，简亲王、将军希尔根皆仓皇弃营走，“贼入垒，纵饮饱掠而归”[1]。未几，高得捷死，韩大任为清军所慑，不敢出战，“日以诗酒自娱，口不言兵”[2]。城中越发乏食。韩大任无奈，血书请救于吴三桂。吴三桂闻讯，急调王绪、陶继志、马宝各率三千兵马，共九千余人救援吉安。康熙十五年十二月，王绪等援兵抵吉安，然隔江二十里，欲渡无舟。马宝遣人自水关入报，而韩大任却风闻马宝已经降清，疑其兵诈不信。“宝等进师阻水不能达城下，城中寂然无一炮相应，疑不敢进”[3]，遂扎营于城外。

十二月十一日，简亲王喇布令将军额楚带领一半兵丁前往迎击援军，击前锋王绪军，马宝、陶继志力救，击败清军。十二日再战，清军又失利。“正月初七日（康熙十六年），我兵渡河逼近，贼扎山下，初八日，官兵分头进攻，矢尽兵伤，又不取胜。”[4]所谓“喇布遣兵二万追击，为贼连败”[5]于螺子山一带。鉴于“今吉安事势如此”，议政王大臣等会题：“江西绿旗官兵并炮铳等器不便遽发（湖南），应俟恢复吉安。”[6]然清军仍然没有攻下吉安。

先是吉安援军不攻自退，继之，三月二十一日，韩大任亦因粮尽援绝，夜分出城南门渡河宵遁。由于发炮擂鼓，清营以为劫

1　魏源：《圣武记》卷二《康熙勘定三藩记上》。

2　刘健：《庭闻录》卷五《称兵灭族》。

3　刘健：《庭闻录》卷五《称兵灭族》。

4　《康熙年间平定吴三桂叛乱史料选·议政王等请将屡战失利之简亲王喇布等严察议处题本》，《历史档案》1990 年第 2 期。

5　魏源：《圣武记》卷二《康熙勘定三藩记上》。

6　《康熙年间平定吴三桂叛乱史料选·议政王等为恢复吉安请拨官兵策应题本》，《历史档案》1990 年第 2 期。

营，惊扰终夜，达旦方知其遁。韩大任走宁都、乐安，转袭各地。时尚之信已继耿精忠归清，东南一带已成扫荡残孽之势，大小反清武装在清廷并举剿抚的形势下，一一皈依清朝。韩大任虽有江西“土寇”附之，然已如丧家之犬，清朝在命以重兵追歼的同时，亦多方招抚，先是“吉安王寇召之者郡人刘某”；继之，“简王安王皆招降”；又有“赣州折尔肯遣魏祥来招降”。[1]至康熙十七年一月，韩大任从其幕客湖州人孙旭言，入福建诣康亲王军前降，江西略定。

五　清廷对广西的剿抚

孙延龄反后，康熙帝以其所辖为孔有德旧部，“豢养有年”，不忍诛戮，降旨兵部进行招抚，晓谕平南王尚可喜、两广总督金光祖等：“如孙延龄改过来降，亦从宽宥。”但同时告诫“尔等不可因此遂缓进剿机宜，必孙延龄果悔罪归诚，尔等仍受降具奏”，[2]务期剿抚并用。并命平寇将军根特巴图鲁与席布等率军赴援广东。然而当时，耿精忠兵袭江西东部，吴三桂遣将侵赣西袁州、吉安，清军与敌相持于江右，未能如期抵粤。吴三桂又发兵二万屯黄沙河，互应孙延龄，孙延龄遂乘势作伥，自称安远大将军，发令于平乐、梧州诸处，煽惑反清，招抚政策难以奏效。康熙帝指示尚可喜、金光祖，对孙延龄“若有可剿之势，即议进剿，若未可速进，则俟大兵协力翦灭”。又命部属传谕广西提督马雄：“倘贼盛难御，即率官兵赴广东，与平南王、总督等协守。”[3]康熙十三年九月，马雄与左江总兵郭义亦叛，广西全省变动。马雄又勾连吴将王弘勋等于是冬侵高州，雷廉二州随之亦叛，形成对广东的巨大

1　刘健：《庭闻录》卷五《称兵灭族》。

2　《清圣祖实录》卷四七，第25页。

3　《清圣祖实录》卷四七，第21页。

威胁，致“十郡失其四”。

康熙十五年十二月，尚之信乞降后，康熙加紧了对广西的招抚。是月，将军舒恕误报“孙延龄已被吴三桂擒戮，籍其家产，以所属兵付线国安统辖”，康熙帝即命招抚马雄与线国安。他说：“马雄屡请援师，因不即至，势迫从贼，线国安为孙延龄逼反，伊等皆受国厚恩，大将军简亲王喇布等公同确议，遣人招抚。”[1]康熙十六年三月，康熙得知孙延龄妻孔四贞“无刻不以太皇太后为念”，有归降之意，又命督捕理事官麻勒吉至简亲王军中招抚孔四贞等。

孙延龄反后，虽初起甚是嚣张，然未久即陷入内外交困之中。先是与吴三桂有隙。孙延龄素不能为人，“平西左右多不喜延龄，延龄又不能调和议用事者，平西心亦疑之。”[2]“既而延龄上表三桂，称名不臣，不用其印札，自铸印设官，变置州县。”[3]吴三桂遂恶之，与之有隙。其次是士兵鼓噪。孙延龄向嗜婪赃索贿，及起兵后更肆行无忌，于自置州县中，封拜文官，“视贿多者置善地。兵饷不以时给，军士多不服。”康熙十五年，军士遂鼓噪立线国安三公子，“延龄夫妇逃匿小民孙七家”。只因“线公子约束军士颇严，军士复鼓噪囚线公子而迎延龄”[4]。然易废迎立之间，已见孙延龄大权已失，威望尽损。再次是为马雄所轧。孙延龄反，即使人持高脚牌往招之（马雄），雄故不为延龄下，见牌益怒曰：“‘竖子无礼’，碎其牌，纵其使。延龄提兵往攻，为雄所败。”[5]“雄亦为流矢中颊，是以愈不睦。”[6]及至马雄为吴三桂所重，孙延龄更

1　《清圣祖实录》卷六四，第17页。
2　刘献廷：《广阳杂记》卷三。
3　昭梿：《啸亭续录》卷四《记孙延龄事》。
4　昭梿：《啸亭续录》卷四《记孙延龄事》。
5　刘献廷：《广阳杂记》卷三。
6　昭梿：《啸亭续录》卷四《记孙延龄事》。

是大失所望，又见“马雄势大，畏其逼己”，“萌反正之意”。[1]这时，原任庆阳知府傅弘烈不断劝降，“四贞又日夜感上恩，劝延龄归顺，计且决矣。”[2]为马雄侦知，密告吴三桂，言孙延龄有异志宜亟诛之以绝后患。“三桂怒（延龄）不称臣，益信。”于康熙十六年十月，遣其兄孙吴世琮与悍将马宝至桂林，以劝和孙马两家，恢复广东为名驻师城外。孙延龄不知为马雄所谮，“郊迎世琮，相见，出伏卒，断其首，执马上，函送雄所。”[3]“延龄死后十余日，雄亦病伤。”

吴世琮诱杀孙延龄后，即纵兵攻略，欲据广西以固后方。时孔四贞已“戎服绣帕首蟒衣，日击鼓升堂理军事”，率部与吴军战，诸将亦怨吴军跋扈欲逐之。康熙帝见广西人心思清，又得报孙延龄确实被杀，马雄病死，遂于康熙十七年三月，再颁旨，命督捕理事官麻勒吉与简亲王喇布晓谕招抚广西诸叛，“以朕赦罪论功之意概行晓示”[4]。于是，孙延龄部将刘彦明、徐洪镇、徐上远等，擒斩吴军桂林守将李廷栋，与线国安子线成仁率桂林官吏兵民投降，孔四贞还京。吴三桂对广西的控制由此动摇。

第六节　湖南攻战

康熙皇帝一向认为，三藩反清起自吴三桂煽乱，吴三桂乃祸乱之源，反叛之首，故将吴三桂所据湖南作为平叛的主战场，相继作出攻取湖南的战略决策。

1 《明季稗史初编》卷二六《吴耿尚孔四王合传·定南王孔有德传》。

2 《明季稗史初编》卷二六《吴耿尚孔四王合传·定南王孔有德传》。

3 昭梿：《啸亭续录》卷四《记孙延龄事》。

4 《清圣祖实录》卷七二，第17页。

一　首取岳州、澧州

平叛伊始，康熙皇帝即指出：吴三桂为众叛之首，而澧州、岳州为荆楚咽喉，必先取澧、岳，歼灭吴三桂所部，则诸叛自然望风而溃。确立了平叛战争的主攻方向。而后，他又说："康亲王进剿闽浙，虽屡有奏捷，朕不为喜，吴三桂乃贼渠，唯破岳州、澧州，方可喜耳。"[1]议政王大臣会议奉命商讨平叛的战略决策，根据康熙帝"宜增兵速行剿灭（岳、澧叛军）"[2]的旨意，康熙十三年九月，清军各路援兵已先后赶赴汛地，加强了主攻湖南的侧翼力量。康熙帝随即遣侍卫吴丹、塞扈立驰往荆州，手谕顺承郡王勒尔锦，提出三种作战方案："王等规取岳州；或渡江取澧州；或令将军尼雅汉往江西取长沙，此三事王与贝勒诸将帅熟议以闻。"[3]十二月，清军攻取澧、岳的计划尚未实现，陕西提督王辅臣又叛宁羌，西北震动，形势严峻。康熙认为"贼渠（吴三桂）未灭，故有此变"，"若吴三桂既灭，则所在贼党，不攻自息"。提出："朕欲亲至荆州，相机调遣，速灭贼渠吴三桂。"由于议政诸臣认为，"若銮舆前往，恐奸宄妄布流言，恐生意外"，"皇上不宜轻出"[4]，此行未果。而后，清军与吴军相持岳州、澧州达数年之久，康熙皇帝虽然未能实现由岳州、澧州首取湖南的计划，但命以重兵，加强攻势，仍给吴三桂以诸多牵制，使之不得越进一步。

二　由江西取长沙，迂回进取湖南

岳州、澧州久攻不下，康熙皇帝感到除城守持固之外，主要在于"逆贼吴三桂据守岳、澧诸处，恃有长沙、衡州之粟"[5]。于

1 《清圣祖实录》卷四九，第 17 页。

2 《清圣祖实录》卷四八，第 6 页。

3 《清圣祖实录》卷四九，第 17 页。

4 《清圣祖实录》卷五一，第 8 页。

5 《清圣祖实录》卷五二，第 2 页。

是决定由对岳、澧的正面进攻，改由侧翼袭击，乘敌不备，由江西直取长沙，切断敌人粮道。

早在康熙十三年六月，康熙帝就试图由江西入湖南，曾命前锋统领舒恕与将军根特巴图鲁由袁州取长沙。八月，康熙又召开议政王大臣会议专门讨论由袁州取长沙的有关事宜。他说："闻岳州三面临湖，贼于陆路一面浚壕筑垒，据守颇坚，难以进取，应令将军尼雅汉率兵沿流赴江西……由袁州进复长沙，夹攻岳州。"[1]然而，根特巴图鲁与尼雅汉皆于是年八月卒于军中。

康熙十四年正月，康熙帝再次提出由江西取长沙，并指授当时赴援广东、已达江西的安亲王岳乐，停止南进，留兵守江西，"亲统大兵，或由袁州，或由吉安，乘便进剿湖广，攻取长沙"，担任侧翼主攻。康熙帝指出："今日事势，先灭吴逆为要。"即便长沙不下，清军亦可"扰贼耕种，截其挽运，取资于敌。不但我兵无转输之劳，而岳州粮尽，贼可坐困，吴军自不能久据常、澧矣。"[2]然岳乐颇有顾虑。其时，江西三十余城为敌盘踞，守剿已属艰难，且叛军又在通往长沙的必由之路醴陵造设木城，增设总兵十余人，兵七万，"猓猓"三千（苗彝），以为长沙、萍乡之防。岳乐提出："臣若撤抚、饶、都昌防兵往长沙，则诸处复为贼有。不撤，则兵势单弱，不能长驱，且广东诸路，恐已多阻，臣欲先平江西贼寇，无却顾之忧，然后分防险要，帅师前往。"[3]康熙帝为岳乐分析说："逆贼吴三桂久据湖南，奸宄乘势窃发，滇黔川闽遂尔沦陷，广西、陕西逆孽猖獗，湖南一隅，诚贼根蒂，四方群寇所观望，必速灭吴三桂，底定湖南，则各地小丑闻风自散。今荆州兵未能渡江，岳州兵又难骤进"，因而，由江西取长沙至关重要，"王抵江

1 《清圣祖实录》卷四九，第12页。
2 《清圣祖实录》卷五二，第2页。
3 《清圣祖实录》卷五二，第19页。

西，宜由袁州直取长沙，一以断敌饷道，一以分贼兵势，一以扼广西咽喉，一以固江西门户，乌合之众自当瓦解，荆岳大兵即可乘机直进。”康熙还指出：“宁羌告变，川贼必通杨、洪二贼，窥我郧襄，扰我南邓，侵我荆州后路。揆其大势，进兵湖南，断不容缓。”[1] 康熙皇帝对如何攻打湖南的决策及其重要意义的分析，具有综观全局的战略眼光。法国耶稣会士白晋曾以钦佩的口吻写道：“这位皇帝虽然年轻，但在治理和决策方面所做的一切，却已经像一位老练的皇帝了。”[2]

事实果然如康熙所料，吴三桂企图利用王辅臣之变，进犯荆襄，并伺机北上。康熙十四年夏，他留兵七万守岳州、澧州诸水口，以拒江北荆州之清军；又留兵七万守长沙、萍乡、醴陵，以挡江西安亲王岳乐之师；潜分岳州兵力据夷陵东北之镇荆山；纠合王会、杨来嘉、洪福，掠谷城、郧阳、均州、南漳，欲以通兴安、汉中之叛军。同时又散给王辅臣犒银20万两，责令蜀将王屏藩、吴之茂、谭弘三路出击，由汉中出陇西应援，再派云南土司总兵陆道清率“猓猓”千人入平凉助守。而吴三桂则亲至松滋，布船于虎渡口上游，截荆襄清军咽喉，“声言渡江，与我兵战，且欲决堤水灌荆州，使我岳州大兵，不得援荆州”[3]。摆出一副欲渡江北上，与王辅臣夹击京城的架势。九月，康熙皇帝促令安亲王岳乐停剿江西，进兵长沙。他说：“贼渠吴三桂也。今不早灭，虽江西、福建之贼尽除，于事奚益？安亲王岳乐，其量拨官兵固守江西，乘冬月速取长沙。”[4] 为确保安亲王后路无虞，康熙帝移简亲王喇布于江西，与内大臣希尔根等偕同镇守，下令荆岳诸将各领所部官兵配合安亲王夹攻湖南。行前，安亲王岳乐以“非绿旗兵无

1 《清圣祖实录》卷五二，第19页。

2 （法）白晋：《康熙帝传》。

3 《清圣祖实录》卷五五，第18页。

4 《清圣祖实录》卷五七，第16页。

以搜其险阻，非红衣炮不能破其营垒”，请江西提督赵国作、都督陈平随征，并乞发二十具西洋炮。康熙帝降旨曰：“平定湖南，俱赖安亲王”，“悉依安亲王所请”。给以全力支持 。[1]

康熙十五年二月，岳乐由江西袁州出奇兵，一举攻克醴陵、萍乡，斩敌万余，敌将军夏国相遁走，清军兵逼长沙，“湖南诸贼震动”[2]。时王辅臣已被图海败困平凉，陕西渐趋稳定。吴三桂既不得志于西北，又闻长沙根据地告急，遂由松滋回军，自领诸军援长沙。他屯重兵于隔江之岳麓山；命胡国柱守城中，马宝、王绪守城外，掘重壕，布铁蒺藜，列象阵，以为御敌；又尽调夷陵、南漳诸将应援，全力死守长沙。康熙帝于此早有料及，当安亲王岳乐刚刚奏捷萍乡时，康熙便发布谕旨说：“今安亲王将贼固守之地攻破，贼已丧胆，宜即乘机，直取湖南。但我兵进取湖南时(江西清军)，逆贼吴三桂或撤诸处贼兵往长沙抗拒，亦未可知，着行文荆岳大将军、王、贝勒等，饬勒兵马，时加侦探，乘机进剿。”[3]三月，康熙帝以长沙应援叛军甚多，“恐相持迟延日期”，不能速克，明令尚善攻岳州，断敌饷道。勒尔锦、察尼等“或破彝陵贼众；或整理舟师，以张渡江之势，俾贼溃乱，不能救援长沙一带；倘有机会可进，即渡江酌量速进。”[4]于是，荆岳大军遵旨渡江，勒尔锦败敌于公安之虎渡口，察尼败敌于澧州之太平街，尚善遣舟师入洞庭，克君山。此时，“苟官兵长驱，则澧州、常德、湘阴迎刃立解，可以夹攻长沙”。然而，“诸军迁延不进”[5]，相继失利，勒尔锦引还荆州，尚善使“江湖之险复为贼据”。是役，清军未能完成攻取湖南的计划，但却打破了湖南战场上僵持的局面，

1 《清圣祖实录》卷五八，第8～9页。

2 《平定三逆方略》卷二三。

3 《清圣祖实录》卷五九，第31页。

4 《清圣祖实录》卷六〇，第6页。

5 魏源：《圣武记》卷二《康熙勘定三藩记上》。

由防守转为进攻。

三　长沙争夺与官山之战

为摆脱长沙困境，吴三桂遣“骁果善战”的勇将高得捷，出醴陵、萍乡，攻陷吉安，断安亲王后路以自救，又命孙延龄、马雄分路进攻江西袁州诸处以分清军兵力。耿精忠亦配合行动，乘机侵犯江西东部。康熙帝急调岳州等处清军驰援江西，命简亲王喇布统兵剿御江西等处叛军，恢复吉安。并檄令满族骁将穆占“速赴湖广，简选荆、岳、彝陵士马，由岳州趋长沙，接应安亲王兵。若长沙无虞，或出彝陵；或取岳州；或由荆州渡江，便宜进发。”[1]

穆占，满洲正黄旗人，姓纳喇氏，乃叶赫贝勒金台什之后，初任侍卫兼佐领，后以功升授满洲副都统、署前锋统领。自入陕以来，他历战必身先士卒，在阳平关等战役中率先败敌克捷，“劳绩茂著”。康熙帝鉴于诸王、贝勒拥兵自重，怯懦不前，一再贻误战机，严重影响湖南的恢复，遂决定起用穆占。在平定王辅臣叛乱之后，康熙破例任命穆占为实授都统，佩征南将军印，出征湖南，抽调陕西、彝陵、荆州等地精兵由其统辖，兵额与安亲王军相近，“其应设镇守官兵，调遣机宜，与各将军、总督、提督等议行”。并关照安亲王岳乐、顺承郡王勒尔锦等：“探知穆占何路进兵，即相机应援。”[2]戒谕：“尔等亦当同心戮力，慎勿妄分疆界，各顾部伍，互相推诿，仍蹈前失也。”[3]而后，又特召穆占至京，面授机宜。足见康熙帝厚望穆占能肩御平定湖南之重任。正如后来他所言：“穆占所领陕西、荆岳诸处将士，皆经简择，平定湖南，唯此精兵是赖。”[4]

1　《清圣祖实录》卷六四，第 7 页。

2　《清圣祖实录》卷六三，第 19 页。

3　《清圣祖实录》卷六四，第 4 页。

4　《清圣祖实录》卷七一，第 4 页。

康熙十六年初，清军对湖南、四川、云贵已成合围之势。由于吴三桂并力死守长沙，岳乐围城逾年不下。于是，康熙帝命尚善作水陆夹攻岳州之势，命勒尔锦提兵临江，命图海整饬陕西满汉官兵扼守汉中要路，下檄声言进兵，"以分贼势"，并见机进剿。然吴三桂老奸巨猾，必欲先解长沙之围，以固根本。二月三日，穆占奉命抵长沙。时安亲王岳乐布军于长沙东南的官山之后，吴三桂陈兵于长沙西南，与岳麓山连营，两军亘延数十里，对峙而阵。三月初一日，双方展开激战。据随同吴三桂在岳阳城楼观战的梁质人所见，安亲王发兵19路，自城北铁佛寺后布阵，至城之西南，长数十里。吴三桂见状也发19路以应之。"将军王绪（吴将）先陷阵，清兵合围之数重，旗帜尽偃，金鼓无声，城上人尽失色，以为此军全没矣。少顷，闻交枪连发如急鼓，清兵纷纷堕骑，王绪军冲突无前，莫有撄其锋者，深入敌境，获全胜而返。"[1]但是，吴三桂侄吴应贵和女婿夏国相所率一路，却遇劲敌征南将军穆占。搏战中，吴应贵"为流矢所中，贯腮堕马，夏国相力战，救之而归"[2]。穆占"率兵逼近长沙城池，逆贼出城排列挨牌鸟枪迎敌，我军前锋杀败逆贼，直抵城下，其护军骁骑官兵已随尾前进"。然正当此时，"安亲王官兵不暇甲胄，或十或二十，不成队列，随到亟进我军阵所"[3]。干扰了穆占攻城，为象阵阻还。

官山之战，双方互有胜负，可以说打了个平手，"杀伤略相当"，而且交锋者三路，除上述两路外，马宝一路又获大捷。可是，"初意气吞官山"，"欲自与安亲王决战"，必平之而后已的吴三桂却大为气沮，转而入城自守。时人孙旭分析说："桂兵素所

1 刘献廷：《广阳杂记》卷二。

2 刘献廷：《广阳杂记》卷二。

3 《清圣祖实录》卷一〇六，第12～13页。

恃者云南战象四五十头，逢战必排为前队，我军战马见辄战栗。至是，象遇我兵辄退走。回阵，桂心忧甚。”[1]可见，从战象临阵而逃，吴三桂已经意识到他日薄西山的命运，从而丧失获胜的信心。

四　吴三桂势拙称帝衡州与永兴激战

自王辅臣兵败之后，吴三桂是每况愈下。先是长沙被围，他自松滋回军抽调各路人马援长沙，却险些丢掉岳、澧。但同时他又得到尚之信起兵和高得捷、韩大任攻克吉安的消息。这对于接连失利的吴三桂来说不失为柳暗花明的捷报。因为广东一叛，整个长江以南，除江浙、江西尚在争夺而外，便尽为叛军的势力范围。

如此一来，不仅可以弥补西北的败局，还可望给清廷造成更大的压力，以实现其“划江而国”的梦想。因此，吴三桂分别致书尚之信、耿精忠与郑经，约其合兵一处，共同进取江南。然而，吴三桂所构思的这幅图景，随着耿精忠与郑经的火并，耿精忠与尚之信的先后反正，又一次成为镜花水月。而这时，其部将高得捷、韩大任也被简亲王喇布围困数月，不得东下争锋，也不能有援长沙。袭取江南的梦想彻底破产。

康熙十六年四月，吴三桂以湖南三面被围，由长沙退居湘潭，图谋两粤，且思牵制。

六月，康熙皇帝指示说：“据今时势，剿灭吴三桂甚为紧要，大兵进取，务贵神速。”[2]“命诸将专力湖南。”[3]八月，康熙帝得报，吴三桂分遣胡国柱、马宝侵犯广东韶州，吴世琮攻取广西桂林诸处，即命将军莽依图等守御广东，并与广西巡抚傅弘烈平定广西。命穆占会简亲王喇布规取衡州、永兴诸处，“以断侵犯两

1　孙旭：《平吴录》。

2　《清圣祖实录》卷六七，第14页。

3　魏源：《圣武记》卷二《康熙勘定三藩记上》。

粤贼兵后路”，[1]“如此则粤东得以宽缓，而粤西欲降者亦可乘间来归”[2]。十一月，又命安亲王岳乐取湘潭诸处，以“摧破楚逆”[3]。吴三桂闻讯，再退衡州。

随着疆域日蹙，吴三桂在经济上也陷入空前的窘境。滇黔粮饷历来仰诸江南各省，吴三桂以一隅敌天下，仅一年有余，便军需拮据。康熙十三年末，“伪官的官俸、衙役的工食，如今尽充贼饷，尚不能足钱粮，催征急如星火，今又征明年的钱粮，官民俱困了”[4]。至康熙十五年，“贼兵屯聚湖南，粮渐就尽”[5]。穆占攻下茶陵、攸县之后，吴军更是“馈饷不给，军士胥怨，民多远避”[6]。据从彝陵附近逃过来的士兵说：“那边（吴军）三个月没钱粮。”[7]

吴三桂以垂暮之年，枕戈执矛，再返沙场，本指望能马到成功，即不能得天下，也当划江而治，为一国之君。然而五年过去了，“逼洞庭而不即渡，得剑南而不能守，仅徘徊衡湘间”[8]。吴三桂心中自是不甘。穷迫之中，便萌动了称帝的痴念，以为如此即使不能流芳百世，也不枉英雄一场。同时也可借此蛊惑人心，以作最后挣扎。于是，在他的授意下，众人相率劝进，又找人写了一篇辞藻华丽的劝进表，吴三桂便在众人的“拥戴下”做起“大周”皇帝来。

康熙十七年三月朔，吴三桂正式称帝衡州。根据刘献廷记载：“吴三桂即位于衡州雁峰寺侧，筑坛而祀。祀文用檀香版镂字，涂

1 《清圣祖实录》卷六八，第 16 页。

2 《清圣祖实录》卷六八，第 8 页。

3 《清圣祖实录》卷七〇，第 7 页。

4 《文献丛编增刊·清三藩史料》，第 203 页。

5 《云南备征志》卷一七《云南事略》。

6 《清圣祖实录》卷七一，第 3 页。

7 中国第一历史档案馆：《清三藩史料》，胶片 2874 号。

8 《明季稗史初编》卷二六《吴耿尚孔四王合传·平西王吴三桂传》。

以石青；燔柴用纯牛杀之，去污秽，实以檀木而柴焉。”[1]是日，吴三桂宣告改元“昭武”，以衡州为定天府，册妻张氏为后，吴应熊庶子吴世璠为太孙。然后，大封文武。加郭壮图为大学士，命仍守云南。设云南五军府兵马司、置六部，命以各官。晋胡国柱、吴应麒、马宝等功臣为大将军，封王屏藩为东宁侯，予尚方剑。其余大小头目也都加官晋爵。此外，吴三桂还建立了庞大的后廷机构，设有职掌不同的各级太监，据“重修归化寺记”碑文题名录记载：“有尚善监掌印太监武有升，暖殿近侍兼内官监左少监管织染局掌印事李文魁，兼尚膳监左少监管司菜局掌印事张光荣，兼尚衣监左少监管司苑局掌印事吴宗德，兼内官监右少监管巾帽局掌印事余天锡，兼尚衣监左少监王义德，兼尚宝监右少监李伦秀，左右监丞何拱极、吉秉忠、荣国泰、黄极泰、左其相、黄智元、王成柱、吴凤瑞、韩侍明、李士元。”[2]

然而，称帝过程更暴露出吴三桂那穷途末路的潦倒之势。对此，时人不乏记载。

刘健曰：“三桂自念日暮，及未死，姑称帝以自娱。议既定，卜吉三月朔，晦日，大雨，卤薄仪仗，泥污不堪，藉松针于大坛，以待行事。昧爽，天霁，五色云见。三桂大喜，以为得天。是日，乘马出伪宫，冠翼善冠，衣朱衣，登坛行衮冕礼毕，乘辇返。大有奇书云，衡山岳神庙有小白龟，大仅如钱，多历年所，土人以为岳神使者，敬而祀之，藏之神帏中藉以占卜。涓吉祀神呈舆图于神前，视龟所向，龟蹒跚循走，总不出长沙、岳、常之间，复至滇而止，再三拜祷，三复如之。”[3]可见，在时人的眼里，吴三桂欲求助神灵，而神灵亦不佑。

1　刘献廷：《广阳杂记》卷一。

2　昆明志编纂委员会：《昆明历史资料汇编草稿》，1964 年。

3　刘健：《庭闻录》卷五《称兵灭族》。

《四王合传》记载曰："筑坛衡山下，告即位于上帝，建国大周。" "复于山下结席厂万间为受朝之地，文武以次称贺。舞蹈未毕，大风忽起，席厂卷入云中，俄而骤雨如注，逆党草草卒事，识者早知其不克终矣。"[1]

就在吴三桂称帝自娱之际，其部将韩大任走降于福建；安亲王岳乐恢复浏阳、平江，招降吴军水师将军林兴珠于湘潭；征南将军穆占连拔永兴、茶陵、攸县、酃县、安仁、兴宁、郴州、宜章、临武、蓝山、嘉禾、桂阳、桂东十二余城，兵逼衡州。康熙十七年闰三月，吴三桂"见大兵逼剿，将云贵贼众尽行调出"[2]。增援湖南，欲与清军决一死战。六月，集马宝、王绪、胡国柱等优势兵力强攻永兴，"有必死之形"[3]。永兴为衡州门户，相距百余里，故敌所必争，永兴守将都统伯宜里布、护军统领哈克山战殁，"贼遂据我河外营，环攻永兴"[4]。硕岱等退入永兴城内死守，吴军三面环攻，昼夜不息。据守城将领护军统领拉赛等报："贼自八月初二日以至二十日，屡逼永兴，满汉官兵奋勇御敌，城坏于炮，随以筐及囊盛土补之，昼夜坚守，屡退贼众"，[5] "濒危者数矣"。[6] 康熙帝分析敌情指出：永兴失利，在于"兵势太分"。命将军穆占、大将军简亲王，集中兵力，破敌首要，"其速收可缓之地所有防兵，还之要害，会合群力，大创永兴贼兵，务期翦灭"[7]。随即又指示穆占："尔勿因永兴两次失利，遂不计大事有裨与否，冒昧妄动。亟宜鼓舞人心，振扬军威，以图克济，果能并力破寇，前罪（永

1 《明季稗史初编》卷二六《吴耿尚孔四王合传·平西王吴三桂传》。
2 中国第一历史档案馆：《清三藩史料》，胶片 1095 号。
3 《平定三逆方略》卷三八。
4 《清圣祖实录》卷七四，第 13 页。
5 《平定三逆方略》卷四一。
6 魏源：《圣武记》卷二《康熙勘定三藩记上》。
7 《清圣祖实录》卷七四，第 13 页。

兴失利）自当涣释。”[1]然简亲王与穆占均不肯丢下驻地驰援永兴，“简亲王屯茶陵不敢救，穆占郴州遣兵来援亦不敢进”[2]，且相互推诿。永兴紧急，江右可虞，康熙帝忧甚，“现于词色”[3]，降旨切责二人。但康熙帝同时考虑到，恢复永兴，“盖倚穆占实甚”[4]。随即密谕穆占以诱导之。他说：“尔等近来行兵，致有大臣阵亡，闻之不胜伤悼，兼之两将军彼此推诿，以非己汛为辞，恐于事机有误，深为忧之。”指出“满兵之势贵在聚，聚则处处攻战，始克有济”。“若徒分守恢复之空城似乎不可。今福建、广东情形亦不甚妥，尔等益当同心协意，保固地方。”[5]并命穆占“亲赴永兴，扑灭贼众”[6]。

就在清军筹划救援永兴之际，八月十七日，吴三桂患赤痢死，八月二十一日，吴军撤兵，永兴之围自解。

消息传来，康熙帝即兴赋诗曰：“遥天今日捷书来，万里欢声动地开，从此黎民皆乐业，军威应振凯歌回。”并直接名其诗文云：“大将军报吴逆暴死，其下贼众溃散无余，大兵指日进取，恢复封疆。”[7]旋即诏令清军收取岳州。

五　围困岳州

自吴三桂反叛，清军便与吴军相持于岳州，达五年之久。岳州迟迟不下，一方面，由于担任主攻的大将军贝勒尚善庸懦无能，屡失战机；另一方面，岳州三面环水，易守难攻也是事实。且清

1 《清圣祖实录》卷七四，第 16 页。

2 魏源：《圣武记》卷二《康熙勘定三藩记上》。

3 《庭训格言》。

4 《清圣祖实录》卷七五，第 3 页。

5 《清圣祖实录》卷七五，第 5 页。

6 《清圣祖实录》卷七五，第 17 页。

7 《圣祖仁皇帝御制文集》初集，卷三二，台北学生书局，1966 年。

军不习水战，船只乏备。为此康熙帝费尽心血，筹划再三。他多次下令“增船破敌”，“倍造鸟船沙船”[1]。康熙十七年闰三月，吴军水师将军林兴珠于湘潭率众投诚。康熙帝十分重视，优封侯爵，授建义将军，留安亲王军前剿抚叛军。

林兴珠为闽人，由海上投诚，随吴三桂叛后，因谙晓水性，被命为水师将军守洞庭湖。林兴珠“造海上鸟船出入洪波大浪如平地，大小铳炮布列左右，首尾所当糜烂，扼守布袋口，吾兵寸板不得入”[2]。是年三月，吴三桂称帝，封吴应麒为楚王，岳州总统将军。林兴珠等人入贺，吴应麒殊谩无礼，“责行属礼走脚门”。林兴珠不肯，二人遂牴牾。吴应麒谗林兴珠欲反，于是吴三桂将其调往湘潭。林兴珠愤而降清，吴三桂又戮其二子，发其妻往云南充旗下。林兴珠恨恨欲报此深仇，于五月献水陆联营困破岳州策。他说：“前岳州舟师再战，林兴珠皆在。今我船甚多，宜分其半泊君山，以断常德之道，余船泊香炉峡、扁山、布袋口诸处，沿九贵山陆路立营，以断长沙、衡州之道，则岳州贼路阻塞。纵有粮米，而薪刍器用必致乏绝，贼可不战而毙也。”[3]康熙帝欣然采纳。

康熙十七年七月，永兴争夺战开始后，康熙帝仍关注着岳州，认为岳州攻战关系湖南全局。他说：“岳州为湖南咽喉要地，必此地恢复，则长沙、荆州之兵始能前进。”[4]指出：“今逆贼大势，偏注于广西郁林，湖广郴州，永兴诸处。”宜乘机水陆攻取岳州，强调“规定湖南，在此一举”[5]。诏令勒尔锦酌量留兵以守荆州、彝陵等地，余兵悉发岳州。八月，贝勒尚善殒于军，康熙帝命贝勒察尼代尚善为安远靖寇大将军，总统岳州诸军。但同时又以统帅

1 《清圣祖实录》卷六九，第10～11页。

2 《平滇始末》。

3 《清圣祖实录》卷七三，第14页。

4 《平定三逆方略》卷三九。

5 《清圣祖实录》卷七五，第8页。

新易，虑有误失，所谓“所遣诸将军破敌无期，后虽勉图，终成掣肘”。于是，康熙皇帝又一次提出御驾亲征。他对议政王大臣说：“今日之事，岳州最要，不可不速行攻取，乘此民心仇贼，群相内向之时，朕欲亲统六师，躬行伐罪。”“国家所赖，在于佥谋。”[1]但在诸王大臣的反对下，康熙帝仍未果行。

八月末，吴三桂死讯传来，康熙帝即降谕旨：“逆贼吴三桂已死，渠魁既殒，贼必内变，诸路将军宜乘时各统大兵，分路进剿，克复疆圉。”命简亲王由茶陵赴安仁，进逼衡州，诏贝勒察尼等“务水陆夹击，速取岳州”[2]。九月，议政王大臣会议，就如何突破荆岳防线，令湖南诸大将军详议敷陈。然诸将意见各异。勒尔锦疏言：“以守兵余力并入行军，复多增枪手，五路渡江，齐力大举，庶可灭贼。”岳乐则提出：“臣亲赴岳州，仍旧布置舟师，调诸路大炮急攻陆营，势必克复。”察尼并上两议，虽赞同水陆夹取岳州，却又欲待洞庭湖水涸后破敌，并请以大队清军陆路立营。康熙帝并览三疏之后，断然决定：“吴三桂已死，诸逆溃乱之际，宜急取岳州。”指出：“林兴珠献策甚明，俟湖水尽涸，我船与贼船俱无所施，彼时多制舟师，无不足用。我之船舰兵卒，颇属有余，岂可推诿，使大事中阻。”明令察尼：“今宜于南靖巷、君山、高家庙诸处，俱立营垒，断贼粮道，务须困取岳州。”“安亲王、顺承郡王所奏俱不必行。”[3]是时，岳州已云集荆州、陕西、河南、安庆等诸路清军，共三万有余，鸟船百艘，沙船438艘，又发江南子母炮1000，并原调之红衣大炮，清军实力已居吴军之上。于是，察尼命绥远将军蔡毓荣偕提督周邦宁、万正色等大会舟师，棋布洞庭，又于布袋口树栅截湖绝其饷道，“水陆联营，绵亘百里，贼兵赴援

1　《清圣祖实录》卷七六，第6、7页。

2　《清圣祖实录》卷七六，第16页。

3　《清圣祖实录》卷七七，第5页。

者皆不敢进”[1]，终成岳州困势。

岳州被困，城内叛军如惊弓之鸟，人心汹汹。自吴应麒出守岳州，按方献廷之策，“积三年粮防不虞，平时不许妄动”[2]。但后来两军相峙荆岳，不相攻战，不禁商贾往来，反而各设关卡抽税以佐军需。当时，荆州米一两一石，盐一钱一包，粮贵盐贱。而湖南则反之，为盐贵粮贱，米一石止三钱，盐至三钱一包。荆岳两边以盐五包易米一石成议。吴应麒喜以三钱之米易一两五钱之盐为奇利，又持长沙、衡州可以转饷，“倾仓倒换”[3]。“折价缩值以给军，而转卖高值入私囊。长围既合，粮尽军机。”[4]据当时从岳州城内逃出来的士兵讲：“贼营人都心乱，没有米粮，仓里只有八百石米，若给散每人不过五升。前日米卖三钱二三分一斗，这两日要卖四钱五分一斗，一日贵似一日，有吃糠的，有吃菜的。”[5]吴应麒四处告急，求援不得。于是，遣其水师将军杜辉、巴养元、姜义乘船250艘攻打陆石口自救，为清将军鄂内所败。随即又遣将驾巨舰200艘乘风进取柳林嘴，欲疏通粮道。别遣“伪帅”于高家庙渡江，复袭陆石口，以分清军兵势。然清军以轻舟阻击，发炮毁巨舰之半，并再败陆石口敌众。吴应麒自康熙十七年十月下旬以来的多次突围均被击败，岳州城内人心更加沸然。康熙帝又派杜辉之子杜国臣潜入岳州招降。十二月，杜辉遣林宁等奉书请降，不料为吴应麒察觉，诛杜辉并其同谋多人。杜辉继林兴珠为岳州水师主将，守布袋口险要，其被诛杀，加剧了吴军内部的矛盾。特别是杜辉部将总兵陈华、李超等率文武官弁兵丁投诚后，康熙帝俱以都督同知总兵官用，留察尼军前招抚叛军，

1 刘健：《庭闻录》卷五《称兵灭族》。

2 《平滇始末》。

3 《平滇始末》。

4 刘健：《庭闻录》卷五《称兵灭族》。

5 中国第一历史档案馆：《清三藩史料》，胶片1419号。

致使吴军进一步分化。

康熙十八年正月十八日，吴军总兵王度冲、将军陈珀等率众投降，吴应麒弃城遁走，岳州收复。

消息传到京城，康熙帝感慨万分，特赋《恢复岳州作》以抒其怀，诗序中有："擒斩贼魁殆尽，望风归正不可胜数，所余小丑势如破竹，解吾民之倒悬，行有日矣。"[1]于欣喜的同时指明岳州之战的胜利，即宣告了叛军的末日，平叛战争已是胜利在望。

六　吴军溃败与清军收复湖南

自吴三桂死，吴军已呈树倒猢狲将散之势，三军气夺，毫无斗志。吴国贵绝望之中欲与清军再决高低，他对诸将说："从前所谓大误。今日之计，宜舍滇不顾，北向以争天下，以一军图荆州、略襄阳，直趋河南；一军下武昌，顺流而下，经略江北。吾辈勿畏难，勿惜身，宁进死，毋退生，拼死决战，剜中原之腹心，断东南之漕运，即令不能混一，黄河以南我当有之。"然而，诸将皆无进取之意，"俱重弃滇，马宝首梗意，一倡百和，计遂不行"[2]。时众人各揣心腹，人心已离。"胡国柱犹欲假三桂孙收系其党"[3]，飞书云南邀郭壮图护送"伪太孙"吴世璠至衡州袭位，重振军心。然郭壮图正与卫朴争以已女立后，置胡国柱于不睬。并自挟吴世璠于康熙十七年十一月即位云南，改元"洪化"，檄"伪诏"于各处，日制皇后仪仗、龙凤日月袄、山河地理裙之类，不理政事。胡国柱见呼之不应，便令吴国贵守衡州，自至云南请"驾"。郭壮图"以弃湖南守险隘，犹可以作夜郎王"，[4]与胡国柱议相忤。胡国柱无奈，仍奔衡州，合吴国贵等守湖南。然将帅皆不用命。康

1 《圣祖仁皇帝御制文集》初集，卷三三，《收复岳州作并序》，四库全书版。

2 刘健：《庭闻录》卷五《称兵灭族》。

3 《平滇始末》。

4 《平滇始末》。

熙十八年正月，岳州被克，吴军败兵之势如山倒。

康熙帝认为“大兵既取岳州，逆贼震动之际”，于正月二十三日发布上谕，令诸路大将军、王、贝勒等：“剿抚兼施，贼有悔过投诚者，免罪叙功录用，将此恩意，概行晓谕。”[1] 于是，“伪将军，总兵、文武官员，船舰兵率来归者甚众”[2]。至二月，湖南战场清军所向披靡。长沙吴军潜遁，安亲王岳乐率部入城，并乘胜南下，恢复湘潭。贝勒察尼进据湘阴，“贼众弃城遁”。湖广提督桑格，固山贝子章泰进取华容、石首，“贼众望风弃城奔窜”[3]。顺承郡王勒尔锦统大队渡江，“太平街虎渡口诸贼悉皆溃遁”[4]，收复松滋、枝江、宜都及澧州、常德等地。简亲王喇布派前锋统领希佛夜袭衡州，吴国贵、夏国相惊遁，克复其城。湖南大局已定。

自康熙十八年三月起，康熙帝就平叛部署再次作了调整。

他命顺承郡王勒尔锦率其王府佐领之兵回驻荆州，调度荆、岳、彝陵、襄阳等处军务，进兵湖北归州和巴东，“从郧阳、彝陵规定蜀贼”，配合陕西清军入川；命贝勒察尼调度澧州以南军务，进取辰州、沅州；命安亲王岳乐统大兵赴衡州，进取宝庆、武冈等地；而简亲王喇布与将军穆占则奉命合兵攻永平等地，并入援广西。

其时，吴军皆溃奔西南欲入贵州，而由湖南入黔必经两条险路，一是辰州之辰龙关，一是武岗之风木岭，皆易守难攻。时吴应麒守辰州、辰龙关诸处，吴国贵、马宝、胡国柱等守武冈。安亲王军至武冈，首攻枫木岭，广西巡抚傅弘烈由后路断敌饷道，清军大队奋击其前，吴国贵出战，前额中炮而亡，敌众溃遁，贝

1 《清圣祖实录》卷七九，第 8 页。

2 《清圣祖实录》卷七九，第 16 页。

3 《清圣祖实录》卷七九，第 17 页。

4 《清圣祖实录》卷七九，第 20 页。

子章泰追败之，于康熙十八年八月，克复武冈。而辰龙关尤为险峻“径狭箐密，仅容一骑，贼跨隘口，立五营以拒。官兵相持逾年，始由间道袭破之。”至康熙十九年三月，察尼奏捷辰龙关，胡国柱等走贵州，湖南悉定。

第七节　进兵四川与清军三路会师云南

自康熙十八年十月至康熙二十年十月，清军平叛战争进入了最后的决战阶段，吴军虽在节节败退，但仍在西南一隅进行垂死的挣扎。

一　再用绿营将领平定四川

康熙十八年初，康熙帝以岳州克复，议取四川。四月，宁夏提督赵良栋疏言：“今湖南既定，宜取汉中、兴安，以图四川。臣愿精选所属步骑五千，独当一路”，“竭忠自效”。[1]康熙帝览奏，“嘉许之”，命图海等确议。但图海等满族将领消极厌战，先以“栈道益门镇各口，逆贼率众来犯”[2]为由，拒绝出兵。破敌之后，又“藉称贼毁偏桥，无路可通，竟尔却还”。康熙帝责之：“如以怯懦易退，何时乃得破敌？”[3]康熙帝本来厚望图海能负以平川重任，八月，曾下令“宜乘贼处处败衄，逃遁震动之时，分路扑灭。大将军公图海亟统大兵乘机剿灭汉中诸处贼寇，速定四川。”[4]但图海虽奏报拟四路进兵，却迟迟未行。于是，康熙帝毅然决定再次倚任绿营官兵平定四川。

1　《清史列传》卷七《赵良栋传》；《清圣祖实录》卷八一，第19页。

2　《清圣祖实录》卷八一，第19页。

3　《清圣祖实录》卷八二，第13页。

4　《清圣祖实录》卷八三，第20页。

是年十月，康熙帝遣内阁学士佛禧、郎中倭黑赍敕赴陕，谕将军张勇、王进宝，提督赵良栋、孙思克："今贼既败遁负险，无容专恃马兵，若用绿旗步兵之力，于灭贼殊为有济，况我绿旗兵较之贼兵甚强，尔等素受国家厚恩，戮力行间，树绩边疆甚多，殚尽忠贞，图报恩眷，朕所悉知。尔等当各率所属绿旗兵，平定汉中兴安，恢复四川。宜分几道进兵？作何调度始能恢复？其详议具奏。"又说："尔等官兵前进，则满洲大兵亦即相继进剿，接运粮饷，不致匮乏。兹事所系甚为重大，速详加酌定以闻。"[1]然而，在进兵四川的问题，绿营将领的意见也不一致。张勇、孙思克皆言是时不便入川，对此部署不以为然，而王进宝和赵良栋则踊跃，并"自任取蜀"。时王进宝以平王辅臣之军功，进一等阿思哈尼哈番，授奋威将军，兼平凉提督。十月下旬，他由平凉进兵武关、鸡头关，抵汉中，王屏藩引兵遁青石关，走广元，退守保宁。王进宝恢复汉中，追敌至川陕边界之青石关。赵良栋原任天津总兵官，康熙十三年末，由张勇荐为宁夏提督，因赵良栋曾隶吴三桂部属，人言不可用。赵良栋请以家眷留京为质，只身赴任，并欲以平川"竭忠自效"。他由密树关进取徽州，直抵略阳，败吴之茂，克复入川要路阳平关。

康熙帝闻讯，即刻部署进兵四川诸项配合工作。他鉴于前者，清军入川已进抵保宁，恢复在迩，只因粮饷不继，才功亏一篑的教训，认为："当此逆贼军败怀疑，人心涣散之会，削平地方，似尚不难。唯蜀路运粮最为重要，宜于所复城池村落遍访贼积米谷，悉行察收，俾进蜀官兵不误支给。"[2]于是，命大将军图海率大兵之半屯驻凤翔，防守陕西通省。以护军统领吴丹为将军，率大兵之另一半，继王进宝、赵良栋之后，与总督哈占负责协饷，"相

1 《清圣祖实录》卷八五，第9页。

2 《清圣祖实录》卷八六，第10页。

继不绝，毋使军机有误”[1]。

十一月，王进宝与赵良栋会师大安驿，秣马以待。十二月二十一日，康熙帝正式指令赵良栋与王进宝分兵两路入川，授赵良栋为勇略将军，给之敕印。命："不拘陕西通省及各处官兵，凡系王进宝、赵良栋两将军所调，大将军公图海以身任之，速为遣发，务至彼等所指之地，勿致有误。"[2]并令图海率师亲赴汉中，接济进蜀诸军粮饷。命将军鄂克济哈率汉中满兵驰往四川，合吴丹官兵，均分统率，为王进宝、赵良栋后继，"转饷源源不绝，相随而进"[3]。全力保障大军顺利入川。

十二月二十六日，两路大军同时自大安驿出发。王进宝克复朝天关、广元之后，即分三路直趋保宁。康熙十九年正月，败敌二万于城外锦屏山，夺桥而进。"贼渠"王屏藩自王辅臣兵败，已"气索"，至是，与"伪将军"陈君极自缢死。清军生擒"伪将军"吴之茂、张起龙，"伪总兵"郭天春等十七员敌将，击溃吴军四川主力，克复保宁，并乘胜复顺庆。赵良栋亦渡白水江、复龙安，自龙安南下，收复成都，"伪将军"、"伪巡抚"等文武百余迎降，又败胡国柱于建昌。

汉将自成一军，指挥调遣无所牵制，积极性得以充分发挥，仅用三月时间，恢复四川大部地区。

与此同时，图海恢复兴安；将军佛尼勒恢复永宁、马湖；湖广提督徐治都败杨来嘉于巫山，恢复夔州、重庆，四川尽复。

二　洪化政权的垂死挣扎

吴世璠即位后，改元"洪化"，以康熙十八年为洪化元年。时

1 《清圣祖实录》卷八六，第 15 页。
2 《清圣祖实录》卷八六，第 17 页。
3 《清圣祖实录》卷八八，第 4 页。

吴世璠年方十四，政事决于国丈郭壮图，“壮图挟椒房之密，专权用事，众多不平”[1]。康熙十九年，清军入川，贵州垂危，郭壮图令线域留守云南，自扈吴世璠东行至贵阳，以图重振。其时，胡国柱、夏国相、马宝、王绪等16员主将皆退至贵阳，奉命侍卫，刑部尚书郭昌、贵州巡抚来度亦在“御前”。然众人各怀异志，来度、郭昌与王怀明、曹申吉、潘起先等谋反正，已遣人致书图海，被命为内应。吴应麒以“楚王”自居，热衷于权势，自岳州败退沅州后，尚欲营造楚王殿自娱，且谋夺立。叛军内部已是矛盾重重，众叛亲离，人皆有惶惶不可终日之感。“吴应麒来朝，世璠留款内庭，应麒大骂方献廷首祸，欲悔无及，（夏）国相等皆大恸，唯世璠无词。”[2]士兵更是怨声载道。自溃至贵州以后，吴军便粮饷皆无，在镇远每人所发五两盐为唯一给养，士兵不得不靠武力，进行土匪式的打家劫舍，抢粮充饥，谓之“打粮”。据当时乡民言，吴军“各家兵马一到镇远，每日有兵出外打粮”，并对每人须完成打粮定额作了规定。当时，士兵不仅要枵腹从征，甚至往往要赤手搏战，有盔甲者不过十之二三，“皮盔棉甲多已丢落，没有得铰鸟枪，十个人里头，只有四五杆，其余光是一把腰刀”[3]。衣衫破烂，赤足无履者，相当普遍。如此残兵败将，不用说迎战清军，仅仅打粮，都需付出沉重代价，如在九古地方打粮，被苗子杀死了王将军的兵四五百。士兵纷言：“等下回清朝兵马来，我们大家散去。”[4]

康熙十九年夏，吴世璠见清军已攻克四川，洪化政权已是城险国危，岌岌待毙，百般无奈之中，吴世璠令胡国柱、夏国相、马宝等再次进攻四川，以牵制清军入黔，做垂死挣扎。然士兵皆

1 刘健：《庭闻录》卷五《称兵灭族》。

2 孙旭：《平吴录》。

3 中国第一历史档案馆：《清三藩史料》，胶片2212号。

4 中国第一历史档案馆：《清三藩史料》，胶片2212号。

不愿从行，曰："若是调回云南就去，若还调往别处，我们各人取方便吧。"[1]甚至连"伪将军郑某"也违忤是令，不肯随马宝至遵义。吴军内部已是将不听命，兵不从调了。

八月，胡国柱、王会奉命入川，统兵领战象突袭纳谿，陷泸州。九月又陷永宁、叙州。既而，建昌、马湖等府亦下。在胡国柱的煽动下，谭弘、彭时亨再叛，而夔州、巫山等地又发生了"民变"。

然而，吴军对四川的反扑，并不能够阻挡清军攻取云贵的进军步伐，吴世璠的一切努力，都不过是磨砖作镜的徒劳。十月，清朝湖南大军自平越陷贵阳，吴世璠等逃遁云南。时"百官星散"，[2]洪化惶惶不可终日，却又内讧频起。吴应麒在镇远招其子吴世琮同走云南，一路得逃兵一两千人，驻交州，"意欲篡，杀伪主，入云南而代之"[3]。郭壮图审知其意，遂与线域谋，先下其手杀吴应麒。而与此同时，胡国柱攻陷叙州后，执清军四川提督王之鼎解至贵州，并获其篋中清军塘报。于是，王怀明、曹申吉等反正事泄，除王怀明逃遁苗彝寨堡幸免外，曹申吉并其同谋多人，俱被吴世璠杀戮。由此，人心惊惧，凌夷之势已无可挽回。

三　清军三路入滇

康熙十八年末，湖南、广西、四川大局已定，康熙帝即部署进兵云贵。十一月，以安亲王岳乐久劳于外，歼灭强寇，令先率大兵之半凯旋。诏贝子章泰代为定远平寇大将军，与将军穆占"同心协意"，统领八旗进驻湖南沅州。由于云贵多山地，攻战"皆绿营步兵居前，满兵继后"[4]。而各路绿营官兵云集，"须专

1　中国第一历史档案馆：《清三藩史料》，胶片2212号。

2　孙旭：《平吴录》。

3　《平滇始末》。

4　魏源：《圣武记》卷二《康熙勘定三藩记上》。

责一人总统”。十二月，特命湖广总督蔡毓荣为绥远将军，总辖常德、武冈等处所有调拨官兵及湖广全省绿旗兵马，总督董卫国、周有德，提督桑格、赵赖、周卜世等俱听节制。诏今“一切平定云贵及剿抚事宜，唯尔（蔡毓荣）专责”，[1]与贝子章泰自沅州进取云贵，是为中路湖广大军。

康熙十九年二月一日，康熙帝以成都、保宁皆已恢复，命四川所在清军“乘此机会，速定云贵”[2]。他将原两路清军合为一路，令王进宝与总督杨茂勋、提督王之鼎等守四川诸处，调徐治都还驻荆州、彝陵，而命将军吴丹、鄂克济哈由顺承郡王勒尔锦军中简精锐马兵将之，与新任云贵总督赵良栋等同取云贵，是为西路四川大军。

二月初七日，又谕议政王大臣曰：“四川底定，湖广大兵今正分道进定云贵，其广西满洲绿旗大兵休息日久，亦当乘机速取。”[3]于是，令简亲王喇布、平南王尚之信、将军莽依图、马承荫、都统马九玉、总督金光祖等“分道进取云贵”，为东路广西大军。

三月，赵良栋提出：“定期八月终，（湖广、广西、四川）各路齐进，直捣云南。”康熙帝“悉如所请”，并录其疏，发湖广、广西将军大臣。同时告以“有机可乘，毋俟定期，即便宜率师直进”[4]。

四月，穆占、董卫国等攻克沅州，扫清入黔障碍。闰八月十八日，经过充分准备的清军在贝子大将军章泰的率领下由沅州启行。一路势如破竹，十月十二日克镇远府，十月十七日复平远府，十月二十一日直抵省城贵阳。吴世璠率众夜遁云南，其文武百官二百余人并贵州总管李本深归降。十一月，清军又依次恢复安顺、

1 《清圣祖实录》卷八七，第2页。

2 《清圣祖实录》卷八八，第13页。

3 《清圣祖实录》卷八八，第17页。

4 《清圣祖实录》卷八九，第10页。

石阡、都匀、思南诸府，继续西进。

康熙二十年正月，清军进至平远，遇敌负险顽抗。其时，吴将高起隆、夏国相、王会、王永清、张足法、杨应选、侬朋等拥众二万余人，据平远西南山上，又分兵万余由线域统领据盘江西坡。清军以将军穆占、提督赵赖先破西南山敌众，遂获大胜。然而在江西坡却遭到重创。据刘健在《庭闻录》中记载："是役也，提督桑格，前锋陈珀中炮折足，将士损伤过半，大败不能军，而其实未交锋也。江西坡崇隆险峻，曲折盘旋，绕山而上，如螺纹然。贼负险山以象迎战，我师见象出，即惊溃。蔡毓荣遣红旗督战，象奔不可止，红旗亦返奔走，两日夜方止。死尸山积，大约死于贼者十之二三，颠踣死、践蹈死、自相格杀死者十之六七。……我师虽挫，诸众继进者日多，线域不能支，弃险西走。"可见，清军付出了巨大的代价，才得以克复贵州，进入云南。

就在清军分兵三路，部署就绪后，广西一路为马承荫复叛所牵制。马承荫乃马雄子，康熙十九年二月，为吴世璠唆使，据柳州再叛，绐执广西巡抚傅弘烈解往贵州，被吴世璠所杀。吴将何继祖、王弘勋则乘机两路进攻广西，将军莽依图等不得不以全力平马承荫之乱。五月，广西勘定。九月，康熙帝鉴于简亲王喇布历战皆逡巡不前，恐误云南进兵，而"广西一路，亟宜速入"。于是，以"将军赖塔在福建、广东劳绩素著"，授为征南大将军赴广西，"调遣广西满汉大兵由南宁直进，速定云南"。[1]命赖塔选广州精锐马兵五百或一千亲率赴南宁，"广西所有一应大兵俱听简择率往"。赖塔未负康熙所望，于康熙二十年正月，率广西大军自南宁启行，经由田州、泗城、西隆州，进抵安笼所。吴将何继祖据石门坎天险抗拒，赖塔令都统勒贝、希福、马齐与护军统领额赫纳率师直前攻取，自与副都统洪世禄、赫呼布，总督金光祖分兵

1 《清圣祖实录》卷九二，第6页。

为二，由间道蹑敌后。乘其不备，履险而上，前后夹击，遂大败敌众，夺安笼所。二月初二日，再败何继祖于黄草坝，夺敌营二十三，生擒敌将军詹养、王有功等千余人，独先诸将，深入云南。二月中旬，湖广、广西两路大军会师云南曲靖，合兵西进，抵省城昆明。

四　围困昆明

章泰与赖塔抵昆明后，驻军于昆明城东十余里的归化寺，并列营成围，亘碧鸡关，经昆明城北，直至金马山、归化寺，长围数十里。“贼众议坚守，俟迤西援至，然后一决。”[1]康熙二十年二月二十一日，吴世璠从郭壮图意，遣将军胡国柄等“悉选精甲”马步兵万余人，出城列象阵拒战。清军分队进击，“甚锐”，“章泰军其左，赖塔军其右，自卯至酉，贼五却五进，殊死战”[2]。赖塔等纵兵夹击，穆占尤奋勇力战，“贼队中象忽反践其军于金汁河”。[3]清军以劲骑左右冲之，敌军大怯，清军追至城门，阵斩敌将军胡国柄、刘起龙及总兵九员，生擒六百余人[4]，并掘壕围昆明城。这次攻战，遂使吴世璠索气丧胆，退入昆明，婴城死守，“尽移诸将家口于五华山宫城，分门守御，誓必死”[5]。同时，“阴调在蜀贼将马宝、胡国柱、夏国相等归援”[6]。又割地乞师于西藏达赖喇嘛。

康熙帝以“胡国柱等退援云南，事关重大”，谕令将军佛尼勒、赵良栋等“于文到之日，即各统官兵，速行蹑击，勿令得援

1　刘健：《庭闻录》卷五《称兵灭族》。
2　魏源：《圣武记》卷二《康熙勘定三藩记上》。
3　刘健：《庭闻录》卷五《称兵灭族》。
4　《清圣祖实录》卷九五，第 7 页。
5　魏源：《圣武记》卷二《康熙勘定三藩记上》。
6　《清圣祖实录》卷九五，第 10 页。

云南”。[1]又令招抚云南各府州县吴属官员兵民，加强政治攻势，尽断昆明外援。自四月起，临安、永顺、姚安、大理等诸路敌总兵相继顺降，五月，其将军李发美又举首吴世璠向达赖喇嘛请兵书信，以鹤庆、丽江二府归降。六月，胡国柱等自四川返，抵云南姚安，“部卒溃散不能军”，又为都统希福、提督桑格所败，逐至永昌。胡国柱遂率残兵，由金沙江至永顺之交，“穷荒之食”，又走鹤庆、丽江，辗转至云龙州青里屋，度不能逃脱，引帛自缢。王绪、李匡亦自焚死。马宝自遵义走寻甸、奔楚雄，亦为都统希福与提督桑格大败，退走姚安山中。由于马宝“领兵数窘我师，我师恨入骨，欲生得之以甘心”[2]。不久，马宝遂为桑格招抚，出至姚安府降。夏国相败走广西亦归降。至此，吴军诸将或死或降，援兵无望，昆明愈益孤立。

然而，昆明“城池坚固，三面挖有壕沟，又将湖水灌入北面，亦挖有壕，下有梅花桩”，[3]难以速下。贝子章泰、总督蔡毓荣等皆认为，吴军将帅家口俱在城内，必死守，滇城不可强攻，只宜围困，待敌自毙。于是，围之以待。但是，清军所设长围距城较远，且敌军粮道未断，“昆池南北百里往来舟楫，绝无查诘”[4]，以致滇城附近之安宁、晋宁、昆阳、呈贡四州县虽经恢复，其民人却仍得以为滇城亲故转饷。

康熙二十年九月，勇略将军、云贵总督赵良栋在完成追剿四川叛军的任务之后，率宁夏等西北官兵抵昆明，至此，清军三路会师云南。

赵良栋发现，清军虽然包围了昆明，但“并未设兵湖中断其

1　《清圣祖实录》卷九五，第10页。

2　刘健：《庭闻录》卷五《称兵灭族》。

3　第一历史档案馆：《清三藩史料》，胶片1981号。

4　刘健：《庭闻录》卷五《称兵灭族》。

水路，致敌众米粮照旧运行，城中并无危急”[1]。而清军四十万云集，已逾九月，粮饷告匮，军旅悬釜待炊。云南巡抚伊阙与布政使王继文借银买粮，以济军需，却难以足给。赵良栋提出清军应该“就近攻城”，速战速决。他说:“我等大兵连营四布，不就近速战，迨至日久，米粮不继，满兵无妨，绿旗兵何以存立?”但贝子章泰不以为然。他说:“皇上豢养之满洲岂可轻进，委之于敌，且尔兵远来，亦宜休养，何可令其伤损。”[2]赵良栋以是奏闻。九月二十一日，康熙帝谕议政王大臣曰:“云南省城围困已久，若不速为克取，未免劳敝兵民，糜费粮饷。今逆贼外援已绝，株守孤城，穷迫已极。”令移檄大将军贝子章泰、赖塔等“速行攻取云南省城”[3]。

十月初八日，清军遵旨攻城。赖塔进兵银锭山，蔡毓荣夺重关及太平桥，穆占、赵良栋与巡抚王继文夺玉皇阁。二十二日，吴军将领余从龙、吴成鳌出降，清军益知城中虚实。于是，赵良栋再攻得胜桥，蔡毓荣攻大东门，林兴珠攻草海，赖塔等分兵攻华浦，“皆薄城下，围之数重”[4]。诸将“并力环攻，贼势惶迫无措”[5]，“又于昆明池内，横筏施楼橹以断接济”[6]，城中粮尽，人相食。二十八日，吴军诸将线域、吴国柱、吴世吉、黄明，原任都统何进忠，巡抚林天擎等谋擒叛首吴世璠、郭壮图以献。吴世璠闻变自杀，郭壮图及其子郭宗汾亦皆自刎死。二十九日，线域等率众出城降，清军擒获方光琛并其子侄，于军前磔之，戮吴世璠尸传首京师，“析三桂骸骨，颁示海内”。吴军官兵六千余人投

1 《清圣祖实录》卷二八七，第2页。
2 《清圣祖实录》卷二八七，第2页。
3 《清圣祖实录》卷九七，第16～17页。
4 魏源：《圣武记》卷二《康熙勘定三藩记上》。
5 《清圣祖实录》卷九八，第16页。
6 魏源：《圣武记》卷二《康熙勘定三藩记上》。

诚。云南荡平，历时八年的平叛战争胜利结束。

第八节　对清朝取得平叛战争胜利的几点认识

清王朝最终取得了平叛战争的胜利，对此，古人今人不乏论说评价，或赞其功绩影响，或论其成败原因。在此仅就后者谈几点认识：

一　清王朝经过艰苦的斗争取得了平叛战争的胜利

乾隆皇帝为夸耀其祖父勘定三藩之乱的功绩，曾在《御制全韵诗注》中说:“是役也，用兵甫八年，而三逆悉已扫荡。集勋之速，实史册所罕覯。”然而，胜利的取得，绝非轻而易举，实则经历了极其艰苦的斗争。

首先，清王朝面对的敌人强大，形势严峻而复杂。

前面叙及，三藩兵力雄厚，其建制共有五万余兵马。然而，在其反清后所投入的兵力，则远远超过这个数目。据时人记载：康熙十二年十二月一日，吴三桂自云南奔贵州，“乃自率兵 20 万”[1]。耿精忠在撤藩搬迁时家口共十一万余[2]，起兵后的兵力未见有人统计，但仅贝子傅喇塔在浙江土木岭一带就败其部将曾养性二十五营兵力，随后又在温州等地“斩获二万级”[3]，可见其兵力亦颇强。尚之信的情况当雷同。那么，三藩何以会集如此众多的兵力呢？从三藩反清后的用兵部署看，其兵力来源可以有三个方面：一是藩属兵丁，充当反清主力；二是所控制及占领地区的

1　孙旭：《平吴录》。

2　魏源：《圣武记》卷二《康熙勘定三藩记下》。

3　魏源：《圣武记》卷二《康熙勘定三藩记下》。

绿营官兵，它包括巡抚标兵和提镇标兵，每省二至三万不等；三是自行招募的军队，以当地少数民族的土兵为主，如云南的“猓猓兵”即属此类。在这种形势下，当三藩并起，且有诸多反清武装随之响应时，便形成一股强大的反清势力。这是其一。其二，三藩起兵后，迅速席卷各地，先后占领六省，烽火遍及13省。如吴三桂占领云南、贵州、湖南、四川，分兵进攻湖北、江西、陕西；耿精忠占领福建，派兵攻打浙江、江西；余者，尚之信据广东，孙延龄据广西，王辅臣兵叛西北，察哈尔构乱漠南。“东西南北，在在鼎沸”，清王朝腹背受敌，已经面临着生死存亡的严峻挑战。其三，三藩以反清复明号召天下，社会各阶级、阶层的反清力量趁势而起，形成错综复杂的局面，并使这场反清斗争增加了民族矛盾的色彩，从而为清军平叛带来阻力。

其次，清朝为平定叛乱，动用了占全国二分之一的兵力。据记载：清朝军队，八旗有22万，绿营有60余万，共计80余万。而“自康熙征三藩时，用旗、绿兵至40万”[1]。当时，守卫京城和宫禁的禁旅八旗俱被调往南征，北京“宿卫尽空”[2]，以致于平察哈尔布尔尼之叛，不得不藉用八旗家奴。

再次，清朝平叛，前后历经八年，糜饷巨万。对此，虽然未见有明确的记载，但清朝投入了大量的人力物力，是可想而知的。仅康熙二十年末，出征将士自云南班师，康熙帝即“诏户部发帑代偿军士积负，共费五百六十万金有奇”[3]。而战争中的军费所需则更多。当时，凡粮草运输、造船造炮，均由地方备办，多要动支“正项银两”[4]。因而清政府不得不广开财源，所谓“捐粟纳官”即为措施之一。而且，史书记载，孝庄文皇后为节省开支，

1 《清史稿》卷一三一《兵志二》。

2 昭梿：《啸亭杂录》卷二《图文襄公用兵》。

3 魏源：《圣武记》卷二《康熙勘定三藩记上》。

4 《清圣祖实录》卷六六，第13页。

令"发宫中金帛加犒"出征官兵。[1]这足以表明当时清朝政府已处于财政拮据的困境。

正因如此，清人魏源在《圣武记》中将此次平叛比同"摧山"，康熙本人也称:"若以为摧枯拉朽，容易成功，则辞过其实。"[2]近人萧一山则更明确指出:"玄烨当基业未固，六省陷落之时，成此大业，实为清朝最大之幸运。"[3]

二 清朝平定三藩获胜的原因

有关清王朝取得平叛战争胜利的原因，向来是史学界热衷探讨的问题，成果颇多。对此，魏源最先谈到四点：一则不蹈汉诛晁错之辙，归咎于首议撤藩之人；二则不从达赖喇嘛裂土罢兵苟且息事之请，力申天讨；三则不宽王贝勒老师养寇之罪，罚先行于亲贵；四则重用绿营将领，用汉人平定叛乱。

魏源的观点虽然带有一定的权威性，但似乎还不够全面，如果从平叛战争的全过程来看，上述四点可概括为三个方面：

第一，康熙皇帝平叛的决心和勇气。

康熙皇帝作为清军的最高指挥官，其平定叛乱的决心和勇气，无疑具有重要意义。而其决心和勇气又主要表现在两点，即魏源所说"不蹈汉诛晁错之辙"，"不从达赖喇嘛裂土罢兵之议"。这是康熙面对严酷的形势而又众说纷纭所作出的重大抉择，如果他的抉择出现了偏差，历史的结局就很难以清朝的胜利来结束这场战争。

第二，康熙用将的知人善任。

清制，凡命将出征，大将军例委宗室诸王贝勒，次及满洲、蒙古、八旗都统，绿营将领多作偏将随征。然而，在平定三藩中，

1 《清史稿》卷二一四《后妃传》。

2 《清圣祖实录》卷九九，第3页。

3 萧一山：《清代通史》卷上，第481页。

康熙帝打破了这一传统惯例，在西北战场，用满族大学士图海代宗室贝勒董额为大将军统率全军，打下平凉；在湖南，用满族骁将穆占独挡一方，连下十数郡县；三路进军云南时，康熙帝又起用了在闽浙战场崭露头角的勇将赖塔为西路大将军，赖塔率先打入云南。

而重用绿营将领，尤收事半功倍之益。清代八旗驻防要塞，绿营分镇各省，因而以绿营兵平定地方叛乱，一可以解决八旗兵力不足的矛盾，二可以利用绿营将领在地方的影响，并调动他们的积极性，形成“群策群力，敌忾同仇”的局面。事实证明了这一点。由于康熙帝的信任和重用，一大批绿营将领趁势而起，成为平叛的主力。如西北有四悍将张勇、赵良栋、王进宝、孙思克；川湖有蔡毓荣、徐治都、万正色、周有德；福建有姚启圣、吴兴祚、施琅；浙江有李之芳，江西有董卫国，广西有傅弘烈。

第三，罚先行于亲贵。

本文将在第六章作具体分析。

除上述三方面之外，还有十分重要的一点，即第四方面，康熙帝制定了正确的作战方略。

在平定三藩的战争中，康熙帝表现出很高的政治军事才能。他对各个战场的指挥，常常是先令前线将领提出意见，再命议政王大臣会议具奏，然后根据反复讨论的意见，作出作战方略。由于他注意了解战场的实际情况，判断准确，因而魏源称他“发纵指示，洞的中窾。遵命者罔不摧敌，违机者罔不钝衄。”事实虽然并非完全如此，但从平叛战争的全过程看，康熙的指挥，的确是运筹帷幄，决胜于千里之外。[1]如在其制定的一系列作战方略中，用于战略上的“打击元凶”、“剿抚并用”、“趁机用间”，以及用于战术上的“控扼险要”、“断敌粮道”、“避敌锋锐、攻其侧翼”

1　魏源：《圣武记》卷二《康熙勘定三藩记上》。

等等，均取得了很大的成效。

三　三藩的失败

三藩起兵之初，势如鼎沸，咄咄逼人，似有取代清王朝之势。然而，几年之后，即分崩离析，相继败亡。三藩失败，除了由其反清性质所决定，即它是一场分裂国家统一，违背历史发展趋势的战争之外，还有三藩本身的各种因素。

其一，吴三桂的失误。吴三桂在起兵后有两点失误。一是未立明后。他在反清檄文中，曾以复明号召天下，声称立明太子。然而，兵起之后，他即食言自帝，失去了明朝遗老及复明势力的支持，从而失去了反清的号召力。二是进兵犹疑。初起，吴三桂以破竹之势攻下湖南，陈兵于长江南岸，但由于对形势的错误估计，等待康熙与之妥协，划江而国，故而，既不马上派兵北上，攻打京城，又未顺江东下，夺取江南财富重地，失去了有利的进兵时机。

其二，三藩内部矛盾重重，相互倾轧。如耿精忠与郑经、吴三桂与尚之信、吴三桂与孙延龄、吴三桂部将方光琛与胡国柱、韩大任与高得捷，以及孙延龄与马雄等，均在相互火并和倾轧中削弱了力量，并由此导致了耿精忠和尚之信的反正归清，孙延龄为吴三桂所杀。

其三，经济实力不足。三藩虽然占据六省，但与清朝为敌，仍为以一隅敌天下，且江南财富重地为清朝所有。因而，三藩在反清不到一年即出现了兵饷告匮的情况，至康熙十七年以后，吴三桂的军队就只能靠“打粮”维持生计了。

战争是双方政治经济实力的较量，也是智慧与谋略的较量。由上述双方各自的实际情况及其在战争中的阵容与方略，也就不难理解这场战争的结局了。

第六章　清朝平定三藩的善后措施

第一节　惩处反叛余孽、消除割据隐患

三藩出镇地方，贻害无穷，最终走上反叛朝廷的道路。康熙帝从这一事件中，认识到“治乱之本原”。事后，他曾对大学士勒德洪、明珠说：“边疆提镇，久握兵权，殊非美事。兵权握久，心意骄纵，故每致生乱也。”“况边陲将士，唯知其统辖之主，不习国家法度。曩者，朕曾降敕于广西将军马承荫，承荫跪受，其下诸人皆惊，谓我将军亦跪人耶！即此观之，兵权不可令久擅也。”[1]因而，平叛战争结束后，康熙帝在惩处反叛余孽的同时，更锐意于地方军政的诸项改革，以强化中央的集权统治。

一　处置尚之信、撤平南藩属建制

尚之信归顺清廷后，仍然心怀叵测，康熙帝先后数次檄其进军湖广、广西，他都按兵不动，直到“三桂死，始听调遣”[2]。而且，暴虐不法益甚。康熙十六年十月，尚之信以其弟尚之孝旧握兵柄为嫌，奏请召赴京师，实现了大权独揽。接着便为所欲为。

1　《康熙起居注》第2册，第980页，中华书局，1984年。下同。

2　魏源：《圣武记》卷二《康熙勘定三藩记上》。

他酗酒嗜杀，故习不改，“怒辄执佩刀击刺，又好以鸣镝射人。叛将孙楷宗之归顺也，上宥其罪，之信杖毙之。护卫张永祥为之信赍疏，召对承优旨，以总兵擢用。之信故阻抑，复屡辱以鞭箠。怒护卫张士选语忤，射之残其足。”[1]遂引起了众怒，诸护卫愤愤不平。都统王国栋、副都统尚之璋、总兵宁天祚，“每与语，愤形于色”。然皆碍于尚之信手握重兵，不敢言之。巡抚金俊察知其情，便疏请诏谕尚之信西剿，欲调虎离山。

康熙十九年三月，尚之信奉命赴武宣，其下护卫张永祥、张士选赴京首告尚之信。其罪状有五：第一，吴三桂反后，尚之信胁迫其父尚可喜从叛，迫之不已，尚可喜忧愤而死，尚之信遂降吴三桂。第二，尚之信反正归清后，仍怀贰心。康熙命他进兵潮州、湖南，颁令数次，尚之信不听；永兴危急，坐视不救；后来虽奉命出师，却避敌锋锐，辄自引退。第三，其部下总兵官时应运、水师游击张瑜出兵平叛，尚之信密令制止，令其顿兵不进。第四，及奉命协剿广西叛军，又与其弟尚之璋等聚谋，设计蒙蔽朝廷，调其回广州。第五，贪冒兵饷，擅杀无辜。甚至诽谤朝廷，希邀异数。[2]

尚之信的诸多不法，已经构成叛逆之罪。对此，康熙帝早已知悉，一年以前，即康熙十八年五月，广西巡抚傅弘烈即以知情者疏告朝廷。此份奏疏颇长，它详细列举了尚之信反叛归正之后的所作所为。傅弘烈说：“尚之信归正后，怙恶不悛，前此，臣与之交好，隐忍调停。欲导其为朝廷出力，未即陈奏。其在广东，卖官虐民，抄家充饷，遍地起税，恣行无忌。时而疏请出兵湖南，时而疏请平定广西，及至旨下，则一兵不发，闭门不出，目中竟不知有君命。臣因逆贼分犯梧州，求其借用大炮，不发；求其援

1 《清史列传》卷八〇《尚之信传》。

2 《清圣祖实录》卷九一，第19页。

兵，不发；又因孙延龄请兵紧急，求其借马兵数百相助，不发；求其借空马三百匹相助，不来，以致孙延龄全家受害，广西恢复迟误至今。臣不解其是何心也？今年正月奉命，特加大将军进剿广西，值湖南大捷，乘机可为，自应奋武前驱，乃安驻封川，不肯进兵，日事狂饮。臣不解其是何心也？桂林官兵归正，值逆贼四面屯聚，城中绝食，势甚危急，幸得征南将军穆占自永州发兵接应，赖以保全。今之信行文伪将军刘彦明等，责其不应缴伪敕印札于征南将军。臣不解其是何心也？臣久知尚之信狂野性成，反复莫测，故厚集兵力，整饬水师，以为东西未雨之防。”最后，他建议康熙皇帝说：“今吴三桂已死，余孽荡平在即，尚之信必无能为。但善后之策，宜于肇庆设满洲将军，或换满洲总督，带领甲兵，驻守弹压。削之信藩封，散所属多兵，设水师提督以分其权，则两广得以久安。”[1]傅弘烈所陈诸事俱详，为康熙帝所重。然而康熙皇帝并未急于行事，历经数年战争的锤炼，使他日趋成熟，“每遇事必慎重图维，详细商権而后定”[2]。因而，他只是密令议政王大臣等酌行。此番，藩下护卫讦告，康熙帝见时机成熟，遂决计处置尚之信。为此，他进行了周全的布置。先传谕王国栋等如能执尚之信，许其便宜行事；传谕将军赖塔移师广州绥辑藩属；命刑部侍郎宜昌阿、郎中宋俄托等以巡视海疆为名赴广东察其虚实。并谕宜昌阿等曰：“尔等携带张永祥、张士选以往，密询都统王国栋、副都统尚之璋，若事有实迹，王国栋等自任能执尚之信，即一面奏闻，一面赴潮州。顷尚之信具疏自请撤还省会，尔等抵广东日详察情形，如应撤还，即具疏言省会不可无尚之信，彼时当独调之还。尔等临事之时，无多株连，倘有意外，听酌便行事。”[3]

1 《清史列传》卷六《傅弘烈传》。

2 《清圣祖实录》卷一三五，第12页。

3 《清圣祖实录》卷八九，第2～3页。

当日，宜昌阿等启行，康熙十九年四月抵广州。于是，都统王国栋与巡抚金俊等奉旨行动。王国栋选藩下兵，由参领李文科统领，驰诣总督金光祖、提督折尔肯、副都统金榜选、总兵班际盛诸处，知会其协擒尚之信。然后，金俊上疏请诛之。疏曰："自滇黔叛乱以来，兵民殒于锋镝，财赋竭于军需，皇上夙夜焦劳，于今七载。吴三桂固为乱首，而尚之信实为乱源。"反正之后，"乃不赴韶州征剿，不救永兴危急，抗违诏令，养贼邻封。且以奉命宥罪之孙楷宗擅以杖毙，目中尚有三尺法乎？臣犹忆十七年九月公宴，之信语督臣金光祖云：'上欲我出兵，乃不与我一黄顶带。'翌日复议，怒责盐驿道佥事李毓栋云：'尔甫来此，事事与我违拗。我一刀砍尔，上亦无奈我何？'昨岁七月，宴罢，私语臣曰：'非我归正，尔安得至广东？凡事当顺从我，不独吴三桂能杀巡抚朱国治也。'臣正色叱之，乃以酒醉自解。其狂悖无忌惮如此。昔可喜将终曰：'必葬我海城。'之信置若罔闻，惟营造藩府，终岁不辍。其意实欲久踞广东。不忠不孝，人皆詈之。耿精忠归正后，即遣子入侍。之信三子皆年长有室，臣谓入侍不容缓，之信曰：'天下未定，岂宜令孩童远行？'是则异志犹存，叛心未已，如见肺肝矣。至于兵无实额，饷多虚冒，致海贼肆扰，又其贻误封疆也。臣莅粤两载，具知其父积有功劳，诸弟亦小心奉法，惟之信悖逆乱常，灭绝天理。察其近习左右，俱义愤不平。因密约都统王国栋等共酌机宜。之信旦夕就擒，乞敕议正法，以戒天下为臣而怀二心者。"[1] 接着，金光祖、王国栋也分别举其罪状，王国栋还伪造了尚之信之母舒氏、胡氏的"告变疏"。安亲王岳乐闻讯，亦于是年六月疏曰："故平南王尚可喜妻舒氏、胡氏首告孽子尚之信，罪逆当诛，乞传谕官吏密图擒拿，请旨正法。"于是，康熙帝鉴于尚之信悖逆不法日甚，而诸臣请诛呼声纷起，下令将

1 《清史列传》卷八〇《尚之信传》。

“尚之信并原告干证著侍郎宜昌阿等押解来京质审。”[1]而这期间，金光祖与金榜选、班际盛等已将尚之信围于新复之武宣，宣告张永祥等首其罪，有旨问逮。尚之信遂就擒还广州，随即上疏自辩。但就在这时，平南藩下兵丁八千人自广西鼓噪逃归，并“聚众妄行”。七月，宜昌阿逮尚之信将起行，藩下长史李天植又与尚之信母及弟尚之节、尚之璜、尚之瑛等诱杀了都统王国栋。为了安抚平南藩属军心，稳定局势，康熙帝于八月颁旨曰：“令尚之信来京，非以张永祥所言皆实，必欲治尚之信以法也。平南藩下官兵本朝豢养四十余年，世受国恩，最为深厚，初无欲行解散之心，且诸官兵尚属之孝，何嫌何疑以致逃避。嗣后诸官兵宜常念国恩，释去嫌疑，各保身家妻子。”[2]

然而，此事的发生无疑加重了尚之信及其母弟的罪责。虽然“天植自服造谋，之信辨不知”，但护卫田世雄证尚之信欲杀王国栋，使告李天植，于是“谳成”。而将军赖塔在收捕同谋者之后，亦悉得讯鞫之状，皆言尚之信之罪属实。

八月二十八日，康熙皇帝在议政王大臣集议的基础上作出决定：“平南王尚可喜航海归诚，效力行间、镇守粤东，著有功绩，及吴逆叛，坚守臣节，不肯从逆，为逆子尚之信所迫，愤恨殒命。朕每念及深为悯恻。其妻舒氏、胡氏从宽免死，并免籍没；尚之孝、尚之璋、尚之隆等俱从宽，免革职枷责；尚之信不忠不孝，罪大恶极，法应立斩，姑念曾受亲王，从宽赐死；其余逆党尚之节、李天植等悉按律正法。”[3]旋即又谕宜昌阿，不可使尚之信妻子受人凌辱，遣人护送来京，没收尚之信所有货财用充军饷等等。由于时机成熟，处置得当，清廷顺利地解决了尚之信的问题。

1 《清圣祖实录》卷九〇，第17页。

2 《清圣祖实录》卷九一，第15页。

3 《清圣祖实录》卷九一，第20～21页。

接着，清廷又着手撤平南藩属建制。是年闰八月，议政王大臣就兵科给事中余国柱请撤回尚之信标下官兵疏议决。提出："应将尚之信标下十五佐领官兵分入上三旗，令驻广东，另设将军、副都统管辖。其三总兵标下兵丁，有愿为兵者为兵，有愿为民者为民。"康熙帝认为："广东系边疆地方，仍留二总兵标下官兵，令新设将军等管辖，其一总兵标下官兵，应行裁去。余如议。"[1]

为了妥善安置藩属家口，是年九月，户部议准和硕额驸尚之隆搬父骸骨并家口归葬海州、酌量安插之请。二十年二月，康熙帝又恩准尚之隆请给其父在日所赐海州房地，并遣司官一员速往拨给。五月，随内大臣班尚之孝奏请迎其父丧，康熙帝谆谆嘱之令往。至九月，尚可喜灵柩自广东北迁停泊丁字沽。康熙帝即遣内大臣觉罗塔达、翰林院学士库勒纳、侍卫敦柱往奠。又传谕尚可喜众子曰："王素笃忠贞，若人人尽能如王，天下安得有事！朕每念王至老怀诚，克尽忠荩，必甚眷注，殊为伤悼。王停榇处若近行在，朕当亲临酹酒。"[2]康熙皇帝数以尚可喜忠荩勉其诸子，从而使平南藩之撤迁亦顺利地完成，尚可喜众子俱安置辽东海城等地。至康熙二十年十月，又命尚之信旗下属员俱著来京。

二　处置耿精忠、撤靖南藩属建制

清廷对耿精忠的处置更加慎重。康熙十六年九月，康亲王杰书以漳、泉诸处平定，令将军赖塔偕耿精忠所属都统马九玉率将士守潮州，令耿精忠但携其护卫亲军返福州。康熙帝"诏止之"，命耿精忠仍驻潮州。[3]并诫谕康亲王与参赞大臣尚书介山、侍郎吴

1 《清圣祖实录》卷九一，第27页。

2 《清圣祖实录》卷九七，第11页。

3 《清史列传》卷八〇《耿精忠传》；《清圣祖实录》卷六四，第4页。

努春等曰:"今当剿灭吴逆，招携抚顺之时，不宜遽调耿精忠还会城（福州）以疑众心。王及大臣等不将兹事预行请旨，即撤耿精忠，殊为失计，嗣今凡此等大有关系之事务熟筹请旨，毋得径行。"[1] 精忠亦唯恐朝廷见疑，于十月遣子耿显祚入侍。然而其祸行难藏。十一月，藩下参领徐鸿弼、佐领刘延庆、护卫吕应赐、典仪陈良栋、护军苏云会等具状，"遣人赴部首精忠归顺后尚蓄逆谋，凡五款：一违康亲王令，不悉举出奸党；一潜结海贼，通音问；一与刘进忠执手耳语，谓乞降非所愿；一密令腹心藏铅药，约俟异日取用；一散遣旧兵归农，令分携兵器，勿留供大军。"[2] 部臣以状上闻，康熙皇帝却留疏不发，以等待时机。

康熙十八年秋，福建由于兵多而乏饷，康熙帝欲撤还部分兵丁以济饷，又恐耿精忠借机生变，于是，解决耿精忠一事，随着兵饷告急而变得迫切起来。十月，康熙皇帝手书，密旨谕康亲王杰书曰:"自数年用兵以来，所费不赀，民力疲困。今大破湖南贼寇，余孽遁入云贵，旦夕歼灭。唯福建海贼窃踞海澄，倚厦门、金门为营窟，大兵进剿，并藉水师，应撤骑兵之半，以苏民力。耿精忠在闽，尚虑变生意外，故暂停撤。如降旨令精忠来京，或滋疑惧。王当令其奏请陛见。"[3] 康亲王误以为康熙帝欲将耿精忠正法，上疏据实指参。康熙帝仍以为时机尚未成熟，在广西、湖南、汉中、兴安等处刚刚恢复，"归正者不止百千"的情况下，"若将耿精忠即行正法，不但已经投诚之人，以为后日亦必如此声明其罪，即未经投诚之人，睹此寒心，亦未可知"。因而，康熙帝于十九年正月，再次指示康亲王杰书说:"如王善能劝谕，令至京师，诸事皆得平安，王但当加意开导之，不可轻举。"[4]

---

1 《清圣祖实录》卷六九，第 4 页。

2 《清史列传》卷八〇《耿精忠传》。

3 《清史列传》卷八〇《耿精忠传》。

4 《清圣祖实录》卷八八，第 3 页。

康熙皇帝通观全局而又谨慎从事的原则，使其对耿精忠的处置也收到了事半功倍的成效。在康亲王杰书的诱导下，康熙十九年四月，耿精忠疏请陛见。康熙帝立即命准，并以藩下都统马九玉为福州将军统辖靖南藩下官兵，借此削夺了耿精忠的兵权。是年八月，耿精忠至京，时耿昭忠、耿聚忠并疏劾其不法。于是，康熙皇帝同意了议政诸大臣的请求，将前此所压有关耿精忠罪状诸疏交法司审问。法司鞫讯后，奏耿精忠应革王爵，与其子显祚，及曾养性、白显忠等俱磔死，家口籍没。康熙帝“命系精忠，俟鸿弼等及逆党俱至京，再核议以奏”[1]。并遣耿聚忠赴福州，以罪不株连晓谕藩属，以示安抚。直到康熙二十一年正月，平叛战争已经胜利结束，康熙帝才决定惩处耿精忠。这时，给事中姚祖碟、御史孙必振等皆主张耿精忠及其党羽应按律凌迟、磔斩。大学士明珠又奏言：“耿精忠之罪较尚之信尤为重大。尚之信不过纵酒行凶，口出妄言。耿精忠负恩谋反，且与安亲王书内多有狂悖之语，甚为可恶。”[2]但康熙皇帝仍然坚持区别对待、从宽处理的原则，对议政诸大臣的意见略作修改。命将耿精忠革去王爵，著即凌迟处死；其子耿显祚革去散秩大臣，著即处斩；徐文耀、王世瑜、白显忠、江元勋、曾养性、王振邦、蒋得铉、刘进忠俱即凌迟处死；黄国瑞、祖弘勋等十五人俱即处斩；陈梦雷、田起蛟、金镜、李学诗四人从宽免死隶旗下为奴。又令将耿精忠、刘进忠之首级枭示。[3]耿精忠终以叛逆之罪伏法。

处置耿精忠的过程，清廷对靖南藩属的撤迁也在进行之中。康熙十九年末，在耿聚忠奉旨赴福州安抚藩属的同时，康熙帝又命他“并迁精忠家属归旗”[4]。康熙二十年九月，再准耿昭忠等所

1 《清史列传》卷八○《耿精忠传》。

2 《清圣祖实录》卷一○○，第12页。

3 《清圣祖实录》卷一○○，第12～13页。

4 《清史列传》卷八○《耿精忠传》。

请，将耿氏家口，照汉军例编为五佐领，“披甲食粮”，由在京佐领管辖。每佐领下设骁骑校一员，小拨什库各4名，马甲各54名，步军拨什库兵各13名。而且，又以“此五佐领俱系耿昭忠、耿聚忠等属下，不便分晰”为由，“将伊等本身一并归入正黄旗汉军旗下”。[1]十月，云南平定，“诏撤旧隶精忠藩下官职之在浙闽者还京”[2]。于是，藩下官员多令革职入旗，以原品随旗上朝，世职不准承袭。其中如有“堪用之人”，遇有旗下缺出，“酌量补用”[3]。唯马九玉在耿精忠反叛时哭劝再三，归正后又效忠用命，令以原官解任来京，亦归旗下。通过上述步骤，靖南藩属亦撤除完毕。

三　对吴三桂藩属及其诸反叛者的处置

云南恢复之后，清廷即着手处理吴三桂藩属反叛余孽及其部属的诸项事宜。康熙皇帝仍然本着惩治首恶、宽宥胁从的政策与原则，根据罪行轻重给予区别对待。

首先，重惩吴三桂党羽。康熙二十一年正月，由议政王大臣会议作出决定，将吴三桂骸骨分发各省，传示天下；割吴世璠首级交刑部悬挂示众；逆党马宝、夏国相、李本深、王永清、江义等“助逆肆恶”，俱凌迟处死；高起隆、张国柱、巴养元、郑旺、李继业皆势迫投降，应立斩枭示，妻女财产籍入官。[4]四月，兵部又议将胡国柱、王绪、李匡等情罪重大者之子弟悉行处斩，妻女、家口、财产籍没，送交内务府。

其次，从叛官员俱从宽免死，革职回籍。先是，有言官参奏王辅臣子原任太仆寺卿王继贞、原任总兵官郭义，请求正法。康

1 《清圣祖实录》卷九七，第22页。

2 《清史列传》卷八〇《耿精忠传》。

3 《清圣祖实录》卷一〇三，第20～21页。

4 《清圣祖实录》卷一〇〇，第11页；《清史列传》卷八〇《吴三桂传》。

熙皇帝于二十年十一月，谕大学士等曰："朕念从贼者前既有旨宽宥，今又加诛戮，与前旨未符。若大恶如马宝、夏国相、胡国柱、王永清等，朕决不恕。其余若尽论诛，则金光祖等诸人亦皆诛之，不太甚乎？其失节从贼者，令革职放回原籍，以示宽典。"[1]十二月，康熙帝就从逆官员的处置，再颁谕旨。他对大学士们强调说："今文武官员，见在云南仍不投顺者，可察出如王永清之例一并封孥。……今议此案时，应将从逆受职，归顺后未经定议官员品秩稍大者，通行察出具奏。其从贼官员前已归顺，曾经奉旨从宽免罪者，不少概行察议。此内有原为大吏，腼颜从逆又受伪职者，名节弃灭，大玷人臣之谊，若辈不合仍令居官，应俱革任，著议奏。倘其间有效力真确，功绩甚著之人，应酌量留任。"至于"现在候缺者，俱停录用，待明年举行大计后察明罢黜"[2]。至康熙二十二年二月大计，从逆官员计有240人坐罢。[3]除广西巡抚陈洪明等极少数"情殊可恶"者，被流徙宁古塔、籍其家产外，其余皆得归养故里。

再次，遣散吴三桂藩属。康熙二十一年四月，诏移吴三桂亲属、家口，及其将军、总兵、副将以上者随清军分六起进京，参将、游击以下微员令分发河南、山东、湖广、江西四省安插。[4]既体现了宽大政策，又使叛逆者无从再聚谋叛。故云贵总督蔡毓荣称其为"于容保庶顽之中，寓肃清边境之意"[5]。而后，清廷又将吴三桂部分兵丁迁往东北开原县的尚阳堡台站服役。同时，严禁隐匿藩下人口。规定："凡系逆犯应行入官匠役、家属、人口，有私带入京者，令其首送到部，若已私自放出为民者，亦令呈首，嗣后

1 《清圣祖实录》卷九八，第13页。

2 《清圣祖实录》卷九九，第6页。

3 《清圣祖实录》卷一〇七，第12页。

4 《清圣祖实录》卷一〇二，第4页；《云南备征志》卷一七《云南事略》。

5 《滇系·艺文》三《筹滇第三疏》。

隐匿不首者，系官交部从重议处，系平人照例拟罪。”[1]

四　各项制度的调整

为了消除割据隐患，清朝在平定三藩后，又就有关制度作了调整。如：

王公不得“君国子民”，地方官员文武殊职。即魏源所说：“我朝自平定四藩以后，不复以兵权、土地世予臣下，凡元功亲王，毕留京师。宗室自亲王以下至奉恩将军凡九等，有俸有庄田；功臣自一等公以下至恩骑尉二十六等，世袭有差。”“虽各有提镇、驻防将军，掌兵柄而不擅财赋，与文臣互牵制。于封建有其名无其实，于藩镇收其利去其害，损益百王二千年之法，至是而大定。”[2]

地方镇将不时朝觐。康熙二十二年四月，兵部以海内大定议准都察院左都御史禧佛所疏，令提督诸臣次第入觐，以重阃寄。康熙帝遂命“应如所请”。他对大学士说：“常来朝见，则心知敬畏，如吴三桂、耿精忠、尚之信辈亦以不令来朝心生骄妄，以致反叛，此等事关系甚大。”[3]

军队划一编制。三藩撤除后，藩属尽归旗下，清廷自入关以来三十余年的藩兵制度宣告结束，军队编制由此划一。在撤藩的同时，清廷又将一些从叛的悍将所部给予分别处置。如孙延龄部被收入汉军旗下，王辅臣旧部俱令裁去，从而使军队的中央隶属性大大增强。

此外，清廷还在边疆与地方重镇增设八旗与绿营驻防。

康熙十九年末，康熙帝撤除平南、靖南二藩后，在广州、福州设八旗驻防，开始对军队进行整顿。康熙二十年十二月，议政

1　《清圣祖实录》卷一一二，第3页。

2　魏源：《圣武记》卷二《康熙勘定三藩记下》。

3　《清圣祖实录》卷一〇九，第2页。

王大臣便以云南已经恢复，提出在湖广之荆州、陕西之汉中设兵驻防。议定：荆州设满洲将军一员、副都统二员，八旗每旗各设协领一员、佐领七员、防御七员、骁骑校七员，兵丁每佐领拨出六名发往，共计 3600 余名。汉中应设汉军将军一员、副都统二员，八旗每旗各设协领一员、参领一员、防御十员、骁骑校五员，拨出兵丁 3000 名发往。[1]

康熙二十二年初，康熙皇帝指示在西安增设八旗驻防。他说："秦省地方辽阔，西安汉中关系更为紧要，应将八旗满洲、蒙古、汉兵添设镇守省城（西安），于此内酌量分拨驻防汉中。"[2]而兵部也以江南承各省水陆要地，提出应与西安一体均派，在江宁添设满洲、蒙古兵丁驻防。三月，兵部议覆奏准：将江宁、西安所调兵丁各 1000 名，佐领各三员、骁骑校各三员移驻荆州。现从京师拨往荆州八旗满洲、蒙古每佐领下甲兵各六名内，左右两翼各兵 1000 名，每旗佐领各三员、骁骑校各三员，发往江宁、西安。江宁、西安设八旗驻防官员俱照荆州例，并于西安驻防兵内拨出满洲兵丁 1000 名、汉军兵丁 1000 名在汉中驻防，由副都统统领，仍隶西安将军统辖。[3]

在广西和云南，清廷则加强了绿营兵力。如云南，早在康熙十九年，即增设云贵总督标属后营游击以下将领八人，兵 1000 名，合原设中左右前为五营，其副将以下将领 40 人，兵 5000 名。是年又设云南巡抚标左右二营，各游击以下将领八人，兵共 1500 名。云南恢复后，绿营兵非但不减，反于康熙二十四年，再增云南巡抚标兵三百名，合原设兵 1800 名。[4]

清廷在荆州、江宁、西安设重镇派兵驻防，是在总结三藩反

1 《清圣祖实录》卷九九，第 6～7 页。
2 《清圣祖实录》卷一〇八，第 19 页。
3 《清圣祖实录》卷一〇八，第 20～21 页。
4 《清朝文献通考》卷一九〇《兵考十二》。

叛的教训之后，以加强对全国统治的一项有力措施。特别是在居位天下之中的荆州派驻六千余兵丁，使之成为名副其实的天下第一重镇，大大增强了清王朝统摄全国的威力。而清廷以直隶于朝廷的官军驻防，代替藩镇的“私家武装”，于广州、福州等地设八旗驻防，“迄今成为定制”，更直接加强了中央的集权统治。

第二节　荡涤战争烦苛与优恤官兵

八年战争，清朝终于平定了三藩之乱，在“神人胥悦，遐迩腾欢”之际，康熙皇帝认为，首先应该医治战争的创伤，恢复正常的统治秩序。于是，在康熙二十年十二月二十日，他“恩诏”天下，颁布了平定吴三桂的善后诏谕。诏谕说：

“朕缵承丕绪，统御寰区，仰惟天地眷佑之庥，祖宗托付之重，圣祖母太后慈训之殷，蚤夜孜孜，勤求化理，期于兵革寝息，海寓乂安。不意逆贼吴三桂负国深恩，倡为变乱，阴结奸党，同恶相援，抗违诏令，窃据疆土，滇、黔、闽、浙、楚、闽、关陇、两粤、豫章之间，所在驿骚，肆骋痛毒。三桂僭称伪号，逆焰弥滋，负罪尤甚。朕恭行天讨，分命六师，剿抚并施，德威互济。或执颈于阙下，或骈戮于师中，擒捕诛锄，以次收服。乃三桂既膺神殛，逆孙世璠犹复鸱张，踞六诏之一隅，延残喘以拒命。朕惟贼患一日不除，则民生一日不靖。策厉将士，屡趣师期，于是虎旅协心，进逼城下。贼众计穷势蹙，通款军门，约日献城，凶渠授首。师克之日，市肆不扰，边境晏如。捷书既至，上慰郊庙社稷之灵，下抒中外臣民之愤，神人胥悦，遐迩腾欢。”

“念自变乱以来，军民荼苦，如在水火，披坚执锐，卒岁靡宁，行赍居送，千里相望。被兵之地，既罹于锋刃，供亿之众，复困于征输。朕闵恤民艰，不忍辄加额赋，间施权宜之令，用济征缮之需，意在除残，事非获已，而身处宫寝之内，廑怀闾阎之依，中夜屡兴，旰食不暇，惄焉思治，八载于兹。今群逆削平，疆圉底定，悉剪历年之蟊贼，永消异日之隐忧，用是荡涤烦苛，维新庶政，大沛宽和之泽，冀臻熙皞之风。”[1]

诏内“恩款”凡45条，[2]大致包括如下几个方面：

一　恢复各官俸禄

（一）所裁王以下文武各官年俸，俱照旧支给。

（二）在外文官俸银著照旧支给，其衙役工食，自康熙二十二年照旧支给。

（三）八旗效力行间，年老辞职官员，已得半俸外，劳绩茂著，多有功牌。未得半俸旨，及年尚未老伤残辞职官员内，劳绩多著，应得半俸者，该都统详查保送，著该部题请。

二　赏赉、恩恤官兵

（一）年尚未老伤废辞职官员及伤废退甲兵丁，酌给钱粮米石。

（二）外藩蒙古有效力行间伤废退甲者，著加恩赐。

（三）满洲、蒙古、汉军兵丁，处处征战劳苦，通行赏赉。

（四）出征病故兵丁，俱有恩恤。其出征病故闲散三品以下官员，亦准概行恩恤。

（五）满洲、蒙古、汉军、汉人文武五品官以下，有顶戴以上，若系阵亡殉难，亦准赐恤致祭。

（六）外藩蒙古出征病故，闲散三品以下官员，亦准概行恩恤。

（七）外藩蒙古五品以下阵亡殉难官员，亦准赐恤致祭。

（八）地方变乱以来，凡尽节殉难官员，除已经恩恤外，如有未经恩恤者，详查具题俱加恩。

1　《清圣祖实录》卷九九，第14～16页。

2　《实录》中记载恩款45条。但《历史档案》1990年第2期，第16页。所录仅44条。

三　大赦十恶以外之罪犯

（一）凡官吏兵民人等，有犯除谋反叛逆、子孙杀祖父母父母内乱、妻妾杀夫告夫、奴婢杀家长、杀一家□死罪三人□生折割人、谋杀故杀、蛊毒魇魁、毒药杀人、强盗妖言、十恶等真正死罪不赦外，其谋反谋叛犯人，妻妾子女家产应入官，及父母祖孙兄弟牵连犯人应流徙，并修造宫殿陵寝工程不固，失陷城池，行间获罪，凡发掘坟冢者亦在不赦。其余自康熙二十二年十二月二十日昧爽以前，死罪军罪以下，已发觉未发觉，已结正未结正，咸赦除之。有以赦前事告讦者，以其罪罪之。

（二）内外文武官员除大计军政处分外，有因公诖误降级留任、罚俸、革职、戴罪住俸等项，并现在议革、议降、议罚、戴罪住俸等项，俱著开复宽宥。

（三）凡贪官犯赃罪，应致死与不应致死者，俱免罪，仍革职追赃，永不叙用。

（四）凡应追赔赃私，察果家产尽绝，力不能完者，准与豁免，其妻子亦免入官流徙。

（五）逃人事情概准赦免。

（六）凡强盗虽同伙杀人，本人未经下手者，若自行投首，准与免罪。

（七）凡有叛逆、杀死人、强盗等罪，牵连对质候审监禁人犯，在狱年久，恐无辜致死，该部院直省督抚确审，如无凭质对，情可务疑者，即行奏请释放。

（八）凡流徙人犯，在流徙处所身死，其妻子有愿携骸骨回籍者，该地方官报名该部，准其各回原籍。

（九）凡失陷城池、行间获罪革职，及贪赃革职官员，封赠仍行追夺外，其因公诖误革职官员封赠永停追夺。

（十）有潜据山海不服者，如率众来归，悉赦以往，仍量功议叙。及受贼伪札畏死逃避，今来投首者，亦著免罪。

四　俱不赦免与从重治罪

（一）出首逆本银两著永行禁止，如有首告者，将首告之人从重治罪。

（二）凡在狱人犯，若管狱官卒酷行、拷害索取财物及至身死者，事情发觉，决不饶恕。

（三）河务漕运关系重大，所关河漕，一应情罪，俱不赦免。

（四）凡监守自盗者不准赦免。

（五）各处夫差，如有将不应纳税之物额外横征，差役四出分踞津隘扰害商民者，该督抚题参，若不行题参，事情发觉，一并从重治罪。

五　蠲免与革除

（一）军兴以来，添设绿旗官兵，应行裁汰者，该督抚提镇详查题请裁汰。

（二）凡逆贼盘踞地方，横加钱粮税课，该督抚查明悉行除免。

（三）凡被贼蹂躏地方，民生困苦，有应行有革关系利弊事宜，各该督抚详加察明具奏。

（四）直隶畿辅重地，王化所始，其田亩被圈地方，著将康熙二十一年应征地丁钱粮尽行蠲免。至各省额赋一应一体恩蠲，但凯旋大兵未经全到，军需尚□浩繁，俟国用充足时，次第酌行蠲免。

（五）官户加增钱粮，自康熙二十一年停征。

（六）康熙十七年以前民欠钱粮税银及带征钱粮，该督抚查明保题到日豁免。

（七）因公挪移垫补追赔银两，如果家产尽绝不能完纳者，该督抚详查保题到日豁免。

（八）改折白银自康熙二十二年起，仍征本色起运。

（九）康熙十七年，各行盐地方起增闰月课银，除已完外，如有拖欠者，该巡抚御史查明保题到日豁免。此后闰月停其增收。

（十）八旗官兵及绿旗官兵，并投诚官兵，有因多给钱粮扣追者，俱免扣追。

六　支付各项

（一）部院衙门公费著照旧支给。

（二）护军拨什库兵丁，所增一两钱粮，俟大兵撤回到齐之日照旧增给。

（三）康熙十九年以前用兵，各省采买供应大兵、绿旗官兵粮草，价值有经驳或者亦有尚未奏销者，该督抚确查保题到日准销。

（四）江南、浙江、江西、湖广篷缆羡余银两，及陆间抗运脚价，著照旧支给。

（五）前因钱粮匮乏，驿站钱粮裁减四分，今著准复二分。

（六）凡立石碑、盖造碑亭、坟、院、衙门、造葬银两，其阵亡殉难者，著自康熙二十一年给发。病故者著自二十二年给发。

（七）康熙十三年以后，各省制造船只盔甲器械药弹等项，与原减价值多用并未经题明报部，竟自动用制造，请销款项钱粮至康熙二十二年未完者，该督抚保题到日准其开销。

七　致祭

（一）五岳四渎等祀，应遣官致祭，著察例举行。

从上述恩诏可以看出，清朝统治者用力于荡涤战争烦苛，恢复封建统治秩序。恩诏的全部内容，体现了其对国计民生的关切，对军民百姓遭受兵燹苦荼的深切同情。而且，恩诏的范围上至官僚士绅，下至百姓军民，使人人得沐“圣泽”。因而，恩诏的颁布，对于稳定战后国家的统治局面，收拢亿万民心，恢复社会经济都将起到重要的作用。

第三节　罚先行于亲贵

魏源在总结平叛战争的经验教训时，曾把严惩前线失利将领作为重要的一项，他说："恭读平定三逆方略，而知其战胜于庙堂者数端"，其一即为"不宽王、贝勒老师养寇之罪，罚先行于亲贵"。

参加平叛战争的诸王、贝勒，多成长于入关以后，金银满库、婢仆成群的安乐生活，培养和造就了一代庸懦无能之辈。如宁南靖寇大将军多罗顺承郡王勒尔锦"守荆州，闻吴逆兵至，踉跄而归"[1]。"抵荆以来，终日嬉戏，挟弹手搏以为乐，旁及琴弈医卜之属，纳妾生子不问军事。满兵皆效之，逍遥河上，殊无斗志。"[2]安远靖寇大将军多罗贝勒尚善，"屯兵岳州城下，八年不战，诸将皆闭营垒，拥诸妇女逸乐而已"[3]。

荆州和岳州是清军镇守与攻取的重点城镇，荆岳大军又是清军阻止叛军北进的重要防线，因而荆岳主将的怯懦与腐败，直接造成了清军在战争初期的失利，而这种现象在诸王、贝勒中相当普遍。为此，康熙皇帝不止一次地谴责诸王、贝勒，每次都不失为严厉。他说："乃自用兵以来，大将军、王、贝勒、将军、大臣等，固有尽心王事已著劳绩者。亦有观望逗留，不思振旅遄进，竟尔营私适己，希图便安，或委甲兵不全，或托舟楫之未具，借端引日，坐失事机者。甚而干预公事，挟制有司，贪冒货贿，占据利薮。更有多方渔色，购女邻疆，顾恋私家，信使络绎。尤可异

1　昭梿：《啸亭杂录》卷十《荆州炮》。
2　王澐：《漫游纪略》。
3　昭梿：《啸亭杂录》卷十《衣衣道人》。

者，新定地方，亟需安辑，乃于所在攘夺焚掠。种种妄行，殊乖法纪，本宜严察职名，从重治罪。但时当进剿，姑免处分，策励后效……一切违法之事严加禁止，倘有不遵，许督抚指参，绳以重典。”[1]然而，并没有引起诸王、贝勒的重视。

康熙十九年，战争大局已定，清军三路进取云贵，顺承郡王勒尔锦奉命攻取重庆，却“不能前进，半途自返”，于是年七月上疏自劾，请解大将军印，赴沅州效力。康熙帝谕令勒尔锦还京，随即下诏斥责统兵诸王、贝勒之腐败无能与贻误军机诸罪过。诏文曰：

“当吴逆初叛时，即选满汉精兵，命顺承郡王勒尔锦统之进讨。三月至荆州，不乘贼远来马疲、守备未固之时，渡江扼险，挫其锋锐，俾贼得以其暇据湖南，守要害，犯我夷陵、江西，分我兵力，致耿精忠、孙延龄、杨来嘉等相继叛乱，老（劳）师数载，无尺寸功，惟安坐荆州，索督抚司道馈送。其贝勒尚善、察尼、鄂鼐等攻岳州，奉命以舟师断贼饷道，动以舟楫未具风涛不测为词，迨长沙大兵已进，尚不乘机夹攻。又简亲王喇布逗留于江右，贝子洞鄂（董额）失机于陕西。若非朕运筹决策，力饬水师取岳州，饬岳乐江西军进攻长沙，饬图海陕西军速复平凉，则疆宇几不可问。老师糜饷，误国病民，情罪重大，在他人尚不可原，况王、贝勒等国家同休戚之人乎？其令议政王大臣等，举我太祖、大宗军法，严行议罪。”[2]

康熙十九年十一月，议政王大臣遵旨议定奏准处分各项：

1 《清圣祖实录》卷七一，第13页。

2 魏源：《圣武记》卷二《康熙勘定三藩记上》。

勒尔锦削去郡王，并议政、宗人府之职，仍令羁禁。

察尼从宽免羁禁、籍没，革去贝勒并议政、宗人府之职，为闲散宗室。

尚善革去贝勒。（已死）

兰布革去镇国公。（已死）

朱满以失陷岳州，革去都统、拜他喇布勒哈番，及所加之级。从宽免死，鞭一百，不许折赎，籍没其家。

鄂内以坐守彝陵，“听贼渡江”，革去都统、一等阿达哈哈番兼一拖沙喇哈番，及所加之级。鞭责，从宽免籍没。

伊尔渡齐以弃太平街不守，革去护军统领，一等阿达哈哈番兼一拖沙喇哈番。（已死）

护军统领额司泰，籍没家产。（已死）

多谟克图革去散秩大臣，拜他喇布勒哈番及所加之级。

巴喀革去副都统及所加之级。

康熙二十一年十二月，议政王大臣又会议奏准：

安亲王岳乐以长沙出战不利，罚俸一年。

康亲王杰书以优游久驻杭州、金华，不能剿敌，削去军功，罚俸一年。

简亲王喇布以螺子山等处失利，削去王爵。（已死）

康熙二十二年二月，议政王大臣再次会议奏准：

觉罗都统巴尔布以不即渡江、饰奏克复等罪，免死发往乌拉。

副都统托岱、宜思孝以永兴之战弃营奔逃，精奇尼哈番硕塔以不守吉安奔逃，俱发往宁古塔。

尚书哈尔哈齐，坐螺子山失利，免死交内务府。

和硕额驸华善、左都御史多诺以不急救永兴，革职。

此外，康熙十六年二月，贝勒董额以平凉失利，削爵；康熙十八年七月，辅国公温齐以不能邀击岳州奔逸之敌，削爵；康熙十九年七月，觉罗舒恕以屡次败遁、纵兵骚扰、诈兵回京，革去左都御史、佐领及世职。还有“兵部侍郎勒布等奉命总理荆州大兵粮饷，擅遁回京；阿范参赞江西军务，副都统绰克托随征广东，托病回京，回江宁，皆罪之。”[1]

综上所述，出任清军平叛大将军的三位亲王、二位郡王中，简亲王喇布、顺承郡王勒尔锦皆削爵；康亲王杰书、安亲王岳乐皆罚俸；唯信郡王鄂札赖图海之力，以平布尔尼立功。而贝勒、贝子出任将军与大将军者共有五人，除贝子傅拉塔卒于军，唯贝子章泰有功不坐，其余贝勒董额、察尼、尚善皆削爵。

“罚先行于亲贵”，在当时一洗清军的腐气，振奋了军威。

第四节　革除三藩恶政

康熙十九年，新任左都御史徐元文请革三藩恶政。他指出：“在粤者五，曰盐埠，曰渡税，曰总店，曰市舶，曰渔课；在闽者四，曰盐税，曰报船，曰冒扰驿夫，曰牙行渡税；在滇者四，曰勋庄，曰圈田，曰矿厂，曰冗兵。”[2]可谓切中要害。康熙二十年十月，清军攻下云南，清除三藩恶政，恢复社会经济与安定，便成为当务之急。是年十二月，康熙皇帝在所颁善后诏谕中，明令各省督抚将“凡被贼蹂躏地方，民生困苦有应行有革关系利弊事宜”详加察明具奏。而后，又接连发布指令，将三藩肆虐诸弊一一予以剔除。

一　革除云南积弊

云南久被兵燹，百姓征兵征饷，困苦已极。清军进入云南，首先是招降军民，安顿百姓。“每至一郡县，辄以皇上之命优恤

1　魏源：《圣武记》卷二《康熙勘定三藩记上》。

2　《清史稿》卷二五〇《徐元文传》。

死伤，安置降众，招集流亡，抚绥土著，请立官长，酌设防兵，而后再进，用抚者七，用剿者三。”[1]因而，真正开始清理吴三桂诸项积弊，是云南恢复一年以后。

康熙二十一年六月，蔡毓荣调任云贵总督。他将吴氏弊政列为十条，于是年十月上疏筹滇善后事宜，这就是著名的“筹滇十疏”。其内容：一曰蠲荒赋，二曰制土夷，三曰靖逋逃，四曰理财源，五曰酌安插，六曰收军仗，七曰劝捐输，八曰弭野盗，九曰敦实政，十曰举废坠。[2]疏入，大都得到康熙皇帝的赞同，成为清廷治滇的重要政策，得以广泛推行。继任总督范承勋，巡抚王继文、石琳等又能根据具体情况，因时因宜，不断提出新的措施予以补充。因而，在清廷铲除地方积弊的过程中，云南较他省成绩显著。概括起来有如下几个方面。

（一）藩产变价给民与招徕垦荒

云南最突出的问题是土地，所谓“勋庄”、“圈田”，概指吴三桂侵占土地之弊。康熙二十年二月，云南尚未恢复，康熙皇帝便发布上谕指出：“逆贼吴三桂在云南曾以沐氏庄田赐给为藩庄，其藩下官兵侵占民田擅为己利，命户部檄该督抚事平之日察出给还小民。”[3]康熙二十一年，总督蔡毓荣到任后，奉旨查证，没收吴氏田产，实现了悉归有司，给民耕种。但是，土地所有权的改变，并未能铲除藩庄本身的弊端。蔡毓荣认为：“小民一种庄田，便属官家佃户，夫既非其己产，安肯为久远计乎？”且“民赋之外，另征庄租，则庄之名犹未革也”[4]。因而他提出，将故明沐氏庄田及入官叛产，均令变价，卖给滇民。按地每亩变银四五钱至一两有奇，按粮则每石变银十两至二十两不等，各按等则高下纳

1 蔡毓荣：《平南纪略》，《清史资料》第3辑，中华书局，1982年。

2 《云南通志》卷二九之四《筹滇十疏》。

3 《清圣祖实录》卷九四，第14页。

4 蔡毓荣：《滇系·艺文》三《筹滇第四疏》。

价免租，与民田一例办粮当差，永除庄田名色，且国家可得银数万余两。蔡毓荣说："滇人变乱数年，多无恒产，未有不喜于得业，而勇于急公也。"于是，他与巡抚王继文一道委人按庄丈勘，并上奏朝廷请旨通行。康熙二十四年，"诏从蔡毓荣请以原给吴逆沐庄变价归附近州县，照民粮起科"[1]。云南数年以来土地集中的问题开始缓和。

在藩产变价的同时，蔡毓荣又并行于招徕垦荒。他指出：战后之云南，民无粒粮，野有饿殍，"从来兵燹之后继之饥馑，未有如全滇今日之甚者也"。而且由于叛军盘踞时，"按亩加粮，驱之锋镝"，民多逃亡，既成熟之地所在丁民亦不遗余力。因而针对当时地旷人稀的现状，蔡毓荣提出将各府州卫所所报无征地丁额赋予以蠲除，以招徕垦荒，拯救饥苦。即所谓"蠲荒赋"。并在招民垦荒的过程中，令兵弁余丁"酌垦各营荒地"，实行军屯，起科后编入里甲，如此则"赋有余而饷可节，实为边备至计。"[2]康熙二十九年十月，巡抚王继文又以卫所军田之荒芜者，照民粮上、中起科，听民开垦。[3]从而通过各种方式，劝民垦荒，以恢复和发展生产。虽然，蠲荒赋未被朝廷命准，但其多方招徕，重民饥苦，仍使垦荒取得一定成绩。

(二) 减免赋役

云南自顺治末年始为清朝统一，其赋役率多因袭明旧，额征非轻。至吴三桂拥兵自重，又擅加赋役，以致民不堪命。石琳巡抚云南后，于康熙二十八年五月，题定编辑《赋役全书》，列应改者八事：[4]

1. 云南自明初置镇设卫，以田养军曰屯田。又有给指挥等官

1　倪蜕：《滇云历年传》卷一一，道光二十六年刻本。
2　《云南备征志》卷一七《云南事略》。
3　《滇系·艺文》三《筹滇第一疏、第四疏》。
4　《清史稿》卷二七六《石琳传》。

为俸，听其招佃者曰官田。其租入较民赋十数倍，犹佃民之纳租于田主。国初吴三桂留镇，以租额为赋额，相沿至今，积逋愈多，官民交困。宜改依民赋上则起科。

2. 云南盐井有九，以各井行盐之多寡为每税征课之重轻。琅井盐斤征课六厘，白井八厘，至黑井则倍。明末加征，较明初原额不啻数倍。今请减黑白二井之课如琅井例。

3. 开化民田亩科粮二斗六升三合，较未设府以前加至十倍，为吴三桂滥加。通省民粮，唯河阳最重，今当减半，与河阳一例。

4. 元江由土改流，三桂于额粮外别立名色，曰田地讲银，曰茶商税银，曰普洱无耗秋米，曰浪妈等六寨地租。加赋倍征，应请各减其半。

5. 通海六寨地粮较民赋重几三倍，当改依新定民赋科则。碍嘉每粮一石，征条编银四两有奇，亦为偏重。今既归南安州附征，应与州赋一律，每粮一石，征银一两四分。

6. 丽江界连土番，古称荒服。三桂叛后，割金沙江以内喇普地与蒙番，地去而粮存，当删除。

7. 建水自明时设参将，岁派村寨陋规银三百有奇、粮八十余石，三桂遂编入正赋，当裁革。

8. 新平之银场，易门之铜厂，矿断山空，宜尽豁课税。

上述八项赋役改革措施，虽然涉及的地区有限，但内容较为广泛，几乎包括赋役征收各个方面的弊端，其中有五项是直接针对吴三桂的恶政而言，即云南屯田、官田赋重，开化民田科粮加征，元江由土改流地亩的额外名色，以及丽江喇普的地去粮存，建水的陋规银等，表明云南在吴三桂的控制下，赋役滥征已成积弊。所以，在这种形势下，石琳所提诸项改革，对于解除云南地方民生困苦，恢复和发展社会经济，具有积极的作用。他上奏不久，清政府即将此八项编入《赋役全书》刊行，从而使这次赋役改革以法律的形式得以确立，滇民遂少为赋役之累。此后，在康熙二十九年十二月，总督范承勋又奏请将云南屯赋钱粮自康熙二十一年至二十七年压欠未完者分年带征，康熙皇帝令全行蠲免。[1]至此，云南自吴三桂以来赋役过重诸弊基本得以解决。

（三）鼓励民间开矿

云南多贫，“唯产五金”，地下矿产资源丰富。吴三桂镇滇时，强征民夫开采，牟以重利。平滇以后，旧矿多已倒闭，矿民流离辗转，无业可寻。蔡毓荣认为“滇省赋税无多，兵食仰给他省”，“可令民自开矿铜，而官总其税”[2]。他指出：“若令官开官采，所费不赀，当此兵饷不继之时，安从取给。且一经开挖，或以矿脉衰微旋作旋辄，则工本半归乌有。”而且“官开则必派取民夫，民开则自顾矿夫，民夫各有本业，或力不能深入，往往半途而废。……若矿夫多系游手无籍、有膂力而无衣食之人。彼知利不专于官，而与民共之，未有不趋赴如市者。矿夫既集，矿税自盈。且予此辈以逐利之途，而渐息其非为之念，是以理财兼弥盗之一法也。”[3]因而，蔡毓荣甚重之，将其列入“筹滇十疏”之一题准。

为了鼓励民间开矿，蔡毓荣还规定了奖惩措施。如：凡有司招商开矿得税一万两者，准其优升；开矿商民上税三千至五千两者，酌量给予顶戴；严禁势豪霸夺民硐，等等。[4]

经过这一系列措施，因战乱已呈凋敝之状的云南矿业又重新复兴起来，在康熙后期得到较迅速的发展，至乾隆时，已出现了资本主义萌芽。所以，平定三藩以后，云南矿业的“听民开采”，不仅是恢复社会经济、解决财赋不足的重要措施，也是促进铜业等工商业发展的重要手段。

1 《清史列传》卷一一《范承勋传》。
2 《滇系·艺文》三《筹滇第四疏》。
3 《滇系·艺文》三《筹滇第四疏》。
4 《滇系·艺文》三《筹滇第四疏》。

(四) 抚绥蛮夷、革土司武职[1]

云南汉土交错，蛮夷聚居，最称难治，所谓“治滇省者，先治土人，土人安而滇人不足治矣”。尤其是土司权大根深。吴三桂镇滇时，在平定水西、乌东诸土司，改土归流的同时，又对驯服者施以羁縻政策，如给以印札、准予世袭等等。而且，为了拉拢土人，吴三桂往往任其所为。所谓“往者，逆贼用土兵之力，一任土人邀截道路，抢掠庄村，俱置无问。土人有犯，俱不关白流官，土官径自处决，土人知有土官而不知有国法久矣。”吴三桂反叛后，悉征土兵，滥加土秩。一时“伪总兵副将、伪参游都守，遍及诸蛮，甚或充伪将军、伪监军，狂逞无忌”。

清军攻克云南后，为减少恢复各州县的阻力，兼及“鼓舞招徕”，大都“各照伪衔，换给札付”，旨在一时权宜之计。结果助长了土司的狂悖，“有竟欲使监司、镇将相与颉颃，而地方有司不敢望其项背，反常甚矣，尾大堪虞”。为此，总督蔡毓荣于筹滇第二疏中，提出“制土夷”的具体措施：

其一，废除战时所加各职。其吴三桂滥加“伪职”，如将军、总兵，即投城后虽为清军认可，由大将军等发给札付者，也“无分文武，概行追缴”，换给土职。

其二，敦其礼教。土司应袭者，年 13 岁以上，令赴儒学习礼，起送承袭。族人子弟准就试州县。

其三，旧被吴三桂夺职者，察明宗派，准予袭职，以示绥柔。

其四，法归朝廷。凡土人犯罪至死者，械送督抚，明正其罪，务使土人遵朝廷，土官不得擅威福。

其五，禁械斗仇杀。土司各有土地人民，往往争为雄长，相互仇杀，吞并不已。嗣后著令各守常度，毋相侵犯，其有称兵搆衅者，清军出兵歼其渠魁，捣其寨穴。

1　《滇系·艺文》三《筹滇第二疏》。

是时清廷对云贵地区土司的限制政策，为雍正时的改土归流奠定了一定的基础。

(五) 宽释“逆属”、安顿滇民

早在康熙二十年八月，康熙皇帝即已颁旨宽释吴三桂藩下商人。他说:“商民领吴逆资本者甚多，隐匿者亦或有之，若据告追究，恐无赖之徒借此诈害富民，有累百姓。商民为四民之一，富民亦国家所庇，藏富于民不在计此铢两，以后有首告者应不准行。”[1]从而使相当一部分商人免被骚扰，得以安居。是年十二月，康熙帝在善后诏谕中，又重申了永行禁止出首逆本银两，如有首告者从重治罪的诏令。并指示招徕隐匿，恩免自首之受“逆札”者。其目的在于安顿百姓，尽早恢复统治秩序，同时体现皇上“好生之德”，所谓“义正尤期于仁育”。

云南是清廷招徕、“仁育”的重点。但是，民多惧怕，恩诏颁布已逾半年，仍无一人投案自首。而且，遣送至京者，或中途逃亡；留滇待遣者，亦多方辗遁；还有八旗随军仆从藉机潜匿滇境不归者，故其时滇省逃人独多。

为此，蔡毓荣提出“靖逋逃”以整顿滇省秩序，“定首报赏格，重惩窝隐”。并责各村寨头人相互稽查，令各有司编立保甲挨户按问，“虽有穷谷深山，亦无不入牌甲之烟户，烟户既清，奸宄无容身之地矣”。对所获之人，“按律量从末减。自必闻风投归，不致以畏死之故窜入生番矣。”[2]严辑逃人虽然达到了收逋“逆属”的目的，但也引起社会的不安。蔡毓荣针对当时滇民惊恐，无意于生业的现状，提出“酌安插”。建议“逆属家人曾随贼伍者，应遣发极边。若仅受伪衔，并未从行助逆，宜免其迁徙。”[3]康

1 《清圣祖实录》卷九七，第5页。

2 《滇系·艺文》三《筹滇第三疏》。参见《清史列传》卷七《蔡毓荣传》。

3 《滇系·艺文》三《筹滇第五疏》。

熙帝以消除叛逆隐患为急，没有采纳。但考虑滇省的具体情况，对王继文所题“吴逆未反之先，百姓隶其籍众，请分别安插”，予以命准，“诏释放为民”[1]。总之，由于清廷对“逆属”藩籍区别对待，宽释胁从，使一度混乱、惊惧的滇省开始趋于平定。

随后，康熙二十七年七月，总督范承勋以“逆属”人口起发将尽，尚有搜查未及者，奏准许其投首，将精壮者补入行伍，愿归农编入里甲。康熙三十一年，巡抚王继文又以“逆属”妇女生有子息，拆离可怜，奏准一概免其行查、拆离，俾其团聚。至此，“逆属”遗留问题基本告峻。

与“逆属”问题并行的，是安顿滇民，使令安居复业。

清军初入滇省，巡抚王继文便率领官兵“埋胔掩骼，赈济难民”。为恢复生产，康熙二十一年，王继文又请修河坝，酌议汉、土官捐助。他与总督蔡毓荣合疏言：“会城（昆明）东南旧有金汁河，引盘龙江水入昆明池，旧存坝闸涵洞，积水溉田。世璠毁为壕堑，令官吏捐资修治。”下部议准，“捐银百，纪录一次”[2]。水利为农业命脉，滇省金汁河坝的修复，无疑为农业的恢复与发展创造了有利的条件。再附以开捐监，设常平仓，给钱贷牛、种等具体措施，滇省民业渐苏。

在恢复生产的基础上，云南督抚始倡导振兴文教。康熙二十一年六月，蔡毓荣首先提出：“今武功既成，宜倡文教。有倡率捐修者，录叙以励之。”[3]十一月题准云南始于明年（康熙二十二年）八月乡试。康熙二十二年，又在巡抚王继文的主持下修复学校。至康熙二十九年，总督范承勋与巡抚王继文会题，在兴建云南府昆明县的同时，并建县学于五华山右府。

经过十余年的时间，清廷先后实行招徕、安辑、蠲免、修水

1 《云南备征志》卷一七《云南事略》。

2 《清史稿》卷二五六《王继文传》。

3 《清史列传》卷七《蔡毓荣传》。

利、敦文教等措施，至康熙三十三年，石琳侄石文晟巡抚云南时，云南已是“烟灶相连，生聚实繁，大非昔日气象”了。

史有:“云南既下，抚绥安集之绩，毓荣开之，继文成之”[1]之誉，事实上范承勋、石琳等督抚亦在因革利弊上起了重要的作用。

二　革除广东、福建积弊

闽粤两省百姓同为藩府私税所累，广东历藩政最久，为害亦最深。

康熙十九年八月，康熙在撤除平南藩属、惩治尚之信的同时，便指示侍郎宜昌阿等清理广东藩政积弊，提出务须详查诸项：[2]

其一，广东所有大市小市之利经藩下诸人霸占者无算，可会同巡抚详察，应归百姓者，题明仍归百姓，则广东人民得沾无穷之惠矣。

其二，闻藩下所属私市私税，每岁所获银两不下数百万，当尽充国赋，以济军需。

其三，各省商贩人等欲藉藩下行势，投入者甚多，皆须查明，应断出者即行断出，其不应断出者，宜尽行遣发来京，勿致逃亡隐漏。

其四，尚之信等所有赀财用充军饷。

九月，户部奉旨檄令闽粤督抚，将尚之信、耿精忠私行收税诸项查明，报部一体豁免。康熙二十年二月，康熙帝再颁上谕，明确指出：尚之信在广东令其部人私充之盐商，据津口所立之总店；耿精忠在福建横征盐课，擅设报船、苛派夫役、勒索银米，久为民害。令户部再檄各督抚，悉予革除。[3]

1　《清史稿》卷二五六，结语。

2　《清圣祖实录》卷九一，第21～22页。

3　《清圣祖实录》卷九四，第13页。

是年十二月，吴兴祚擢两广总督，履任后即奏旨严查。他认为："粤民受逆藩数十年之害，利在锱铢。"随即提出四项应革事宜，奏准除免。

其一，"如盐埠一项，额课一十四万有奇。此盖由千百商民凑合赀本行运。逆藩以盐为利薮，强占盐田场埠，盐课无出，商民并累。此粤民受困之一端也。"

其二，"广属渡税三百八十余处，逆藩兵卒罗踞津口，重加税钱，又不许增船分载，往往人多载重，渡民被溺。此又粤民受困之一端也。"

其三，"粤货至境，旧有'落地税'名目，逆藩创立税总店，铜、锡、铁、木之属，已纳税者，重加税敛。下至鸡、豚、蔬、果，一概截抽。此又粤民受困之一端也。"

其四，"渔课旧额，通省五千四百余两。藩役委官重敛，苛征税银巨万。此又粤民受困之一端也。"[1]

革除三藩地方恶政，不仅促进了边疆地区的经济建设，有利于国计民生，而且在政治上不失为巩固中央集权的措施之一。

1 《清史列传》卷九《吴兴祚传》。

第七章　平定三藩的历史作用及其深远影响

第一节　开“康乾盛世”之端

有清一代，自康熙、历雍正、至乾隆，前后百余年，又一次进入中国封建社会的鼎盛时期，被称之为“康乾盛世”，而康熙皇帝也因此被清人誉为既是守成之君，又是开创之主。“康乾盛世”的出现，尽管经历了艰苦而又复杂的发展过程，但平定三藩之乱当为开盛世之端。也就是说，这一重大历史事件，与“康乾盛世”的出现密切相关。

一　康熙皇帝在平定三藩之后的反省

历时八年的三藩之乱，给予清朝统治者以极大的震动。平定三藩之后，群臣纷纷请上尊号，说：“天下荡平，皆赖皇上一人功德所致。”然而，康熙皇帝却不以为然。这场关系到清王朝生死存亡的战争，使年轻的皇帝逐渐成熟，他没有沉湎于胜利的喜悦之中，而是不断思索，认真总结经验和教训。他反复告诫诸王、大臣，说明不允上尊号的原因：其一，平定三藩，清朝付出巨大的代价，“若以为摧枯拉朽，容易成功，则辞过其实”[1]。其二，

1 《清圣祖实录》卷九九，第3页。

“当吴三桂初叛时，散布伪札，煽惑人心，各省兵民相率背叛，此皆德泽素未孚洽，吏治不能剔厘所致。”[1] 吴三桂利用当时社会的阶级矛盾和民族矛盾，号召反清，“伪檄一传，四方响应”，“天下骚动”。使康熙帝感触尤深。他从这一事实中认识到，其所以出现这种局面，是由于清王朝的统治尚未深入人心，吏治未能厘正所造成的，是清军入关以后清王朝所行种种落后的统治政策的结果。其三，基于前两点，康熙皇帝认为必须尽快修复战争创伤，调整统治政策。他说:“八年战争，兵民交困。”“今乱贼虽已削平，而疮痍尚未全复。”“独念数年之中，水旱频仍，实异叠见，师旅疲于征调，被创者未起，闾阎敝于转运，困苦者未苏……每一轸念，甚歉于怀。”因而，他再三强调，在这种形势下，君臣之间，只能“益加修省，恤兵养民，布宣德化，务以廉洁为本，共致天下太平。若遂以为功德，崇上尊称，滥邀恩赏，实可耻也。”[2]

康熙帝不受虚名，断然不允上其尊号，说明他不愧为杰出的封建君主。也正因如此，他能从三藩反叛的历史教训中反躬自省，“在平息一切叛乱及辽阔的帝国实现和平之后，皇帝就立即致力于建立正常秩序”[3]，开始他艰苦的守成兼创业的历程。

二　康熙皇帝整饬吏治

三藩之乱给康熙的教训，莫过于吏治不修的危害，他认识到，“但专任之官，得其治理，抚绥百姓，时时留意，则乱自消弭”[4]。因而，他于平藩后，力行整饬吏治，以期“制治于未乱，保邦于未危”[5]，其具体做法大致表现在如下几个方面：

1 《清圣祖实录》卷九九，第 9 页。

2 《清圣祖实录》卷九九，第 8～9 页。

3 （法）白晋：《康熙帝传》。

4 《清圣祖实录》卷一四一，第 25 页。

5 《清圣祖实录》卷二六二，第 19 页。

其一，大力提倡廉吏政治。

为了改变吏治的现状，康熙皇帝总是谆谆劝谕群臣，要“人人廉洁，俾生民得所”。每逢文官出任陛辞，武将奉旨觐见，康熙帝都要嘱之再三。如康熙二十一年二月，康熙皇帝召新任直隶巡抚格尔古德、江宁巡抚余国柱等人于保和殿赐食。食毕，命余国柱近御座前谕曰:“江南钱粮浩繁，居民稠密，朕知尔才能，特简斯任，尔务以敬慎持躬，清廉率属，以副朕爱惜斯民至意。”余国柱出，康熙帝又谕格尔古德曰:“但为总督巡抚者，贪婪居多，朕知尔才优守清，特故简斯任，尔唯有廉正自守，爱养百姓，无负朕委任之意。”[1]又如，是年七月，康熙帝召岳州投诚新补南汝总兵官王度冲至瀛台门，问毕岳州攻战情形后，谕之曰:“尔到南汝任，必须安辑兵民，协和文武，爱惜兵丁，不可扣克钱粮及生事地方。”[2]康熙二十二年十一月，湖广总督董卫国陛辞，康熙帝仍然谕之曰:“第总督为一省大吏，唯以奉公秉法，洁己爱民为要。”[3]康熙皇帝与地方督抚的这类谈话，在《实录》中记录不乏，特别是康熙二十、三十年期间，几乎是随处可见，说明康熙皇帝把吏治与民生紧密地联系在一起，官吏能洁己爱民，即为廉吏。

康熙帝之所以不厌其烦地对地方官员反复强调廉正洁己，是因为他已认识到：“今贪墨之风未必尽除，然激劝澄清，正欲使之潜移默化也。”[4]而且，为了能使这种潜移默化的影响有所动力，康熙皇帝大力表彰清官廉吏。

康熙二十三年五月，他下令推举清官，谕大学士勒德洪、明珠、王熙曰:“凡居官以清廉为要。今九卿若有所知者，勿论内外

1 《康熙起居注》第2册，第825页。

2 《清圣祖实录》卷一〇三，第20页。

3 《清圣祖实录》卷一一三，第1页。

4 《康熙起居注》第2册，第1250页。

大小官员，著令举出。”[1]于是，九卿、詹事、科道各官遵旨推出一批操守清廉的官员，有直隶巡抚格尔古德，吏部郎中苏黑、范承勋，江南学道赵仑，扬州府知府崔华，兖州府知府张鹏翮，灵寿县知县陆陇其等七人。康熙帝阅过名单后又谕曰：“格尔古德想亦自佳，近闻患病，亦甚羸弱，因此特差御医前往调理。陆陇其向亦闻其居官甚好，今诸臣俱各称善，想当不谬。”并鼓励说：“但从此之后操守不改，永著清名，方为真实好官。”[2]

而由康熙皇帝亲自表彰的清官则更多。山西永宁人于成龙最为康熙帝称道。康熙十八年大计，巡抚吴兴祚荐其“为闽省廉能第一”，康熙帝览疏后，即降旨曰：“于成龙清介自持，才能素著，允称卓异。”[3]康熙二十年二月，于成龙以直隶巡抚入觐，康熙帝召至懋勤殿，当面称赞他：“尔为今时清官第一。”嘱其“人贵始终一节，尔其勉之”。并赐内帑银一千两、御乘良马一匹，以示鼓励。[4]及于成龙殁，康熙皇帝更是多次提到于成龙的清廉。康熙二十三年十一月，他南巡至江宁，谕知府于成龙（汉军旗人）曰：“尔务效前任总督于成龙正直洁清。”[5]康熙二十五年闰四月，又对大学士明珠说：“居官清廉如于成龙者甚少，世间全才未易得。”[6]康熙二十七年七月，傅拉塔继任两江总督陛辞，康熙仍然令其学于成龙，谕之曰：“尔此行当洁己奉公，前任两江总督无如于成龙者，尔效其所行可也。”傅拉塔未负康熙皇帝所望，康熙帝称其“简任总督以来，廉洁自持，实心奉职”，“两江总督居官善者，自于成龙以来，唯傅拉塔能和而不流，不畏权势，爱恤军民。”死

1 《康熙起居注》第 2 册，第 1183 页。
2 《康熙起居注》第 2 册，第 1184 页。
3 《清史列传》卷八《于成龙传》。
4 《清圣祖实录》卷九四，第 11 页。
5 《清史列传》卷八《于成龙传》。
6 《清圣祖实录》卷一二六，第 2 页。

后，与于成龙同谥“清端”[1]。为康熙皇帝赞不绝口的清官还有郭琇、张鹏翮、汉军旗人于成龙、吴琠、陈瑸、张伯行等人。郭绣病甚，康熙说:“欲思人代之，不可得，果能如郭琇者有几人耶?”又说:“张鹏翮前往陕西，朕留心察访，果一介不取，天下廉吏无出其右者。”如郭琇、张鹏翮等所行，“则不独为当今之名臣，即后世亦可取重”[2]。称道:“吴琠居官，无论是其属官，非其属官，所参革之人，皆以为清官好官，百姓莫不感叹。”[3]赞叹陈瑸:“居官甚优，操守极清，朕亦见有清官，然如伊者朕实未见，即从古清臣亦未必有如伊者。”[4]对张伯行，康熙认为他：“居官甚清，最不易得。”[5]

康熙皇帝这种推崇表彰清官的举动，一直持续到他统治的中后期，凡清官廉吏皆为其爱惜保全。如户部尚书赵申乔，以户部奏销鼓铸错误革职留任。逾三年，赵申乔乞休。康熙帝览奏谕大学士等曰:“赵申乔操守清廉，始终一辙，性虽燥急而为人朴直，年近八旬，病势料难即愈，念系革职留任之员，可复还原职，仍令在任调理，其应赔之项，从宽免追。尔等速传此旨，使其早知，庶服药可效也。”[6]又如张伯行任江苏巡抚时，与总督噶礼互参，部议以“怀恨船埠，诬陷良民，诳奏海贼甚多，挟诈欺公，妄生异议”等罪名论斩，康熙帝命免罪来京，予以保全。并对九卿科道众臣声称:“张伯行居官清廉，人所共知……但才具略短耳。噶礼办事历练，至其操守朕不能信，若无张伯行，则江南地方必受其朘削一半矣。”“如此清官朕不能保全，则读书数十年何益!”[7]由

1 《清史列传》卷九《傅拉塔传》。

2 《清史列传》卷十《张鹏翮传》，卷一一《郭琇传》。

3 《清史列传》卷九《吴琠传》。

4 《清史列传》卷九《陈瑸传》。

5 《清史列传》卷一二《张伯行传》。

6 《清史列传》卷一二《赵申乔传》。

7 《清圣祖实录》卷二五一，第16～17页。

此，足见康熙皇帝为求得吏治清廉煞费苦心。

其二，慎重选用官吏。

三藩叛乱，使相当一部分官员卷入了这场政治漩涡，据康熙二十二年清朝大计，从叛240名官员，约占参加大计总人数的三分之一，俱在被革之列。因而平藩之后，清廷面临着对地方官员的全面调整和重新选用的问题。这一时期，康熙皇帝与议政诸臣议论最多的便是诸官缺的除补。

对于康熙皇帝选官，耶稣会传教士白晋在康熙二十二年写给法王路易十四的一份秘密报告中描述说："为了达到这一目的（建立战后正常秩序，保证国泰民安），最为重要的是任命德才兼备的、忠诚老实的官吏担任朝廷及各省的要职。这时皇帝所主要考虑的，就是如何进行慎重的物色和挑选，以及使被确定的人忠于职守。""为了使这些分掌皇帝权力的官员不至于堕落和违法乱纪，这种政府形式要求这些官员是十分忠诚又是经过考验证明是正直廉洁的人。"[1]也就是说，康熙皇帝用官的标准，既要德才兼备，更要守先于才，有才无守者不予重之。他曾就部院堂官的任职情况，谕大学士等曰："今观各部侍郎内虽办事有才，而操守不足者有之，应将伊等改授武职。"[2]

选官中，康熙帝尤重地方大员的简任。他曾说："朕于政事，无论大小，从未草率。""简任督抚之时，又必详加察访，盖一方大吏贤能自足表率僚属。"[3]所以，他每用一人，都要向众臣征询再三，必确得其人才守全优才肯简用。如康熙二十一年五月，九卿会推浙江巡抚人选，以郎永清当任。康熙皇帝认为郎永清为人平常，他说："今九卿现在齐集，郎永清果有清廉政治成效，尔等

1　（法）白晋：《康熙帝传》。

2　《清圣祖实录》卷一〇九，第20页。

3　《康熙起居注》第2册，第1250页。

询明来奏。”当廷臣以“无甚确见”回奏后，康熙帝又问“首先特举者为谁”？廷臣再告以“系众意拟定”。康熙帝为慎重起见，令“此事少待再行定夺”[1]。康熙二十三年五月，为两江总督的人选，康熙皇帝更是慎之又慎。他告以“总督职任重大”，令大学士会同九卿将已开列人选内举出才优廉洁之人。明珠等奉旨拟定两个人选，一个是原苏州巡抚王新命，另一个陪拟者是原湖广巡抚丁思孔，交康熙皇帝裁夺。康熙帝虽然倾向于王新命，却没有马上表态，而是再次对诸大臣强调说:“总督关系重大，膺斯任者固贵有才，尤贵有守。苟不能洁己率属，地方军民必受其害。”并征询大学士王熙曰:“王新命之为人，尔能力保否?”王熙回答说:“臣等虽未敢遽保，然知其居官甚优。”[2]但康熙帝仍命九卿以能保此人“果能洁己奉公，始终不改”回奏。康熙之所以对王新命能否任两江总督如此踌躇和谨慎，只因王新命前有举荐之误，所谓“滥举匪类”，故对王新命操守产生疑虑。由此可见，康熙皇帝对督抚的要求和期望之厚。所以，白晋说:“皇帝为了选拔重要官员，尤其是各省巡抚所费的苦心以及为了监督他们的行为而费的心机，达到了令人难以想象的程度。”

在精心选用督抚大员的同时，康熙帝对中下级官吏的人选也相当重视，常命诸官推举廉者。康熙二十九年五月，吏部要从现任知县中选任科道官员，照例请旨。康熙帝以“科道职任关系重要”，命九卿各以平昔所知，“学问优长，品行可用者”举奏。于是，户部尚书王骘举清苑县知县邵嗣尧清廉慈惠；兵部尚书李天馥举三河县知县彭鹏、灵寿县知县陆陇其居官有声。康熙皇帝虽然称三人“服官廉介，朕所素知”，但仍向汉大学士梁清标、徐元文等征求意见，当全无疑议之后，方准三人行取。[3]

1 《康熙起居注》第2册，第858页。

2 《康熙起居注》第2册，第1182页。

3 《清圣祖实录》卷一四六，第1～2页。

康熙皇帝虽然在选官时颇费心思，反复酝酿，但一经“他发现有特殊能力的人才就破格对待，立即将他们擢升到最高、最重要的职位上去，并当众褒奖，赐赉优渥”[1]。康熙二十二年四月，吏部照例开列布政使内升名单，共计十人。康熙皇帝认为：“安徽布政使龚佳育、湖南布政使薛柱斗、四川按察使胡升猷居官皆优。”按旧例，内升只用一人，康熙帝诏令：“今多用数人，以示鼓励。”于是，在大学士明珠、吴正治的赞同下，命“此三人俱著内升，不必候其到部，遇缺即补”[2]。康熙二十五年，又以江苏巡抚汤斌“在苏州能洁己率属，实心任事”，超擢礼部尚书管詹事府事。闰四月，汤斌至京陛见，康熙皇帝谕之曰：“天下官有才者不少，操守清谨者不多见。尔前陛辞时，自言平日不敢自欺，今克践此言，朕用嘉悦，故行超擢，尔其勉之。”[3]

其三，监察各官与惩治贪酷

为了能够及时而又准确地掌握地方情况，康熙皇帝不时由朝廷派出官员巡访各地，这些奉旨钦差除考察地方政务民生之外，察访吏治是其要务之一。如康熙二十三年七月，为开拓海疆事被差往广东、福建的内阁学士席柱（石柱）回京，寻出古北口赴避暑山庄见康熙皇帝，并随驾返銮。一路，康熙帝不时询问展界及民生诸事宜，但交谈所涉最多的仍然是吏治。如康熙帝问：“总兵官内有声名者为谁？”席柱奏曰：“顺德府总兵官蔡璋，年七十余，外貌虽极粗鄙，而整列船兵甚为严肃，官兵皆诚服。潮州总兵官马三奇原任提督马得功之子，伊标下有伊父旧属数百健丁，凡地方稍有贼盗，即亲率兵丁剿灭，于地方有益，彼处人民亦颇称赞。”康熙帝又问：“广东总督何如？”席柱又奏：“据彼处人云，总

1　（法）白晋：《康熙帝传》。

2　《康熙起居注》第2册，第991页。

3　《康熙起居注》第2册，第1479页。

督吴兴祚不受属下官员礼物，居官亦善。但到任未久，今虽如此，久后亦未可知。”康熙帝再问：“巡抚何如？”席柱再答曰：“巡抚李士桢虽六十余岁，容貌甚少。据彼处人云，李士桢虽稍受礼物，为人和平，不生事端，较前任巡抚金俊为优。”接着，康熙皇帝还一一问到福建总兵官黄大来、两江总督于成龙、河道总督靳辅等。几日后，又问及福建水陆两提督万正色与施琅。[1]由此，康熙皇帝得以判定地方官员奏报的虚实，证实许多风闻，从而掌握地方吏治的切实状况。如康熙帝以于成龙居官直隶有声，擢两江总督，补授后闻其居官不及前任，“变更素行”。但席柱察访回奏：“臣到江南，于成龙居官甚清，但因轻信，少被属员欺罔。”康熙帝“始知居官廉洁，甚为百姓所称。或成龙素行梗直，与之不和者挟仇谗害，造作属下欺罔等语亦未可定。是不肖之徒有嫉之者耳！”[2]

除了派员巡视外，康熙皇帝自己也不时出巡各地，“以便了解那里臣民所处的状况和官吏们的治理方式”。康熙帝曾说过：“朕时巡之举，原欲周览民情，察访吏治。”[3]因而平定三藩以后，康熙帝先后六下江南，历经直隶、山东、江苏、浙江等省，又东巡盛京、吉林，西至山西、陕西、甘肃。通过出巡，康熙帝实地考察了吏治。如康熙二十三年十一月，康熙帝首次南巡至江苏，命大学士传谕江宁知府于成龙曰：“朕在京师，即闻尔居官廉洁，今临幸此地确加咨访，与前所闻无异。”[4]又传谕申饬漕运总督邵甘曰：“尔身为大臣，理应洁己率属，乃莅任以来，并无善状，且多不谨处。此朕得知舆情，访闻颇确。”[5]十二日返京后，即将邵甘革职。为了加强对各级官员的管理，康熙皇帝严格考核制度。清

1 《康熙起居注》第2册，第1200、1201、1205页。

2 《康熙起居注》第2册，第1201页。

3 《清圣祖实录》卷一一七，第21页。

4 《清圣祖实录》卷一一七，第18页。

5 《清圣祖实录》卷一一七，第21页。

制，文职官员例有京察，大计之法，由于顺康之际战事频繁，考核往往流于形式。平藩以后，出于整饬吏治的需要，康熙帝即严考核之制，并于康熙二十二年二月，颁布大计结果，以后每三年一次，从未间断。在对官吏的考核和监察中，对贪酷者，康熙皇帝从不放过。康熙二十二年大计，104 名贪酷者俱被革职提问。康熙二十五年大计，又有 79 人因贪酷被革。“不管是什么人，只要因贪污而被告，皇帝对此毫不留情。通过刑部对这些人审讯以后，不仅罢了他们的官，而且还予以极其严厉的惩处。”[1]如康熙二十三年，因查抄尚之信家产，侍郎宜昌阿、巡抚金俊乘机乾没，又侵蚀兵饷并商人沈上达财物，恐沈上达告发杀人灭口，并与道员王永祚等分取财物一案。宜昌阿、金俊、宋俄托、卓尔图、尚之璋、宁天祚、王瑜等均拟斩监候。康熙二十四年，山西巡抚穆尔德因加征火耗过重，且兼纳贿，被处以斩监候。康熙二十五年十二月，侍卫纳尔泰首告蔡毓荣为云贵总督时，曾侵没吴三桂家财人口，受“逆党”胡永宾重贿，又馈送大臣防口等罪，蔡毓荣遂被革职解任，籍没家产，与其子并发黑龙江。康熙二十八年，又有湖北巡抚张汧，任福建布政使时亏空帑款，勒迫属员胡载仁出银抵补，勒逼盐商垫还九万余两，荆南道祖泽清勒索民人李二扬等银八万两，一并交部议处。

严格说来，康熙皇帝在整饬吏治上，比起其一生在其他许多重大政治和军事斗争中的辉煌业绩来看，其成效不免黯然，且向以宽仁皇帝著称的康熙，在提倡廉吏政治的同时，也曾多次对一些亲信官员的贪纵行为加以庇护，如徐乾学、高士奇等，特别是在其统治后期这种现象更为严重，造成了吏治的败坏。然而，他从三藩叛乱这一事件中受到了震动和启迪，由此开始重视吏治的整饬，倡导官员廉正，并把清官同国计民生联系起来去认识和对

1 （法）白晋：《康熙帝传》。

待，仍然在澄清吏治上起了一定的作用。当然这主要是在康熙中期，不能估计过高，但也不能一笔抹杀。试想，三藩战后社会经济的迅速恢复与发展，如果没有吏治的好转和社会的安定是很难实现的。因而，封建文人曾赞曰："圣祖平定三藩后，与民休息，拔擢廉吏，如于成龙、彭鹏、陈瑸、郭琇、赵申乔、陈鹏年等，皆由县令洊历部院封疆，治理蒸蒸，于斯为盛。"[1]其言虽然多为溢美，但是吏治的好转为康乾盛世的出现奠定了一定的基础，当为事实。

三　康熙皇帝缓和社会矛盾与发展生产

平藩以后，康熙皇帝多次声称自己"德薄"，感愧激励。因而，为使其德泽能为百姓孚洽，康熙帝力行更张，以缓和阶级与民族矛盾，发展生产。其措施主要有两个方面：

第一，调整清初以来的落后政策。

解除海禁。康熙二十二年，清朝在平定三藩的基础上，完成了对台湾的统一，于十月宣布开放海禁，实行展界。康熙皇帝谕大学士曰："前因海寇未靖，故令迁界。今若展界，令民耕种采捕，甚有益于沿海之民"。"此等事不可稽迟，著遣大臣一员，前往展立界限，应于何处起止，何地设兵防守，著详阅确议，勿误来春耕种之期。"[2]随即于十一月，差侍郎杜臻等前往筹办展界。谕之曰："迁移百姓，事关紧要，当察明原产，给还原主，尔等会同总督巡抚安插，务使兵民得所。"[3]

康熙皇帝宣布在沿海地区开禁展界，废除了力行二十余年的迁海令，使沿海居民欢欣鼓舞。据奉差福建广东展界的内阁学士

1　《清史稿》卷四七六《循吏一》。
2　《清圣祖实录》卷一一二，第23页。
3　《清圣祖实录》卷一一三，第7页。

席柱复命所奏："福建广东两省沿海居民，群集跪迎（展界使臣），皆云我等离旧土二十余年，已无归乡之望，幸皇上威德，削平寇盗，海不扬波，今众民得还故土，保有室家，各安生业，仰戴皇仁于世世矣。"[1]

永行停止圈地。康熙二十四年四月，户部议覆顺天府府尹张吉午疏请自康熙二十四年始凡民间开垦田亩永免圈取一事，应不准行。但康熙皇帝诏批反对。命诸大学士说："凡民间开垦田亩，若圈于旗下，恐致病民，嗣后永不许圈。如旗下有当拨给者，其以户部见存旗下余田给之。"[2]在全国最终废止了圈地。

放宽逃人法。康熙二十年十二月，康熙皇帝在平藩善后诏谕中，命将"逃人事概准赦免"，表明逃人法规开始松动。康熙二十五年四月，清廷出于"防盗"需要，议将直隶省顺、永、保、河四府各庄屯旗丁同民户共编保甲，由屯拨什库与保甲乡长互相稽查，"如旗丁居民犯法，许地方各官一体申报该抚该都统究治"[3]。从表面看，将旗丁编入保甲，有防患逃人之意。但从另一方面看，旗丁与民人一体管理，反映了旗丁地位的提高，旗丁无利可逃，逃人问题自然缓解。而且，这一时期，清朝统治者对逃人问题的认识也有所转变。是年五月，刑部题奏旗人郭良臣伙同督捕司书办理张子和等贩卖逃人，应按律追拟一事。康熙皇帝明确指出："逃人一事，民多苦累"[4]，认识到"逃人一事"的危害。因而，自平藩以后清廷有关逃人问题的案狱，比起顺治年间已大大减少。至康熙三十八年十一月，清廷不得不裁去专掌缉捕逃人的兵部督捕衙门，将督捕事务归并于刑部管理。而刑部只设督捕司，"所掌乃与各省应捕逃犯为同等，且旗下竟无逃人案，督捕司对旗务，转而防禁

1 《清圣祖实录》卷一一六，第3页。

2 《清圣祖实录》卷一二〇，第19页。

3 《清圣祖实录》卷一二五，第22～23页。

4 《清圣祖实录》卷一二六，第19页。

旗人无故离京为专责，则立法已平，旗人无所利于逃人，国法亦无所庇于纵逃之旗人，此事自然消减。”[1]所以，清人王士祯说：督捕司“终岁不劾一失察之官，不治一窝隐之罪”[2]，该是反映了当时的实际情况。

第二，苏困于民，发展生产。

针对“民困来苏，疮痍未起”的现状，康熙皇帝实行了一系列恢复和发展社会经济的措施，其中，以垦荒、治河和蠲免最为突出。本文试举蠲免为例。

康熙皇帝实行地丁钱粮蠲免，主要始自平定三藩以后。他曾经对诸大臣说：“户部储有余财，凡遇有旱涝可以酌量赈济蠲免，无所顾虑，民间不致困苦，大有裨益。”[3]又说：“欲使民生乐业，比屋丰盈，惟当已责蠲租。”[4]因而，蠲免是康熙皇帝在战后苏困于民，鼓励发展农业生产的一项重要措施。

康熙皇帝蠲免的事由很多，有捕欠、赋重、灾荒、食用不给、军兴、南巡等等。如康熙二十四年十一月，因“前此用兵以来，河南、湖北两省人民转输供亿，劳费繁多，特沛仁恩，以昭轸恤。所有康熙二十五年应征地丁各项钱粮著与蠲免一半，其康熙二十四年未完地丁钱粮亦著尽与豁除。又直隶献县、河间县、河间卫，江南宿迁县、兴化县、邳州、高邮州、盐城县，山东郯城县、鱼台县地方，今年重罹水灾，小民艰苦，亦应加恩轸恤，所有康熙二十四年下半年，二十五年上半年，地丁各项钱粮俱与豁免。”[5]康熙二十五年九月，又以直隶顺、永、保、河四府“较之畿南诸府差役倍多，供亿尤剧”，“湖广、湖南、福建、四川、贵州地方

1 孟森：《明清史讲义》下册，第406页。

2 王士祯：《香祖笔记》卷四，康熙四十四年刊本。

3《清圣祖实录》卷一二〇，第2页。

4《清圣祖实录》卷一二〇，第22页。

5《清圣祖实录》卷一二三，第4页。

昔年为贼窃踞，民遭苦累”，命将“直隶顺、永、保、河四府及四川、贵州两省，所有康熙二十六年应征地丁各项钱粮俱著蠲免，二十五年未完钱粮亦著悉与豁除。湖广、湖南、福建两省所有康熙二十六年下半年、二十七年上半年地丁各项钱粮，及二十五年未完钱粮亦与尽行豁免。”[1]康熙二十六年九月，仍以江苏赋重，陕西用兵时馈饷，蠲免除漕粮外两省所有康熙二十七年应征地丁各项钱粮，及二十六年未完钱粮。[2]自康熙二十四年至二十六年，康熙皇帝先后将河南、湖北、直隶、江南等数省地租额赋，于“三年之内，布惠一周。后来普免之典，实肇于此。”[3]当时，大学士等以康熙二十六年江苏、陕西两省应免钱粮共计六百多万两，为数太多，所谓“亘古以来未有蠲免如此之多者”，不敢遽议。但康熙皇帝说：“朕念切民生，即多蠲亦所不惜”[4]。而且，康熙帝不只一次地强调：“欲使群生乐利。比户丰盈，惟频行减赋蠲租，庶万姓得沾实惠。”[5]正因如此，康熙皇帝蠲免，其次数之多，布惠之广，在以往历史上是罕见的。所谓“有一年蠲及数省，一省连蠲数年者”[6]。康熙五十年，又将全国各省钱粮分三年轮免一周。据户部统计，康熙年间前后蠲免已逾万万。蠲免钱粮，固然“田多富户有益”，但贫民百姓也可在一定程度摆脱赋役转嫁和供亿征输之苦，从而乐业安居，有了生产的积极性。

总之，康熙皇帝所行缓和社会矛盾、发展生产的诸项措施，最终为社会经济的恢复和发展奠定了基础，所以当时人有言，“自康熙二十年以后，海内始有起色”[7]。

1　《清圣祖实录》卷一二七，第 19～20 页。
2　《清圣祖实录》卷一三一，第 26 页。
3　王庆云：《石渠余记》卷一《记蠲免》，北京古籍出版社，1985 年。
4　《清圣祖实录》卷一三一，第 8 页。
5　《清圣祖实录》卷一二三，第 4 页。
6　《清圣祖实录》卷二四四，第 3 页。
7　《清经世文编》卷二八，中华书局，1992 年。

四　康熙皇帝笼络汉族知识分子

清王朝以少数民族入主中原，至康熙初年虽然已有二十余年的历史，但是，在中国封建社会，千百年来由于民族偏见形成的“唯有中国居内以制夷狄，未闻夷狄居中国而治”的华夷之辨的传统观念，仍被许多汉族士大夫视为天经地义。为此，他们多以前朝遗民自居，不肯承认清王朝的统治。他们或藏身于残山剩水；或“弃横舍而往伽蓝”；或佯狂疯癫以泄愤；或著书立说以自勉，抱定拒不与清王朝合作的宗旨。甚至在已经仕清的官员中，也有相当一部分人怀有“忍死偷生，罪孽难除”的负疚感。

事实表明，清王朝要在全国建立起稳固的统治，除武力征服与镇压之外，还必须打破广大汉族人民，特别是汉族士大夫心中“满汉畛域”的妨嫌，使之倾心归附。

然而，在清朝初年，满族统治者招徕汉人政策的着眼点，在于征召人才，以汉治汉，以适应入主中原、重建封建统治秩序而人才缺乏的迫切需要，故收揽人心尚未引起重视。而且，清人在以汉治汉人的同时，还不时对汉人进行摧抑，重满轻汉的现象相当严重，特别是借故所兴“科场案”、“奏销案”等大狱，反而起到使汉族士大夫与之离心的作用。

康熙皇帝即位后，强调“满汉一体，无分彼此”，重视传统的汉族封建文化，开始认识到消弭满汉隔阂的必要。但是，真正使清朝统治者认识到人心相背与清王朝统治的稳固紧密相关，还是在三藩叛乱之后。特别是“各省兵民相率背叛”的现实，使康熙皇帝深受震动，他清醒地认识到，没有广大汉族地主阶级士大夫的支持，清王朝的统治势难持久。因此，他在以武力平叛的同时，便开始调整统治政策，而首先从争取汉族士大夫归心做起。

康熙十七年正月，清王朝刚刚从三藩战争的危急局面中挣脱出来，康熙皇帝便在日理万机的紧张之际，下令开“博学鸿词科”。他诏谕吏部曰:“凡有学行兼优，文章卓越之人，不论已仕未仕，令在京三品以上，及科道官员，在外督抚布按，各举所知，朕将亲试录。”[1]至翌年三月，共集“名儒硕彦”143人，赐宴之后，均令入体仁阁就试。所荐之人中，“未仕”多于“已仕”，而“未仕”中又多为遗民，所谓“与其选者，山林隐逸之数，多于缙绅”[2]。黄宗羲、顾炎武、李颙、傅山、李因笃、朱彝尊等均在被举之列。顾炎武、黄宗羲以死相拒，不与试，康熙帝并无嗔怪之意；杜越、傅山被强令舁京，仍然不执试笔，康熙帝反以其年高授予中书舍人。对于入试的遗民，取之尤宽。试题为“璇玑玉衡赋”、“省耕诗五言排律二十韵”。严绳孙仅作一诗，并未完卷，竟被列为中卷取之。朱彝尊诗中有不佳之句，康熙帝以“斯人固老名士，姑略之”[3]，令其通过。是科共取50名，分别授以翰林、编修、检讨等职。可见，清廷开博学鸿词特科，重在网罗山林遗贤。诚如孟森先生所说:“是时高才博学之彦，多未忘明，朝廷以大科罗致遗老，于盛名之士，无不揽取，其能荐士者，虽杂流卑官，亦许荐呈。”故“康熙之制科，在销兵有望之时，正以此网罗遗贤，与天下士共天位，消海内漠视新朝之意，取士民之秀杰者作兴之。”[4]所谓“消海内漠视新朝之意”，就是一反顺治朝以来，用惩创手段压制遗民士人的反满情怀，而示以怀柔，以期获取“士民之秀杰者”的拥戴。这是清王朝在其发展过程中极为重要的转折。也就是说，清统治者在平定三藩之乱，用武力维护国家统一的同时，又重视那些能倡“大义”的名士，欲其归心。故孟森先生云：此举“纯为圣祖定天下之大计”[5]。

---

1 《清圣祖实录》卷七一，第10～11页。

2 《清史稿》卷一〇九，《选举志四》。

3 陈康祺：《郎潜纪闻二笔》卷一六《康熙朝试鸿博之宽》，中华书局，1984年。下同。

4 孟森：《明清史讲义》下册，第424页。

5 孟森：《明清史讲义》下册，第423页。

继博学鸿词科，清廷于康熙十八年，诏谕《明史》开馆，凡中特科者，均命入馆修史。以“遗贤”而修明史，述故国之事，意在迎合其“孤臣孽子”之心。监修总裁叶方蔼、徐元文以黄宗羲熟知明朝史事及掌故，力荐入馆。当黄宗羲以母病和年老谢绝后，叶方蔼又奏请以黄宗羲之著述佐修《明史》。康熙帝谕令：“凡黄宗羲有所论著及所见闻，有资明史者，著该地方官抄录来京，宣付史馆。”[1]浙江布政使李士桢奉旨即行，并请黄宗羲之子黄百家到杭州校勘其父著述，命胥吏数十人缮写进呈。对名士遗老著述如此重视，再度表明了清朝统治者争取汉族士大夫与遗民的诚意。

平藩以后，康熙皇帝六次南巡，每次都谒明陵、免积逋、访求贤才、增加入学名额，凡此等等，用力于收揽人心。在康熙帝倡导右文求贤之下，一些督抚大吏也锐意于此。如理学名臣汤斌，于康熙二十三年至二十五年任江宁巡抚期间，不仅悉心贯彻康熙帝右文之意，且十分重视对汉族士大夫的笼络，注重对遗民的争取。江南文人荟萃，不乏遗贤。周茂兰乃明朝东林党领袖周顺昌之子，明亡后隐居乡里。崇祯年间，他曾刺血为书，诣阙讼其父被阉党魏忠贤所害之冤，为父昭血，在江南士子中颇有影响。汤斌重新修葺崇祯陵寝时为周顺昌立“周忠介祠”，并“亲谒之以为众劝”。[2]而在时人的记载中，汤斌访贤、荐遗民士子的逸闻趣事尤多。如自称“九峰遗黎”的明朝诸生吴萁“子学糜所不窥”，“汤斌抚吴，闻其名，将造庐请见”[3]。常州遗民徐枋，不仅书画皆精，且以节高知名，汤斌“步访徐枋”[4]，两诣山中。总之，清廷所采取的对汉族知识分子、前朝遗民的感化政策，在促进士人对

1 黄炳垕：《黄黎州先生年谱》卷下，《四库全书》本。

2 汤斌：《汤子遗书》卷首《年谱》，《四库全书》本。

3 孙静庵：《明遗民录》卷十《吴箕传》，浙江古籍出版社，1985 年。下同。

4 陈康祺：《郎潜纪闻二笔》卷八《汤文正礼贤》。

清王朝认识的转变上起了重要的作用。

此外，康熙皇帝重视汉族封建文化，推崇儒家学说。在历史上，“野蛮的征服者总是被那些他们所征服的民族的较高文明所征服，这是一条永恒的历史规律”[1]。清朝统治者在取得军事上的胜利之后，随着岁月的变迁，在思想文化方面，其落后性也必然在潜移默化中为先进的汉民族所征服，而康熙帝正是清代帝王中系统学习儒家经典的开创者。由于提倡理学，康熙帝素有“理学皇帝”之称。他曾经说过：“宋儒朱子，注释群经，阐发道理，凡所著作及编纂之书，皆明白精确，归于大宗至正，今经五百余年，学者无敢疵议。朕以为孔孟之后，有裨斯文者，朱子之功，最为宏巨。”[2]他命人将朱熹从孔庙两庑的先贤中移出，置于大成殿四配十哲之次，成为第十一哲。又规定科举考试，以朱熹注释的《五经》、《四书》为完卷标准。康熙皇帝崇尚理学，着眼于他的一统基业，正如他在《御纂朱子全书》的序中所说：“朕读其书，察其理，非此不能知天人相与之奥，非此不能治万邦于衽席，非此不能仁心仁政施于天下，非此不能外内为一家。”[3]康熙皇帝正是以“治万邦于衽席”，“成外内为一家”为目的，认真学习儒家学说，其勤奋刻苦是十分罕见的。也正因如此，康熙帝“于典谟训诰之中，体会古帝王孜孜求治之意”，[4]学到了如何为君之道。

儒家的纲常名教和理论学说，为清朝统治者确认为统治思想，对于加强满汉地主阶级的联合统治，形成共同的或比较一致的文化心态，是必需的重要内涵。所以说，康熙皇帝熟读儒家经籍，为汉族的先进文明所“征服”，而在此基础上，满族统治者所建立

1　马克思：《不列颠在印度统治的未来结果》，《马克思恩格斯选集》第 2 卷，第 70 页，人民出版社，1972 年。

2　王先谦：《东华录·康熙五十一年二月》。

3　《御纂朱子全书·序言》，《四库全书》本。

4　《康熙起居注》第 2 册，第 1249 页。

的清王朝，才逐渐为广大汉族士大夫和民人所接受。

康熙皇帝的苦心孤诣终于赢得了汉族士大夫、遗民隐逸的心悦诚服和诚意归附，其转变首先表现为热衷于科举。据王应奎《柳南随笔》记载："康熙丁巳（十六年）、戊戌（十七年），入赀得官者甚众，继复荐举博学鸿儒，于是隐逸之士亦争趋辇毂，惟恐不与。"表明隐逸之士所标榜的风尚已然改观。江苏常熟人吴龙锡诗云："终南山下草连天，种放犹惭古史笺。到底不曾书鹄板，江南唯有顾书年。"又曰："荐雄征牌挂衙门，钦召金牌挂短辕。京兆酒钱分赐后，大家携醵众春园。"[1]历历如绘地将鹄板征儒，而诸儒生"争趋辇毂"、朝野称贺的情景描述出来。

虽说江南并非只顾炎武一人拒试，但鸿博特科在汉族士大夫、特别是在遗民中引起很大的反响却是事实。陕西富平李因笃与李颙、顾炎武皆为挚友，情同志和，早年亦高蹈不就，而此时却置诸友劝阻于不顾，不仅自己应试博学鸿儒，还劝李颙一同赴京应召。吴江潘耒是顾炎武的高足，其兄潘柽章在康熙初年因庄氏史案为清廷所害。依顾炎武之意，潘耒应"三征七辟皆不就也"，但潘耒却也一举高中，成了身着满服的翰林。以致于事后，顾炎武仍憾憾不已，寄信于潘耒说："曲周接取中之报，颇为惜之。吾弟今日迎养都门，既必不可，菽水之供，谁能代之？"[2]

清王朝开设博学鸿词科，成为汉族士大夫、山林遗隐对这个"异族"王朝所持固见大为改观的一个契机。对此，无论是时人还是后人都有所论及。如黄宗羲在当时就指出：自博学鸿词科以后，出现了"庶几同学之士，共起讲堂，以赞右文之治"[3]的局面。近人萧一山则进一步指出："圣祖于三藩削平，大势已不虑蔓

1 王应奎：《柳南随笔》卷四，中华书局，1983年。
2 顾炎武：《蒋山佣残稿》卷三《与次耕》，《顾亭林诗文集》，世界书局，1977年。
3 黄宗羲：《南雷文定三集》卷二《董在中墓志铭》，《四库全书》本。下同。

延而日就结束，即急急以制科震动一世，巽词优礼以求之，就范者固不少，即一二倔强彻底之流纵不俯首衔勒，其心固不以夷虏绝之矣。”[1]

事实的确如此。以时人推崇的“容城夏峰（孙奇逢）、盩厔二曲（李颙）、余姚梨州（黄宗羲）、昆山亭林（顾炎武）”这四位“海内遗硕”为例，除孙奇逢卒于康熙十四年外，其余三人均在康熙十七年被荐试博学鸿儒。三人虽说都是拼死力辞，但内心的反应却不尽相同，所受的震动也非同昔比。李颙似乎最为固执，被“舁床至省，水浆不入口”[2]，绝食抗旨。此后便晏息土室，荆扉反锁，足不出户，过起隐士的生活。但是他的这种选择却已表明，世事的沉浮使他在失望之中放弃了干世之心，惟以洁身自好。而随着光阴的荏苒，他在内心深处也早已默认了这个日益强盛的王朝。康熙四十二年，“圣祖西巡，召颙见，时颙已衰老，遣子慎言诣行在陈情，以所著四书反身录、二曲集奏进”[3]。可见，并非顽而不化。

顾炎武在康熙十八年，以“若必相逼，则以身殉之”，再度拒绝了入明史馆的延聘之后，便携嗣子顾衍生离开京城，迁居山西、陕西一带，至康熙二十一年正月，客死异乡，做到了终生不仕“夷狄”。然而，顾炎武的思想感情却在其垂暮之年发生了变化。他在阐述不能入局佐修明史的原因时是这样说的：“鄙人情事与他人不同，先妣以三吴奇节蒙恩旌表，一闻国难，不食而终，临没丁宁，有无仕异朝之训”，“故人人可出，而炎武必不可出矣”[4]。他所强调的只是尚须遵循母训的“苦衷”而已。因而，对弟子潘耒入仕清廷，他虽然不以为然，却亦未深加责难，仍然“师门之

1　萧一山：《清代通史》上卷，第774页。

2　《清史稿》卷四八〇《李颙传》。

3　《清史稿》卷四八〇《李颙传》。

4　顾炎武：《亭林文集》卷三《与叶讱庵书》，康熙遂初堂原刻初印本。下同。

谊甚笃”[1]。而且，这一时期，他的三个外甥徐乾学、徐秉义、徐元文业已显贵，屡屡致书催其南归。顾炎武虽说均予回绝，但是对于他们在诸方面的求教，却总是诲而指授，并以他的经世致用思想影响着徐氏兄弟。康熙十八年前后，他在给徐元文的信中谈到，“关辅荒原非复十年以前风景”，而“飞骀挽粟岂顾民生”。致有“阖门而聚哭投河，并村而张旗抗令。此一方之隐忧，而庙堂之上或未之深悉也”。正因如此，他虽望七之龄，却“是以忘其出位，贡此狂言”[2]。在这里，他不仅承认了自己是“忘其出位”，而且已视清朝统治者为“庙堂之上”，并希望对方能对自己所贡“狂言”予以重视。康熙二十年，顾炎武已是疾病缠身，朝夕不保。十月，病势稍缓，他又向“蓟门当事”直接提出如何“治事”的建议。他说:“今日者拯斯人于涂炭，为万世开太平，此吾辈之任也。”“今有一言而可以活千百万人之命，而尤莫切于秦陇者，苟能行之，则阴德万万于公矣。请举秦民之夏麦秋米及草豆一切征其本色，贮之官仓，至来年青黄不接之时而卖之，则司农之金固在也，而民间省倍蓰之出。且一岁计之不足，十岁计之有余，始行之于秦中，继可推之天下。”“特建此说，以待高明者筹之。”[3]两个月后，顾炎武便溘然长逝。但“上蓟门当事疏”却表明，他在临终前夕，已由先时抗清，继而不合作，再变为希望“庙堂之上”能为“万世开太平”。这种变化，前后何其鲜明。

黄宗羲的态度则更为温和。抗清失败后，他阐发著述，研究义理，“绝口兴复事”[4]。而且，在他看来，“遗民者天地之元气

1 《清史稿》卷四八四《潘耒传》。

2 顾炎武：《亭林文集》卷六《答徐甥公肃书》。

3 顾炎武：《亭林文集》卷三《病起与蓟门当事书》。

4 温睿临：《南疆逸史》卷四三《黄宗羲传》，中华书局，1959 年。

也。然士各有分，朝不坐，宴不与，士之分亦止予不仕而已”[1]。因而在“朝不坐、宴不与”的宗旨下，黄宗羲并不反对与清朝官员交往。史馆开局后，黄宗羲尤其表现其极大的热情。虽然他拒绝身赴史馆，却同意清廷取走并抄录他的有关明史著述，并将其父黄尊素所集《大事记》和《三史钞》等重要史料送给明史馆参考。此后，“史局大议必咨之”[2]，黄宗羲皆悉心予以指教，凡有所见，必移书史馆。对于吴任臣所撰写的历、志，黄宗羲也多次为其审定。因而，有人说他是以在野的明朝遗老遥执史局。而实际上，黄宗羲已经超越了遗民的“界限”，就连他自己也不否认这一点。在他拒绝明史馆的延聘后，监修总裁徐元文便提出欲请其子黄百家入史馆，黄宗羲戏答元文书曰：“昔闻首阳二老，托孤于尚父，遂得三年食薇，颜色不怀。今吾遣子从公，可以置我矣。”可最终还是同意了黄百家入局修史。“百家得予参史局事”[3]，著成史志数种。而且，黄宗羲还让他的弟子万斯同也参加《明史》编纂工作。万斯同精熟史书，他人编纂完稿，多交万斯同复核，自康熙二十一年入馆，直到康熙四十一年死于职中，尽力最多。据全祖望说，万斯同还携书十余万卷入局。其孜孜挚情，虽多出自对亡明的眷悼，但其行止本身却在和清朝官员磨肩合作。而这一切又并非违背其恩师的意愿。就是黄宗羲本人，对于清朝多次谕其“出山”的厚意，也是感激不尽，他曾说：“羲蒙圣天子特旨召入史馆……羲时以老病，坚辞不往，圣天子怜而许之。”[4]

封建社会，“士”为四民之首，得士心则得民心，得民心则得天下。汉族士大夫和明朝遗老对清王朝由排击敌视转而支持合作，表明清王朝的统治已为广大汉族地主阶级所接受，这对于我

1　黄宗羲：《南雷文定后集》卷二《谢时符先生墓志铭》。

2　《清史稿》卷四八〇《黄宗羲传》。

3　孙静庵：《明遗民录》卷九《黄宗羲传》。

4　孙静庵：《明遗民录》卷九《黄宗羲传》。

国多民族统一国家进一步巩固和发展无疑具有重要意义。

综上所述，三藩反叛，使康熙皇帝受到了极大的震动，他经过认真地反思之后，认识到要巩固清朝的统治，必须从调整统治政策入手，去解决当时社会的阶级矛盾和民族矛盾，修复战争创伤，使清朝的统治深入人心。为此，他作了一系列的努力，诸如整饬吏治，以缓和官民之间的矛盾；笼络优容汉族士大夫，加强统治基础；废止落后的民族压迫政策，协调满汉关系，以及实行发展生产、赈济灾荒、蠲免赋役等振兴经济与保护小农利益的措施，从而使其统治更加适应广大中原地区的封建生产关系。而政治的稳定和清明又为封建经济的复苏和繁荣提供了社会环境。所谓“康乾盛世”正是产生在这样的历史背景下，因而，从这一意义上讲，平定三藩是开康乾盛世之端。

第二节　为巩固多民族国家统一、抵制早期殖民主义势力的入侵奠定基础

清王朝在全国统治的建立虽然始自顺治年间，然而，直到康熙皇帝亲政之初，其统治尚未稳固，国家还未实现统一，清王朝所面临的形势仍然十分严峻。当时，除了在南方已成尾大之势的三藩割据势力外，占据台湾的郑氏抗清力量活动于东南沿海，西北厄鲁特蒙古准噶尔部上层民族分裂势力日益猖獗，东北黑龙江流域又有沙皇俄国殖民主义的侵略与掠夺。因而，平定三藩乃是清王朝“守成而兼创业”宏伟事业的开端，没有平定三藩的胜利，清王朝也无法最终完成国家统一。事实证明了这一点。

平定三藩以后，清廷立即转入了统一台湾的斗争。

台湾自古以来就是中国的领土。明天启元年，台湾被荷兰殖民主义者侵占，康熙元年，郑成功驱逐荷兰侵略者收复了台湾，对中国历史作出了伟大的贡献。然而，随着清王朝统一事业的发

展，自比琉球、朝鲜，坚持不薙发、不登岸的郑氏抗清武装，已经蜕变为分裂国家统一的地方割据势力。三藩叛乱，郑成功子郑经作为积极支持者和参加者，一度猖獗海上，占据了泉州、漳州、潮州、惠州等地，"杀掠所致，十室九匮"，使广大人民深受其害。康熙皇帝决意消除沿海战患。康熙二十年，三藩叛乱即将平定，他便指出："滇黔底定，逆贼消平，惟海外一隅，尚梗王化"，命吏、兵二部从速制定"进剿方略"[1]。但是，廷臣多持反对意见，"咸谓海洋远险，风涛莫测，长驱制胜计难万全"[2]。康熙帝则不以为然，他说："朕念海氛不靖，则沿海兵民弗获休息"[3]，现在"海寇固无能为，郑经在时就苟延抗拒，经死首渠既除，余党彼此猜疑，各不相下，众皆离心，乘此扑灭甚易"[4]。于是，康熙皇帝又一次力排众议，作出进兵台湾的决断，并起用原郑芝龙部将施琅为福建水师提督，畀以收复台湾的重任。在施琅离京之前，康熙帝又特地召见施琅，赐宴于瀛台，叮嘱其："尔至地方当与文武各官同心协力，以靖海疆。海氛一日不靖，则民生一日不宁。"[5]表明康熙皇帝统一台湾的决心。

经过一年多的充分准备，康熙二十二年六月，施琅统率清军水师二万余人，大小战舰三百余只，由铜山出发，进取澎湖。守将刘国轩仓促应战。自十六日至二十二日，双方展开激烈的海战，清军一举获胜，击毁敌舰包括郑氏自焚者共计二百余只，歼敌一万二千多人，攻占了澎湖。刘国轩乘小船逃回台湾。

郑氏失掉澎湖，且损失惨重，已"闻风解体"。闰六月，郑克爽遣使至澎湖施琅军前纳款。八月，施琅总统清军水陆官兵抵达

1 《清圣祖实录》卷一一二，第 9 页。
2 《清圣祖实录》卷一一二，第 9 页。
3 《清圣祖实录》卷一一二，第 9 页。
4 《康熙起居注》第 2 册，第 905 页。
5 《康熙起居注》第 2 册，第 740 页。

台湾，郑克爽率文武官员缴册印迎降，台湾与大陆重新统一起来。

台湾统一以后，康熙皇帝又摒弃“招徕红毛，畀以其地”的错误主张，在台湾设置一府三县，隶福建省管辖，并设总兵官一员、副将二员，统兵八千驻守。自此，台湾完全处于清王朝的统一管辖之下，这对维护国家统一和领土完整无疑起了积极的作用。而台湾统一以后，在免受外敌侵扰的条件下，又促进了海岛的经济与文化的发展。

继统一台湾之后，康熙皇帝开始把注意力转向北方。

沙皇俄国自16世纪开始便武装入侵我国东北地区，派遣哥萨克远征军，在我国的黑龙江流域烧杀抢掠达数十年之久，并在我国的领土上修筑了尼布楚、雅克萨等城堡为侵略据点，严重侵犯了我国的领土主权，威胁了边疆居民的生命安全与生活的安宁。

康熙二十一年二月，因平定三藩告捷，康熙帝前往盛京谒陵。事毕，到达吉林。吉林旧名船厂，在明朝即为造船基地，清代除造船外兼驻水师。三月，康熙帝开始实地考察，为部署反击沙俄侵略者作准备。他率领二百多只船由吉林出发，溯松花江而上，行至乌拉，由于江水暴涨返回。九月，康熙帝命副都统郎谈、公彭春以捕鹿为名到雅克萨一带侦察敌情。十二月，郎谈等返京奏报:“罗刹久踞雅克萨，恃有木城。若发兵三千与红衣炮二十具，即可攻取。陆行，自兴安岭以往，林木丛杂，冬雪坚冰，夏雨泥淖，惟轻装可行。自雅克萨至爱滹（瑷珲）城，于黑龙江顺流行船，仅须半月，逆流行船，约需三月，倍于陆行，期于运粮饷、军器、辎重为便。现有大船四十，小船二十六，宜增造小船应用。”[1] 并建议于来春进攻雅克萨。康熙帝以为攻战的时机尚未成熟，不同意立即进兵。然而，他对郎谈等人提供的情况十分重视，据此筹划战备的诸项事宜。他命令“调乌拉、宁古塔兵一千五百，

1 《清史稿》卷二八〇《郎谈传》。

并制造船舰，发红衣炮鸟枪及演习之人，于黑龙江、呼马尔二处建立木城与之对垒，相机举行。”军需则取自科尔沁十旗，及席北、乌拉之官屯，估计可得一万二千石军粮，可支三年，军队到达后立即耕种。并命宁古塔将军巴海、副都统萨布素统兵往驻黑龙江、呼马尔。[1]康熙二十二年十月，清廷又设置黑龙江将军，任命萨布素为首任，下设副都统、协领、佐领等。黑龙江将军的设立，为抵御沙俄侵略者提供了组织上的保证，其驻防屯田，修筑瑷珲城，又对开发边疆建设起了积极的作用。

经过认真的准备，康熙皇帝在多次外交解决无望的情况下，于康熙二十四年正月，下达武力收复雅克萨的诏谕，曰:“兵非善事，不得已而用之。向者罗刹无故犯边，收我逋逃，后渐越界而来，扰害索伦、赫哲、飞牙喀、奇勒尔诸地，不遑宁处，剽劫人口，抢掳村庄，攘夺貂皮，肆恶多端。是以屡遣人宣谕，复移文来使，罗刹竟不报命。”反而扰害益甚，故“应即剿灭”[2]。四月，清军分批开赴雅克萨，五月二十五日开始以神威将军炮击城，攻势甚猛，俄军不支，守将托尔布津向清军投降，清军收复了雅克萨。随即，彭春、萨布素遵旨将俄军俘虏及妇女儿童七百余人放归，托尔布津发誓不再来此侵犯，清军遂焚雅克萨，撤还瑷珲。然而，清军刚刚撤走，沙俄侵略者便重返雅克萨，依故址筑城，修工事，贮粮足供两年，以备固守抗拒清军。康熙二十五年二月，事过数月，清廷才得知俄军重占雅克萨的消息。康熙皇帝立即命令黑龙江将军萨布素速修战船，统领乌拉、宁古塔官兵驰赴黑龙江城，攻取雅克萨。七月，清军再次围困雅克萨，托尔布津凭借坚固工事负隅顽抗，双方激战多次，托尔布津被击毙。然而，由于俄军新筑城墙坚固，一时难以攻克，萨布素率军直抵城下，掘

1　《清圣祖实录》卷一〇六，第 23 ~ 24 页。

2　《清圣祖实录》卷一一九，第 6 页。

长堑，立土垒以困之。至年底，雅克萨被围八百多名俄军，生存者已不足 150 人，城守危在旦夕。这时，沙俄政府才接受清朝政府的建议，派出以戈洛文为全权代表的使团进行谈判，请求停战。

康熙二十八年七月，中俄双方使团于尼布楚开始谈判，在中国方面作出一定让步的情况下，签订了平等的《中俄尼布楚条约》。条约划定中俄东段的边界，以法律的形式肯定了黑龙江流域和乌苏里江流域的广大地区都是中国的领土，为奠定我国多民族统一国家辽阔疆域的版图作出了贡献。同时，条约的签订还制止了沙俄对我国黑龙江流域的侵略，维护了中国的领土主权。

几乎与《尼布楚条约》的签订同时，西北厄鲁特蒙古准噶尔部上层民族分裂分子，在沙俄的支持与挑唆下，挑起了战火。

17 世纪初，沙皇俄国的侵略势力便伸向了我国西北的厄鲁特蒙古，中叶以后，又越过贝加尔湖，深入到色楞格斯克流域的喀尔喀蒙古，我国西北地区由于沙俄的插手，形势变得异常复杂。康熙十年，厄鲁特蒙古准噶尔部首领噶尔丹自立，为了实现其吞并西北蒙古诸部的野心，噶尔丹走上投靠沙俄的道路，“企图同俄国订立军事同盟和求得俄国给予军队和枪炮的援助”[1]。康熙二十七年，噶尔丹率兵三万，在沙俄的支持下，越过杭爱山，借端向喀尔喀蒙古土谢图汗发动大举进攻，迫使正在抗击沙俄的土谢图汗不得不放弃对色楞格斯克城堡俄军的包围，仓促应战，但为噶尔丹所败。土谢图汗率部南下，请求清朝中央政府的保护。康熙二十九年，噶尔丹又以追击土谢图汗为名，引兵二万进攻内蒙古乌珠穆沁地区，清廷命理藩院尚书阿喇尼率领察哈尔和喀尔喀兵迎战。但初战失利，噶尔丹进抵距北京七百里的乌兰布通。康熙皇帝认识到：“噶尔丹者赋性凶残，中怀狡诈，戕害其兄弟，兼并四部，蚕食邻封，其势日张，其志益侈。”指出：“烈焰弗

1 （苏）沙斯季娜：《十七世纪俄蒙通使关系》，商务印书馆，1977 年。

戢，必将燎原，积寇一日不除，则疆圉一日不靖。”[1]于是决意亲征。康熙二十九年、三十五年、三十六年，康熙皇帝三征噶尔丹，先后于乌兰布通大败敌众，于昭莫多歼敌主力，并追歼残部至大漠，迫使穷途末路的噶尔丹服毒自尽。清朝又一次取得了军事上的胜利，平定了由沙俄支持和策动的分裂国家统一的叛乱。

在平定噶尔丹的过程中，康熙皇帝于三十年，乘乌兰布通大捷，率领八旗劲旅抵达内蒙古多伦诺尔，与喀尔喀蒙古诸部王公举行了会盟。会盟中康熙首先调解了土谢图汗与扎萨克图汗的矛盾，平息了喀尔喀蒙古内部的纠纷。又根据喀尔喀蒙古的要求，依内蒙古例实行盟旗制度，编为三十四旗，“给地安插”[2]。

同日颁赏赐爵，分赐喀尔喀土谢图汗、哲卜尊丹巴胡图克图、策妄扎卜、车臣汗等银两、蟒缎、彩缎、银器诸物。并诫其:“尔等体朕爱养之恩，各守法度，力行恭顺”，而后“凡事必以所犯之法治罪”[3]。随后举行了盛大的阅兵仪式。先是，康熙皇帝出行宫，御甲胄乘马，“遍阅队伍”。然后校射。“上亲射，发十矢九中，次命十五善射并硬弓侍卫等射。”旋又大阅军容，“八旗满洲官兵、汉军火器营官兵及总兵官蔡元标下官兵，各依次列阵鸣角，鸟枪齐发，众大呼前进，声动山谷。”[4]显示了清王朝武力的强盛和歼灭噶尔丹，维护国家统一的决心。

多伦会盟，加强了我国北方蒙古诸部的团结，密切了喀尔喀蒙古与中央政府的关系，实现了清王朝对喀尔喀蒙古的有效管辖。因而，多伦会盟是清王朝巩固北部边防，抵制沙俄侵略的重要步骤。正如康熙皇帝所说:“昔秦兴土石之工，修筑长城。我朝施恩

1　《清圣祖实录》卷二三三，第 14 ~ 15 页。
2　《清圣祖实录》卷一五一，第 2 页。
3　《清圣祖实录》卷一五一，第 14 页。
4　《清圣祖实录》卷一五一，第 15 页。

于喀尔喀使之防备朔方，较长城更为坚固。”[1]

有清一代，自 17 世纪中叶至 19 世纪中叶的二百年中，我国统一的多民族国家得到进一步巩固和发展，中国辽阔疆域的版图得以奠定和确立。清政府在东至库页岛、台湾，西跨葱岭、至贝加尔湖，南抵南沙群岛，北达西伯利亚，如此广阔的版图上，实现以往任何一个封建王朝不曾有过的长期有效的统治，这是对中国历史的巨大贡献。它不仅抵制了西方早期殖民主义势力的入侵，而且对中国境内各民族经济文化的交流与发展，起了积极的作用。而这一历史局面的形成，实肇端于清朝平定三藩。因而，平定三藩的重大历史作用与影响是不可低估的。

1 《清圣祖实录》卷一五一，第 19 页。

明清纪元简表

皇　帝	年　号 （在位年限）	元年干支 （公元纪年）
太祖（朱元璋）	洪武（31）	戊申（1368）
惠帝（朱允炆）	建文（4）*	己卯（1399）
成祖（朱棣）	永乐（22）	癸未（1403）
仁宗（朱高炽）	洪熙（1）	乙巳（1425）
宣宗（朱瞻基）	宣德（10）	丙午（1426）
英宗（朱祁镇）	正统（14）	丙辰（1436）
代宗（朱祁钰）	景泰（8）	庚午（1450）
英宗（朱祁镇）	天顺（8）	丁丑一（1457）
宪宗（朱见深）	成化（23）	乙酉（1465）
孝宗（朱祐樘）	弘治（18）	戊申（1488）
武宗（朱厚照）	正德（16）	丙寅（1506）
世宗（朱厚熜）	嘉靖（45）	壬午（1522）
穆宗（朱载垕）	隆庆（6）	丁卯（1567）
神宗（朱翊钧）	万历（48）	癸酉（1573）
光宗（朱常洛）	泰昌（1）	庚申八（1620）
熹宗（朱由校）	天启（7）	辛酉（1621）
思宗（朱由检）	崇祯（17）	戊辰（1628）
* 建文四年，成祖废除建文年号，改为洪武三十五年。		
太祖（爱新觉罗·努尔哈赤）	天命（11）	丙辰（1616）
太宗（爱新觉罗·皇太极）	天聪（10） 崇德（8）	丁卯（1627） 丙子四（1636）
世祖（爱新觉罗·福临）	顺治（18）	甲申（1644）
圣祖（爱新觉罗·玄烨）	康熙（61）	壬寅（1662）
世宗（爱新觉罗·胤禛）	雍正（13）	癸卯（1723）
高宗（爱新觉罗·弘历）	乾隆（60）	丙辰（1736）
仁宗（爱新觉罗·颙琰）	嘉庆（25）	丙辰（1796）
宣宗（爱新觉罗·旻宁）	道光（30）	辛巳（1821）
文宗（爱新觉罗·奕詝）	咸丰（11）	辛亥（1851）
穆宗（爱新觉罗·载淳）	同治（13）	壬戌（1862）
德宗（爱新觉罗·载湉）	光绪（34）	乙亥（1875）
爱新觉罗·溥仪	宣统（3）	己酉（1909）
1616年，努尔哈赤建立后金；1636年，改国号为清；1644年，清入关。		

◆ 制表参考《现代汉语词典》（第5版，商务印书馆，2010年）。

◆ 年中改元时，在干支后用数字注出改元的月份。

后　记

在中国古代漫长的历史上，“分封制”也可以说“封藩设镇”，一直是中央集权制的补充形式，历经数朝而不衰，开国帝王在确立其专制统治的同时，必要大封宗室与功臣，实现“以藩屏周”的政治目的。清朝封异性藩王、设藩镇体系，虽同历朝历代的有着很大的区别，但从根本上说仍是这种统治机制的延续，研究清代政治制度及其开国史，就需要对三藩研究给予足够的重视。

清朝是我国统一的多民族国家进一步巩固发展的时期，中国辽阔疆域的版图在清代得以奠定和确立，传统经济的发展在18世纪达到鼎盛，出现了“康乾盛世”，而盛世的形成，正是从清王朝解决了已走向中央集权制反面、蜕变成地方割据势力的三藩开始的。研究三藩，无疑也有助于我们揭示中国传统社会如何在18世纪臻于极盛的历史进程。

《清代三藩研究》是我攻读博士学位时撰写的博士论文，1990年博士毕业后入选《中国人民大学博士文库》，1994年由中国人民大学出版社出版。当时，有关三藩研究的成果虽有问世。但还没有一本进行总体性研究的专着，在史学领域里尚属一块需要填补的空白，这成为我以“三藩研究”作为自己博士论文选题、并努力要把它写成一部论述全面的学术著作的动力。只是限于水平、能力，以及研究条件，那时的我所能做到的只是最初步的研究，书中所反映的也只是粗浅而零散的认识，而且难免有错。

18年后的今天，故宫出版社又将其列入《明清史学术文库》，作为丛书中的一种重新出版。在此，我要对本书的伯乐致以诚挚的感谢，同时还要感谢在本书再版过程中进行审读和编辑的所有工作人员。

时隔多年，重新翻阅这部书稿，青涩与缺憾随处可见，但它却记下了我学海蹒跚的脚步，也留下了那个时代的某些学术风尚，所以，再版时我仍然保留了原书的全貌，没有进行内容上的增删和修改。

在校阅书稿的过程中，它不时唤起我学生时代的回忆。从研究选题的确定，到资料的搜集、爬梳，以及对问题的认知、分析，它在我的眼前展现出一个又一个学习和思索的场景。而我的每一个进步，每一个成果的取得，都凝聚着我的老师王思治教授的心血。如今，老师已经远去，留下的是永久的师恩。

此外，在本书的初次完稿后，曾蒙李鸿彬教授仔细审阅，写作过程中得到过南开大学历史研究所陈生玺教授的指导，还有，对本论文进行评阅并作为我答辩老师的二十余位专家学者们也都曾给予我很大的帮助，他们的指授是我终生受益的宝贵财富。

谨藉此书的再版，纪念逝去的岁月！缅怀老师！感谢所有在我学术道路上给予鼓励和帮助的师长和朋友！

刘凤云

2012 年 4 月识于北京颐源居

编后说明

《明清史学术文库》旨在整合出版上世纪以来，明清史学研究领域中学术影响深远的专题论著（暂未包括专有出版权与其他出版机构有合同约束的论著）。

由于所选书稿在此前分别由不同的出版社出版，因此在编辑制作过程中，我们尤其注重构建本丛书的体例。特作说明如下。

一　内容

为保持与相关领域学术发展同步，本丛书出版前，各册书稿内容均请作者、作者家属或相关学者在原著基础上作了厘正。

二　结构

丛书各册内容按照章、节等体例安排层级关系，图表按章排序。

三　文字

文献名、引文、年号、姓名等文字中，如遇异体字或无对应的现行简化字，则保留原字。

四　注释

1. 相同文献的相同版本信息，只在第一次出现时予以标注（该文献如在书中出现其他版本信息，则逐一标注；如来稿每则注释皆信息完整，且体例统一，则不予改动；如信息查询未果，则维持缺项）。

2. “二十四史”等常见古籍，如无特殊需要，皆不注明版本信息。

3. 古籍卷数用“卷”与汉字表示，如卷一九、卷一三五等。

五　年代换算

明清两朝的干支纪年不逐一换算成公元纪年，对于原著未附纪元表的专著，附以《明清纪元简表》，以便参考。

六　寄语

本丛书各册作者皆为相关领域学术大家，故每册卷首均设作者寄语。寄语或为约请作者提供，或从其专著中援引。

官廷历史编辑室

二〇一二年七月

图书在版编目（CIP）数据

清代三藩研究 / 刘凤云著. — 北京 . 故宫出版社，2012.7

（明清史学术文库）

ISBN 978-7-5134-0290-3

Ⅰ. ①清… Ⅱ. ①刘… Ⅲ. ①三藩之乱-研究 Ⅳ. ①K249.205

中国版本图书馆 CIP 数据核字（2012）第 163858 号

清代三藩研究

著　　者：刘凤云
责任编辑：杨付红
封扉设计：李　猛
出版发行：故宫出版社
　　地址：北京市东城区景山前街 4 号　邮编：100009
　　电话：010-85007808　010-85007816　传真：010-65129479
　　网址：www.culturefc.cn　邮箱：ggcb@culturefc.cn
制　　版：保定市万方数据处理有限公司
印　　刷：保定市中画美凯印刷有限公司
开　　本：787 毫米 × 1092 毫米　1/16
印　　张：22.5
字　　数：295 千字
版　　次：2012 年 7 月第 1 版
　　　　　2012 年 7 月第 1 次印刷
印　　数：1～3000 册
书　　号：ISBN 978-7-5134-0290-3
定　　价：42.00 元